本书为教育部人文社会科学研究规划基金项目
（编号：19YJA770026）阶段性成果
本书为山东省高等学校青创人才引育计划团队
立项建设阶段性成果

媒介的力量

赵少峰 —— 著

近代出版机构与西方史学传播

THE POWER OF MEDIA

Modern Publishing Institutions and the
Spread of Western Historiography

中国社会科学出版社

图书在版编目（CIP）数据

媒介的力量：近代出版机构与西方史学传播 / 赵少峰著 . —北京：中国社会科学出版社，2022.5

ISBN 978 - 7 - 5227 - 0147 - 9

Ⅰ.①媒… Ⅱ.①赵… Ⅲ.①出版事业—文化传播—研究—中国—1840 - 1919②西方国家—史学思想—文化传播—研究—中国—1840 - 1919 Ⅳ.①G239.295②K091

中国版本图书馆 CIP 数据核字（2022）第 070938 号

出 版 人	赵剑英
责任编辑	耿晓明
责任校对	冯英爽
责任印制	李寡寡

出　　版	中国社会科学出版社
社　　址	北京鼓楼西大街甲 158 号
邮　　编	100720
网　　址	http://www.csspw.cn
发 行 部	010 - 84083685
门 市 部	010 - 84029450
经　　销	新华书店及其他书店

印　　刷	北京明恒达印务有限公司
装　　订	廊坊市广阳区广增装订厂
版　　次	2022 年 5 月第 1 版
印　　次	2022 年 5 月第 1 次印刷

开　　本	710×1000　1/16
印　　张	22.75
插　　页	2
字　　数	352 千字
定　　价	98.00 元

序

21世纪的前20年已经过去，无论对社会抱有何种情绪，都无法阻挡滚滚前进的时代车轮。在最近几年，我们有一个特殊的感受，那就是自媒体的发展。自媒体在传播知识、观念、思想等方面具有独到的优势，以迅雷不及掩耳之势席卷了当今的读书人头脑。同样，对19世纪中后期至20世纪头20年读书人产生重要影响的也是媒体。不过，两个不同的时代，媒体存在形态各不相同。100年前的媒体形态主要表现为由近代出版机构发行的报刊和图书。

人生活于世界之中，需要感知外部世界，同时也需要个体为外部所感知。个体在与外部交流过程中，显然具有信息的不对称性，因此信息传递的重要性就凸显出来了，尤其是在交通不便，没有电话和互联网的时代。印刷是信息传播的重要通道和手段，促进了信息的可视化和图文信息的传播。孙中山在《实业计划》中写道："居近世文明言，生活之物质原件共有五种，即食、衣、住、行及印刷是也。吾故定此种计划如下：一粮食工业；二衣服工业；三居室工业；四行动工业；五印刷工业。"对于印刷工业，孙中山还指出："此项工业为以知识供给人民，是为近世社会一种需要，人类非此无由进步。一切人类大事皆以印刷记述之，一切人类知识以印刷蓄积之，故此为文明一大因子。世界诸民族文明之进步，每以其每年出版物之多少衡量之。"①

---

① 孙中山：《建国方略》，《孙中山全集》第6卷，中华书局2017年版，第382、392页。

孙中山还设想在一切大城市中设立印刷所，主要印刷报纸、百科全书以及各国新出书籍的翻译本，目的是满足中国公众之所需求。

面对前所未有之大变局，清末民初的读书人以各种形式进行应对，其中快速地获取信息成为一种急迫的现实需要。从史学层面来看，读书人通过撰写经世致用的史学著作以应世，在出版行业的支持下，扩大了它的流布地域，唤醒了更多的知识分子参与社会变革的运动。从 1834 年在华实用知识传播会（The Society for the Diffusion of Useful Knowledge in China）建立起，中外文化之间存在的张力被逐渐打破，建立在新的生产力和生产关系上的西方文化的优势逐渐凸显出来。尽管中国学者进一步阐扬了传统学术中"变"的救世思想，但是在西方咄咄紧逼的枪炮之下，这种应对显然是苍白无力的。在系列条约的支持下，清政府对待外国的政策发生了变化，教会出版机构、官办出版机构、民办出版机构、学堂（学校）附设出版机构应运而生。西方的各种知识、理论、思想一并输入进来，其中既有进化史观、唯物史观、科学主义、马克思学说等思想文化，也有神学史观、无政府主义等思想学说。中国的士大夫、知识分子结合中国社会的客观现实需要，有选择性地加以吸收，在推动中国史学发展和社会进步方面做出重要贡献。

事实上，在近代学科体系没有完全细化之前，史学囊括的范畴十分广泛。与此同时，西方史学知识的传播和其他学科知识的输入是被一起纳入西学东渐的大潮之中，它们共同推动了中国史学变革、社会发展以及人的思想转变。但是，中国人在经历这一转变过程中显得异常吃力和步伐凝重。西学"新知"首先影响的是读书人群体。1906年，顾颉刚在高等小学堂接受教育，读了新式教科书，认为"真是踏到了一个新世界"①。1907 年前后，毛泽东从表兄文运昌处借到了郑

---

① 顾颉刚：《走在历史的路上——顾颉刚自述》，江苏教育出版社 2005 年版，第 13 页。

观应的《盛世危言》、冯桂芬的《校邠庐抗议》，他读了这些书，"开阔了视野，萌发了爱国思想，激起恢复学业的愿望"①。同样，鲁迅在其作品中写道："因为那时读书应试是正路，所谓学洋务，社会上便以为是一种走投无路的人，只得将灵魂卖给鬼子，要加倍的奚落而且排斥的行为""在这学堂里，我才知道世上还有所谓格致、算学、地理、历史、绘图和体操"②。郭沫若在回忆如何撰写《青铜时代》和《十批判书》的时候写道："我是生在过渡时代的人，纯粹的旧式教育在十二三岁时便开始结束，以后便逐渐改受新式教育。尤其在一九一三年出国，到日本去留学之后，便差不多完全和旧式教育甚至线装书都脱离了""在日本的学生时代的十年期间，取得了医学士学位，虽然我并没有行医，也没有继续研究医学，我却懂得了近代的科学研究方法。在科学方法之外，我也接近了近代的文学、哲学和社会科学。尤其辩证唯物论给了我在精神上的启蒙，我从学习着使用这个钥匙，才认真地把人生和学问上的无门关参破了。我才认真明白了做人和做学问的意义"③。郭沫若在前往日本之前，阅读了出版社推出的林纾的小说、梁启超的论说文章以及章太炎的学术文章④，并且产生了极深的印象。尽管在不同地域，知识的流布存在较大差异，但是读书人倾向于将汲取新知作为社会时尚和国家的需要。五四前后，从中国出版转译西方（日本）的图书（报刊）中获取新知的现象有所改观，这是因为从欧美、日本等国家留学归来的学生日益增多，他们不仅能够直接阅读外文文献，而且能够在中西学术兼通的知识支持下较为客观地评价认知中外问题。

---

① 中共中央文献研究室编：《毛泽东年谱》上，中央文献出版社 1993 年版，第 6 页。
② 鲁迅：《呐喊·自序》，光明日报出版社 2017 年版，第 3 页。
③ 郭沫若著作编辑出版委员会编：《郭沫若全集·历史编》第 2 卷，人民出版社 1982 年版，第 465 页。
④ 郭沫若著作编辑出版委员会编：《郭沫若全集·文学编》第 12 卷，人民文学出版社 1992 年版，第 11—12 页。

　　为何近代出版机构所印刷的图书在时代精英身上打上了深深的烙印，甚至时隔多年一直念念不忘？这应当归于图书所蕴含的知识符合了时代的需求，契合了"学问饥荒"年代读书人的精神需要。近代出版机构利用优势，及时地刊布读书人撰写的学术成果，公布最新的史料，有效地推动了学术交流，学术研究和社会需求形成了良好互动。陈寅恪曾高度评价新史料对学术研究的重要作用："一时代之学术，必有其新材料与新问题。取用此材料，以研求问题，则为此时代学术之新潮流。治学之士，得预于此潮流者，谓之预流（借用佛教初果之名）。其未得预者，谓之未入流。此古今学术史之通义，非彼闭门造车之徒，所能同喻者也。"① 自此而后，出版机构对新史料的出版越发重视。当然，我们也不能过于夸大近代出版机构的作用，解决中国史学发展方向最终还是依靠中国学者自身，认识近代出版机构与西方史学输入问题时，必须将其放置在整个时代背景之下进行考察。

　　此书共包括七个部分，由绪论、六章组成。绪论主要交代传统刻书事业面临的困境、近代西方出版技术的传播及其在图书印刷出版方面的优势、西方史学输入的媒介，以及当前学界对此问题开展的相关研究。第一章是西方出版机构与西方史学传播。该章主要以在华有重要影响的在华实用知识传播会、墨海书馆、广学会、益智书会、土山湾印刷所为中心进行个案研究。事实上，传教士创办的出版机构是服务于西方殖民主义者对中国侵略政策的，但是他们出版的一些有关介绍西方先进科学技术知识、世界史地知识、国际关系的书籍，给中国带来了西方先进的科学技术和思想变革的资源，对社会的变革发挥过积极的作用。第二章是官办出版机构与西方史学传播。该章主要通过对同文馆、江南制造局翻译馆、中国海关印刷所、地方官书局等开展

---

　　① 陈寅恪：《陈垣敦煌劫余录序》，《金明馆丛稿二编》，生活·读书·新知三联书店2001年版，第266页。

个案研究，分析同时期政府主导的出版机构从事的图书出版活动，进而认识西方史学输入的内容以及产生的影响。由于受到多种因素的影响，官方出版机构更重视自然科学书籍的出版，史学著作的出版并非其初衷。第三章是学堂、学校附设机构与西方文学传播。19世纪末20世纪初，在西学东渐的大潮影响下，中国的教育事业出现了一次重大变革，废科举，兴学堂，编印新的教科书，成为当时一种时尚而又无以抗拒的潮流，迅速发展起来。为了满足教学的需要，一些学堂如京师大学堂、山西大学堂、南洋公学等专门成立了译书院，编写和印制新式教科书。尽管各地学校、学堂多由国家开设，但其性质与官办的出版机构不同。该章专门探讨学堂、学院附设的译书院（印刷所）对西方史学著作的译介。第四章是民办出版机构与西方史学传播。民办出版机构主要是指商界和知识界私人出资创办的印刷、出版机构。民办出版机构分布广、数量多。在民族危亡的时代，创办如此多的印刷出版机构，自有其各不相同的动机和缘由。该章选取了商务印书馆、中华书局、广智书局、作新社、文明书局等为个案，重点进行研究。第五章是近代中国史学的变革与阅读世界的变化。该章力图从纵向视角回应铺天盖地的西方史学在中国学界有无产生反响，以及中国读书人的应对。此部选择了拿破仑形象的塑造、公元纪年法的传衍、"文艺复兴"概念的传播以及光绪帝阅读世界的变化。第五章集中讨论了中国史学变革与阅读世界的文化，就拿破仑、公元纪年等展开了讨论。第六章集中讨论了西方史学的传播特征与影响，重点分析近代不同类型出版机构宗旨的差异性，以及在西方史学著作翻译、出版方面具有的共同特点，以及史学著作的出版发行对社会变革产生的影响。

近二十年来，中国学术史的撰写主要有两种路数，"一种以事实为中心，以材料考辨、定点清理为主要工作；一种以问题为导向，以范式探讨及线索梳理为基本任务"①。少峰博士的论著就是采用了前一种论述方式，通过史料钩沉，分析比较，对近代不同出版机构"点"的梳理，进一步丰富近代史学学术史的内容，为中国史学近代转型的认识提供了新视角。作者若能够在范式探讨和线索梳理上进一步提升，将会展现另一番学术新天地。

　　是为序。

王学典
2021 年 9 月 29 日

---

① 王学典：《新史学与新汉学》，上海古籍出版社 2013 年版，第 1 页。

目　　录

绪　　论

　　印刷术是古代中国的四大发明之一。然而，印刷术在长期的传播过程中并没有取得质的提升。近代以来，"世界进入中国，使中国进入世界不可避免"。西方人利用改良之后的印刷技术，提高了印刷的质量和效率。在传统世界里，中国知识精英将人生的大部分时间和精力用于读书、治学。其中，读史、治史是其日常生活的重要内容。在新的印刷出版技术的支持下，"史"的内容和范围出现了突破，知识精英的精神世界深受其影响。近代以来，与出版密切相关的报刊和图书印刷突飞猛进，对中国社会精英分子群体的形成起到了重要作用。

一　传统刻书业的困境

　　在马克思看来，科学"是历史的有力杠杆""最高意义上的革命力量"。科学技术在社会变革中发挥着重要的推动力，不仅推动了技术层面的变革，而且与社会科学相呼应。在印刷业中的体现就是一个明显例证。

（一）石印、铅印技术的运用

　　随着西方新式印刷设备和技术的输入，我国相继产生了一批以出版印刷新学图书为主的石印和铅印书局。大约在 19 世纪 30 年代初，石板印刷技术传入中国。《中国丛报》中记载了传教士麦都思

（Walter Henry Medhurst）在巴达维亚使用该技术印刷中文书籍，1832 年他将该技术带到了澳门。第一位来华新教传教士马礼逊在回忆录中提及了石印技术印刷工屈亚昂①。较早拥有铅印和石印设备出版机构的是位于上海的墨海书馆和土山湾印书馆，它们主要是印刷宗教宣传品。19 世纪 70 年代，传教士创办的书局不断增多。1872 年创立的《申报》，在初创时期就用铅印。1894 年，《申报》馆附设申昌书局（又称申昌书画室），"专售铅印书籍"②。开始时，该局用木活字刊印小说、笔记和其他书籍，出版的具有时代影响的成果是《申报馆聚珍版丛书》。1884 年，《申报》馆又附设图书集成印书局，它曾用铅活字刊印了全套《古今图书集成》和"二十四史"。

石印书局最有影响的是上海点石斋石印书局。1875 年，英商美查创办书局于上海，作为《申报》馆的附设机构。它用照相石印技术印刷了大量中国古籍工具书，如《佩文韵府》《渊鉴类函》等，其中较有影响的是将《康熙字典》缩印，出版了中英文合璧的"四书"，另外还刊印了一些中外地图、西文书籍等。1884 年，该局创办《点石斋画报》，开画报出版之先声，以图文互释的形式推动了大众文化传播③，具有广泛的社会影响和重要的史料价值。

另外，石印书局还有同文书局和蜚英馆。1882 年，同文书局由徐鸿复、徐润创办于上海，这是中国人自己集资创办的第一家石印书局。它用石印技术专门翻印古籍中的善本，较著名的有武英殿本"二十四史"、《康熙字典》《佩文斋书画谱》等。总理衙门曾以白银 35 万两委托同文书局石印《古今图书集成》100 部作为赠送外国的礼

---

① 屈亚昂（Kew A-gang），广东人，1831 年起受雇于伦敦教会。他曾在澳门马礼逊处受洗礼，成为最早的新教徒。他向马礼逊的儿子马儒翰学习石印术，常在澳门印刷宗教宣传品，是中国最早学会石印技术的工人。

② 王汉章：《刊印总述》，张静庐辑注：《中国近现代出版史料·二编》，上海书店出版社 2003 年版，第 362 页。

③ 陈平原：《点石斋画报导读》，宋原放主编：《中国出版史料·近代部分》第 2 卷，山东教育出版社、湖北教育出版社 2004 年版，第 178 页。

物。1887 年，蜚英馆由李盛铎在上海创办。它用石印技术刊印了一些小说和古籍，"先印大部要书数种，必须善期尽善，精益求精，驾乎诸家之上"，并代印私家珍贵藏本，获利颇丰。上海还有其他一些石印书局，如凌佩卿等创办的鸿文书局，魏允文、魏天生创办的中西五彩书局，钟寅伯创办的积石书局，何瑞堂创办的鸿宝斋书局等。在上海石印书业的影响下，南京、武昌、广州、苏州等地也相继有人开创石印书局，"所印各书，无不钩（勾）心斗角，各炫所长"①，石印书风靡一时。传教士将铅印技术和设备引进以后，更提高了印刷质量和印制速度，进一步推动了出版业的迅猛发展。

（二）传统刻书业的挑战和变化

鸦片战争后很长一段时间，中国图书出版仍是传统的刻书业。从同治到光绪年间，传统刻书业得到了发展。但在石印和铅印技术竞争之下，逐渐丧失了优势地位。

1. 官书局刻书

官府刻书是中国图书出版业的一个传统，政府在全国各地广置官书局，大量刊刻传统经史书籍。咸丰末年，地方督抚创设了官书局。如，1859 年，湖北巡抚胡林翼在武昌开设书局，刻印了《读史兵略》《弟子箴言》《大清一统舆图》等书；1864 年，时任两江总督的曾国藩创设金陵书局（后改名为南京官书局）。各省督抚纷纷仿效，几乎每个省都设有官书局。这些官书局仍采用雕版印刷，刊印的书主要是传统的经、史、子、集。其中金陵书局刊刻的"四书"、《船山遗书》，金陵书局、江楚编译官书局、淮南官书局、浙江官书局、崇文官书局合作刊刻的"二十四史"，浙江官书局刊刻的"二十二史"、《续资治通鉴》《十通》，湖南官书局刊刻的《十三经注疏》，都有较

---

① 梁长洲整理：《蜚英馆》，宋原放主编：《中国出版史料·近代部分》第 3 卷，第 219 页。

大影响。1896 年，清廷将维新派的强学书局查封改组设立了直隶官书局，亦称京师官书局，实际上是中央官书局①。但该书局到光绪二十四年（1898）并入京师大学堂。晚清官书局从同治初年兴起以后，逐渐成为官方主要出版机构，所出诸书涉及经、史、子、集及西学，甚至出版了一些教科书，但是设立之主要目的还是振兴封建文教②，所译西学书籍数量较少，影响有限。

2. 民间书肆（书坊）刻书

民间书肆、书坊刻印、销售书籍是中国近代各地非常普遍的图书出版活动。这些书肆、书坊既刻书，又贩书，它们以获利为目的，其刻印销售的书很多是一些制艺、试帖诗、类书以及民间用的历书、医书、童蒙读物、占卜星相书等。有一些较大的书肆刻印了一些大部头古籍。特别是太平天国运动失败后，清王朝恢复地方的科举考试，急需刊印经史书籍，"诚令学校经史重完，士子深于经者，窥圣学之原，深于史者，达政事之要"③，以满足士子参加科举的急迫之心。晚清，书肆、书坊较集中的有北京的琉璃厂、上海的棋盘街、山东东昌府、四川成都的学道街等地。其中北京琉璃厂的富文堂、双峰书屋、富晋书社、宏京堂、荣宝斋，上海棋盘街的扫叶山房、文瑞楼、著易堂、广益书室，山东东昌府的旧书业"四大家"（书业德、善成堂、有益堂、宝兴堂），成都学道街的尚友堂、九思堂、志古堂、二酉书店等，都是当时有名的旧书肆、书坊。这些书肆、书坊刻印的古籍较著名的有《皇朝经世文编》《殷契钩沉》《百子全书》《金石萃编》《宋元明清四朝学案》《小方壶斋舆地丛钞》《五经体注》《五经备旨》《四书备旨》《昭明文选》《许氏说文》《玉海》等。

---

① 梁启超：《强学会封禁后之学会学堂报馆》，宋原放主编：《中国出版史料·近代部分》第 2 卷，第 235 页。

② 梅宪华：《晚清的官书局》，宋原放主编：《中国出版史料·近代部分》第 1 卷，第 516—534 页。

③ 鲍源深：《请购刊经史疏》，宋原放主编：《中国出版史料·近代部分》第 1 卷，第 407 页。

3. 私家刻书

同治、光绪年间，文人士大夫私家刻书之风十分兴盛。这一时期，湖南私家刻书者就有 170 多人，刻书近 2600 种之多①。湖南刻书业当时在全国仅居中游。私家刻书中，以丛书为多。其中福州张伯行的《正谊堂全书》、归安陆心源的《十万卷楼丛书》、遵义黎庶昌的《古逸丛书》、巴陵钟谦钧的《古经解汇函》、长沙王先谦的《皇清经解续编》、定州王氏谦德堂的《畿辅丛书》②、江阴缪荃荪的《云自在龛丛书》、仁和江标的《灵鹣阁丛书》③ 等都是较著名的丛书。

随着近代印刷技术设备的引进和新学的传播，到戊戌变法时，传统刻书业也开始发生新的变化，主要表现在：各地官书局除继续刻印经史典籍外，也开始刻印一些"新学"著作和教科书。如金陵书局曾印行《几何原本》，江楚编译局以译刻新书为主，所译刻新书达 60 余种，占所刊行全部 70 多种书籍的 85％④。另外，一些民间书肆、书坊则受新式出版业的影响，引进近代印刷设备印刷古籍。如上海著名的老牌书肆扫叶山房引进石印机，翻印了大量古籍、旧小说、中医药书、字典、字帖，其石印线装书成为行销于清末民初的珍品。再如在清末民初产生过重要影响的上海著易堂，1891 年用铅印机出版了王锡祺编辑的地理丛书《小方壶斋舆地丛钞》，成为当时比较著名的出版物，该书局还翻印出版了大量新学图书。

---

① 净雨：《清代印刷史小纪》，张静庐辑注：《中国近现代出版史料·二编》，第 347—350 页。

② 王灏（1822—1888），字文泉，号坦圃，其先世自山西迁于定州奇连村，后又徙居定州西门外，家财居定州之首。咸丰年间获举人，后屡试不中。王灏生平喜收藏书籍，家藏四部之书上万种，名人字迹金石千余种。在张之洞等人劝说下，收集秦汉到当时的河北乡邦文献，在保定设局，请黄国瑾、钱恂等人校订，王灏辑刊为《畿辅丛书》，共收著述 170 种，1530 卷，64 函，640 册。零篇碎牍不能成书者，别为《畿辅文征》，附于《畿辅丛书》之后。另辑有《畿辅地名考刊》《括斋文集》等。但书未刻完即辞世。其中，《畿辅丛书》影响最大，该书是光绪年间为配合编修《畿辅通志》而编纂的家刻本。

③ 《灵鹣阁丛书》既包括传统的经史考辨，也包括新学图书，比如《德国议院章程》《新嘉坡风土记》《光论》《澳大利亚洲新志》《新译日本华族女学校规则》等。

④ 吉少甫主编：《中国出版简史》，学林出版社 1991 年版，第 244 页。

在铅石印法引入之时，"初不必逊于木刻，至于省工省费，则又远过之，二者并行，实不相悖也"。三十年后，情形大变，"我国出版界基于世界潮流之趋势，几使铅石印法占有崇高地位，伟大的势力，以致木刻渐呈没落景象；加以生活日昂，工价倍蓰，刻字匠人之收入，不敌排印工人之丰厚，相形之下，优绌斯分，趋舍自异矣"①。因此，19 世纪 80 年代前后，在铅印、石印书局的影响下，一些传统的刻书业也开始购置铅印、石印机出版图书。伴随着新学知识的传播，风气渐开，国人"识见言论，颇有异于昔日，从前自尊自大，自居于中国，而鄙人为夷狄之心，多有悟其非者"②。在强学会被查封之后，全国两年内出现大量私立的学会、学堂、报馆，以传播西学新知为己任，见表 0—1。

表 0—1　　　　1896—1897 年各省私立学会、学堂、报馆情况③

名称	地点	名称	地点	名称	地点
地学公会	湖南	显学会	广东	农学会	上海
时务学堂	湖南	逊业小学堂	广东	蒙学会	上海
南学会	湖南	粤学会	广东	算学报	上海
明达学堂	湖南常德	群学会	广东	大同译书局	上海
任学会	湖南衡州	时敏学堂	广东	译书公会	上海
算艺学堂	湖南浏阳	圣学会	广西	女学堂	上海
群萌学会	湖南浏阳	广仁学堂	广西梧州	东文学社	上海、广东
南学分会	湖南岳州	测量会	江苏南京	格致新报	上海
公理学会	湖南广东	味经学会	陕西	通艺学堂	北京

① 王汉章：《刊印总述》，张静庐辑注：《中国近现代出版史料·二编》，第 362 页。
② 梁启超：《强学会封禁后之学会学堂报馆》，宋原放主编：《中国出版史料·近代部分》第 2 卷，第 236 页。
③ 梁启超：《强学会封禁后之学会学堂报馆》，宋原放主编：《中国出版史料·近代部分》第 2 卷，第 235 页。

名称	地点	名称	地点	名称	地点
校经学堂	湖南	苏学会	江苏苏州	知耻会	北京
致用学堂	湖南	质学会	湖北	八旗奉直小学堂	北京
湘学报	湖南	中西学堂	浙江绍兴	知新报	澳门
湘报	湖南	天南新报	新加坡	大同学堂	澳门
大同学校	横滨	实力学堂	新加坡	原生学舍	澳门
不缠足会	上海、广东、湖南、福建、新加坡				

资料来源：张树栋、庞多益、郑如斯等著《中华印刷通史》（印刷工业出版社1999年版），熊月之的《西学东渐与晚清社会》（上海人民出版社1994年版），《上海出版志》编纂委员会编《上海出版志》（上海社会科学院出版社2000年版）等。

随着中外交流的加深和国内社会需求的增加，中国译介外国的著作不断增多，新知识的迅速传播开辟了一个世俗化的政治领域，社会精英群体了解域外世界局势的渴望不断增加，进一步刺激了出版业的发展。

二　近代出版机构泉涌式出现

中国印刷技术起步较早，但是印刷技术的更新却不及西方迅速。步入近代社会以来，中国社会面临严重的思想、社会、经济危机。中国近代新闻业和出版业突飞猛进，对中国社会精英分子群体的形成起到了重要作用，"新的社会政治力量可以产生报纸和印刷品，也可以被报纸和印刷品产生"[1]。中国近代出版机构的出现和迅速发展和随之而来的对政治和政治参与的新理解，使它作为一个新的合理的社会力量吸纳以往被排除在外的，或者是边缘化的精英群体。通过这一新式

---

① ［美］卡尔·瑞贝卡：《世界大舞台：十九、二十世纪之交中国的民族主义》，高瑾等译，生活·读书·新知三联书店2008年版，第17页。

媒介，新知识的传播很快开辟了一个世俗化的政治领域，文本传播的知识帮助人们建立了对世界形势和中国局势的新理解。这种新理解又促进了更多的出版机构的涌现。

近代中国的出版机构发展异常迅速，特别是在 1895 年之后，出现了泉涌现象。复旦大学张仲民先生对晚清上海书局做过统计，单是上海地区就至少有 421 家之多①。按照不同的分类标准，近代中国出版机构可以划分为不同的类型。笔者按照出版机构从属的性质，划为传教士在华设立的出版机构、官办出版机构（含地方官书局）、民办出版机构（涉及各派别及留学生群体）、新式学堂（学校）附设出版机构等。当然，这种区分方式未必恰当，甚或挂一漏万，目的在于通过出版这个视角，来看新兴媒介机构在社会参与、知识动员、文化变革方面产生的作用。

（一）传教士在华创办的出版机构

鸦片战争前，外国传教士就开始在我国出版发行报刊，而这些报刊中，中文报刊都还是雕版印刷。1819 年，来华最早的新教传教士马礼逊，在梁发和蔡高的配合下铸成了中文铅字，并译印了第一部汉字铅印书《新旧约圣经》②。1843 年，传教士麦都思在上海创办了墨海书馆。该书馆拥有中文铅字和英文铅字，使用较笨重的印刷机器，以牛为动力印制图书。这是外国在中国内地设立最早的近代出版印刷机构，也是中国近代第一家铅印出版机构。王韬就职于墨海书馆任编辑，并在著述中描述了在此工作期间的见闻。该书馆还出版了《六合丛谈》月刊，这是我国最早的铅印杂志之一。基督教新教传教士来华后，急于改变中国人的观念和态度，并以影响读书人和统治者上层为

---

① 张仲民：《晚清上海书局名录》，复旦大学历史系、出版博物馆编：《历史上的中国出版与东亚文化交流》，上海百家出版社 2009 年版。

② ［英］马礼逊夫人编：《马礼逊回忆录》，顾长声译，广西师范大学出版社 2008 年版，第 161 页。

目标，设立的大量的出版机构，详见表0—2。

表0—2　　　**基督教传教士创办的出版机构一览（1814—1919）**

名称	创办时间	创办人	备注
澳门东印度公司印刷所	1814 年	马施曼	
巴达维亚印刷所	1816 年	麦都思	墨海书馆前身
马六甲英华书院印刷所	1818 年①	马礼逊、米怜	
艾宾印刷所	1826 年	马礼逊	
美国传道会书馆	1831 年	裨治文	又称布鲁因印刷所
中国益智学会	1834 年	裨治文等	
美国长老会开办澳门铅印所	1836 年	前美国长老会	
香港英华书院印字局	1843 年	马礼逊等	又名伦敦布道会印刷所
墨海书馆	1843 年	麦都思	
华花圣经书房②	1844 年	柯尔	美国长老会书馆迁到澳门后更用此名
美华书馆	1860 年	姜别利主持	华花圣经书房由宁波迁上海后更名美华书馆
清心书馆	1861 年	范约翰	又名清心书院
汉口博学书院	1862 年	杨格非、郭修理	
北京美国 Board 印刷所	1863 年	美国教会开办	
福州卫理公会书馆	1861 年	怀特	1891 年设兴化印刷分所
兴化宗教书馆	1891 年		为福州卫理公会分馆
宁波传教士协会书馆	1869 年	高夫	
汉口中国圣教书会	1876 年		原华中宗教书报学会
上海益智书会	1877 年	韦廉臣	

---

①　有学者认为该机构创办于 1821 年。

②　英文名称为 Chinese and American Sacred Classic Book Establishment。

续表

名称	创办时间	创办人	备注
汕头英国长老会书馆	1880 年	英国长老会	
哥伦比亚小书馆	1881 年	苏格兰教会	先在牛庄后迁沈阳
奉天朝鲜文印刷馆	1872 年后	罗约翰	
台南聚珍堂	1884 年	巴克礼	俗称"新楼书房"
格致书室	1881 年	傅兰雅	一名格致书院，1874 年创办于上海
汉口苏格兰全国圣经会书馆	1885 年	计约翰	又名汉口教会书馆
京都美华书院	1886 年	前美国公理会	
同文书会印刷所	1887 年	韦廉臣	
镇江内地会印刷所	1887 年	俞兰	
武昌文华书院印刷所	1888 年	前基督教圣公会	
九江华中书馆	1890 年	前利特尔牧师	
海南岛长老会教会书馆	1890 年前后	基督教长老会	
台州书馆	1890 年前后	鲁兰德	
北京圣公会印书馆	1890 年前后	英国圣公会	又名北京公理会印书局
北京卫理公会印刷所	1890 年后	美国卫理公会	
金陵大学堂印书馆	1893 年	梅格斯	为基督书院印书馆
嘉定教文馆	1894 年	哈特主持	
福州美华印刷所	1895 年	英美传教士	后更名为大中华印刷所
长沙传道书局	1897 年	美国传教士	
美华浸信会印书局	1899 年	美国传教士	有华人参加
威海卫宗教出版社	1903 年	传教士	
中国卫理公会书局	1903—1904 年	卫理公会	后与美华书馆合并成教会图书公司

续表

名称	创办时间	创办人	备注
汉口圣教书局	1904 年	英国人	
华北协和大学书馆	1905 年	美国公理会	
时兆报馆	1905 年	安息日基督降临会	
喀什福音堂印书馆	1905 年	瑞典传教士	又称瑞典印书馆、西洋印书馆
广文学堂书馆	1906 年	狄考文	
宣道书局①	1910 年	翟辅民	
福州孤儿院印刷科	1910 年	洛克卜	
福音书局	1913 年	福音派联合会	
真理印刷局	1913 年	包志礼	
纪念尼普（Knipp）印刷所	1914 年	广州基督教主教团	
康定基督教会印刷所	1916 年	徐牧师	
福州彬文印刷所	1916 年	基督教闽籍教徒	
西安浸礼会书馆	不详	萧罗克主持	初名大同印字馆
博文印字馆	不详	刘子如	
宁波三圣教会印书馆	不详	圣公会华中教会	
温州圣公会印书馆	不详	英国圣公会	
上海青年会书局	不详	基督教会	
中华信义会书报部	不详	美国中华信义会	

　　资料来源：《中华印刷通史》（印刷工业出版社 1999 年版）、《西学东渐与晚清社会》（上海人民出版社 1994 年版）、《上海出版志》（上海社会科学院出版社 2000 年版）等。

　　由美国基督教长老会创办的美华书馆，是外国人在华创办的出版印刷机构的代表。该馆前身是 1844 年开设在澳门的华花圣经书房，

---

　　① 1911 年，宣道书局（China Alliace Press）在广西梧州白鹤山创办，主要是出版圣经讲义、福音单张及小册子等。1913 年，翟辅民（Robert Alexander Jaffrey）在广西梧州创办《圣经报》。1949 年，迁至香港。1980 年，成立宣道出版社。

采用英国人制成的汉文铅字印制圣经和其他宗教书籍。1845 年，该书馆迁至宁波。在新铅字的支持下，1849 年，该馆印制了 18 种图书75850 册。1860 年又迁至上海，改名为美华书馆。它是当时规模最大的一个出版印刷机构。1895 年，该馆印刷业务雇用了 126 名中国工人，可见其业务之大①。该馆发展到 1897 年，共出版发行各类图书40 万册，其中 24 万册是《圣经》和其他宗教书刊，同时出版了学校教科书和自然科学书籍。

天主教传教士与基督教新教有着不同的传教理念，在华创办的出版机构要少于基督教新教传教士创办的出版机构，详见表0—3。它们出版图书数量也较少，图书出版多采用中国传统雕版印刷技术，后来也采用了新式印刷技术。上海土山湾印书馆是天主教设立的出版机构中最有影响的代表，承担着中文圣经、教会出版的刊物、教科书，以及法租界当局的文件、书籍的印制任务。该书馆 1875 年出版图书 180种，1889 年出版 221 种，1890 年出版 293 种，《汉学丛书》是其重要代表。

表0—3　天主教传教士在华创立的部分出版机构一览（1840—1930）

名称	创办时间	创办者	备注
土山湾印书馆	1864 年	罗马天主教会	1864 年迁至土山湾
北京遣使会印书馆	1864 年	法国天主教会	法人梅士吉主持54 年
献县张庄天主堂印书馆②	1874 年	郎怀仁	法人溥若思主持

① ［美］G. 麦金托什：《美国长老会书馆（美华书馆）纪事》，宋原放主编：《中国出版史料·近代部分》第 1 卷，第167—184 页。
② 张庄总堂内建立了印书房（又称胜世堂），印书工作由法国传教士溥若思具体负责。溥若思对中国汉字比较精通。他用了 20 年的时间，研制汉字字模。起初，印刷机以人力做动力，总堂建立发电房之后，开始用电力。由于献县印书馆出版的神学和其他著作具有较高的学术水平，该印书馆在中外宗教界、学术界享有很高声誉，被认为是仅次于上海土山湾印书馆和北京遣使会印字馆的天主教在华出版印刷机构。该印书馆结束于 1944 年 4月 15 日。

名称	创办时间	创办者	备注
玫瑰印书局	1890 年		又名南宁玫瑰印书局
崇礼天主堂印书馆	1900 年		察哈尔崇礼县西湾子
青岛天主堂印书局	1910 年	德国神甫	原名教会印刷所
兖州保禄印书馆	1917 年前	德国天主教会	
太原天主教印书馆	1910 年前	意大利天主会	采用雕版印刷
天津益世主日报	1910 年	雷鸣远	原为《广益录》周刊
益世报	1915 年	雷鸣远	
福州公教印刷所	1920 年	法国天主教会	
延吉天主堂印刷所	1930 年	白化东	德国天主教神甫
香港拿撒勒印书馆①	不详	罗马天主教会	
圣家书局	不详	重庆天主教会	
彝文印刷厂	不详	毕映斗	由法国神甫支持建立
安国县天主堂印刷所	不详		
烟台天主堂印书馆	不详		
芜湖天主堂印书馆	不详		
广州石室天主堂	不详		
武昌方济印书馆	不详		

资料来源:《中华印刷通史》(印刷工业出版社 1999 年版)、《西学东渐与晚清社会》(上海人民出版社 1994 年版)、《上海出版志》(上海社会科学院出版社 2000 年版)等。

　　除了基督教、天主教等传教士在华创办的出版机构,外国商人也在华创立了出版机构,如《申报》馆、点石斋印书局、图书集成局、英美烟公司印刷厂等,属于其中较大的印刷机构,详见表 0—4。外国商人在中国建立的印刷机构,主要以营利为目的,较少宗教色彩,在一定程度上配合着西方列强在中国的侵略活动。

---

　　① 有的图书署印刷机构为香港纳匝肋静院印发、香港纳匝肋静院活版。

表0—4 外国商人在华创立的部分出版机构一览（1840—1919）

名称	创办时间	创办者	备注
别发印书馆	1870 年	英商别发洋行	经理施露
《申报》馆	1872 年	英商美查等	
点石斋石印书局	1876 年	英商美查	
鸿文五彩书局	1882 年	不详	华人经理邬金亭
修文书馆	1883 年	日本筑地活版所	主持人松野植之助
图书集成局	1884 年	英商美查	
乐善堂书药局	1885 年	日本人岸田吟香	
同治印书馆	1886 年	英商	
天津印刷公司	1886 年	英国德璀琳	印刷《中国时报》
伊文思图书有限公司	1889 年后	英国伊文思	
上海五彩公司	1890 年	英国商人	
天津印字馆	1891 年前	英国人肯特	
中东铁路管理局印刷所	1898 年	俄国人开设	
青岛印刷所	1899 年	德国人	印刷德文《亚洲了望报》
浦东花旗烟草公司印刷厂	1902 年	美商	
沈阳印刷厂	1909 年	英美烟公司	
上海浦东印刷厂	1911 年	英美烟公司	
哈利印刷局	1902 年	德国商人	
东和印刷局	1902 年	日商牧野三正	
中东印刷公司	1903 年	日商富成一二	
胶济铁路印刷所	1904 年	德国人	
浪花铅字局	1904 年	日商沟烟达吉	
东亚印刷株式会社	1904 年	日商山田浩通	
西川印刷所	1904 年	日本商人	
英美烟汉口印刷厂	1905 年	英美烟公司	
小林印刷株式会社	1905 年	日商太田信三	
尔布尔苏克石印局	1907 年	俄商开设	

续表

名称	创办时间	创办者	备注
阿卜拉莫维奇印刷局	1911 年	俄国商人	
列莫别尔格印刷所	1911 年	俄国商人	
戬寿堂	1908 年前	哈同、罗迦陵	
满洲日日新闻社印刷工场	1908 年前	日本商人	
辽东新报印刷厂	1908 年前	日本人	
满洲日日新闻印刷厂	1908 年前	日本人	
兴亚印刷株式会社	1908 年前	日本商人	
泰东日报印刷工场	1908 年	日本人金子平吉	
英美烟青岛印刷厂	1913 年	英美烟公司	

资料来源:《中华印刷通史》(印刷工业出版社 1999 年版)、《西学东渐与晚清社会》(上海人民出版社 1994 年版)、《上海出版志》(上海社会科学院出版社 2000 年版)等。

(二)政府创设的官办出版机构

林则徐敏锐地意识到时局变动,在广州时着手派员翻译外国人创办的报纸,从中分析国外形势的变化。魏源在《海国图志》中对英国、德国等外国了解的中国情况进行了叙述,同时写道:"中国官府,全不知外国之政事,又不询问考求,故至今中国仍不知西洋,犹如我等至今未知亚洲内地之事"①,提出了要设置译馆,"欲制外夷者,必先悉夷情始。欲悉夷情者,必先立译馆译夷书始",同时,魏源已经看到了马礼逊等人关注中国的"史记言语"。19 世纪中后期,政府主持开展了洋务运动。洋务派为了学习西方科学技术,于同治年间开始大量翻译刊印西方图书。

1. 两大主要翻译机构

洋务派译刊西书活动始于京师同文馆。京师同文馆是洋务派为

---

① 魏源:《海国图志》,岳麓书社 1998 年版,第 1959 页。

培养外交翻译人才于同治元年（1862）奏准设立的外语学校。为使学生有翻译实践机会，同文馆也从事西书翻译活动。学生在馆学习五年，最后两年必须译书。教习也多有译著。同治十二年（1873）同文馆附设印刷所，备有中、西文活字4套，手摇印刷机7部。馆内师生译著均由印刷所铅印，具体情况见下文第二章第一节。光绪十二年（1886）专设纂修官两员，负责编辑加工润笔工作。同文馆至光绪二十七年（1901）合并到京师大学堂为止，共译刊西方图书200多部，其中以美国人丁韪良所译《万国公法》、中国人杨枢和长秀合译的《各国史略》、法国人毕利干所译的《化学阐原》影响较大。

同治六年（1867），李鸿章创建的江南机器制造总局附设了翻译馆，开始翻译西方图书。参加翻译的有徐寿、华蘅芳、李善兰等中国科技人员，也有充当"译手"的傅兰雅、林乐知、伟烈亚力等外国人。译书方法采用的是"西译中述"的方式。该馆在近40年中，共译出各类西书199种①，内容以自然科学、机械制造、兵工和造船为主，兼及史地、医学、国际公法等，其中属于历史类图书14种。

2. 地方官书局

1863年，曾国藩创设金陵书局，后改名江南书局，这是近代各省设立官书局之始。随后，苏、浙、鄂、湘、赣等省也仿效成立了各地官书局。这些官书局翻刻了大量的"正经""正史"之类的经典古籍。官书局创办的背景是很复杂的。经历太平天国运动的战火，中国的书籍遭到了损害，需要及时印刷补充。另外，乾嘉考证盛行，大批学人沉溺于考证，不闻于国家大事，"汉学诸人言言有据，字字有考，只向纸上与古人争训诂、形声，传注驳杂，援据群籍证佐，数百千条；反之身己心行，推之民人家国，了无益处，徒使人狂惑失守，不

---

① 邹振环：《江南制造局翻译馆与近代科技的引进》，《出版史料》1986年第6期。

得所用"①，且无补于社会局势的变化。因此，官书局刊刻宣传义理的经书以及史书。这些书局基本采用传统雕版印刷技术，质量上乘，刻印经史书籍，多少不等。1866 年，闽浙总督左宗棠在福州创办福建官书局，亦称正谊书局。为了加强对书局的管理，制定了《正谊书局规章》，文中写道："复校、分校值日必到局，不得顶替。日读二十页，校一千字，方为中程。其有才力过人，有增无减，记勤一次。年力就衰者，分校字数多少，随时酌定。不到者，记惰一次；勤惰不相抵；记惰十次者出局；顶替者即日出局；均停膏伙。每日提调设立课功勤惰册，以罚课程。"光绪年间，官书局达到鼎盛。据《官书局书目汇编》不完全统计，到清末，官书局刻书达千余种。随着"新政"的推行，官书局相继停办。

（三）学堂译书院

鸦片战争之后，西方传教士在华创办新式学堂，并较早地编纂了新式教科书。中国人创办的新式学堂集中出现在 19 世纪 90 年代，尤其是在戊戌变法前后。一些学堂也自办有编译所或印刷所，出版、发售新书，如南洋公学译书院、山西大学堂译书院、京师大学堂上海译书院等，最著名的自然是南洋公学译书院。其他像育才书塾、格致书院、南沪三等学堂等都是如此，并在报刊上大登广告。如育材书塾的"王氏育材书塾告白"，即说及其兼卖书，还作"育材学堂教科书出版广告"②；南沪三等学堂也曾在《新闻报》上做过"自撰便蒙新书""新出《训蒙读本读书乐智慧类》告成"等新书广告。1897 年，盛宣怀奏准创立上海南洋公学，附设有译书院。1898—1901 年，张元济任译书院院长。他主持出版了严复翻译的《原富》等书，影响较大。其

---

① 方东树：《汉学商兑》，朱维铮主编：《汉学师承记（外二种）》，生活·读书·新知三联书店 1998 年版，第 276 页。

② 《王氏育材书塾告白》，《新闻报》1901 年 2 月 26 日；《育材学堂教科书出版广告》，《中外日报》1902 年 8 月 21 日。

余出版物主要是学校教科书。直到 1902 年后才开始译刊各国政治、历史、科技方面的书籍。学校（学堂）附设印刷出版机构，主要是为了满足新式学堂教学的需要。随着民办出版机构的大量出现，市场图书供应的充裕，学校（学堂）附设的出版机构逐步退出了历史舞台。

（四）民办出版机构的创设

随着民办铅印、石印书局的建立和运作，中国近代出版业日趋成熟，而其标志是一大批民办出版机构的建立。维新派、革命派也都创办有出版事业，以加强宣传，推广新思想。

维新运动兴起后，维新派不仅创办了一系列的报刊宣传变法维新，而且将译印西方图书也作为他们宣传活动的重要内容。梁启超在论述维新派学会的十五项主要任务时，就将"择购西文各书，分门别类，以资翻译"① 作为其中一种。1895 年，康有为等组织了强学会。不久，强学会改为强学书局，"日以翻译西书，传播要闻为事"②。接着，康有为又到上海组织了强学分会。在上海强学分会所举"最重要四事"中，第一是"译印图书"，第二是"刊布报纸"。然而，他们的舆论宣传工作主要是创办报刊，在译印图书方面成果并不显著。维新派的主要图书出版机构是大同译书局。译书局于 1897 年创立于上海，康广仁任经理。关于该局的译印范围，梁启超在《大同译书局叙例》中写道："以东文为主，而辅以西文；以政学为先，而次以艺学。至旧译希见之本，邦人新著之书，其有精言，悉在采纳""本局首译各国变法之事，及将变未变之际一切情形之书，以备今日取法。译学堂各种功课，以便诵读。译宪法书，以明立国之本。译章程书，以资办事之用。译商务书，以兴中国商学，挽回利权"③。大同译书局自创

---

① 梁启超：《论学会》，中国史学会编：《戊戌变法》（四），上海人民出版社 1957 年版，第 376 页。
② 梁启超：《论学会》，《饮冰室合集·文集之一》，中华书局 1989 年版，第 33 页。
③ 梁启超：《大同译书局叙例》，《饮冰室合集·文集之二》，第 58 页。

设至戊戌政变发生存在了 1 年时间，共刊印了 10 余种书籍，较重要的有《大彼得变政考》《英人强卖鸦片记》《瑞士变政记》《俄土战纪》等译著和《经世文新篇》《新学伪经考》《孔子改制考》《春秋董氏学》《中西学门径》等维新派论著。译书公会是其创办的另一出版机构。1897 年，译书公会成立于上海，由董康、赵元益主持。该会以"采译泰西东切用书籍为宗旨……兹已向伦敦、巴黎各大书肆，多购近时切要之书，精延翻译高手，凡有关政治、学校、律例、天文、舆地、光化、电汽（气）诸学，矿务、商务、农学、军制者，次第译成，以餍海内同志先睹为快之意。至日本为同文之国，所译西籍最多，以和文中文取径较易，本会尤为此兢兢焉"①。该会首批译刊的有《五洲通志》《东游随笔》《交涉纪事本末》《泰西志林》等。一些地方的新学学会也纷纷效仿，刻印新学书籍，如湖南衡州任学会以"弘毅"为目标，"设立书会，刻时务丛书，贱价卖售"，拟设格致书院，以开民智②。维新派刊印的图书以介绍各国社会政治、历史、地理、律例和宣传维新变法理论的居多，这适应了维新派要求学习西方制度、实行政治改革的需要。在维新变法失败后，康有为、梁启超及其弟子、支持者继续利用出版业宣传自己的主张，在上海投资创办的广智书局即是代表。

　　1895 年前后，民族危机进一步加深，社会精英开始思考应对社会变化的策略。戊戌变法以后，一些知识分子对朝廷失去信心，使用极端的办法解决中国社会问题。1895 年开始，革命派翻印大量明末图书，如《扬州十日记》《嘉定屠城记》《亡明流血史》等，以此反对满洲贵族的民族压迫政策。革命派的图书出版活动主要是直接鼓吹民族民主革命，而翻译外国书籍不占主要地位。当时革命派出版发行的革命书籍主要分为以下五类：

---

① 《上海新立译书公会章程》，中国史学会编：《戊戌变法》（四），第 459 页。
② 《衡州任学会章程》，中国史学会编：《戊戌变法》（四），第 473、474 页。

第一类是宣传民族民主革命的政论著作，如邹容的《革命军》，陈天华的《猛回头》《警世钟》，章太炎的《驳康有为论革命书》《訄书》，刘师培的《攘书》，杨守仁的《新湖南》，黄藻的《黄帝魂》等；

第二类是宣传反清民族革命的历史书籍，如《陆沉丛书》、《荡虏丛书》、陈去病的《清秘史》、陶成章的《中国民族权力消长史》等；

第三类是赞颂革命志士、民族英雄的人物传记，如《三十三年落花梦》《孙逸仙》《沈荩》《郑成功传》等；

第四类是民族独立著作，如《美国独立战史》《法兰西革命史》《华盛顿》《林肯》《俄国蚕食亚洲史》《美国垂涎中国近事》等；

第五类是介绍西方各种社会主义思潮的著作，如《近世社会主义》《无政府主义》《社会党》等。

据不完全统计，到武昌起义爆发前，革命派刊印的各类图书达206种①。为了推进图书的出版，在全国各地革命派也设立了图书编译（印刷）发行分支机构，如湖北的乐群印刷社、教育图书社，湖南民译社、湖南编译社，福建的福州书报社，上海的镜今书局、东大陆译印局、国学社、作新社等②。这些倾向革命的出版机构，在1912年后，编印出版了大量和革命有关的著作，如《中华民国开国史》《武汉革命始末记》《辛亥革命始末记》《中国同盟会革命史讲稿》《共和人物甲集》《孙文小史》等。

此时，除了维新派和革命派的出版机构，其他民办出版机构不断涌现。商务印书馆是其中一个重要代表，编辑出版了《帝国丛书》《地理丛书》《最新教科书》等。商务印书馆的创办，对新式民办出版业的发展起了重大的推动作用。继它之后，文明书局、开明书店、

①　张予英：《辛亥革命书征》，张静庐辑注：《中国近现代出版史料·初编》，第140页。该文后有附录，专门介绍当时译介（编纂）的外国史著作。

②　方汉奇：《中国近代报刊史》上册，山西教育出版社2012年版，第281—289页。

小说林、群学社、中华书局、大东书局、世界书局等均在西方图书出版方面做出贡献。

三　西方史学输入的媒介与窗口

近代以前，中西史学各自独立发展，几乎没有任何交集。近代以来，面对急剧变化的社会情势，中国传统史学实现了现代转型，史书撰写目的、内容、体裁、体例都或多或少地发生了变化。中国史学发生变化的一个诱因就是中国的精英知识分子群体受到了近代出版机构出版著作的影响。图书刊刻古已有之，但是近代出版机构出版的图书内容、方式、图书来源、传播路径、阅读对象，都与传统刻书业有所不同。

近代出版机构刊发的图书介绍了相当丰富的西学知识，从自然科学、人文科学、社会科学到工程技术、医学、天文、地理等，无所不包。有相当多的知识为中国先前所未涉猎。从一定意义上讲，这些知识对改变中国人的历史观念，树立全球观念、全球意识，都起到了先导作用。出版机构印刷的译自外国历史、地理、政治等书籍，以及印刷中国精英群体撰写的新式历史书籍，成为沟通中外史学的桥梁。近代报刊、社论、历史著作构成了精英群体交互重叠的认识结构。近代新闻业和出版业的突飞猛进对新知识分子群体的出现起到了推动作用，而新式知识分子又通过撰写、译介历史著作，反作用于出版机构。因而，近代出版机构成为西方史学输入中国的媒介与窗口。本书所使用的西方史学概念，既包括外国出版的历史图书，也包括由外国人撰写在中国出版的图书。从四部之学到七科之学，近代中国学科划分还处于模仿和探索时期，本书对"历史类"图书的使用范畴遵循当时人的认识，不以当下学科认识为标准。

从19世纪初开始，欧美传教士又重新踏上中土，有的独立译介外文著作，有的与中国知识分子合作，还有的到中国的出版机构从事编译国外史地著作的工作，从而将西方近代的史学观念和写作方式带到中国。不过，由于传教士本身知识结构的局限，其主要使命还在于进行宗教传播，所以他们对西方史学的认识较为肤浅。西方传教士参与译介的西方史学著作，对中国知识分子观念变迁产生了重要影响，成为变革中国传统史学的思想资源。赫德聘请艾约瑟主持的中国海关印刷所出版的《希腊志略》《罗马志略》《欧洲史略》《西学略述》等史书，成为最早在中国出版的希腊史、罗马史著作。广学会翻译出版的《万国通史》《万国通鉴》《俄史辑译》《泰西新史揽要》《中东战纪本末》《古世文明》《近世史略》《五洲史略》《三十国志要》等史书五十余种。广学会出版的图书对光绪帝、李鸿章、张之洞、曾纪泽、岑春煊、孙宝瑄、康有为、梁启超、谭嗣同、蔡元培等人都产生过重要影响，在他们的著作或回忆录中有所体现。广学会出版的史书以尖锐、激烈的言辞，批评中国的积习，评论中国的政治。广学会出版的历史类图书，体例多变、内容新颖、思想激进，阐发的变法改制思想，加速了有识之士为国家前途和命运进行抗争的行动，对中华民族的振兴起到了鼓舞作用。

洋务运动时期，中国政府成立的同文馆、江南制造局翻译馆以及一些学堂附设的翻译馆翻译出版了大量西方史学著作。江南制造局翻译馆出版历史类图书 14 种，比较有影响的包括《四裔编年表》《东方交涉记》《列国岁计政要》《俄国新志》《法国新志》《一八九八年之西美战史》等①。山西大学堂译书院翻译出版了《迈尔通史》《俄国新史》《世界商业史》《十九周新学史》《万国纪略》等史学著作。这些图书传播了西方国家发展史、政治、经济、法律、外交等方面的最新内容，给当时的思想界以启发。梁启超在《西学书目表》中对以上史学著作有述评。山西大学堂译书院所译各类教科书，为当时诸多大、中学堂所采用，对解学堂燃眉之急的缺乏教科书问题确实起到了

---

① 赵少峰：《江南制造局翻译馆与晚清西史译介》，《学术探索》2010 年第 5 期。

重要的作用，也为中西文化的交流做出积极的贡献。

　　域外史学对中国传统史学的现代转型产生直接影响是在 19 世纪末戊戌变法后，尤其是 20 世纪初年。此时，西方史学在中国引入的规模是空前的，主要取道于日本，传播主体由传教士转变为海外留学生、社会精英群体，直接引发了 20 世纪初年"新史学"思潮，开启了本土史学现代化的进程。作新社出版了《日本维新三十年大事记》《最近外交史》《万国历史》《十九世纪欧洲政治史论》《世界文明史》《世界上古史》《世界近世史》《五大洲三十年战史》《法国革命史》等三十余种；广智书局出版《东邦近世史》《欧洲十九世纪史》《土耳机史》《亚西里亚巴比伦史》《埃及近世史》《日本维新三十年史》《希腊独立史》《世界近世史》《中国文明小史》《日本维新慷慨史》《欧洲财政史》等八十余种，其中译介自外国六十余种①；商务印书馆 1911 年前出版了《世界近世史》《世界文明史》《世界历史问答》《泰西民族文明史》《亚美利加洲通史》《希腊史》《法兰西史》《罗马史》《日耳曼史》等历史类图书三十余种，商务印书馆还出版了多种历史教科书。

　　国外历史教科书（包括中国史、东洋史、西洋史、万国史）同样对域外史学的东传起到了重要作用。为了缓解清末新式学堂教科书短缺的问题，出版机构译介和编纂了国外历史教科书。这些历史课本蕴含了大量的西学新知，是传播西方史学的一种媒介。这些历史教科书传播了西方史学观念。20 世纪初，在中国传播的域外史学内容比较广泛，包括进化史观、民史思想、科学史观、人种史观、英雄史观、地理史观、文明史观等史学理论与方法，对我国史学影响最大的是西方（日本）的文明史学。20 世纪初，法国孟德斯鸠、伏尔泰，基佐的文明史学、英国巴克尔的文明史学、日本的文明史学，不同程度地输入中国，对本土史学的发展产生了深刻的影响。"新史学"思潮的灵魂

---

① 赵少峰：《略论广智书局的日本史书译介活动》，《史学史研究》2016 年第 3 期。

就是文明史学，所以时人把梁启超《新史学》也视为文明史著作。与文明史学在中国的走红形成鲜明对比的是兰克史学。以史料批评为特征的兰克史学虽然随着晚清欧风美雨的大潮流传到中国，但当时我国的学术和政治最需要的是文明史学的批判特性，特别是要廓清人们头脑中的陈腐观念，还没有做好充分准备迎接兰克史学的到来。兰克史学在中国早期处境颇受冷遇，与其在民国史坛呼风唤雨的霸权地位相比有天壤之别。

四 国内外研究现状

中国史学的演进主要受四个方面因素的影响：社会的变革与文化发展；史学自身求变与历史编纂的变化；出版技术的革新；社会新兴阶层的积极推动。四个因素在近代中国社会体现得尤其明显。通过近代出版机构透视中国近代史学发展，可以更清晰地认识中国史学转型的时代条件、内外动力和发展路径，拓展中国近代史学史研究的内容和范围。同时，可以丰富中外文化交流史的内容，推动近代中国社会史、出版史的研究。近代出版机构以文字的形式批量向固定的受众发行，是中外文化交流的重要载体。通过新兴传媒透视知识的传播，可审视近代不同地域知识分子"新""旧"差异以及社会参与程度之别，丰富社会史研究内容。近代图书出版在技术支持、版权保护、协会管理等方面更加规范，是中国出版史研究的重要内容。

现代意义上的出版与印刷是两个不同的概念。但是，从古代至近代，二者往往没有进行严格的区分，而是紧密联系在一起。近代意义上的出版业是包括印刷业的。因此，本书在撰写的过程中，使用近代出版机构概念时也包含了单纯以印刷为主的机构，比如中国海关印刷所。下面从三个方面，对中国近代出版机构、西方史学传播以及二者关系的研究做一个简单勾勒，限于篇幅，不能面面俱到。

（一）关于中国近代出版机构研究

19 世纪末 20 世纪初，梁启超、徐维则、顾燮光等已经对"新学"书目进行了整理。20 世纪中期，张静庐的《中国近代出版史料》出版，随后叶再生、宋原放等学者也都编纂有多卷本出版史料（含近代部分）汇编著作，这是我们了解和掌握近代出版业的基础。周振鹤、熊月之以及北京图书馆编纂的书目汇编①，对了解清末民初的图书出版提供了很好的参照。对出版机构进行研究的学者主要集中在历史学、传播学、编辑出版学等领域，尤其是从事历史学和编辑出版的专家对此情有独钟。20 世纪 80 年代，《出版史料》杂志开展了出版史料的整理和研究。当代学者对西方传教士在华设立的出版机构、民营出版机构等进行了宏观研究和个案分析。如王云五、汪家熔、熊月之、元青、胡国祥、高黎平、邹振环、王建辉等。

域外汉学家也对中国近代出版机构进行了研究。一是近代来华外国人归国后对中国出版活动的回忆，如傅兰雅、伟烈亚力、季理斐以及中华续行委办会调查特委会等。二是西方汉学家对中国出版活动研究，如何凯立、戴吉礼等域外汉学家的成果。美国学者白瑞华撰写有《中国近代报刊史》，分析了 1800—1912 年外国人在华创办的报刊情况②。

（二）关于西方史学传播研究

中国史学从古代到近代的演进和转型，外国史学的传播发挥了"助力"作用。清末民初西方史学传播受到了诸多学者的关注。晚清蒋敦复、王韬、严复、康有为、唐才常、梁启超、陈黻宸等人已经敏锐地觉察到了西方史学传播对中国的影响。20 世纪 50 年代前后，周

---

① 周振鹤编：《晚清营业书目》（上海书店出版社 2005 年版）、熊月之编《晚清新学书目提要》（上海书店出版社 2007 年版）、《近代译书目》（北京图书馆出版社 2003 年版）。

② ［美］白瑞华：《中国近代报刊史》，苏世军译，中央编译出版社 2013 年版。

予同、顾颉刚、齐思和等学者都发表有专门论述文章。20 世纪 80 年代，白寿彝、吴泽等学者撰写的近代中国史学论著中专门探讨西方史学传播的影响。陈其泰在《中国近代史学的历程》中指出，"近代史学先后出现过三次意义重大的飞跃"，这三次"飞跃"都与西方史学传播有关。俞旦初对外国的爱国人物、"亡国史鉴"、法国革命史等在中国的传播过程进行了梳理。张广智对西方史学、苏联史学输入中国的行程进行了论述，并对西方史学流派的传播与反响进行了个案研究①。乔治忠、胡逢祥、张越、周文玖等学者在论述中国史学思潮与流派等问题时，同样分析了西方史学传播的影响。

进入 21 世纪以来，研究视角多样，相关论述逐渐增多。刘俐娜的《由传统走向现代：论中国史学的转型》、邹振环的《西方传教士与晚清西史东渐》都是代表性著作。朱发建、李勇、李孝迁等学者在西方史学理论传播、中国近代史学学科化、历史教科书编纂等方面进行了分析研究。王晓秋、钟放、王先明等学者对中日史学交流的内容和史家活动进行了宏观分析和个案研究。

（三）中国近代出版机构与西方史学传播研究

学界从中国近代出版机构个案探讨西方史学传播，已经取得了一定进展，成果主要集中在江南制造局翻译馆、广学会、商务印书馆等较有影响的出版机构上。研究成果分析了这些机构译介出版西方史著的起因、内容、翻译群体和社会反响，如《过渡时代的译才：江南制造局翻译馆的中国译员群体探析》《广学会与晚清西史东渐》《商务印书馆历史类出版物与中国近代史学（1897—1949）》等。近代报刊也属于新兴媒体，有些报刊亦由出版机构主办，刘兰肖的《晚清报刊与近代史学》主要从报刊角度论述西方史学传播的内容。

以上研究成果具有开拓之功，为后续研究的拓展提供了重要基

---

① 张广智主编：《20 世纪中外史学交流》，北京师范大学出版社 2007 年版。

础。同样，我们也应该看到研究的薄弱之处：一是从事近代出版机构研究的学者很少关注西方史学传播，从事中国近代史学研究的学者很少从出版机构视角探讨西方史学传播路径；二是关于中国近代出版机构与西方史学传播的个案研究成果相对较多，但是对近代各类出版机构在西方史学著作译介个性和共性特征的探讨较少；三是作为近代新兴传媒，出版机构在知识分子舆论动员和思想启蒙上具有的作用尚有拓展空间。本书将在这些方面进行尝试性回应。

五　研究重点

1840—1919 年这八十年的时间，域外史学与中国史学的互动成为中国史学史研究不可或缺的内容。史学史研究的内容既包括本国史学家及其史学思想、史学著作的研究，也包括外国史学输入及其反响的研究。中外学术的交流与扩展，丰富了这八十年中国史学史的内容，成为史学史研究学科的一个新的增长点①。从中国的社会变革与中国史学史的发展过程来看，本书大体以 1895 年为界分为前后两大部分。前后两期根据不同派别与主张又可以分为不同的阶段。本书重点分析以传教士、清政府、留学生、民间企业等创设的出版机构，并对不同出版机构设立的目的、成效、史学译介活动、社会反响等方面进行着重叙述。

本书在撰写过程中既注重分析前后各阶段的变化，同时照顾各派别之间的活动及其成绩。在研究过程中做到以下几个方面。

一是分析外国史学输入中国的内容及其变化。中西方人的思维有着较大的差异。中国人心目中崇拜的并不是骑士英雄，而是读书识字的饱学之士。"中国服官之众、读书之士，其于中国古训，自己烂熟于胸"，读史书、经书是学者、官员的"必修课"。无论是传教士创

---

① 张广智：《导论》，《20 世纪中外史学交流》，第 9 页。

办的出版机构，还是政府为主创设的翻译机构，甚至后来留学生、商人等投资建立的商业出版机构，史书都是出版的一个重要内容。以传教士为主体译介的史书与中国人自己译介的史书在选择对象、用词、传播过程、社会反响等方面有一定的差异。弄清外国史学输入中国的内容及其前后期的变化是一项重要工作。

二是认识域外史学对中国社会问题的评价及反响。域外史学输入中国学界，对中国的社会问题、历史发展、史学发展持何种态度，即"史学批评""社会批评"，是否为中国学者所接受，在中国社会发展过程中产生了何种反响。从研究成果来看，新闻业和出版业对中国的社会精英群体产生了重要影响，社会精英群体通过史学著作的阅读获得知识，知识的内化又反作用于社会。

三是探讨域外史学输入过程中的主体意识问题。中国传统史学有自己的优势和长处，然而在面对社会急剧变革之时，又不能寻求到治理社会的应对之策。西方史学以先进的史学观念、新的史书体裁体例、新鲜的史学内容和令人耳目一新的时代新话语，提出了应对世界局势和中国形势的方案，受到了社会精英群体的认同。中国读书人对域外史学、政治变革等内容的传播进行了不同程度的解读，产生了差异化的认知。中国知识分子群体对美欧日和非欧美地区产生了不同认识，对非欧美地区表现出了认同。不可否认的是，中国学者受到西方史学很大的影响，特别是在科举制度废除之前，为了应对考试，科举士子不得不阅读西史著作。但是，中国学者并没有丧失主体意识，笔者专门比较了梁廷枏的《合省国说》与裨治文的《美理哥合省国志略》，发现著者并没有完全抄袭裨治文的论著，而是在个人认识的基础上重新进行了编排，加上了评论。中国知识精英的做法，正如冯桂芬在《校邠庐抗议》中提出的观点，"始则师而法之，继则比而齐之，终则驾而上之"①。

---

① 冯桂芬：《校邠庐抗议·制洋器议》，上海书店出版社2002年版。

　　四是域外史学传播与中国史学演进问题。历史学的研究，不仅要关注历史学自身的发展，还要观照外部因素的影响。内因和外因共同作用，推动了历史学向前发展。"现代史学若干场景的出现，往往不是内发，而更多地归于外塑。"① 中国史学汲取了域外史学的有益"营养"，在史学研究方法、史学研究内容、史学编纂体例等方面做出革新，推动了现代史学发展。可以说，域外史学通过出版机构的传播，对中国史学演进起到了"助推器"的作用。归根结底，外因要通过内因发挥作用。一旦知识精英的认识上升到集体性行为，甚或政府的决策，那么将会发生质的变化。林则徐、王韬、容闳、张德彝、严复等人都是立于时代潮头的先锋人物，然而都以悲剧化的人生结局而落幕。他们都提出了史学变革的重要性，但他们又都处于"失语"状态。

　　本书重点对 1840—1919 年的出版机构与西方史学传播间的互动进行探讨。近代中国出版机构数量众多，笔者限于时间和精力，也只能对数家有重大影响的出版机构进行专题性分析和论述。这数家出版机构只是个掠影，并不能代表所有出版机构，期待在将来条件具备后，一点点地进行开拓。出版机构中涉及的人员众多，出版的图书在流传过程中有的已经亡佚，有的难以找寻。所以，本书在撰写过程中只能浅尝辄止，略画图景，深入探讨留待将来时机成熟再做补充。

---

① 张广智主编：《20 世纪中外史学交流》，第 3 页。

第一章　西方出版机构与
西方史学传播

　　传教士创立出版机构源于两方面：一方面，在地域广阔、人口众多的中国传教，需要大量布道书籍；另一方面，基督教（新教）与天主教相比，有着较强的世俗观念，强调通过一些文化传播活动，譬如翻译、印刷一些科学技术和文学艺术方面的书籍，以及出版一些刊载新闻时事的报纸和期刊，来推动布道事业的发展。广学会的狄考文认为，"有些人准备反对整个教育工作，不愿将西方科学传入中国。这既不是正确政策也不是真正的新教教义……在中国我们不能够不从事教育。不管我们愿意与否，西方科学正在传入中国"①。事实上，传教士创办的出版机构是服务于西方殖民主义者对中国的侵略，他们出版的一些有关西方先进科学技术知识、世界史地知识、国际关系的书籍客观上对中国社会变革发挥过积极作用。

第一节　在华实用知识传播会

　　鸦片战争前，在中国经商、传教的外国人并不是很多。他们为了相互协助发展，先后成立了各种社团组织，如广东外商总会（Canton

---

　　① ［美］狄考文：《如何使教育最有效地在中国推进基督教事业》，陈学恂主编：《中国近代教育史教学参考资料》下册，人民教育出版社1987年版，第17页。

General Chamber of Commerce)、在华基督徒联合会（Christian Union in China)、在华实用知识传播会①（The Society for the Diffusion of Useful Knowledge in China)、海员朋友协会（Seamens Friend Association)、马礼逊教育会（Morrison Education Society)、中华医药传教会（Medical Missionary Society in China）等。在华实用知识传播会是 1840 年前传教士在中国设立较早的出版机构，该会曾在新加坡设立坚夏书院，出版了裨治文的《美理哥合省国志略》《广东方言撮要》和郭实腊主编的《东西洋考每月统记传》《大英国统志》《古今万国纲鉴》等著作。《美理哥合省国志略》是近代第一本中文美国史，《东西洋考每月统记传》中介绍了丰富的国外史地知识。鸦片战争前，《美理哥合省国志略》《东西洋考每月统记传》成为国人了解域外世界的重要途径。

一　在华实用知识传播会之设立

在 1840 年之前，中国"闭关锁国"政策非常严格，"夷夏之辨"思想贯彻在对外交往事务中。初来中国的传教士已经有非常深刻的体会。美国传教士裨治文写道："在中国这个古老的帝国，情况却恰好相反，由于其知识上的退步，她在以不小的幅度走向衰落。中国人拥有大量的学校和高级头衔的文人，这为求知提供了驱动因素。可是，尽管很多人在学习，但他们的知识没有增长。"② 英国传教士麦都思在《东西史记和合》写道："主要是针对中国人妄自尊大的习惯，中国人惯于吹嘘他们上古以来的历史，对欧洲相对较短的文化传统嗤之以鼻，并暗自嘲讽我们没有任何有关公元前的记载。"③ 该文后在《东西洋考每月统记传》上发表。特别是在经历了 1834 年的"律劳卑事

---

① 又译为"中国益智会"。

② ［美］裨治文：《发刊词》，《中国丛报》1833 年第 5 期。

③ 《麦都思来信》，《教士先驱报》1929 年第 1 期；转引自［美］雷孜智《千禧年的感召：美国第一位来华新教传教士裨治文传》，尹文涓译，广西师范大学出版社 2008 年版，第 103 页。

件"，以战争推进贸易的开展，清廷更是加紧了对来华外国人的监视。面对异质文化所带来的冲击，清廷要求各地对外国人出版的"夷邦邪恶淫秽之书籍"严查销毁。传教士们开始考虑改变向中国人传播福音的策略。

传教士经过对中国经史子集的学习认为，中国文化博大深邃，但是实用科学知识严重匮乏。在此情形之下，他们试图通过向中国输入实用知识，改变中国人的观念。在华实用知识传播会受到英国在 1828 年所成立的实用知识传播会的影响①。

在美国传教士裨治文和荷兰传道会（Netherlands Missionary Society）宣教士郭实腊的推动与主导下，在华实用知识传播会于 1834 年 11 月 29 日在广州正式成立。此次成立大会的记录发表在《中国丛报》上，会议选出了一个负责日常工作的机构。他们的构成是：英国怡和洋行（Jardine, Matheson and Company）的马地臣（James Matheson）当选为会长，美国商人奥利芬（D. W. C. Olyphant）当选为司库委员，其他成员有魏特莫（W. S. Wetmore）、伊纳（James Innes）、弗克斯（Thomas Fox）、裨治文、郭实腊、马儒翰（John Robert Morrison）等，其中裨治文、郭实腊兼任委员会中文秘书，马儒翰兼任英文秘书。

大会通过了《在华实用知识传播会宗旨》和《在华实用知识传播会规程》。根据规程，在华实用知识传播会会员分为住民会员（Resident member）、通讯会员（Corresponding member）和名誉会员（Honorary member）三种。住民会员每人每年必须至少缴纳 10 元会费，其他各种捐赠多者不拒。协会每年刊印出经费年度收支报告。每捐赠 25 元将得到一份年度报告和一套该年度协会出版物。居住在其他国家并赞同协会宗旨的个人将受邀组成国外基金辅助会。任何国外辅助会，只要每年提供 50 元基金，就可得到 10 份年度报告和一套在华实用知识传播会全年出版物。在华实用知识传播会自 1834 年成立至 1839 年

---

① 张海林：《在华实用知识传播会探析》，《南京大学学报》2005 年第 1 期。

停止活动，共存在了 5 年时间，约有会员 83 人①。

该会认为，西方国家迅速发展得益于"科学的光芒和真理的力量"，是"实用知识传播的结果"。在华实用知识传播会要改变中国的"麻木""妄自尊大""无知"，唤醒他们的能量，激发他们追求知识的动力②，认识西方国家的历史和国情。参加会议的成员一致认为，"虽然任务是艰巨的，但回报将是巨大的。从任何一个方面看，最后的结局不仅是伟大卓越的，而且是最安全、最干净的"。

在华实用知识传播会的主要工作是出版和推广中文书刊，在鸦片战争爆发前，在华实用知识传播会已出版了多种图书，向中国读者详细介绍西方国家的历史、地理、政治等内容。但是，在清廷文化政策控制之下，他们的预期出版目标很难实现。后来，在华实用知识传播会在新加坡设立坚夏书院，出版中西书刊。《东西洋考每月统记传》（1837 年以后部分和部分重刊）、《美理哥合省国志略》即在坚夏书院出版。

二　《东西洋考每月统记传》中的史学篇章

《东西洋考每月统记传》原是郭实腊个人于 1833 年 8 月在中国境内创办的中文月刊，出至第 12 期便因"律劳卑事件"遭禁停刊。在华实用知识传播会成立后将之收购，转为协会出版物。裨治文和郭实腊是它的主要编撰人。1837 年 1 月，第一期新编《东西洋考每月统记传》出版发行。原已出版的十二期也由传播会再版发行。

（一）编纂宗旨

《东西洋考每月统记传》（*Eastern Western Monthly Magazine*，简称为《东西洋考》）于 1833 年 8 月 1 日（六月十六日）创刊于广州，1837 年迁到新加坡，1838 年 9 月停刊。曾出版合订本多卷。它的出

---

① 张海林：《在华实用知识传播会探析》，《南京大学学报》2005 年第 1 期。

② ［美］雷孜智：《千禧年的感召：美国第一位来华新教传教士裨治文传》，第 105 页。

版和发行过程都是比较复杂的，在广州出版期间由传教士郭实腊①
(Karl Friedrich August Gützlaff) 编纂，署名爱汉者，迁到新加坡后由
中国益智会负责②。经黄时鉴搜集整理，中华书局 1997 年影印出版共
39 期，其中完全重刊的有 6 期。

关于该刊的编纂旨趣，郭实腊为筹款给在华外国人的宣传材料上
有明确的表述："当文明几乎在地球各处进步并超越无知与谬误之时，
即使排斥异见的印度人也开始用他们自己的语言出版若干期刊，唯独
中国人却一如既往，依然故我。虽然我们与他们长久交往，他们仍自
称为天下诸民族之首尊，并视所有其他民族为'蛮夷'。如此妄自尊
大，严重影响到广州的外国居民的利益，以及与中国人的交往……编
者用巧妙的手法表达，我们确实不是'蛮夷'，并用展示事实的手法，
使中国人相信他们仍有许多东西要学。"③ 郭实腊的目的是想通过输入
西方的科技、地理、历史知识，改变中国人对待西方的传统观念，维
护在华利益，但同样，在《东西洋考》第一期的《序》中，他针对
中国读者再次重申了这种想法，"盖学问渺茫，普天下以各样百艺文
满，虽话殊异其体一而矣。人之才不同，国之知分别，合诸人之知
识，致知在格物，此之谓也""结其外中之绸缪，倘子视外国与中国
人当兄弟也。请善读者仰体焉，不轻视远人之文矣……合四海为一
家，联万姓为一体，中外无异视"④。由此可见，郭实腊还是以比较委
婉的方式来说服中国人接受西方的异质文化。

郭实腊有很好的语言天赋，通晓英、德、中、日、荷兰等多种语

---

① 郭实腊又译作郭士立、郭甲利、郭施拉、郭实猎等。1803 年出生于普鲁士。曾受
荷兰布道会的领导，1829 年脱离此会，不久加入英国伦敦传教会。详见 Alexander Wylie：
Memorials of Protestant Missionaries to the Chinese，Shanghai：American Presbyterian Mission Press，
1867，pp. 54 – 56。

② 见《〈东西洋考每月统记传〉影印本导言》，黄时鉴整理：《东西洋考每月统记传》，
中华书局 1997 年版，第 6—10 页。

③ Roswell S. Britton：*The Chinese Periodical Press 1800 – 1912*，Shanghai：Kelly & Walsh，
1933，pp. 24 – 25.

④ 《序》，《东西洋考每月统记传》，第 3 页。

言。在这份杂志每一期的封面上都有儒家思想中的经典句子"人无远虑必有近忧""皇天无亲惟德是依""好问则裕自用则小""德者性之端也，艺者德之华也""儒者，博学而不穷，笃行而不倦""唯君子能好其正，小人毒其正"，等等。在序、论以及他撰写的评论中也会大段地引用儒家经典。丁酉年正月复刊《序》中，他同样引用《论语》《中庸》中大量经典语句。处于新一轮西学东渐初期，这份期刊同后来出版的其他期刊不同，它很少对中国的文化和现实提出批评意见，更多的是发挥中西文化的吸引力来获取更多的读者，这种做法无疑对期刊的发行和影响起到了重要作用。

在纪年上，《东西洋考》以中国的皇帝纪年为主，同时也附有西方公元纪年。在宣传内容上，它涉及的内容非常广泛，对杂志栏目进行分类编纂，包括历史、地理、经济、新闻、天文、科技等，这些栏目基本固定。在每份期刊的首篇一般是《序》或《论》，接下来就是对"历史"的介绍，由此也可以看出编纂者对历史的重视。单从史学编纂内容而言，无论介绍上古史还是"中外史记"，编纂者都是为了改变中国人藐视西方及其文化的观念，"展发中国与外国之对联史""致明古今中外史记之美"，使人"景仰各国之圣贤者"[1]。与此前创办的《察世俗每月统记传》相比，两种期刊创办的目的是一样的，但是传播基督教已不是这份期刊的主要内容，"解释教义的专文没有了，阐发基督教义已不是刊物的基本要务"[2]。《东西洋考》成为由牧师编纂的世俗刊物，它刊登了大量西方文明的知识，成为近代前期中国人了解世界信息的一个窗口。[3]

（二）《东西史记和合》与《史记和合纲要》

《东西史记和合》（*Comparative Chronology*）是英国伦敦会（Lon-

---

① 《序》，《东西洋考每月统记传》，第191页。

② 方汉奇：《中国新闻事业通史》第1卷，中国人民大学出版社1992年版，第266页。

③ 对于"知识"和"信息"，有些学者作了区别，笔者在此借用。"信息"是原始素材，是特殊的存在之物；"知识"是经过加工的素材，是经由思维处理和体系化了的东西。见《新史学》第2卷，中华书局2008年版，第9页。

don Missionary Society）传教士麦都思 1829 年在巴达维亚出版的单行本图书，全书 40 页。1829 年、1833 年两度在马六甲重印，后改为 30 页①。《东西洋考》从创刊号起分十一次转载了此书。《东西史记和合》中，"东史"即中国史，起自盘古开天地，迄于明亡；"西史"即指古代西方历史和英国王朝历史，起自上帝造天地，迄于英吉利"哪耳慢"（诺曼）王朝。在叙述方式上，上半部分叙述中国历史，下半部分对应叙述西方历史。

如记创世之始，上记中国史："盘古氏，为开辟首君，生于大荒，莫知其始，又不测其终，且言或在位一百年。按天地初分之时，盘古生于其中，能知天地高低及造化之理。故俗传曰盘古分天地。司马迁《史记》不录三皇，以其茫昧，况盘古在三皇之前乎。"下记西方史："亚大麦，当初神天，即上帝造化天地及造世人，是亚大麦性乃本善，惟有恶鬼现有蛇样，以罪诱惑，故人性变恶，陷于艰苦也。时有神言，必降耶稣，以功救世，灭绝鬼蛇矣，且龙为蛇类，而世人多惑于龙，视之如神，窃谓自此而起乎？"② 随后，又分列伏羲、女娲、神农、有熊等中国传说中的历史人物，一一对应西方历史中的传说人物。

中西历史对应的年代分别是商朝对应以色耳神朝；周纪对应以色耳王朝；秦汉对应以色耳王朝和罗马；西汉、东汉、西晋、北朝、隋朝对应罗马王朝和英国撒孙王朝；唐朝对应英国撒孙王朝；五代、宋朝对应英国撒孙王朝、哪耳慢王朝；宋、元对应英国哪耳慢王朝；明朝对应哪耳慢王朝。

《史记和合纲要》刊于道光丁酉年（1837）七月号，可以称作《东西史记和合》的补篇。从行文的用词来看，作者很可能是郭实腊

---

① Alexander Wylie：*Memorials of Protestant Missionaries to the Chinese*，Shanghai：American Presbyterian Mission Press，1867，p. 30.

② 《东西史记和合》，《东西洋考每月统记传》，第 4 页。

本人。在叙述方式上以中国的皇帝纪年为主，介绍了自顺治年间至道光十一年欧洲列国的发展史。涉及英国、法国、荷兰、普鲁士、俄国、西班牙、土耳其等国家的发展，国与国之间的战争，以及美洲、非洲的发展情况。如记道光二十一年间，"法兰西民立新主，西班牙兴，土耳其甚衰，意大理北方不悦其地主，勾串作毙，惟耗损而服矣。且俄罗斯之西方有一国称之波林，因世家妄强搅唆，发于其政，害于其事，故国衰矣，俄罗斯军强侵夺三分之二"。在欧洲列国到处开垦新殖民地的同时，亚洲却还未觉醒，"大清年间而四方改变，惟亚细亚大地陆尚不变也。南方之管辖衰弱，欧罗巴人掌之，天下莫不悦服。惟北方鞑子与西域之民素勇猛，现欧罗巴人给戴嚼子，则战策武艺兴焉。诚恐俄罗斯国服之"①。既概述了东西方两大洲的差异，又介绍了最新的国际形势发展动向。

　基督教历史编纂学的特点表现为，根据基督教的原理而写的任何历史，"必然是普遍的、神意的、天启的和划分时期的"，作为一部世界历史要追溯到人类的起源，将种种事件归于神意的作用，以基督的诞生将历史分为前后两个时期，同时重视主要历史事件的叙述等②。《东西史记和合》与《史记和合纲要》显然具备了这些特征，但是作者撰述思想是否直接来源于这种编纂思想，尚难定论。这两部著作（文章）作为"中文著作中比较叙述中西历史的首次尝试"③，是具有深远意义的。将自创世之始至道光年间的中西史事作了简单的比较，克服了历史撰述中的狭隘见识，将中西历史发展放到更加广阔的背景下来考察，使阅读者能够改变世界观念，产生了解世界的冲动和欲望。当然，作者对一些重大历史事件如文艺复兴、新大陆的发现、工业革命、法国大革命等，只是提及并未进行展开论述，这不能不说和

---

① 《史记和合纲要》，《东西洋考每月统记传》，第 253 页。
② ［英］柯林伍德：《历史的观念》，何兆武、张文杰译，商务印书馆 2007 年版，第 89—91 页。
③ 《〈东西洋考每月统记传〉影印本导言》，《东西洋考每月统记传》，第 16 页。

作者的撰述宗旨及目的有着直接的关系。

郭实腊转载《东西史记和合》，也因其与《东西洋考》的创办目的相一致。从一定意义上来讲，这部书符合杂志的初衷。如《东西史记和合序》中所言"世间之史，万国之记茫也。读者如涉大洋渺瀛，故简删之。与读者观纲目，较量东西史记之和合，读史者类，由是可观之""善读者，看各国有其聪明睿知人，孰为好学察之，及视万国当一家也，尽究头绪，则可看得明白矣"①。正如传教士伟烈亚力在回忆录中写道：出版《东西史记和合》是为了"改正中国人的吹嘘，并且向他们展示在公元四千年前我们也有历史记录"②。

（三）对西方历史、史学家的介绍及史论

《东西洋考》中刊载的历史内容占了每份期刊的大部分篇幅，这和编纂者深谙中国传统文化，历史在中国士人、学者心目中占有的地位有很大关系。主办者除了通过中西比较的方式记叙历史外，还对西方上古史、国别史、史学家、英雄人物等作了重要叙述，并对一些问题发表了评论。

第一，对"基督教观念上古史"的介绍。通过《麦西国古史》（丁酉年四月）、《以色列出麦西国》（丁酉年五月）、《亚书耳巴比伦两国志略》（丁酉年十二月）、《希腊国史略》（戊戌年正月）、《希腊国史》（戊戌年二月）、《犹太国史》（戊戌年三月）、《以色列王纪》（戊戌年七月）、《亚书耳国》（戊戌年九月）等篇章，介绍了以色列、埃及、腓尼基、亚述国、巴比伦、希腊、犹太等国家的历史。论述希腊历史，"希腊人类或托足于欧罗巴东南方，或迁徙于亚细亚西向，

---

① 《东西史记和合》，《东西洋考每月统记传》，第4页。

② Alexander Wylie：*Memorials of Protestant Missionaries to the Chinese*，Shanghai：American Presbyterian Mission Press，1867，p. 30. 伟烈亚力（Alexander Wylie，1815—1887），英国汉学家，伦敦会传教士。1846年来华，1877年返回伦敦定居。著有《满蒙语文典》《中国文献纪略》《匈奴中国交涉史》等。参与口译著作多部，如《华英通商事略》《西国天学源流》《重学浅说》《代数学》《续几何原本》等。

沿地中海立国邦。虽创列国，然论其宗族，犹水之有分派，木之有分枝，虽远近异势，疏密异形，要其本源，则一宗族也"，并详细叙述了希腊和特罗呀（特洛伊）的战争及木马计。作者对战争进行了评论，"所述之言美矣，而无凭据，乃何马（荷马）诗翁之文词"①。作者对西方古史的介绍中都贯穿了上帝观念。论述中或引用《圣经》的记载，如记腓尼基国"圣书有言明其京师模样，云……"；或将国家的建立发展归于上帝，如记亚述国有"皇上帝降临，监人类所建之城塔焉。皇上帝曰民都一心，音语亦同"②。故而，将这些对西方古史的论述称作"基督教观念的上古史"。

第二，对国别史的介绍。《东西洋考》以《志略》的形式报道了一些国家的发展史，有《暹罗国志略》《破路斯国略论》《葡萄牙国志略》《峨罗斯国志略》《法兰西国志略》《荷兰国志略》《瑞典国志略》《大尼（丹麦）国志略》等。如，《法兰西国志略》概述了法国的地理位置、物产、军队、贸易等基本情况，以及自汉朝前后至道光十年法国的发展与对外战争，认为从实力来讲法国居欧洲第三位③。

作者还以新闻或者史事、地理介绍的形式，报道了当时欧洲、美洲、非洲及其他多个国家的发展状况。1833 年 6 月号介绍了土耳其、荷兰国事。《吕宋岛等总论》叙述了该地的物产风俗，西班牙对该地的殖民统治。《论欧罗巴事情》以两人对话的方式，述说了欧洲发展历程，介绍水路、陆路到达中国的路线，申明中国与欧洲之间的交往已势在必行，加之"火蒸船"的使用，"欧罗巴人与汉人之往来交接自今以来络绎"，现在欧洲人"权柄日加，寻着新地交接与诸国"④。《大英痕都斯坦新疆》描述了英国在印度的统治。《欧罗巴列国之民

---

① 《希腊国史》，《东西洋考每月统记传》，第 326—327 页。
② 《亚书耳国》，《东西洋考每月统记传》，第 416 页。
③ 《法兰西国志略》，《东西洋考每月统记传》，第 292—294 页。
④ 《论欧罗巴事情》，《东西洋考每月统记传》，第 171 页。

寻新地论》反映了当时欧洲强国对美洲、非洲、亚洲，特别是中国寻找贸易地方的趋向①。这些反映欧洲各国完成工业革命后国际形势变化的信息，对当时的中国而言都是新鲜知识。在论述中，撰述者往往是史地结合，《地理全图之总论》《列国地方总论》以及随书附有的地图《东南洋并南洋图》《大清一统天下全图》《哦罗斯国通天下全图》《北痕都斯坦全图》等，提供了更加清晰的世界地图，便于读者完整地认识世界。

第三，对拿破仑、华盛顿等英雄人物的介绍。这份期刊是较早对二位英雄人物进行叙述的书籍②。在《霸王》篇，概述了法国大革命中拿破仑上台，掌权之后的对外扩张行为，最后被流放到非洲西边的小岛上。该篇对拿破仑评论道："若以拿皇帝（拿破仑）较之秦始皇及元之忽必烈或谓相似，但拿破戾翁乃为霸中之魁也。"③ 随后又在1837年10月、11月、12月连载《谱姓：拿破戾翁》，详细地介绍了拿破仑一生的行为，也指出了他个性中的缺点"性情好动，贪位爱名"，最后给出评价为："若论其行藏，可谓出类拔萃，而高超乎众。盖彼实钟山川之英气，而为特异之人也。"④ 关于华盛顿，在1837年五月的《论》中，讲述美国的建国过程有对华氏的评论："教授振举国者之君子，称华盛屯。此英杰怀尧舜之德。领国兵攻敌，令国民雍睦，尽心竭力，致救其民。"⑤ 在其后的《华盛顿言行最略》一文中，详细介绍了华盛顿在美国反抗英国独立战争中的领导作用，被选为国家统治者，称赞其"经济济世之才，宽仁清德遍施"，为忠义两全之

① 《大英痕都斯坦新疆》，《东西洋考每月统记传》，第233—235页。
② 同样在1838年新加坡出版的高理文著《美理哥合省国志略》一书中，也有对华盛顿的详细介绍，经过比较，二者的内容有出入，依据的应该不是同一材料。（《美理哥合省国志略》新加坡坚夏书院1838年版，现收于《近代史资料》总第92号，中国社会科学出版社1997年版。）
③ 《霸王》，《东西洋考每月统记传》，第263页。
④ 《谱姓：拿破戾翁》，《东西洋考每月统记传》，第304页。
⑤ 《论》，《东西洋考每月统记传》，第232页。

"烈士"中独立无比，见识、历练、才能高大①。作者对英雄人物显然是称赞的，"强夺人之业者，谓之贼；侵地服国脱君者，谓之霸；起兵侵削弄世权者，谓之天下霸"②。拿破仑和华盛顿都属于一时豪杰之士，他们的事迹也逐渐进入中国史学家、学者的讨论视野。

第四，对西方史学家的介绍。编纂者为了证明其并非"蛮夷"之邦，西方也同样拥有灿烂的文化，改变中国人"藐视外国之文法"的观念，对西方文史的叙述自然少不了。作者在文中写道："在周朝共王懿王之年间，当是之时，希腊民兴，昭揭炳炳煌煌，束手搁笔者滋矣。生疏之题，编百万余言，章句节旨，诗兴大发，作诗一本。纂国史兼诸国之纲鉴。始周朝威烈王年间，超群卓异之史者，系西罗多都、都基帝底、先那奉；开谕民卓异者帝磨士体呢、兼伊所嘉帝；博物君子超群裨拉多，兼亚哩士多帝利。希腊列国衰，罗马国兴。作诗超群者为谓之味耳治兼和喇士，纂史者利味兼大西多；有口才者西细啰；穷理超群者乃西呢嘉、彼利呢二人又有千余年，文艺复兴掇拾之，于本经之奥蕴，才学之儒，讲解而补辑之。"③ 这一小段文字涉及的史学家有希罗多德、修昔底德、色诺芬、亚里士多德、苏格拉底、柏拉图、李维、塔西佗、西塞罗等，并且提到了"文艺复兴"，可惜该作者并没有叙述其内容和成就。在文中，该作者还讲到西方在历史撰述上与中国的区别，中国重视解经和训诂，"以古者之诗书足意"，而在欧洲"每年各月，日日新撰"，以"尽心原制作新样也"。

第五，具有主题的史论。《论》在《东西洋考每月统记传》居于篇首的位置，今可见其《论》12篇。有些文章属于"论"并处于"论"的位置，名称不以"论"统称。如，乙未年五月《论欧罗巴事情》，就其内容来看，明显的属于评论。每篇"论"都有清晰的主

① 《华盛顿言行最略》，《东西洋考每月统记传》，第 319 页。
② 《霸王》，《东西洋考每月统记传》，第 262 页。
③ 《经书》，《东西洋考每月统记传》，第 204 页。

题，癸巳八月之《论》希望借此"说明白外国事情，令四方君子，通达西洋人之素性动静也"；乙未六月论"生死"；戊戌二月之论通过对鸟鱼虫繁殖之多，论述"上帝无所不在，无所不知"等。从总体来看，论的目的主要有二：其一，希望中国人能够平等地对待西方人和西方文化；其二，宣扬上帝精神，为宣教服务。在叙述方式上，也多用两人谈话或者举例的方式做楔子。丁酉年五月《论》中介绍了一位书生，"甚贪读书，常费精神，希贤希圣，咬文嚼书"，每日只守这几本书藏修而读，而问他"世事学问，难对人言"，而又羞于承认。他对广州的花旗不甚明白，遇到一位通事询问缘由，又恐旁人讥笑他，自称"国名自然可知，但可恨不知其兴"。经过通事之口将"亚墨理驾"（美国）的发展史作了详细叙说①。这篇《论》既勾画出了只读圣贤书，不关心世事的晚清部分虚伪士子的形象，又通过故事概述了晚清人尚不了解的美国发展史。在《论》中，作者还引用中国史书中的相关论述作论据，以增加文章的影响力。有的作者批评中国的夷狄论，引用苏东坡《王者不治夷狄论》中的论述，"夷狄不可以中国之治治也，先王知其然，是故以不治治之。治之以不治者，乃所以深治也"②，也反映出了作者对中国传统文化的把握和了解。

《东西洋考》还通过不断扩充内容和增加栏目的方式，扩大宣传和影响，增加了"市价篇"（贸易）、诗词知识、科技知识、天文知识等栏目。编纂者利用书信、诗作等多种方式来证明西方文明的真实性，可以和大清相媲美。例如，《兰敦十咏》《侄外奉姑书》，以在外的中国人口吻来描述西方城市的发展概况。《兰敦十咏》其一篇为"海遥西北极，有国号英仑。地冷宜亲火，楼高可摘星。意诚尊礼拜，心好尚持经。独恨佛唧嘶，干戈不暂停"③，对英国的地理位置、环

---

① 《论》，《东西洋考每月统记传》，第231页。
② 《论》，《东西洋考每月统记传》，第23页。
③ 《兰敦十咏》，《东西洋考每月统记传》，第67页。

境、气候、民情风俗、英法关系等做了交代。

总之，作为新教传教士的代表，郭实腊创办的这份期刊所传递的内容是非常丰富的。从晚期学者魏源的《海国图志》中，可以清晰地看到这位开明士大夫阅读过《东西洋考每月统记传》，并且在一定程度上受到了影响。经考证，徐继畬、梁廷枏、姚莹等人著作中也有不同的引用。士大夫、学者、士子阅读中国历代正史是不可能从"天朝中心观"上升到"中国与世界"观念，其他诸国历史被置于"边缘"的地位，甚或里面所描写的画面并不清晰，也得不到最新的时事知识。《东西洋考每月统记传》这份杂志通过横向的叙述方式，比较同一时空下的中西历史发展，虽然还不是很成熟，毕竟开其端绪。

三 《美理哥合省国志略》的内容

1835 年 10 月 19 日，在华实用知识传播会第一届年会在广州美国商馆召开，裨治文指出"本会至今还没有出版过一本书给中国人看"。在第二届年会上，裨治文提出了一个规模不小的出版计划。《美理哥合省国志略》是裨治文为在华实用知识传播会所做的一项重要工作。1836 年 9 月，他向美部会报告，"几个月以来我终日忙碌，其中大部分时间用于写作译本美国简史。该书计划分为两卷，每卷 75 页。该书将由在华实用知识传播会出版"[①]，此书即《美理哥合省国志略》。

（一）裨治文与《美理哥合省国志略》

裨治文（Elijah Coleman Bridgman），又译为高理文、俾治文等。1829 年 10 月 14 日同雅裨理（David Abeel）来中国，1830 年 2 月 19 日抵达澳门，随后到达广州。在裨治文来华之前，他收到美国公理会的一封信，信中说："在中国人中间推广福音，这是他们（公理会）指定你去担任具有巨大利益和责任的一项事业"，为了完成这项事业，

---

① 裨治文致安德森，广州，1835 年 9 月 7 日，美部会档案第 256 卷。见［美］雷孜智《千禧年的感召：美国第一位来华新教传教士裨治文传》，第 103 页。

需要掌握中国的语言文字，并利用一些时间去散发传单和《圣经》，并在工作和环境允许的条件下，"把中国人民的特征、状况、风俗、习惯等"① 向美国差会报告。在这种精神的领导下，裨治文不仅努力学习中文，还积极参加了各种教会组织。他是英文杂志《中国丛报》（*The Chinese Repository*）的编辑，亲自撰写了创刊号"宣言"。"宣言"中强调《中国丛报》要对中国各方面进行调查。1834 年，他成为在华实用知识传播会秘书，还加入了马礼逊教育会（Morrison Education Society，1836 年成立）、中华医药传教会（Medical Missionary Society，1838 年成立）等组织②。参加了这么多的团体组织之后，裨治文对中国的现状有了更加深入的了解。为了实现打开中国"大门"的愿望，他对采取的方式和手段进行了思考。

《美理哥合省国志略》（*Brief Geographical History of the United States of America*），署名高理文。1838 年，在新加坡坚夏书院刊刻，该书院为美部会华文出版机构。刻本为四周双栏，高 20.5 厘米，宽 14 厘米，半页 9 行，每行 20 字。黑鱼尾，花口，版口刻书名及页码。全书三章，连封面共计 124 页，计四万余字③。传教士伟烈亚力在著述中的回忆基本与此相吻合。在 1844 年香港藏版的《亚美理格合众国志略》中，内容包含初版的下篇，没有作者、序言、署名、地图④。1846 年，在广州出版了《亚美理驾合众国志略》，27 节，75 页，有折叠地图，并对内容进行更新⑤。经过再次修改，1862 年在上海墨海书馆出版了《大美联邦志略》，两本，107 页，有 3 篇序言、凡例和目录。第一册介绍国家的整体概况，第二册分述 41 个州和疆域。

---

① Elijah Coleman Bridgman, Eliza Jane Gillett Bridgman, *The Pioneer of American Missions In China: The Life And Labors of Elijah Coleman Bridgman*, A. D. F. Randolph, 1864, pp. 20 – 27.

② Alexander Wylie: *Memorials of Protestant Missionaries to the Chinese*, Shanghai: American Presbyterian Mission Press, 1867, p. 68.

③ 刘路生：《点校说明》，《近代史资料》总第 92 号，中国社会科学出版社 1997 年版。

④ 张施娟：《裨治文和他的〈美理哥合省国志略〉》，博士学位论文，浙江大学，2004 年。

⑤ Alexander Wylie：*Memorials of Protestant Missionaries to the Chinese*, p. 70.

（二）《美理哥合省国志略》内容

《美理哥合省国志略》从内容上看，分为卷之首和二十七卷。从结构上看，一共分为三章①。卷之首包括地球图、美理哥合省国全图和 18 节，分述美国 26 个州疆域、水土、气候、土壤、作物、贸易、户口、政教、学校、救济会等。后二十七卷总述美国国家的建国发展史、印第安人、户口、山川、贸易、政治制度、出版物、文化教育、礼仪规模等。该书是一本在当时条件下所能见到的"最新、最全、最可靠的美国概况"，填补了中国人对美国认识上的缺失，是近代中国人认识美国的主要教科书②。虽然裨治文明确指出了地图的重要性，但是首版的《美理哥合省国志略》中并没有地图。在 1846 年广州出版的《亚美理驾合众国志略》中出现了折叠地图，在 1861 年出版的《大美联邦志略》中有地图六十余幅。该书《凡例》称，"是书列为两帙，首帙通言全国之大略，次帙分省而详说之"，而实际出版的却是前后颠倒，有学者指出这可能是装订错误③。

文中详细论述了美国的"议事制度"。裨治文写道："副统领亦由民选举，亦四年一任，酬金每年五千元，因所司无事，每年不过推他为议事阁之首而已，此酬金所以微也。至议事阁与选议处，皆以每年十二月内之初礼拜一日，同到京之公所，齐集会议。议事阁之职，每省有二人，计二十六省共五十二人。选议处臣共二百四十三人。议毕，或回省或留京三五月，各随自便。来年亦复如是。以议事阁五十二人分为三等，以两年为期，各等轮流而退，复择新者，是以每等经六年为一任，不过或先或后而已。又定例年未三十以上者，不能当此职。议事处则以二十五岁以上为例，二年为一任，期满另选，以十二月初礼拜一之日，

---

① 裨治文虽然没有明确分章，但是，作者在卷之五《开国以后史略》中有小字"见第三章"。故而，笔者推测卷之首应该为第一章，卷之一至卷之十二为第二章，卷之十三至卷之二十六为第三章，卷之二十七为结语。

② 刘路生：《点校说明》，《近代史资料》总第 92 号。

③ 李晓杰：《十九世纪早期在华传教士所描绘的美国：高理文及其〈美理哥合省国志略〉》，荣新江、李孝聪主编：《中外关系史：新史料与新问题》，科学出版社 2004 年版。

齐集京都公堂会议。因国中农务、工作、兵丁、贸易、赏罚、刑法、来往宾使、修筑基桥等例，皆此时议定。议毕，各自回家。为统领者，将所议示民，以得遵守，而各部之首，共协办焉。"①

书中采用中西历比较的年代撰述方法，达到中西时间上的会通。在《美理哥合省国志略》中，所使用的话语基本上尽可能地适合中国读者，纪年方式上就是一个明显的例证，它采用中国皇帝年号纪年法进行撰写。书中对美国工业革命取得的成果，进行著录。《美理哥合省国志略》所宣扬的是"从来以天下为一家，中国为一人""各国分据一方，亦如人身一窍"②，历来邻邦通好，易地皆然的思想，目的就是使中国能够开口通商。在文中，裨治文也表示希望开通贸易，"各国皆有使至，独大清粤东则无，惟有贸易领事商人而已"③。裨治文书中对美国科技文明成果多有记录。

要之，裨治文的《美理哥合省国志略》及其后的修订本，对美国发展史作了清晰的概述，对晚清人产生了重大影响。在该书刊刻前，也有关于美国的记载。如，谢清高口述的《海录》就有"咩哩干国"和"亚咩哩隔国"的记录，《东西洋考每月统计传》中也有部分介绍④。但是，对美国发展史作完整的记叙，应该自《美理哥合省国志略》始。除了梁廷枏外，魏源的《海国图志》、徐继畬的《瀛环志略》中也有对该书的大量引用⑤。

第二节　集多个"第一"于一身的墨海书馆

墨海书馆是基督教传教士在上海创办最早的一个集翻译、印刷、

---

① 裨治文：《美理哥合省国志略》，《近代史资料》总第 92 号，第 54 页。
② 裨治文：《美理哥合省国志略》，《近代史资料》总第 92 号，第 3 页。
③ 裨治文：《美理哥合省国志略》，《近代史资料》总第 92 号，第 43 页。
④ 在 1837 年 5 月《论》、1838 年 7 月《北亚墨利加办国政之会》以及《华盛顿言行最略》、部分新闻稿中都有相关记述。
⑤ 张施娟：《裨治文和他的〈美理哥合省国志略〉》，第 84—94 页。

出版于一体的机构，在清代的出版机构中占有极其重要的地位，它不仅是西方传教士在近代中国创办的第一个西式印刷厂，而且还是第一个广泛翻译西学书籍的出版机构，它的设立揭开了近代中国西学东渐的序幕。墨海书馆的设立，主要是为了翻译西方的宗教文化以及科学知识，成为西方文化输入中国的重要媒介。

一　以宗教书籍出版为主的出版机构

19 世纪以后，西方传教士陆陆续续来华传教，他们在传教的过程中逐渐意识到出版物对于传教的重大作用，因而传教士们纷纷建立出版机构，发行出版书籍。在这种情形之下，近代第一个翻译出版机构——墨海书馆应运而生，它是由英国传教士麦都思（Walter Henry Medhurst）在上海创办，开近代上海西学出版史的先河。

麦都思是英国传教士，1816 年被英国伦敦会派往马六甲，1817 年在马六甲、巴达维亚（今印度尼西亚首都雅加达）等地方设立印刷机构。1843 年，麦都思到达上海。麦都思出版了多种传教用的小册子，还编纂出版了《特选撮要每月记传》《遐迩贯珍》杂志以及《地理便童略传》《东西史记和合》等著作。1843 年，他和美魏茶、慕维廉、艾约瑟等传教士在上海创建墨海书馆，印刷出版中文书籍。上海开埠通商后，麦都思将巴达维亚的印刷机构迁到上海，取名墨海书馆。墨海书馆（London Missionary Society Mission Press，又译为伦敦会印刷所），意为"使墨汇成海，犹如书之成林"。麦都思为自己起了别号"墨海老人"。书馆前期由麦都思主持，后期由伟烈亚力主持。

对于墨海书馆开始运行时间，学术界存在着争议。有学者认为开始于 1843 年，有学者认为开始于 1848 年。陈昌文认为："墨海书馆当是麦氏定居上海不久就着手筹建，即初建于 1843 年底，到 1844 年已经开始出书，以 1847 年以后出书较多，而且在 1844 年至 1847 年已经开始使用机器设备生产书籍，不可能到 1848 年才建成。"① 学界对墨海书馆出版停业时间也有争议。1860 年，美华书馆迁到上海，成为上海最大的出版印刷机构。墨海书馆的印刷优势丧失，英国伦敦会决定关闭墨海书馆。1861 年秋，墨海书馆把印刷设备卖给了其他书馆。这时候，墨海书馆基本不再出版西学书籍②。但是，墨海书馆并没有关门大吉，它一直延续到 1877 年 7 月左右，以书籍发行机构进行活动。实际上，它的印刷出版延续了二十年左右的时间。

墨海书馆的经费主要来源于大英圣书公会（British and Foreign Bible Society）。大英圣书公会是一个专门为传教运动提供《圣经》的机构，该机构为墨海书馆购置了滚筒印刷机和金属小活字，支付了印刷工的部分薪水以及出版《圣经》的费用。另外，圣教书会（Tract Society）也是对墨海书馆进行资助的重要机构。

墨海书馆是一个以宗教书籍出版为主的出版机构。从 1844 年到 1860 年，墨海书馆共出版各种书刊 171 种，其中属于基督教教义、教礼等宗教内容的书籍有 138 种，占总数的 81%。墨海书馆采取"西译中述"的翻译模式。"西译中述"是墨海书馆首创的翻译方法，由西方传教士与中国文人一起合作，共同完成，"将所欲译者，西人先熟览胸中而书理以明，则与华士同译，乃以西书之义，逐句读成华语，华士以笔述之；若有难言处，则与华人斟酌何法可明；若华士有不明之处，则讲明之。译后，华士将稿改正润色，令合于中国文法。有数要书，临刊时华士与西人核对；而平常书多不必对，皆赖华士改正"③。参与翻译的伦敦会传教士主要有伟烈亚力、艾约瑟、合信、慕维廉、威廉臣等，中国文人主要有王韬、李善兰、蒋敦复等。

墨海书馆出版了一大批西学书籍，涉及数学、地理、光学、生

---

① 陈昌文：《墨海书馆起讫时间考》，《史学月刊》2002 年第 5 期。
② 沈国威认为 1858 年以后，墨海书馆将已翻译好的著作付印以后，不再出版新译著作。沈国威编：《六合丛谈·解题》，上海辞书出版社 2006 年版，第 15 页。
③ 慕维廉：《大英国志》卷 1，上海墨海书馆续刻本。

物、医学等内容，如《数学启蒙》《代数学》《代微积拾级》《几何原本圆锥曲线论》《谈天》《重学浅说》《曲线须知》《博物新编》《全体新论》《西医略论》《妇婴新说》《内科新说》《植物学》以及在松江出版的《续几何原本》《重学》。出版史地类著作有慕维廉的《地理全志》和《大英国志》、艾约瑟的《中西通书》、王韬的《泰西著作考》和《西学图说》、伟烈亚力的《华英通商事略》等，墨海书馆还出版了期刊《六合丛谈》。1862 年，墨海书馆重刊了裨治文的《美理哥合省国志略》，改名为《大美联邦志略》。这些书籍在中国人中产生了重要影响。

墨海书馆衰落的原因是多方面的，第一方面是伟烈亚力与麦都思之间的紧张关系，伟烈亚力与英国伦敦会脱离关系；第二方面是墨海书馆的业务量和资助费减少；第三方面是从事西学著作翻译的伟烈亚力、艾约瑟、合信、韦廉臣等传教士都离开了上海①。

二　慕维廉与《地理全志》《大英国志》

慕维廉（William Muirhead），1822 年出生于英国爱丁堡，后加入英国伦敦会。1847 年 8 月 26 日抵达上海开始传教活动。他与在上海的王韬、蒋剑人等有广泛的接触。其后，他又在牛庄、苏州、天津等地传教。1900 年，在上海去世。慕维廉是伦敦会在上海时间最长、出版著作最多的教士。从伟烈亚力 1867 年撰成的《基督教在华传教士回忆录》中可以看到，慕维廉前期的中文著作有 39 种、英文著作 3 种。在著述列表中，可以清晰地看到慕维廉所撰写的大部分著作都是宣扬基督教的，《地理全志》和《大英国志》是他基督教宣传读物之外的代表作。

《地理全志》上、下两编，共 365 页。1853 年，上海墨海书馆出版上编，次年出版下编。上编 5 卷 5 本，书前有英文序言、创造天地

---

①　叶斌：《上海墨海书馆的运用及其衰落》，《学术月刊》1999 年第 11 期。

万物记、中文绪言。根据序言可知，该书的主要参考书目为：玛吉士的《地理备览》、徐继畲的《瀛寰志略》、米尔纳（Thomas Milner）的《万国地理》（*Universal Geography*）和《自然地理图集》（*Physical Atlas*）、萨默维尔（Mary Somerville）的《自然地理学》（*Physical Geography*）、里德（Hego Reid）的《地质天文概要》（*Outlines of Geology and Astronomy*），等等。该书上编首篇列有地理总志、地理名解、水土略分论，卷1亚细亚洲全志，卷2欧罗巴洲全志、卷3阿非利加洲全志，卷4亚墨利加洲全志，卷5大洋群岛洲全志，每一洲都分为若干内容进行详细讲述，然后分国别进行讲解，详略不一。下编主要是关于地质、地理、水论、气论、光论、草木、生物、人类、地文、地史的介绍和论述，10卷10本[①]。书中附图若干篇。全书这种组合形式反映了当时传教士编译外国史地著作的特点，出版此书完全是为了迎合晚清人士的阅读习惯。各洲内容记述分文、质、政三个层面，慕维廉在《地理总志》中指出，这三部分内容"皆当次第参究，而政尤为纲领，学者宜熟思之，故宜先推详其论，而后质与文可递讲也"。在对每洲的叙述中，对其主要国家发展史的记述也比较详细。如在介绍欧洲志时，分别述及俄罗斯、瑞典、丹麦、荷兰、比利时、日耳曼、普鲁士、奥地利、土耳其、希腊、意大利、瑞士、西班牙、葡萄牙、法国、英国等国历史，分篇论述。实际上，该书上编就是一部世界史著作。下编卷10"地史论"，所述内容实际上是一篇关于中西历史发展及交流的论述。冯桂芬读了慕维廉的《地理全志》，说道："据英人《地理全志》稽之，我中华幅员八倍于俄，百倍于法，二百倍于英，地之大如是"，他还用注解的形式评论了《地理全志》。他写道："《地理全志》作于癸丑年，书中于日本国记其欺侮亚墨利加触石渔船时思报复，于安南国极恶其讥防之严、榷税之重，于缅甸国

---

① 《地理全志》日本爽快楼版（1859）中将"地球全图、地理总志、地理名解、水土略分论"同亚细亚洲全志共同归为卷一，上、下编各五册。

亦于胥吏横征之怨。未几日本、安南皆有兵端。可见彼国书不可不观，若能知其未译之书，所得必倍多。"①《地理全志》产生的反响还是不容忽略的。从当时晚清人的理解程度出发，此书上编的影响力要远远超过下编。上编犹如一部简明的世界各国史地图册，对于要了解世界形势的晚清人而言更加适用。1883 年，慕维廉仿照《海国图志》《瀛环志略》的体例对《地理全志》进行了改写，在西谛藏书版的书名页上还题有"《续瀛寰志略》字样"。修订版内容与出版有所变化。上卷包括：地形、地动、地广、地线、地气生物、天象、地理总论、地理名解、水土略分论、亚细亚全志、欧罗巴全志；下卷分阿非利加全志、亚墨利加全志、大洋群岛全志。各洲志仍分文论、质论、政论三个层面。叶瀚在《初学读书要略》中指出，读史"先读《地理全志》，可知国地政俗大略，并知讲地学门径，远胜读《瀛环志略》《海国图志》各书也"②。当然，晚清人也有对《地理全志》体例不满意的。1860 年 3 月 8 日，《王韬日记》记载张斯桂前往伟烈亚力处购书，"鲁生喜西人格致之学，意欲延西士翻译各书，并将慕维廉之所著《地理》下编痛加删改，使察地之学，厘然大明。亦可谓士流中之佼佼者"③。

《大英国志》，上海墨海书馆 1856 年刊刻，该书叙述英国发展史，从"开国纪原"一直延续到 19 世纪 50 年代。伟烈亚力认为该书是译自米尔纳（Milner）的《万国地理》（*Universal geography*）。1860 年，墨海书馆又刊出八卷本的续刻本。1881 年，慕维廉对该书进行再次修订。修订后的《大英国志》在内容上与 1856 年相比有所变化。从整体而言，变化不是太大，内容上有所增删，个别词语的翻译上有修

---

① 冯桂芬：《校邠庐抗议》，上海书店出版社 2002 年版，第 48、57 页。

② 叶瀚：《初学读书要略・初学宜读诸书要略》，光绪丁酉年（1897）夏，仁和叶氏刊，第 4 页。

③ 中华书局编辑部编：《王韬日记》，汤志钧、陈正青校订，中华书局 1987 年版，第 141 页。

订。全书以编年的形式进行叙述①，介绍了英国由最初的部落发展到欧洲强国的历程，用了七卷的篇幅进行展现，包括了王朝更迭、反抗侵略以及工业革命后出现的新发明和新成果。卷 8 是关于典章制度的叙述，慕维廉在《凡例》中有这样的介绍，"英史原本七卷，无志。凡一朝政刑之制，总叙每卷之末，与中国史例不符。是书七卷外，略述职政、地理等志，为第八卷，名曰志略。其详当仍于每卷篇末求之"②。由此可知，慕维廉是为了适应中国史书的体例，对译书的体例进行了改造，将原书中每卷之末属于典章制度的内容归类形成了第八卷志略。所以，每卷末尾还有典志的一些内容。至于在慕氏的结构调整中是否依据其他资料进行了内容的增添还需考证。"十志"的内容包括：职政、刑法、教会、财赋、学校、兵志、农商、地理、地理图、英伦分部。

和早期来华的马礼逊、郭实腊、米怜、麦都思一样，慕维廉在进行传教的同时，对中国的史书经典也非常关心，通过中外文化上的会通，实现信仰上的统一。麦都思编有《东西史记和合》《论语新纂》，前者是力图达到中西历法上的会通，后者则挑选《论语》中关于道德和信仰的话语，附之以《新旧约全书》中的相关内容。慕维廉来到中国后，想必也受到伦敦会的教导，重视中国语言和文化的学习。前文所讲他对《大英国志》志略体例的调整，可以看出他对中国史书编纂的了解③。据慕维廉所讲，将此书命名为《大英国志》，是"取《大金国志》之例"。慕维廉对中英史书编纂体裁、体例的论说和比较，

---

① 米尔纳（Milner）的原书是以什么风格进行编纂的，作为译者慕维廉在翻译的过程中增加了多少元素，删除了什么内容，同样值得研究。作为一部英国通史，原著者的历史观念是否也都被完整地转移过来，神意史观与原著有多大关系，需要深入考察。

② ［英］慕维廉：《大英国志·凡例》。1856 年版的《大英国志·凡例》与 1881 年版有变化，后者是在前者基础上的删削。

③ 慕维廉在译著《大英国志》的过程中，中国文人蒋敦复（1808—1867）参与其中。"与慕维廉所译之英国志初稿成……按慕氏所刊者，非先生定稿，是时先生犹在删削，拟别成一书"（见《蒋剑人先生年谱》，《图书馆学季刊》1935 年第 2 期）。蒋敦复常怀经世之志，撰写地球四洲形势的《寰镜》16 卷（已亡佚）、《英志》八卷等。

主要集中在《凡例》之中。首先，他认为在中国有史馆修史，并有起居注和实录，有易代修史的传统；英国等泰西诸国无史馆，士民皆可自撰史书。其次，修史以国为纲领，中国以帝为政，朝代更迭，多修前代史，断代之史居多；英国军民共为政，国号历代相承，通史居多。再次，在纪年上，中国以帝号纪年，英国以耶稣编年。复次，在史书体例上，中国断代史编年、纪传兼采；英国史有本纪而无列传，这样政教兵刑事无大小全部归入，就会有凌乱之感。最后，在内容上，英史记载首重法律，君臣在议会上讨论内容均有记载；所载教事崇奉耶稣教，其他均不得载入。另外，他强调在英国教育中地志与国史并重，二者相辅相成。

三　对英国史的全面介绍

在《大英国志》出版之前，中国人和外国人编纂的史书中也有英国历史的相关论述。远的有利玛窦的《坤舆万国全图》、艾儒略的《职方外纪》、南怀仁的《坤舆图说》，近的有中国人颜斯综的《南洋蠡测》、萧令裕的《英吉利记》、叶钟进的《英吉利国夷情纪略》、魏源的《海国图志》等，但中国书籍里面的记载大多没有经过实地考验，多是从其他材料或依据外国人的资料编撰而成。在《大英国志》出版之前，外国人编纂的专门介绍英国概况商务是《大英国人事略说》和《大英国统志》。《大英国人事略说》由英国东印度公司广州分行大班马治平（Charles Marjoribanks）用英文写成，由马礼逊译成中文，全篇不满两千字，主要是配合阿美士德的通商行动而撰，在中国通商口岸发行。内容是英国的海外贸易活动，来华贸易目的，等等①。《大英国统志》由传教士郭实腊撰写，是《大英国志》出版之前对英国历史记叙最详细的书籍。另外，在麦都思的《地理便童略传》以及《东西洋考每月统计传》等书籍中也有英国史的简单介绍。

---

① 苏精：《马礼逊与中文印刷出版》，学生书局 2000 年版，第 113—127 页。

外国人编纂的这些英国史著作大多在中国境外出版，能够在大陆传播的数量不会太多。仅仅能够让处于通商口岸的开明人士对英国有一个大概的了解。英国通史在中国的译介是由慕维廉来完成的。

在《地理全志》中，就有关于英国史的简明介绍。在叙述欧洲各国发展时，有《地理全志·大英国志》一节，全文2500多字，将英国地理位置、风土人情、生产生活、宗教信仰、政治统治、组成部分等进行了概述。述英国的政治制度，"至于朝纲，国位男女皆得临御，惟以长幼为序。国制有相二人，一理内、一治外。此外，大臣或司帑藏、或司出纳、或权贸易、或听讼狱、或掌玺印、或摄印度之政、或统水师之事，各有其佐匡劝。都城有公会二……"① 同时，书中还叙述了英格兰、爱尔兰、苏格兰三部分的人口、贸易、教育等情况。慕维廉在翻译此部分内容的时候，做到和通史《大英国志》的呼应，书中经常出现："其本国一切志略，俱载《大英国志》。"

《大英国志》的出版，无论是内容上还是影响范围上，都远远超过了前期外国人译介的英国史。全书达到12万余字（1881年修订本）。对英国的国家发展历程、政治、民俗、教育、战争、经济等情况，都有详细的介绍和描述。在纪年上，采取公元纪年法，同时附有中国皇帝纪年。如卷二记"东英之国式微，不见于史，今其军垒池濠之迹，犹有存者，时耶稣后六百十七年，隋炀帝大业九年也"②，这种表述方式比比皆是，便于中国读者在年代上的对照和理解，也促进了本书的传播③。《大英国志》中对英国史的叙述，特别是政治更迭记叙尤详。如记光荣革命后，威廉入主英国，议会进行表决，威廉的反应，都有翔实的描述。最后，英国议院通过"维廉与马利同为英王"，"政权一操于维廉。议若无子，则王之冕传于故王之此女安，是役也。

---

① ［英］慕维廉：《地理全志·欧罗巴洲全志·大英国志》，日本爽快楼版（1859）。
② ［英］慕维廉：《大英国志》卷2，《伯勒瓦尔大七王纪》，墨海书馆1856年版。
③ 在晚清，外国传教士在推广公元纪年法上颇下功夫。中西年历对比的书籍也比较多，西历最终取代了中历，影响至今。

传国以世之礼废"①。在 1881 年修订本的《大英国志》中，慕维廉根据其他资料将英国史一直续写到 1880 年。对英国在 19 世纪的发展及其对外扩张行为都有详细描述。这种记叙当代史的读物是国人积极以求的。在 19 世纪 80 年代，慕维廉以比较自豪的口吻描述了英国发展状况："至是，赖开垦获煤铁利，用以耕织，生聚益繁。国中治火轮车路甚多，英伦威尔士计三万七千路，苏格兰八千路，阿尔兰七千路，凿山开洞，建铁桥于米乃海峡及冈威河，大船樯樯直从桥下过，制甚奇异，电气铁线自伦敦至各关隘咸置，亦越海底至各处，远近于天下皆不能限。英地土产甚益于民，铁铅铜锡及煤矿最多，百姓日用遂以富强，气候寒暖……"② 再加之英国在世界各地殖民活动的顺利拓展，"日不落帝国"英国俨然显现出一幅人间太平景象。

《大英国志》作为一部英国通史，它的翻译、刊刻、流布，慕维廉及其助手的作用不容忽略。该书对晚清士人了解和认识与中国有着众多关系的英国，起到了重要作用。此书将英国的王朝更迭、经济发展、文化变革等历史知识带给了中国。这本书也同《大美联邦志略》《法国志略》《俄国新志》等，共同构成认知西方发达国家的参考资料。当然，有国外经历的中国人，对此书的评价又会有所不同。首任驻英公使郭嵩焘，在英国从张听帆处借得慕维廉《大英国志》一部，读后评论道：该书"所论开国纪元，全不分明。又慕维廉故教士，尊所行教，奉之为宗主，以纪国事，皆据教为名，往往支离舛互，人名、地名又多异同牵混，甚不易读"③。晚清人认识的差异正好折射出教士译著中的局限性。

四　《六合丛谈》中的西方历史与史学

1857 年，墨海书馆创办了中文杂志《六合丛谈》，由伟烈亚力主

① ［英］慕维廉：《大英国志》卷 6，《巴力门议立君位》，墨海书馆 1856 年版。
② ［英］慕维廉：《大英国志》卷 7，西史汇函本 1881 年版，第 61 页。
③ 郭嵩焘：《伦敦与巴黎日记》，钟叔河等整理，岳麓书社 1984 年版，第 147 页。

编，王韬与艾约瑟合作翻译了宗教、科学、文学等方面的内容。《六合丛谈》属于综合性刊物。从 1857 年 1 月 26 日至 1858 年 1 月 15 日《六合丛谈》出版了 1 卷 1—12 号，1858 年 2 月 14 日和 6 月 11 日分别出版了 2 卷 1 号、2 号。关于《六合丛谈》的宗旨，伟烈亚力在《六合丛谈·小引》中说："今予著六合丛谈一书，亦欲通中外之情，载远近之事，尽古今之变……务使穹苍之大，若在指掌，瀛海之遥，如同衽席。是以琐言皆登诸记载，异事不壅于流传也。是书中所言天算舆图，以及民间事实，纤悉备载。"①

《六合丛谈》重点介绍西学，包括"化学"、"电气之学"、"测天之学"、"察地之学"、"民间事实"、西方国家发展史等内容，宗教内容退居其次。天文学方面，代表作是伟烈亚力与王韬合译的《西国天学源流》。它分 8 期连载，系统地介绍了从古代开始直到 1846 年西洋天文学的历史，阐述了西方宇宙观的演进史。地理方面的知识是《六合丛谈》的显著内容，基本都是自然地理的内容，包括《地球形势大率论》《释名》《水陆分界论》《山原论》《洲岛论》《平原论》《洋海论》《地震火山论》《潮汐平流波涛论》《湖河论》《地气》等。

在历史方面，艾约瑟在《六合丛谈》开设有专栏《西学说》，连载于杂志第 1—4、7—8、11—13、15 号上，介绍了西方文学家、历史学家以及古罗马风俗礼教的内容，有基改罗（今译西塞罗）、百拉多（今译柏拉图）、黑陆独都（今译希罗多德）、士居提代（今译修昔底德）、和马（今译荷马）以及博物学家伯里尼（今译普利尼）等。另外，该杂志还刊有中国人蒋敦复撰写的《海外异人传·该撒（今译恺撒）》等。

《华英通商事略》由伟烈亚力口述，王韬笔述，主要记载了中英间通商的历史。从明朝万历年间英国请求向中国通商开始，围绕着东印度公司在中国的活动，详细记述了鸦片战争之前中英之间的贸易往

---

① 沈国威编：《六合丛谈》，第 521 页。

来。王韬将其收入《西学辑存六种》，在跋文中论述了对外贸易与国家繁荣富强之间的关系，认为"贸易愈盛则技艺愈精，人民愈重，保大丰财，不外乎此"①。

《中西通书》由艾约瑟和伟烈亚力编辑，王韬协助，这是一部历书性质的小册子，是一本以中西日历为主，附带介绍中西政治、社会和科学文化的知识普及读物，王韬负责中西日历部分的编审工作。在《中西通书》序言里，王韬批评道："中法每不如西法之密，何哉？盖用心不专，率皆墨守成法，未能推陈出新"②，颇能点破国人治学粗疏之弊。

从 1857 年第 8 号起，《六合丛谈》专门开出"新出书籍"一栏，介绍了一批中外新书，对中国学者了解西方学术起了积极的作用。除此之外，《六合丛谈》还刊登中外时事新闻，不仅有周边国家的时事新闻，更注重对中国国内的新闻报道，比如有"中华近事""金陵近事"等新闻栏目。《六合丛谈》还刊登西方文化政治、商业信息等，它不仅对中国的知识分子产生了深远影响，而且对中国的商人阶层也产生了一定的影响。

《六合丛谈》在中国近代中文报业发展史上起到了承前启后的作用，它对西方国家历史发展进程、国际关系、外交、史学、历史学家等史实、人物进行了介绍。有学者对《六合丛谈》评价道："对于我们探究晚清西学东渐源头重镇的墨海书馆和围绕着它的西方传教士和中国士绅团体，《六合丛谈》提供了更丰富的历史信息，从中我们可以了解他们对于近代科学的认识，他们传播科学新知所付出的努力及其影响。"③《六合丛谈》的创办使中国人更好地了解西方，了解

---

① 王韬：《西学辑存六种》，光绪庚寅（1890）年版，第 19 页。
② 王韬：《中西通书序》，海青编：《中国近代思想家文库·王韬卷》，中国人民大学出版社 2013 年版。
③ 王扬宗：《〈六合丛谈〉中的科技知识及其在清末的影响》，《科技史料》1999 年第 3 期。

世界。

墨海书馆也出版了一些英文书，如 *Chinese Dialogues*、*English and Chinese Dictionary*。另外，还出版了系列科学书籍，如李善兰与伟烈亚力翻译的《续几何原本》，王韬认为该书"不惮其难而续成之，功当不在徐、李之下"①。这些英文和科学书籍的作用，我们自不能忽略。墨海书馆在中国近代史以及近代中外史学交流史上具有重要意义，出版的《大英国志》《地理全志》《华英通商事略》《大美联邦志略》等史地书籍，促进了中西之间史学交流，有助于西学在中国的传播，启蒙国人的思想，促使人们的思想观念、思维方式发生了变化，对当时中国知识界产生了很大的启蒙影响。

第三节　以"影响上层人士和知识阶层" 为目标的广学会

广学会是传教士在中国建立的颇有影响且又规模宏大的文化教育团体，它通过出版书籍、创办报刊、组织学会等方式传播西方文化知识，以为"传教之助"。关于它在中外文化交流中的作用，已有不少的研究成果②。广学会在传播西方文化的过程中，也从事西方历史著作译介，且有一定分量。

一　广学会之设立与运行

广学会的前身是 1887 年在上海成立的"同文书会"（The Society

---

① 中华书局编辑部编：《王韬日记》，第 69 页。
② 关于广学会的研究成果颇多，在熊月之的《西学东渐与晚清社会》、顾长声的《传教士与近代中国》等著作中都有专章（节）论述。另有江文汉的《广学会是怎样的一个机构》，《出版史料》1988 年第 2 期；王树槐的《清季的广学会》，"中研院"《近代史研究所集刊》第 4 期。近年的研究成果如孙邦华的《李提摩太与广学会》，《江苏社会科学》2000年第 4 期；李巍的《季理斐在广学会活动述评》，《世界宗教研究》2003 年第 2 期；吴雪玲的《广学会与晚清西学传播》，《东岳论丛》2009 年第 8 期。这些成果均对西史东渐的内容关注甚少。

for the Diffusion of Christian and General Knowledge among the Chinese）。1889 年，该会成立董事会①，总税务司赫德担任总理，德国总领事佛克（Dr. J. H. Focke）任副总理，慕维廉（William Muirhead）、韦廉臣（Alexander Williamson）、林乐知（Young John Allen）等人任协理。司事包括丁韪良（William Alexander Parsons Martin）、艾约瑟（Joseph Edkins）等 36 人，美国总领事官廉纳德（General Kennedy）、怡和洋行麦机嘉（E. Mackeon）等官界、商界的不少人物也是其中成员。1894 年，该会的中文名改为"广学会"，意为"以西国之新学广中国之旧学"。1905 年，季理斐（Donald MacGillivray）建议将该会英文名改为 The Christian Literature Society for China，中文名仍旧。广学会在北京、沈阳、天津、西安、南京、烟台等地设有分支机构。

广学会出版以基督教教义为基础的图书，一为宣扬基督教教义，一为宣传西方文化。广学会拥有较为长远的目标，既不同于以出版纯粹教义为主的教会机构，也不同于以学生为对象的益智书会。韦廉臣是广学会的核心成员，在华生活多年，对中国社会有深入的了解，他说道："很早以来中国人最大的特征就是注重学问以及他们为之所树立的荣誉。他们的英雄人物不是武士，甚至也不是政治家，而是学者。"根据中国的这一现象，他起草的《同文书会发起书》中明确了出版目的："一为供应比较高档的书籍给中国更有才智的阶层阅读""二为供应附有彩色图片的书籍给中国人家庭阅读"。目标就是"面向公众，包括知识界和商界"，在提供科学知识的同时，努力使之具有吸引力②。所以，在韦廉臣主持广学会时期，出版的图书分为两种，一为天文地理及一切格致图书，"足扩学人之智识，其事巨，故其措辞不敢不尽也"。一为人

---

① 顾长声认为是 1888 年成立董事会，见氏著《传教士与近代中国》，上海人民出版社 2004 年版，第 149 页。《万国公报》1890 年 3 月刊登的《同文书会实录》显示"客岁十二月十七日，同会诸人集于有利银行商办书会中事"，并列有名单。客岁应为 1889 年。

② 《同文书会发起书》，见顾长声《传教士与近代中国》，上海人民出版社 2004 年版，第 149 页。

媒介的力量：近代出版机构与西方史学传播

物花木及一切政事，"以牖童稚妇女之聪明"①。

1890 年，韦廉臣病逝。在赫德的推荐下，李提摩太成为同文书会督办（后改称总干事），一直做到 1916 年。李提摩太在担当总干事之前，已经在山东等地传教 20 年，他有多年的工作经验，了解基督教在中国的接受程度。他在回忆录中写道："我注意到中国人在他们自己的宗教教义的传播和教育方面，有他们自己的一套方法。他们的组织是自给自足的。我突然冒出一个想法，使基督教本土化的最佳途径是采用中国人自己的传教方式。"② 在第一届在华基督教传教士大会上，他就指出一些基督教小册子将中国文化、习俗贬低为罪恶是不对的。李提摩太还注意结交中国权贵，他与丁宝桢、曾国荃、左宗棠、李鸿章、张之洞、翁同龢、恭亲王、庆亲王等都保持着良好关系。这样，他对中国统治阶级的思想状况有了更加清晰的认识。1880 年，李鸿章和李提摩太在天津见面。李鸿章说，"你们的信徒围在你们身边，是因为他们以及他们的亲朋通过为你们服务谋取生计。一旦停止对这些当地代理人支付报酬，他们就会一散而去……在全国，受过教育的阶层里没有一个基督徒"③。他们两人的这番谈话，对李提摩太后来的行动产生了深刻的影响，李提摩太领悟到："这使我比以前更加深刻地认识到了去对中国的领导阶层施加影响的重要性。于是我回到山西，决定针对官员和学者们开展旨在传播宗教的学术讲座。"李提摩太在广学会任职期间，出版的书籍大多围绕中国社会和政治展开，不能不说与他早期经历有关。李提摩太在同文书会年报中明确指出："我的目的是教导中国的上层人士和知识阶层的男女""利用中国政府和知识界中的领袖人物来发展我们的工作"④。在李提摩太的主持

---

① 韦廉臣：《同文书会实录》，宋原放主编：《中国出版史料·近代部分》第 1 卷，第 205 页。

② ［英］李提摩太：《亲历晚清四十五年——李提摩太在华回忆录》，李宪堂、侯林莉译，天津人民出版社 2006 年版，第 87 页。

③ ［英］李提摩太：《亲历晚清四十五年——李提摩太在华回忆录》，第 129 页。

④ 《同文书会年报》（1894），《出版史料》1988 年第 3、4 期。

60

下，广学会由首重宗教方面宣传转向侧重世俗知识的译介①。据统计，广学会所出非宗教性及含有宗教意味的书中，以人文、社会科学占据大多数，其中又以历史、传记、人文、社会等方面的书占据多数②，因为这四个方面的书籍便于宗教宣传。教育、政治论议的书次之，自然科学方面的图书所占比重较小。这与日益兴起的变法、改革的社会主体思想是相一致的，也是广学会出版图书的一个特征。

晚清传教士创办的出版机构中，广学会出版的历史类图书是最多的，其数量远超江南制造局翻译馆，而且影响也是最大的。最有代表性的是李提摩太的《泰西新史揽要》和林乐知的《中东战纪本末》。《泰西新史揽要》被梁启超称为"述百年以来，欧美各国变法自强之迹，西史中最佳之书也"③。广学会出版的历史类图书之所以产生巨大影响，一个重要原因是契合了社会的要求，适应了当时接受新知的士子和士大夫的需要。起初，广学会的图书也是采取分发和赠送的形式，"中国的书商都拒绝代销任何基督教书籍，认为做这种交易是对国家不忠，对一个有身份的人来说，毫无价值"，但是，"1895 年当麦肯西的《泰西新史揽要》以及广学会的其他一些书籍出版后，中国书商的态度发生了很大的变化，仅在杭州一个城市，《泰西新史揽要》就有不少于六个盗版本""书商们不再认为广学会的出版物不值得一顾，反而为能销售我们的书籍而异常高兴"④。科举取士的标准改变，士人所读之书即随之而变，传教士早就注意到江标在湖南以新学考士，读书人"遂取广学会译著各书，视为枕中鸿宝"，《泰西新史揽

---

① 王树槐：《清季的广学会》，"中研院"《近代史研究所集刊》第 4 期。

② 王树槐：《清季的广学会》，"中研院"《近代史研究所集刊》第 4 期。

③ 梁启超：《读西学书法》，夏晓虹辑：《〈饮冰室合集〉集外文》，北京大学出版社 2005 年版，第 1164 页。关于《泰西新史览要》研究成果较多，如刘雅军的《李提摩太与〈泰西新史览要〉的译介》（《河北师范大学学报》2004 年第 6 期），邹振环的《李提摩太与〈泰西新史览要〉："世纪史"的新内容与新形式》（《西方传教士与晚清西史东渐》，上海古籍出版社 2007 年版）。

④ ［英］李提摩太：《亲历晚清四十五年——李提摩太在华回忆录》，第 211 页。

要》和《中东战纪本末》等遂成为"谈新学者皆不得不备之书"①。

　　与清政府官方主办的同文馆、江南制造局翻译馆所出的图书相比，广学会翻译出版的图书与前两者不同。传教士自己创办的图书出版机构，与中国的社会形势变化紧密相连。这从在华传教士在上海所召开的三次（1877 年、1890 年、1907 年）大会形成的报告中都能够看得出来。1877 年，美国传教士狄考文（Calvin Wilson Mateer）指出："中国与世隔绝的日子已经屈指可数。不管她愿意与否，西方文明与进步的潮流正朝她涌来，这一不可抗拒的力量势必将遍及全中国。"② 19 世纪末，中外形势发生了重大变动，来自美国的林乐知在第二届在华基督教大会上作了题为"中国发生的变化"的报告，认为中国政府和人民对西方文化已经不是简单地模仿，中国人也在不断地学习，急需的外国思想和编纂统一的教科书成为首要任务。来自英国的韦廉臣认为编纂一部包括欧洲、美国、澳大利亚、日本等国在内的当代史是一项重要任务，以满足中国社会的需要③。

　　广学会的传教士们毕竟是揣着一定的目的来华的，李提摩太给中国官员的建议是："在一定年限内，给予某一国处理中国对外关系的权力"，企图将中国变为某一国的"保护国"。他们的阴险企图并没有得逞，倒是出版的书籍对急于了解国内外形势的士大夫产生了启蒙和影响，为国家的发展提出变法、改革的主张。李鸿章也对广学会的出版物表示过肯定，但他从来没有承认过基督教会为中国做一点好事，以致毕德格评价其"谁能从荆棘丛中收获葡萄"④。中国学者赵如光在《万国通鉴》序中也指出，外国传教士"每于圣书而外，多

　　① 《三湘喜报》，中国史学会编：《戊戌变法》（三），第 376 页。

　　② Records of the General Conference of the Protestant Missionaries of China，Held at Shanghai，May 10 - 24，1877. Shanghai：Presbyterian Mission Press，1878，p. 177.

　　③ Records of the General Conference of the Protestant Missionaries of China，Held at Shanghai，May 7 - 20，1890，pp. 14，523.

　　④ ［英］李提摩太：《亲历晚清四十五年——李提摩太在华回忆录》，第 242 页。

所著作，非徒炫奇，实为传道之助"①。传教士译介的这些历史书籍，实际上是进行文化渗透的一种手段，中国的资产阶级改良派却根据政治上的需要，从中汲取有益的资源，为推动社会进步服务。

二　广学会所出历史类图书

广学会所出版的"历史类"图书，大体分为通史、国别史、当代史、传记、杂著等类别，具体见表1—1。当然，由于"当时"与"当下"学科划分标准存在较大差异，在图书类别划分方面也较难取得统一，有些图书虽包含有历史撰写的意识、内容、思想，按照当下标准应属于"政法类"或者其他类图书，不再一一列出。

表1—1　　　　　　　　广学会所出历史类图书一览

书名	著译者	卷册数/时间	价格	备注
万国通史前编	[英]李思伦白辑译 蔡尔康纂述	再版十册	价洋三元五角	附：中西年表及各种图
万国通史续编	[英]李思伦白辑译 曹曾涵纂述	英史四卷、英属地志二卷、法史四卷，大本十册	价洋五元	
万国通史续编	[英]李思伦白辑译 曹曾涵纂述	德、俄史各五卷，十册	价洋五元	附插各种图画；三编共有图五百余幅*
万国通鉴	[美]谢卫楼辑译 赵如光笔述	五卷，六册	价洋二元一角	梁表*：通行本六本，一元
俄史辑译	[英]阚斐迪辑译 徐景罗笔述		价洋八角	益智书会1888年版四册，刻本，六角五分；上海书局本1897年版六册，刻本；另，鸿宝书局1902年版2册，石印本

---

① 赵如光：《万国通鉴·序》，上海美华书馆1882年刻本。

续表

书名	著译者	卷册数/时间	价格	备注
泰西新史揽要	［英］李提摩太著译 蔡尔康笔述	八册，1894	价洋一元五角 缩本价洋八角	梁表：广学会本 八本，二元
泰西十八周史揽要	［加拿大］季理斐译 李鼎星笔述	六册，1902	价洋一元	铅印本
大英十九周新史	［加拿大］季理斐译 李小浦笔述	西装洋白纸一册	价洋七角	又名《大英十九周新学揽要》
三十国志要	［英］李提摩太著译	一册	价洋一角	
五洲史略	［英］李提摩太著 铸铁生（蔡尔康）述	百篇，一册，1892	价洋三角	应与梁表中《天下五洲各大国志要》为同书异名（又名《三十一国志要》）
近世史略	［英］华立熙著译	1904	价洋三角五分	铅印本
古世文明	［英］华立熙著译	三百六十篇，三册，1903	价洋五角	铅印本
德国最近进步史	［美］林乐知译 范子美笔述	一册	价洋两角五分	
中东战纪全集	［美］林乐知著译 蔡尔康笔述	十六册	价洋一元八角	1896 年初编；1897 年续编；1900 年三编
振新金鉴	［加拿大］季理斐鉴定 任保罗（申甫）译	四百八十篇，三本册，1903年	价洋八角	线装，排印本，上海商务印书馆
俄国历皇纪略	［美］林乐知著译 范袆笔述	二卷一册，1903	价洋一角五分	铅印本，上海商务印书馆
埃及变政史略	［英］密里纳著 任保罗译	洋装三册，1907	价洋一元五角	上海商务印书馆
印度史揽要	［英］亨德伟良著 李提摩太鉴定，任廷旭（申甫）译	三卷二册，1901	价洋五角	铅印本
大英治理印度新政考	［英］亨德伟良著 任保罗译	六册，1903	价洋一元五角	铅印本
中国铁路历史		洋装一册	价洋二角	未见此书

续表

书名	著译者	卷册数/时间	价格	备注
迈尔通史	［美］ Meyers（迈尔）著 黄佐廷口译、张在新笔述	洋装一册	价洋二元二角	附印名胜原图各种地图百余幅；山西大学堂译书院 1905 年 4 月出版，上海华美书局代印
列国变通兴盛记	［英］李提摩太	一册，1894	价洋一角五分	铅印本
英国实业史		一册	价洋四角	未见此书
俄国近史		一册	价洋一元	附图百余页
英民史记	［英］葛耘撰 ［英］马林译 李玉书笔述	三册	价洋七角五分	上海美华书馆 1907 年版，3 卷 3 册，铅印本
十九周新学史	［英］华丽士著 梁澜勋译 徐家惺校润	一册，164 页	价洋四角	上海：山西大学堂译书院印，1904 年，铅印本
全地五大洲女俗通考	［美］林乐知辑译 任保罗笔述	十集，二十二卷，1903		上海广学会辑行，上海美华书馆摆印，线装，附图 1400 余幅，简称五洲女俗通考
美国大总统林肯传		洋装一册	价洋二角五分	传记类
世界英雄论略		洋装一册	价洋二角	传记类
美国政治家哈密登传		九章，一册	价洋一角五分	传记类
巴赖德传		洋装一册	价洋二角五分	传记类
欧洲八大帝王传	［英］李提摩太撰	线装一册，1894	价洋八分	传记类，铅印本
李傅相历聘欧美记	［美］林乐知汇译 蔡尔康辑	二册，1896	价洋三角五分	传记类，铅印本
威廉振兴荷兰记		二册	价洋二角	传记类
英王肥柁唎亚盛德记	［英］华立熙著	一册	价洋一角	传记类

续表

书名	著译者	卷册数/时间	价格	备注
英兴记		二册，1898	价洋二角五分	传记类
美国明君言行录	［美］具德礼撰	大本一册，1904	价洋五角	传记类
路德改教始末记	［英］沙立士等 钟荫棠译	线装一册，1911	价洋三角	传记类，铅印本，上海商务印书馆
世界名人传	译自英国张伯尔《名人字典》	二十五卷，一册，1908	价洋三元	传记类，上海山西大学堂译书院
地球一百名人传	［英］李提摩太编 蔡尔康笔述	三册，1898	价洋四角五分	传记类，1901年再版
道统年表	［英］仲均安著 蔡尔康审定	大本一册，1903	价洋三角五分	传记类，铅印本
沙斐伯雷传	莫安仁	一册	价洋五角	传记类
信魁济荛传	鲍康宁	一册	价洋一角五分	传记类
梁马利亚		一本	价洋二分	传记类
圣勇嘎拉哈奇遇传		一册	价洋八分	传记类
泰西名人事略	［加拿大］季理斐译著	一册，1903	价洋三角	传记类
英王亚弗勒传		一册	价洋二角五分	传记类
奥后特勒萨实录	［英］哲美森夫人著 任保罗译	一册	价洋二角	传记类
亚但氏约翰传		洋装一册	价洋一角二分	传记类
花甲忆记	［美］丁韪良撰	一册	价洋二角	传记类
自西徂东	［德］花之安撰	1888		杂著类，1884年广东刻本；从1879年10月至1883年，在《万国公报》上连载；1888、1897、1899、1902年广学会铅印本

书名	著译者	卷册数/时间	价格	备注
百年一觉	［英］李提摩太	1894		杂著类，1891 年 12 月至 1892 年 4 月，以《回头看纪略》为题（译者署名析津）刊载在三十五至三十九册的《万国公报》上
中西关系略论	［美］林乐知	1894		杂著类，又名《中西互论》，1874 年，铅印本；1881 年，四卷 1 册，汉口福音堂刻本；1882 年申报馆铅印本；1892 年，四卷，续编 1 卷，上海格致书室
时事新论	［英］李提摩太	二册，12 卷，1894		杂著类，铅印本另有《时事新论图说》3 册，铅印本

注：备注中的"梁表"指梁启超撰写的《西学书目表》。个别图书虽非广学会印刷，但在该会出售。

以上是 1911 年前广学会所出史志类书目。书目统计依据《广学会译著新书总目》（广学会编，清末铅印本，北京图书馆藏）、国家图书馆古籍部所藏广学会图书、《万国公报》，同时参考了梁启超《西学书目表》（时务报馆代印本 1896 年版）、熊月之《西学东渐与晚清社会》附表 33（上海人民出版社 1994 年版）等。

在广学会出版的所有历史类图书中，《泰西新史揽要》和《中东战纪本末》是两部产生重要影响的著作，下面通过对这两部书的分析，展现广学会出版历史图书的内容、特征及其反响。

三 《泰西新史揽要》：新体裁和新内容的西方史著

《泰西新史揽要》（*The Nineteenth Century：A History*）是广学会在 1895 年李提摩太翻译的一部西方史著，著者为 John Robert Mackenzie，在当时译为麦肯西、马肯西、马恳西、麦肯尼等，今译为罗伯特·麦肯齐。麦肯齐曾经担任过新闻记者、商人。这部著作目前所知英文版较早刊出的时间是在 1880 年，之后在 19 世纪、20 世纪多次再版。

参与这部书译介的是英国传教士李提摩太和中国人蔡尔康，翻译是通过"西译中述"的方式进行的。李提摩太（Timothy Richard），1845 年出生在英国威尔士一个农村家庭之中，从哈佛浮德神学院毕业之后来华传教。从 1870 年来山东传教开始，至 1916 年辞别中国踏上归途，李提摩太在华四十五年，除了 1885—1886 年、1896—1897 年休假，在华的日子里他都致力于基督教宣传、中国的赈灾以及广学会的工作。此外，李提摩太还撰写有《救世教益》《时事评论》《地球一百名人传》《华夏诸神表》《亲历晚清四十五年——李提摩太在华回忆录》以及关于佛教的论述等多部著作，他还参与了《万国公报》《中西教会报》等报刊的编辑工作。为了解决山西大学堂的教材问题，李提摩太在上海成立了一个翻译部，聘请了十名中国翻译人员和作者，以及一名日籍翻译人员，翻译了梅耶的《通史》、吉本的《欧洲商业史》及日本的一些教材①。李提摩太在华出版的报刊、著作中用的中文名为提摩或者李提摩太，字普若、菩若、普岳、普药，号醒华生、救世子等。中国翻译蔡尔康 1858 年生，上海人，字紫绂，署名铸铁生、蔡芷被、紫黻、缕僊等，1894 年经沈毓桂、李提摩太推荐为《万国公报》编辑，并成为林乐知的助手。

《泰西新史揽要》这部书的翻译是从 1892 年 3 月开始的②，在蔡

---

① ［英］李提摩太：《亲历晚清四十五年——李提摩太在华回忆录》，第 286—287 页。
② ［英］李提摩太：《亲历晚清四十五年——李提摩太在华回忆录》，第 202 页。

尔康的协助下 1894 年将英文版《十九世纪史》译成中文，以《泰西近百年来大事记》为题刊于 1894 年 3 月至 1894 年 9 月的《万国公报》第 62 册至 68 册上。译本序和译本后序刊载于《万国公报》1895年 4 月和 5 月的第 75、76 册。国内现有这部书的版本较多，主要的有广学会本、上海美华书馆印本、三味堂本、紫文书局本。2002 年上海书店出版社再版的《泰西新史揽要》以三味堂本为底本。全书共计24 卷，各卷下分若干节，合计 371 节，内容上"以国为经，以事为纬"，全书所记以 19 世纪英国史最详，认为英国是"泰西之枢纽也"，认为法国是"欧洲之乱所由萌，亦治之所由基也"，同时对 19 世纪德、奥、意、俄、土、美等国家发展史进行了论述。第一卷论述欧洲百年前情形；第二、三卷论述法皇拿破仑统治历程；第四卷至第十三卷主要论述英国的政治制度、经济变革、对外贸易、对外战争、社会发展、海外殖民统治等内容；第十四、十五卷讲述法国大革命史；第十六卷至第二十卷论述德国、奥地利、意大利、俄国、土耳其等国的政治、经济、文化、外交等内容；第二十一卷述及美国政治发展史上的重要事件及改革内容；第二十二卷至第二十四卷详述欧洲教皇、基督教以及欧洲政治制度、学校教育、安民政策。

在体裁方面，《泰西新史揽要》采用了欧洲使用较多的章节体史书体裁，以重要事件、人物、制度为标目。为了达到中西时空的统一，加上了中西年历对照表，增加了人名、地名、事物的中英文对照表①，促进了中国史学体裁和体例方面的发展。

在内容方面，《泰西新史揽要》的"新"体现在：

第一，以"世纪史"的形式，将同时期的欧洲各主要国家的历史进行了对照，对急于了解欧洲各国发展状况的中国知识界提供了很好的模本。之前在中国输入的历史著作如《大英国志》《美理哥合省国

---

① 这种史书编写方式在《东西洋考每月统记传》以及伟烈亚力的《1867 年以前来华基督教传教士列传及著作目录》中已经采用过类似的撰述方式。

志略》《欧洲史略》《罗马志略》《外国史略》《地理全志》等，或是专门史，或是区域史，或是古代史，涉及欧洲当代史的内容较少，更不要说同时介绍欧洲各国的当代史。

第二，该书翔实地论述了西方政治制度变革的内容，对 19 世纪西方各国的议会制度及变革都有详尽的分析。比如，对英国议会，详尽地论述了英国议院章程、人民的权利、选举方法、人民在议会的斗争等；法国议会在拿破仑失败后，民众修改议院章程的呼吁和行动，争取民主的行动。美国林肯总统被刺以及总统选举"民班"和"官班"的相互斗争①。

第三，全书具体分析了欧洲各国经济发展、学校教育改革以及新技术的使用。如第四卷对英国国内的工价、食价、粮食贸易，纺织、田赋、刑罚、监狱、贫民、城镇发展、征召入伍、妇幼儿童招工、受伤士兵的保护、邮递业务、报章业务等都有涉及。文中论述了各国对学校教育的重视，如 1818 年英国十七人中仅有一人入学读书，1851 年之后，政府加大了对教育的投入，入学读书之人骤增。在公费教育的省份，"有已及入塾之年，而仍纵令嬉戏者，准地方官罚其父母"②。法国、俄国、美国等国也都非常重视教育，美国每年拨款 2300 万镑，远远超过了军费 1000 万镑的数额③。在新技术方面，介绍了火车、轮船、电报、电话、电灯、枪械等新发明和使用，并用一定篇幅阐释了西方各国鼓励民众进行发明创造活动④。

《泰西新史揽要》在翻译完成后，由广学会出版。因为有了早期在《万国公报》的宣传，再加上李提摩太的人际关系和特殊的宣传手

---

① ［英］马恳西：《泰西新史揽要》，李提摩太译，上海书店出版社 2002 年版，第 380、381 页。

② ［英］马恳西：《泰西新史揽要》，第 112 页。

③ ［英］马恳西：《泰西新史揽要》，第 270、345、383 页。

④ ［英］马恳西：《泰西新史揽要》，第 143—158 页。

段，一时间出现了热销的场面。李鸿章和张之洞电邀其当面会谈。这部书在杭州一地就出现了六个盗版本，在上海能够买到两元本，在西安卖到六元的价钱。在皇宫禁内，光绪皇帝的老师孙家鼐有两个月的时间为皇帝读《泰西新史揽要》①。

四 《中东战纪本末》：记录甲午中日战争的当代史著

《中东战纪本末》一书，是甲午中日战争后美国传教士林乐知、中国人蔡尔康，将刊发在广学会创办的《万国公报》上的关于此战的文章，按照一定的体例进行纂辑而成的书籍。此书在当时影响甚大，上至光绪皇帝，下至书生学子都多有阅览。广学会曾将该书送给总理衙门，总理衙门专门委托官员复信致谢。李鸿章看过书后认为"它写得很好，希望它能广泛流传"②。

《中东战纪本末》1896 年由广学会出版初编 8 卷，1897 年增出续编 4 卷，1900 年出版三编 4 卷③。署名为林乐知著译，蔡尔康纂辑。

林乐知（Y. J. Allen）1836 年生于美国，美国基督教监理会会员。1860 年 6 月抵达上海，1907 年在上海去世，其间除短暂回国，其他时间都在中国度过。来华时中文名为林约翰，1864 年加入上海广方言馆时改名林乐知，后来取名荣章。太平天国运动期间，他到南京见过洪仁玕，后曾参加江南制造局的译书工作，翻译了《列国岁计政要》《东方交涉记》《四裔编年表》等著作。他的数篇具有影响力的著述和译作，如《文学兴国策》《中东战纪本末》《中国历代度支考》等，均被梁启超《西学书目表》、徐维则《东西学书录》、赵惟熙《西学书目答问》收录。1878 年，林乐知回到美国，美国爱默雷大学授予

---

① ［英］李提摩太：《亲历晚清四十五年——李提摩太在华回忆录》，第 210、211、239 页。

② 《广学会年报》（第十次），《出版史料》1991 年第 2 期。

③ 本部分以与甲午战争紧密联系的初编图书为主要研究对象。所用《中东战纪本末》为 1896 年上海广学会译著，图书集成局铸版，收于沈云龙主编《近代中国史料丛刊续编》影印第 71 辑，文海出版社 1974 年版。

他荣誉法学博士学位①。林乐知来华四十七年，经历了中国的不少大事，与李鸿章、张之洞等重要人物有交往。在《中东战纪本末》书中，林乐知译著的文章占据了全书近一半的篇幅，大部分在《万国公报》上发表过。蔡尔康为《万国公报》编辑，林乐知的助手。蔡氏在书中其校、译、著的文章总体上超过了林乐知。林乐知评价他说："子苠中国真秀才也，每下一语适如余意之所欲出"②"余之舌，子之笔，将如形之于影，水之于气，融美体于一冶"③。另外，《中东战纪本末》还引用了电报、条约、外报评论，传教士李提摩太、李佳白等人的文章。

关于撰述目的，林乐知在《中东战纪本末·序》中也有叙说，中国战败并不可怕，关键是总结教训，变法是中国重振国势的重要途径。中国战败了，是因长时期困于天朝大国的梦幻之中，"中国断无可灭之理，际此痛深创钜，幡然一变其故辙，综计云蒸霞蔚之盛亦有五端，恐非日本之能望其项背也"。日本取胜的原因就在于实行了变法，日本实行的五项措施，"表武功于天下""有利器而得人以利用""国体既立，乘势以兴新政""通国之民均知教化""力避诛降，以仁心闻天下"，使日本一跃成为强国。"中国若恐骤更新法，致激愚民之变而因循"，犹如"母之爱子，怜其夜啼，而饮以安神药水，恐一眠而长不醒也"④。此书适应了当时社会变法形势的需要。

在体例方面，林乐知称本书仿《通鉴纪事本末》，采用纪事本末体。他认为此种体例，"皆脉络贯注，縻眼毕清，读者一目了然"⑤。通观全书可知，林乐知所倡导的"本末"与中国史书体裁纪事本末，在含义上有所不同。实际上，他强调的"本末"是事件的轻重缓急问

---

① 《美国爱默雷大学图书馆藏来华传教士档案使用指南》，广西师范大学出版社 2008年版，第 5 页。
② 《中东战纪本末·译序》，第 10 页。
③ 蔡尔康：《送林荣章先生暂归美国序》，《万国公报》1898 年 2 月。
④ 《中东战纪本末·译序》，第 7—10 页。
⑤ 《中东战纪本末·例言》，第 21 页。

题。因为本书在编纂的过程中并不是先立体例，再进行撰述。故而，此书虽命名为《中东战纪本末》，只是大致合乎体例，并非完全遵守。就连作者的署名也不尽统一。本书的影响力之大在于它的内容。

《中东战纪本末》在甲午中日战争结束的第二年出版，时人阅后称其"于当世大局，万国实情，若烛照数计而龟卜""能言诸生所不能言，且敢言翰林御史不敢言"①。帝师孙家鼐评价道："其于中国之病源，可谓洞见症结，此中国士大夫所不能知，知之而不敢言者。"②此书初版三千部很快销售一空，不到六个月就收回了成本，重印多次，曾出合订本 4000 册，总印数达 2 万册。林乐知和蔡尔康也受到一些省官员邀请，要求前往讲授西学③。《中东战纪本末》之所以获得这么高的评价，并被转送深宫之中，就在于它以一种相对客观的方式报道、评论了这场战争，指出了中国社会所存在弊病，触及了中国的病根。

第一，材料可靠，记述较为客观。该书认为中国失败源于"骄傲"之心。中国喜欢报喜不报忧，喜欢听"虚词"。针对战争之前日本宣称参与朝鲜事务，一是申明朝鲜宜为独立之国，二是要求中国不再干预朝鲜之事，林乐知认为日本的根本意图是"日本欲去戍朝之华兵，而全归其保护者也"④。在材料运用上直接使用公函和电函。文中引用了中国总理衙门与日本外务省之间的来往公函，李鸿章在日本期间与伊藤博文等人谈话记录，李鸿章与伊藤陆奥、伊藤博文的往来函件等。文中收录了《讲和条约》《修订专条》《停战条款》等系列条约，这足以证明《中东战纪本末》在材料使用上的权威性。

第二，引用外电，指陈形势。林乐知语言上的便利使他能够更为方便及时地了解国际形势，并运用到分析中国问题上。据统计，《中

---

① 张昌鼎：《中东战纪本末序》，《万国公报》1897 年 7 月。
② 孙燮臣：《复龚景张太史（心铭）书》，《万国公报》1896 年 8 月。
③ 叶再生：《中国近代现代出版通史》第 1 卷，华文出版社 2002 年版，第 468 页。
④ 《中东战纪本末》卷六《微量篇》，第 600 页。

东战纪本末》中摘录了英国、德国、法国、俄国、美国、奥地利、西班牙、意大利、荷兰等国，近四十种不同报纸上的评论和报道，主要内容是关于战时及战后，各国行动及态度变化。对于此事，林乐知认为："会各国报馆，各谋其国，各顾其人，欲求仗义执言，置本国事度外者，奚翅星辰硕果。于以知今日之时局，理与势两相倚。势苟弱，理亦即与之俱弱也。"① 十篇《哀私议以广公见论》的撰述意图也在这里，通过聚集不同的私议，来正确客观地认识这场战争。林乐知针对俄国参与"三国干涉还辽"事件，评论道："俄罗斯助华变约，阻日割辽，名为公论之不容，实则私图之自便绛臂夺食，华人渐见其肺肝。"② 揭露了俄国参与干涉还辽的真实目的。

第三，分析弊病，力荐变法。编纂此书之时，林乐知来华已三十六年，对中国社会存在的症结可谓有充分了解。卷二中引用朱谕、谕旨、廷寄，实际是从一个方面来反映晚清政府如何看待和应对战争。在国家受到战争威胁之时，大臣还在为慈禧太后的寿辰奔忙，足以看到此时晚清政府的腐朽。此书所倡导的变法思想渗透于全书每卷之中，而以第八卷最为集中。文中认为中国长期形成的积习有骄傲、愚蠢、怯怯、欺狂、暴虐、贪私、因循、游惰，各种积习相引而递生，祸及国是。"中国自知骄不可恃，傲不可长，岂但有益于外国，不且大有益于中国乎？呜呼，此种语气，籍籍然闻于遍地球间，中国岂有未之知乎？"③ 中国"不知自强其国之道，不在于武备而在于政体，中国欲救其危，必先自知其弊"。他还认为中国必须自己主动进行自强之法，若他国也参与进来，恐会干涉到政权，"天下能否平安，全视中国能否振奋，欧人之冀望深矣。中国若再因循，他国必有合力以迫令振奋者，试问中国之主权尚有存焉者乎"④？文中还以日本为例，

---

① 《中东战纪本末》卷六《哀私议以广公见论》，第609页。
② 《中东战纪本末》卷六《七哀私议以广公见论》，第654页。
③ 《中东战纪本末》卷六《满招损谦受益时乃天道论》，第591页。
④ 《中东战纪本末》卷六《三哀私议以广公见论》，第624页。

指出变法的益处。

《中东战纪本末》能够产生巨大社会反响，还与它的评论、文章的本土化倾向有重要关系。对于中国军队在战争中的表现，林乐知也没有笔下留情。方伯谦因害怕战争，藏于船底的货舱之中，叶志超等人胆怯，纷纷畏敌而逃。文中引用英国武将纳披的话说："两军相见于疆场，其孰为胜者，孰为败者，道德居其三，枪械居其一。"并进一步评论道："故夫华之败于日，非败于器械之不利，而败于文武各员道德之不修。""华人之学问，多守旧而不知谋新，终且并其旧者而失之，其能免于挫败哉。"①针对中国军队守而不战的行为，评论道："夫中国有新舰巨炮，精卒厚饷，固宜长驱直入，不但攻踞朝之客兵，且将攻守日之主兵，方足以固民心而作士气。若不言功（攻），而言守，已非出奇制胜之道，况乎并守而不能哉，局外之人，所由内问诸心，外问诸世，而不知其何故也。"②反映了当时以西太后为首的部分人为维护一己利益，视国家利益于不顾，在军事上极力避战求和的行为，带来的恶劣后果。在文字运用和表述上，特别贴近中国士阶层使用的语言，使得其文章更具有影响力，比如大量运用中国传统经典中的著名语句。如《论语》中的"是可忍，孰不可忍"；《大学》中的"大学之道，在明明德，在止于至善"；在文学表现手法的运用上，使文章更具感染力。在讲到中日两国进退比较时，引用了刘禹锡的七言绝句《乌衣巷》，暗示了昔日繁荣强盛的中国，如果再不努力也只能落个断壁残垣的悲惨局面。

自甲午战后，中国社会形成了一股强劲的变法思潮，开明的士人、学子试图探索救国救民的道路，求知识于域外的思想强烈。在战争期间，林乐知在《万国公报》上相对客观真实的报道，为其赢得了很好的社会声誉。晚清士人王炳照曾在 1895 年编辑出版了《甲午中

---

① 《中东战纪本末》卷六《满招损谦受益时乃天道论》，第 596 页。
② 《中东战纪本末》卷六《中日朝兵祸推本穷原说》，第 569 页。

日战辑》，认为林乐知文章所载事"最真且切"，王氏之书录自《万国公报》上的内容达"十之九"，以此达到疾声长呼，使人常醒，鉴前车，绸未雨的目的①。

五　西史东渐的反响

在中西方人的思维世界里，有着较大的差异。中国官员士子虽然饱读经史著作，对于中国古训烂熟于胸，而对于社会的急剧变革寻求因应之道，则不可得。广学会出版的图书受到追捧，正是适应了中国社会骤变的局势。在1893年广学会年会召开时，所出售之书仅为817元；1896年12月10日，广学会在上海召开第九次年会时，图书销售开始变化，单卖书一项收入达5900多元，"昔之视同鸡肋者，今之价重鸡林"。江苏、湖南两地学政以书中内容，作为乡试出题的内容，林乐知等人受邀为创制良法②。随着中国政治形势的发展，1897年广学会卖出图书收入为12146元③，尚不计算美华书馆、申报馆等处代售收入。1898年，更是售出了18000余元。自1897年至1905年，广学会所卖出的《万国公报》达369912册④。

历史并不单单是对过去事实的记述，与社会现实也有着密切的联系，在社会发展的过程中发挥着它的积极性。广学会出版的图书对光绪皇帝、李鸿章、张之洞、曾纪泽、岑春煊、孙宝瑄、康有为、梁启超、谭嗣同、蔡元培等人都产生过重要影响，在他们的著作或回忆录中有所体现。在1896年前后的中国，在维新高潮尚未到来之时，以如此尖锐、激烈的言辞，批评中国的积习，批评中国的政治，实不多见。

---

① 王炳照：《甲午中日战辑·自序》，沈云龙主编：《近代中国史料丛刊》第1辑，文海出版社1966年版。

② ［美］卫理译：《上海广学会第九次年会记略》，《万国公报》1897年3月。

③ ［美］卫理译，金襄如记：《上海广学会第十年年会论略》，《万国公报》1898年1月。

④ ［英］季理斐译，范祎述：《广学会年会报告记》，《万国公报》1906年3月。

广学会翻译编纂出版的历史著作是真实的，只是将西方的西学、西政，国家繁荣兴旺的根源归于所信仰的基督教。林乐知认为在中国的外国人有公使领事、行商坐贾、医师矿师、传道教士等人，诸人之中谁最有利于中国，那就是传教士。公使是为修好睦邻，保护商人利益，商贾是为求利而来，医生矿师是为"求名"，"独有传教士之来华，非为名也，非为利也，传扬真道也。诚知真道为生命之量，而欲以其量为华人益智馈贫之助也。且知基督为世界之光，而欲以其光，为华人去暗投明之导也。此为独有益于中国者也"。① 中国翻译蔡尔康也竟宣称："教士之所讲者，敬天爱人之理，与儒教无弗同也。"② 然而，当时的士人和知识阶层面临民族危机，并没有走向基督教信仰，而是将汲取到的西学知识作为变革中国的"思想资源"。

第四节　几经更改的益智书会

"益智书会"是基督教传教士在华设立的另一个代表性的出版机构，它是"学校教科书委员会"（The School and Text Books Series Committee）的中文简称，后来名称几经更改，1915 年确定使用中华基督教教育会之名，在推动中国教育发展、出版发行等方面做出贡献。学界关于益智书会的研究成果不是很多，主要集中于益智书会发展史③、翻译名词统一④以及中华基督教教育会的教育理念、考试制度、与重要人物事件的关系等方面⑤。19 世纪中后期，中国对外政策

---

① 《中东战纪本末》卷六《十衰私议以广公见论》，第 698、699 页。
② 《中东战纪本末》卷七《据台十不可说》，第 734 页。
③ 王宏凯：《清末学校教科书委员会史略》，《首都师范大学学报》1998 年第 3 期。
④ 王扬宗：《清末益智书会统一科技术语工作述评》，《中国科技史料》1991 年第 2 期；张龙平：《益智书会与晚清时期的译名统一工作》，《历史教学》2011 年第 5 期。
⑤ 张龙平：《国家、教育与宗教——晚清民国时期的中华基督教教育会研究》，博士学位论文，中山大学，2008 年；张龙平：《中华基督教教育会与巴顿调查团来华的酝酿》，《世界宗教研究》2012 年第 3 期。

发生了巨大变化，在华基督教会抓住了这一时代新特点，益智书会应运而生。然而，由于受到多种因素影响，该会预期的计划并没有实现，在历史图书出版方面并也未做出更多开创性的贡献。与1836年成立的马礼逊教育会不同，益智书会的出现反映了19世纪70年代后国内外形势发生变化的情形下，读书人对域外认知的新诉求以及教育学习发展的新趋势，客观上促进了西方史学在中国的传播以及中西史学的互动。

一　从"学校教科书委员会"到"中华基督教教育会"

经过两次鸦片战争，西方列强与清政府签订了《南京条约》《天津条约》等系列条约。在条约的庇护之下，传教士在各通商口岸的传教工作迅速铺展开来，教堂、学校随之兴办。截至1877年，西方人在华已创办各种学校347所，收纳学生5917人①。教会学校建制、规模、办学方式不一，有教授圣经者，有兼及世界史地、数理知识的，有讲授医学者。在鸦片战争之后，当时小学教育、初等教育的主要任务还是教授贫家出身的孩童识字和外语，传教士虽已经感受到教材缺乏带来的诸多困难，但是没有将编写教科书提上日程。由于中等教育、职业教育、高等教育的发展，教材就成为一个重要的亟须解决的问题，"学生必须等待教科书，方能由读与写进修粗浅的知识"②。在山东传教的狄考文创立了登州会馆，并且编写教材，供学生使用③。狄考文编纂的第一部书是《笔算数学》，为了适应中国学生（学者）的阅读习惯，在排版上做出了改变。这种方式，只能解决一所学校的教科书缺乏问题。对于全国的教科书问题，必须经过全体传教士的共同努力。

---

① *Records of General Conference of Protestant Missionaries of China*, 1877, p. 480.

② M. E. Burton, *The Education of Women in China*, New York, 1911, p. 63.

③ ［美］丹尼尔·W. 费舍：《狄考文传——一位在中国山东生活了四十五年的传教士》，关志远译，广西师范大学出版社2009年版，第103页。

1877 年，第一届在华基督教传教士大会在上海召开。虽然一些传教士意识到编纂学校教科书的重要性，但是并没有得到全体传教士的认同，他们对教育与传教事业之间的关系认识不一。经过激烈争论，大会决定成立"学校教科书委员会"（The School and Text Books Series Committee，中译名"益智书会"），"任命丁韪良、韦廉臣、狄考文、林乐知、黎力基、傅兰雅等负责筹备编写一套小学课本，以应当前教会学校的需要"。丁韪良被任命为委员会主席。会后委员会召开了几次会议，决定编写两套中文教材，即初级教材和高级教材。内容包括：算术、几何、物理、天文、地理、政治、历史、语言、心理、音乐等。其中，历史科目涉及古代史纲要、现代史纲要、中国史、英国史、美国史①。在这次大会上决定了编纂学校教科书以满足中国社会的需要。在一定意义上说，"学校教科书委员会"是 1834 年在广州成立的"在华实用知识传播会"的发展，并借鉴了"在华实用知识传播会"的某些做法，包括出版图书，注意译名的统一问题等。

1890 年，第二届在华基督教传教士大会召开，"学校教科书委员会"不仅编纂学校教科书，还讨论一般教育问题，根据大会决议，委员会的作用在于："编辑适用的教科书，以应教会学校的要求；谋教授上的互助；探求及解决中国的一般教育问题"②。学会的英文名称改为 Educational Association of China，并在 1902 年更名为中国学塾会，1905 年再次更名为中国教育会。学会成员中既有外国传教士，也有中国会员。1907 年，学会创设了专门期刊《教育月刊》。由于中国教育会的影响日渐扩大，各地先后成立了分会。四川、广东、福建等地的分会成立最早。

1912 年，中国教育会更名为全国基督教教育委员会。1915 年，

---

① 韦廉臣：《学校教科书委员会的报告》，陈学恂主编：《中国近代教育史教学参考资料》下，第 86 页。

② 程湘帆：《中华基督教教育会成立之经过》，陈学恂主编：《中国近代教育史教学参考资料》下，第 92 页。

再次更名为中华基督教教育会（The China Christian Education Association）。至此，学校教科书委员会设立的初衷已经发生了很大的变化，由最初的编纂教科书，演变为"一方辅助各区组织分会；一方组织评议部综合各区意见，统筹全局，拟定改进计划"。1922 年，英美教会本部成了教育视察团，对中华基督教教育会提出了工作改进意见，并且认为教育会应当设立四个分支组织，即：高等教育组、初等与中等教育组、宗教教育组推广、成人教育组，并且成立全国教育董事会。中华基督教教育会演变成为一个全国性的基督教教育组织，主要任务集中于学校校舍、校具、课程标准、教员资格、教学方法、各科教授的最低限度等内容。一方面促进内部合作，减少教育上的冲突与浪费，另一方面接洽政府及国家教育领袖，为私立学校的发展奠定基础①。在 20 世纪 30 年代，该会经历了改组，进一步提升了工作效率。1951 年 2 月，教育会停止活动。

二 史学名词统一与历史教科书遴选

根据第一届在华基督教大会决议，对已经出版过适用于教科书的中文图书，或者已经着手编写的，甚至愿意承担相关内容的，均可加入编纂委员会。同时，大会决议，为适应教科书编纂，需要提前拟定一套"术语"，尽可能与现有出版物相一致，特别是要将中英文对照名词和特殊词汇进行归类汇总，分发给编写人员。傅兰雅负责技术、科学和制造类、地理类，林乐知负责传记类，伟烈亚力负责专有名词，麦嘉缔②（Divie Bethune McCartee）负责外国著作的日文编译本中使用的名词和名词表。统一术语工作在数学、天文、机械、佛教等

---

① 程湘帆：《中华基督教教育会成立之经过》，陈学恂主编：《中国近代教育史教学参考资料》下，第 93、96 页。

② 麦嘉缔（1820—1900），字培端，北美长老会最早派往中国的医疗传教士之一。1844 年抵达宁波施医传教。次年在宁波创办崇信义塾，即"之江大学"前身。曾任美国驻宁波首任领事、邮政局主政，清廷出使日本顾问。

方面取得了大致统一，但是科学、地理、历史等方面的术语一直进展缓慢。1905 年，科学及史地名词开始审定①。

根据"学校教科书委员会"的要求，教科书必须通俗易懂，"不是译作而是原作"②，作品必须将中国的文字、俗语以及风俗习惯与图书编纂结合起来，以便编印出对中华民族产生强大影响的书籍。同时，这些书籍应当具有严格的科学性，并利用一切机会引导读者注意上帝，罪孽和灵魂拯救的全部事实。世俗化的书籍出版服务于宗教宣传。

从 1890 年第二届在华基督教传教士大会报告来看，至 1890 年，已经审核通过符合学校使用的教科书 48 种 150 册，尚有已出版书籍50 种，74 册，图表 40 幅，合计 98 种。在 98 种图书中，科学类最多，计有 21 种，道学类 12 种，历史类 4 种③。由于宗教类书籍占了12 种，引起了包括狄考文、傅兰雅等人士的不满。傅兰雅提出要改组"学校教科书委员会""希望由实际从事教育工作者组织一个新的委员会，他们会知道如何编纂学校教科书的主要内容"。这种分歧，也是导致后来"学校教科书委员会"更名的一个重要原因。

从"学校教科书委员会"的历史变迁来看，在教科书编撰和出版方面，贡献最大的时期是在 1905 年以前。由于史料有限，笔者不能一一展示"学校教科书委员会"在各时期出版的图书目录，特别是在历史著作方面的译介。张西龙在其论著中对益智书会的出版情况制作了附录④，他依据的是 1907 年的益智书会出版统计报表以及王树槐的《基督教教育会及其出版事业》。笔者无法确认张西龙多大程度上增补了 1907 年的出版报表。笔者仅据现有材料进行比对，发现 1903 年与

---

① 笔者没有查阅到最后审核通过的史地名词表。

② 韦廉臣：《学校教科书委员会的报告》，陈学恂主编：《中国近代教育史教学参考资料》下，第 88 页。

③ *Records of the General Conference of Protestant Missionaries of China*，Held at Shanghai，May 7 – 20，1890，pp. 716 – 717.

④ 张西龙：《国家、教育与宗教——基督教教育会与近代中国》，中国社会科学出版社2015 年版，第 336—343 页。

1907 年的书目表存在不小差距。

首先，从分类来看，1903 年的书目表分为七类，分别是算学、格物、历史、地志地图、宗教哲学、读本、杂存。1907 年的书目表分为九类，分别是数学、自然科学、历史、地理与地图、宗教与哲学、国文、杂、罗马文字、挂图与手册。这反映了从大类分科向学科化的转变，无论是名称还是分类越来越科学化。

其次，从每类下面包含的书目来看，1903 年书目表包括算学类 18 种、格物类 57 种、历史类 8 种、地志地图类 14 种、宗教哲学类 5 种、读本类 6 种、杂存类 64 种（其中，图书 28 种，格致汇编部①14 种，挂图 22 种）。1907 年的书目表中，同类的图书有的数量保持不变，如宗教与哲学类；有的数量增多，比如历史类增加了《中国纲鉴撮要》；有的分类更为细致，如将杂存类划分为杂类和挂图与手册类两类。

现根据 1903 年《中国学塾会书目》，简要介绍益智书会的历史教科书编撰。《中国学塾会书目》1903 年出版，共计 22 页，美华书馆排印，书目共分为七类。历史类图书见表 1—2。

表 1—2　　　　　　　　　　历史类教科书一览

名称	著者	价格	备注
万国通鉴	谢卫楼	二元一角	六本，连史②，六开，无西文目录者二元
大英国志③	慕维廉	六角	二本，毛边④八开

① 主要是傅兰雅先在《格致汇编》杂志刊出的文章，然后结集出版，多数是制造工艺。

② 连史是指用纸的类型。连史纸，又称连四纸、连泗纸，原产江西、福建。素有"寿纸千年"之称。采用嫩竹做原料，碱法蒸煮，漂白制浆，手工竹帘抄造，有 72 道工艺，道道精湛。它纸白如玉，厚薄均匀，永不变色，防虫耐热，着墨鲜明，吸水易干，书写、图画均宜。所印刷的书，清晰明目，久看眼不易倦。

③ 《大英国志》出版较早，此次收入益智书会教科书，文中人名、地名多遵照徐继畬的《瀛寰志略》。

④ 毛边是使用纸的类型。毛边纸是用竹纤维制成的淡黄纸，主要产于江西等地。纸质细腻，薄而松软，呈淡黄色，不抗水，托墨吸水性能好，既适于写字，又可用于印制古籍。因明代大藏书家毛晋嗜书如命，好用竹纸印刷书籍，并在纸边上盖一个篆书"毛"字印章，故人们习惯称这种纸为毛边纸。

续表

名称	著者	价格	备注
欧洲史略	艾约瑟	三角	一本，连史，十二开，艾约瑟所编"西学启蒙丛书"之一种
希腊志略			
罗马志略			
俄史辑译	阚斐迪	八角	四本
俄国志略	华者某君①	一角	一本，连史，六开
圣会史记	郭显德辑	六角	二本，连史，八开
中国纲鉴撮要②	毕腓力辑纂		连史，32 开

从上面所列出的书目单可以看出，除了毕腓力的《中国纲鉴撮要》、郭显德的《圣会史记》等书籍，其他书籍都是传教士参与编纂且已经出版的书籍。《大英国志》是墨海书馆出版的图书，《希腊志略》《罗马志略》《欧洲史略》是艾约瑟主持海关税务司印刷署时出版的图书，《万国通鉴》《俄史辑译》是广学会所出图书。尽管"学校教科书委员会"成立以后，多次召开会议进行协调，在 1877 年、1890 年、1907 年等三届基督教大会上进行汇报编纂情况，但是从目前看到的出版物目录看，传教士在教科书出版方面还是显得力不从心。从历史教科书的编纂即可看出，有些图书并没有按照原计划编纂，大多选取了以往编纂而成的图书进行修订再版。

除历史类图书外，在地理地志类以及杂存类中的部分图书同样值得关注，见表 1—3。与历史类图书一样，部分地理类图书也曾经是出版过的图书。

---

① 从国家图书馆查得，香港英华书院设立的中华印务总局在 1878 年出版了晚清鹭江寄述人译纂的《俄国志略》。此二本《俄国志略》应属于同一本书。

② 此书 1904 年由美华书馆印刷出版，署名"大美牧师毕腓力辑著"。1903 年的《中国学塾会书目》中无此书，1907 年书目表中有。

表1—3 地志类教科书一览

名称	著者	价格	备注
新法训蒙地理志①	潘雅丽氏	八角	一本，洋装，四开
地理全志	慕维廉	六角	一本，洋装，连史，八开
地理志略	江载德辑 谢卫楼订正	一元三角	一本，洋装，四开
地理略说	戴维斯辑译	五角	二本，毛边，八开
地志须知	傅兰雅	八分	一本，连史，十二开
犹太地理撮要	纪好弼②	六角	一本，毛边，六开

另外，归于杂著类尚有林乐知的《中西关系略论》、花之安的《自西徂东》、伯伦知理的《公法会通》、丁韪良的《万国公法》、费国孙的《邦交公法》、丁韪良译的《富国策》、艾约瑟译的《富国养民策》、傅兰雅著的《富国须知》，等等。归于杂存类的图书，属于政治、经济、外交等方面的图书。由于当时学科划分没有统一标准，编纂者将其归为杂存类。

据实藤惠秀统计，益智书会还出版有《西学初步》丛书，共有42部80册，采用单页印刷，对折装订③。笔者没有检索到对该丛书的相关记载，也无从得知这42部图书的名称。

三 《万国通鉴》《俄史辑译》《俄国志略》

关于《希腊志略》《罗马志略》《欧洲史略》《大英国志》等书籍，笔者在之前的相关论文中都有详细介绍④，此不一一赘述。此处对《万国通鉴》《俄史辑译》《俄国志略》进行简单论述。

---

① 附有中西地名表。

② 纪好弼（1833—1912），出生于美国马里兰州，咸丰六年（1856）八月抵达香港，在广东各地宣教。

③ ［日］实藤惠秀：《中国人留学日本史》，谭汝谦、林启彦译，生活·读书·新知三联书店1983年版，第252页。

④ 可以参阅拙著《西史东渐与中国史学演进（1840—1927）》，商务印书馆2018年版。

　　《万国通鉴》由通州潞河书院院长谢卫楼编纂而成，书末册附有彩色地图数十幅，另有中外人名、地名对照表。《万国通鉴》有美华书馆本、杭州石印本等多种不同的版本①。《万国通鉴》几种版本尽管卷数不一，但核心内容大致相同，采取卷、章、段的结构。四卷本的内容主要包括"引"和四卷。"引"的部分为五论：第一论"亚当至洪水后事"；第二论"洪水后生民度日"；第三论"国度律法与分定人之等次"；第四论"古时敬神之道"；第五论"东方人民居亚细亚大洲"。第一卷主要讲述亚洲的中国、日本、蒙古、印度等发展概况；第二卷至第四卷讲述西方国家发展史，从上古史概论到近现代史。《万国通鉴》一书不仅介绍了西方发展史，而且在史书编纂体例、时代分期等方面有所突破。该书是比较明确采取卷章体的史书之一，推动了中国近代史书体裁的转变。该书采取了古世、中世纪、近代的历史分期方法，不同于中国的传统朝代分期方式。另外，改变了传统的外国史撰写模式。以往的万国史较少提及中国史或者东亚史。《万国通鉴》首次将中国、蒙古、日本与印度的历史，编纂成"东方国度"第一卷。虽然篇幅有限，但将中国、日本等东方国家的历史纳入整个世界历史的大框架内去认识，有利于从横向角度认识中国与世界的关系。该书注重时空的统一，采取了一致的纪年法，将公元纪年标注于中国历史上年号纪年之上，并附录了英文人名和地名的索引。这对之后的世界史编写模式有所影响。

　　《俄史辑译》阚斐迪、徐景罗编译。《中国学塾会书目》中写道："阚斐迪译，凡七十七章，起唐咸通三年，终咸丰六年。俄国沿革，略备于此，俄史此最先出，故销行亦最广。"② 阚斐迪 1868 年来华，

---

　　① 各种不同版本可参考邹振环《晚清史书编纂体例从传统到近代的转变》，《河北学刊》2010 年第 2 期。

　　② 《中国学塾会书目》，美华书馆 1903 年版，第 12 页。

1896 年返回英国，是英国偕我公会①在宁波地区的负责人。书前有徐景罗撰写的《历代总略》，总述俄国历史的变革，从始祖论述到 18 世纪末期，最后署为"徐景罗译并序"。通过阅读《俄史辑译》可以发现，徐景罗参与了全书的翻译工作。文中的"史氏曰"明显是一名对俄国历史有所了解，并经过中国历史书写专门训练的人完成的，此人应该就是徐景罗。关于阚斐迪和徐景罗之间的关系，目前缺乏详细资料进行验证。1867 年，刚刚加入偕我公会的阚斐迪受命来到宁波，展开传教活动。1879 年，阚斐迪兴建礼拜堂——开明讲堂，徐景罗成为该堂第一任驻堂传道者，同年受聘在阚斐迪创办的斐迪书房中担任中文教习，教授《四书》《五经》以及八股制艺、五言律诗等。1881 年 2 月，阚斐迪邀请宁波太守李小池创办《甬报》（*The Ningpo News*），徐担任该报主笔。《俄史辑译》一书的翻译应当采用了当时比较流行的"西译中述"的翻译模式，这在《历代总略》以及书中的"漪园史氏徐稷臣曰"等可以得到验证。1888 年刊行的《俄史辑译》一书，作为近代较早较全的俄国史译本，该书的原本在西方颇有影响，是根据凯利（Walter Keating Kelly）撰写的《俄罗斯史》（*History of Russia*）辑译而成。现在可以查阅到的《俄史辑译》有四个主要的版本：1888 年益智书会本、1897 年湖南新学书局本、1897 年上海书局本、1902 年鸿宝书局本。全书分为二十八章，该书的体裁也是惯用的卷章体，章下有内容提示，部分章内有"按语"和"史氏曰"的评论。如，第二十八章结尾有："史氏曰，彼得二十五年前只有练兵五千人，势衰力弱，无可有为，今则雄视欧洲，所向披靡。"②译者还指出彼得本人非常节俭，然而对百姓进行暴虐统治，并因欺压搜刮老百姓造成严重的后果。唐才常在《史学论略》中将徐景罗《俄史辑译》、慕维廉《大英国志》、艾约

---

① 英国偕我公会（United Methodist Free Church），1911 年改名英国圣道公会，1934 年改名英国循道公会。

② 《俄史辑译》第 28 章，湖南新学书局 1897 年版。

瑟的《希腊志略》《罗马志略》《欧洲史略》与黄遵宪的《日本国志》、王韬的《法国志略》、冈千仞的《米利坚志》以及冈本监辅的《万国史记》等史书相提并论，认为读以上书籍可以通西史①。另外，康有为上书光绪的《俄罗斯彼得变法记》也参考了此书。

《俄国志略》先刊于《格致汇编》内，而后出版单行本，主要记述俄国地理史事，简明扼要，有中俄边界图。该书应为中国人编纂，因为益智书会本和中华印务总局本书名不一，而且目前有限的史料无法考证出作者的真实姓名。中华印务总局本署名为鹭江寄迹人译纂。作者的鉴戒意识和爱国精神非常突出，文中写道："其俄国所留心著意，无非侵占邻国地土为务。比现在形势而论，西边有英法德奥意各国，皆虎视眈眈，断不容他人有侵占之事，行之甚难。若南边虽小，有隙可乘，欲行侵占，英国必起而争之。此又不能如愿，行之亦不易。其稍可注意者惟东边耳。俄国之东界，乃我中国西北境，若不及早设防之，恐将来事机一露，即难收拾矣。俄之行为险诈，居心叵测，若视之兵戎，尚可预防，倘于玉帛礼貌而来，尤属可虑，不知其蓄意如何，更须严防为是。"②而俄国却是要利用和中国接壤这一地理位置，掠夺中国的国土，扩张沙皇俄国的版图，因此中国人民要"严防为是"。书后附有《俄国丁口纪》《俄国疆域宽广纪》。作者在最后强调："此书缘为译录其国史书之大略，但近日因俗务绊缠，且欲速成为快，其中之讹错脱漏不知凡几"③，希望读者能够指出以便修正。

四　益智书会主要任务的转向及影响

益智书会的教科书出版计划是将教育发展与宗教传播结合起来，促进基督教的本土化，以及培养具有基督教信仰的中国社会"领袖"

---

① 湖南省哲学社会科学研究所编：《唐才常集》，中华书局 1982 年版，第 41 页。
② 鹭江寄迹人：《俄国志略·按语》，中华印务总局 1878 年版，第 33 页。
③ 鹭江寄迹人：《俄国志略》，第 34 页。

人物。然而，在传教士们深刻了解和熟悉中国社会需求的情况下，教科书事宜却没有得到实质性的推进。从上文论述可知，结合"学校教科书委员会"名字的变更大体可知，该委员会目标和职能的变化。王树槐也认为，"教育会因种种困难与原因，于民国元年改组，其原有之目的与功能大异趣旨，原为一个注重普通教育并谋求其改进的学会，一变而为专门探讨宗教教育及教会学校本身发展的问题"①。

"学校教科书委员会"主要任务的变化受到多因素影响，其中有两点最为关键。其一，传教士承担的事务过多，无力应付此事。来华传教士分布于中国各地，丁韪良担任了同文馆的总教习，李提摩太负责广学会的出版事宜，狄考文忙于美华书馆以及登州文会馆的工作，还有的传教士兼职于江南制造局翻译馆、同文馆等。其二，中国社会的发展变化超过预期。近代以来，中国民族危机日益加深，造成了对外开放局面的扩大，中国社会各阶层急于了解域外形势，出版机构如雨后春笋般应运而生。张仲民教授对晚清上海书局做过统计，单是上海地区就至少有421个之多②。近代中国出版机构主要包括外国人在华设立的出版机构、中国政府成立的官方出版机构、维新派创立的出版机构、革命派创立的出版机构、留学生回国创立的出版机构、地方官书局等。中国近代出版机构的集中涌现和迅猛发展，和随之而来的对政治和政治参与的新理解，使它作为一个新的合理的社会力量吸纳以往被排除在外的，或者是边缘化的精英群体。通过这一新式媒介，新知识的传播很快开辟了一个世俗化的政治领域，文本传播的知识帮助人们建立了对世界形势和中国局势的新理解。这种新理解又促进了更多的出版机构的涌现。传教士原本要培养的新社会阶层（宗教精英）被各种世俗化的新兴媒介所塑造出来，他们的教科书计划受到冲

---

① 王树槐：《基督教教育会及其出版事业》，"中研院"《近代史研究所集刊》1971年第2期。

② 张仲民：《晚清上海书局名录》，复旦大学历史系、出版博物馆编：《历史上的中国出版与东亚文化交流》，上海百家出版社2009年版。

击和影响。

从上文论述可知，在益智书会经费支持下，所出的自然科学类的书籍超过了人文社科类图书，并且多数图书在广学会、墨海书馆已经出版过。若仅此而下结论，认为益智书会不如广学会等文化机构影响大，则忽略了益智书会在中国近代教育上的意义。

第一，益智书会探讨了教科书的编纂问题。面对当时新式学校的设立，益智书会敏锐地认识到了教科书对学校教育发展的重要性，一定程度上解决了教科书缺乏的问题。而且，益智书会对教科书的编纂原则和内容进行了讨论。狄考文曾在《中国丛报》（*Chinese Record*）上发表专论，指出"学校课本，应有其系统，提供重要事实与原则，问题与解答"。韦廉臣指出，"学校教科书不能翻译了事，应在每章之后，提出研讨问题"①。这些认识和讨论，单靠接受中国传统教育和从一般报纸上汲取西学知识的士大夫根本不可能解决。

第二，益智书会对教育与宗教的关系有了更加深入的认识。过去，传教士把更多的精力投入传教，甚至对传教士创办学校提出了批评意见。通过在华基督教传教士大会几次会议的讨论，他们对中国教育发展有了更加深刻的认识。李提摩太在第三届中华教育会年会上指出了中国教育的十大问题，认为学校讲授的科目"不仅是中国的经史，而将是有用的世界知识"，教育的目的不是"使读书人能去做官，而是要在社会的各阶层中，在男子和女人中间造成更多有本领的人"②。这种认识是符合社会潮流发展要求的，成立"中国教育会"也是为了协调和推动教会学校在中国更好地发展，一定程度上推动了中国教育的近代化。

第三，"益智书会"编纂的教科书涉及历史、地理、数学、天文

---

① 王树槐：《基督教教育会及其出版事业》，"中研院"《近代史研究所集刊》1971 年第 2 期。

② ［英］李提摩太：《中国的教育问题》，陈学恂主编：《中国近代教育史教学参考资料》下，第 51 页。

等多数学科，有利于西方近代人文社会科学和自然科学知识的传播。在传播知识方面，他们也进行了思考，要求用中文官话进行传授，使用符合中国人阅读习惯的方式进行书写。唐才常在《湘学报》上刊文指出，史学的宗旨是"考古以证今，由中以逮西，博观而约采，规时而达用"①，自然科学和人文社会科学的同期传播，揭开了西方神秘的面纱，不仅对时代在场的知识分子产生了影响，而且这些知识塑造了随后更多的读书人。尽管益智书会没有完成预期的教科书编纂计划，但是他的尝试在一定程度上也发挥了作用。

总之，在基督教东来之后，教育事业成为宗教的附属品。传教士的根本意图就是传播西方宗教，"怎样才能使中国不致于被现在西方掀起的巨大的唯物主义浪潮冲击而唯物主义化"②。在中国政局频繁更迭之下，益智书会规划的学校的设备、教科书、课程的编设、教材的选择，以及管理的标准，都没有来得及进行精细的准备。以现在的眼光来看，这些图书的价值有限，甚至存在一些错误。而放在百余年前的社会之中，"我国新学的机括，实在起端在这里"③，自应给予恰当的认识和合理的地位。

第五节　土山湾印书馆：法国汉学之影响

土山湾印书馆作为中国近代新式印刷出版机构，从 1867 年设立至 1958 年并入上海中华印刷厂，存在了 90 余年。它是上海地区天主教系统中持续时间最长的印刷出版机构，在中国近代印刷出版业中具有重要的地位。该馆曾用中国传统雕版印刷技术，翻印了大量明清时

① 湖南省哲学社会科学研究所编：《唐才常集》，第 40 页。
② ［英］李提摩太：《中国的教育问题》，陈学恂主编：《中国近代教育史教学参考资料》下，第 51 页。
③ 程湘帆：《中华基督教教育会成立之经过》，陈学恂主编：《中国近代教育史教学参考资料》下，第 91 页。

期天主教来华教士撰写的汉文书籍。之后，土山湾印书馆采用西方现代印刷技术，印刷了历史教科书、汉学丛书、法文书籍等。它不仅推动了中西方文化交流，传播了西方近代知识、思想和学术，而且将法文版汉学丛书传播到西方。本节意在前人研究的基础上①，通过分析土山湾印书馆的《汉学丛书》的内容和影响，探讨出版视域下土山湾印书馆与近代社会精英之间的互动关系。

一　土山湾印书馆的历史变迁

中国的天主教传播深受西方的影响。明末，利玛窦于 1583 年来华传教，在其影响之下，西方教士不断增多。1773 年，教皇格来孟十四世取消耶稣会。1775 年 11 月 15 日，中国的耶稣会奉罗马教廷命令解散。1814 年，教皇庇护七世颁布谕旨，恢复耶稣会。中国籍司铎及教士上书罗马教皇额我略十六世及耶稣会总长劳达司铎，请求遣派会士重来中国。1841 年 4 月 20 日，法国三会士南格禄（Fr. Claude Gotteland）、艾方济（Francois Esteve）、李秀芳（Benjamin Brueyre）来华，1842 年 7 月 11 日抵上海，"三会士既抵上海，乃复兴传教事业；1847 年在徐家汇购地筑圣堂及住院，而徐家汇自后遂成为耶稣会传教之中心点"②。1846 年以前的徐家汇，"本乡间蕞尔地，道光二十六年以前固荒村耳。虽有教堂，而殊甚朴陋"③。土山湾印书馆即是在此背景之下建立起来④的。

---

① 关于土山湾印书馆的研究代表性的成果有：邹振环《土山湾印书馆与上海出版文化的发展》，《安徽大学学报》2010 年第 3 期；任东雨《土山湾印书馆出版书籍研究——以科技类书籍为例》，硕士学位论文，上海师范大学，2012 年。

② 徐宗泽：《一百年来耶稣会译著概论》，《申报》1942 年 4 月 3 日。徐宗泽：《中国天主教传教史概论》，《民国丛书》第 2 编，上海书店 1989 年版，第 290—298 页。

③ 《暮春游徐家汇记》，《申报》1883 年 4 月 18 日。

④ 关于土山湾的由来，这样写道："徐家汇南端，原有一座土山，大概以地势与人事关系，积土成丘，上海人少见真山，夸大称之为山，而在这土丘的东南，蒲肇河细流迂回其间，乡人即合土丘与曲水而名之为土山湾，自从孤儿院开办以后，土山已夷为平地，建起院落来了"，参见《上海第一个孤儿院·土山湾孤儿院巡礼（一）》，《申报》1943 年 7 月 25 日。

　　土山湾印书馆起初并不是作为印刷出版机构而设立的。1849年，天主教巴黎耶稣会在上海青浦县横塘（现松江区息安骨灰堂）天主教堂创建了一所孤儿院。1855年，这所孤儿院搬迁到蔡家湾。其后，该孤儿院几经周折迁址。1860年，太平天国运动时期，孤儿院一度关闭①。1864年才开始恢复，法国教会将这所孤儿院迁到上海徐家汇土山湾，定名为土山湾孤儿院②。孤儿院附设有工艺厂（局），内分木工、雕刻、图画、金工、油漆、照相制版、印刷装订、玻璃工艺等，随后还有制作皮鞋等部门。1867年，土山湾孤儿院设立了制作宗教用品和印刷宗教经书的工场和印刷所。邹振环认为，"土山湾印书馆在1867年应该在土山湾孤儿院工艺工场中，已经构成了一个独立的机构"③。土山湾印书馆早期的出版物中所使用的出版机构名称不统一，有"土山湾慈母堂存版""徐汇书坊""土山湾天主教孤儿院印刷所""土山湾育婴堂印书馆""土山湾孤儿院印书馆""土山湾印书房"，等等。1869年，在原有印刷所的基础上，正式扩建为以印制宗教书籍为主的土山湾印书馆。发展之初，土山湾印书馆主要采用传统的雕版印刷术，印刷出版了大量著作。翻印出版的著作主要提供给传教士和修士等人使用，不对外发行。根据1889年印刷所出版的一本《土山湾孤儿院印刷所出版图书目录》显示，截至1889年，已出版各类图书221种。在20世纪初期，出版物中基本上使用"上海土山湾印书馆"的名称④。

---

　　①　《上海徐家汇土山湾印书馆概况》，《道南半月刊》1935年第16期，第9页。当时工艺局尚有学徒640人。

　　②　关于孤儿院的详情参见《上海第一个孤儿院·土山湾孤儿院巡礼（五）》，《申报》1943年7月29日。关于上海天主教的慈善事业可以参考姚寒璧《为天主教慈善事业呼吁》，《申报》1943年3月19日。土山湾工艺局不同于其附设的育婴堂，前者重在"教而兼养"，让贫困子弟能够自赡其身家。

　　③　邹振环：《土山湾印书馆与上海出版文化的发展》，《安徽大学学报》2010年第3期。

　　④　1906年出版的《圣体月》一书，封面署名为"上海土山湾印书馆发行"，内页署为"上海慈母堂重版"。1915年出版的《通史辑览》署名为"土山湾慈母堂印行"。1945年出版的沈久曼译的《修女》，署名为"土山湾印书会"。

为了扩大图书的影响，土山湾成立了图书馆，供信徒和学徒之用①。民国初年的印刷科，"有铸字间、排字房、机器间、石印处、照相房，凡关于印刷上之用具设备甚完全，发动机则用电器马达"②，进一步促进了印刷事业的发展。

20世纪初期，土山湾印书馆已经形成了相当的规模，整个印刷部分为石印部、铅印部、五彩印部等。土山湾印书馆积极引进西方先进工艺，包括活体铅字印刷技术，首先使用珂罗版印刷工艺、石印技术，引进照相铜锌版技术，以及机械排版技术。至20世纪二三十年代，每年出版的中西文书刊达百余种，是当时中国天主教系统最早、最大的印刷出版机构。据1935年的报道，"上海徐家汇土山湾印书馆每年所用纸量达50吨。每年所印书籍平均中文约60种，30万册左右，西文约50种，5万册左右。该印书馆系孤儿院事业之一"③。抗日战争时期，受到日本侵华战争的影响，土山湾印书馆的出版印刷事业出现了衰退，战后大量外国人纷纷归国，严重影响了土山湾印书馆的正常运作。1958年，土山湾印书馆并入中华印刷厂。

在土山湾印书馆存在的近百年的历史中，总计出现有20名负责人，其中10名法国人，7名中国人，2名西班牙人，1名意大利人。他们具有娴熟的技能和过硬的业务能力，如苏念证、严思愠、翁寿祺、潘国磐、邱子昂、顾掌全、徐康德等，为土山湾印书馆的发展做出重大贡献。土山湾印书馆建立的最初目的是为传教服务，而且出版物围绕传播天主教教义而展开，刊印了利玛窦、艾儒略、高一志等传教士的著作，主要有《天主实义》《畸人十篇》《天主降生引义》《涤罪正规》《教要解略》《方言教要序论》《耶稣受难纪略方言》《耶稣受难纪略方言》等。其他宗教传记著作有《圣女斐乐默纳传》《圣女

---

① 《上海第一个孤儿院·土山湾孤儿院巡礼（四）》，《申报》1943年7月28日。

② 《参观上海土山湾工艺局纪要》，《教育与职业》1917年第2期。

③ 《上海徐家汇土山湾印书馆概况》，《道南半月刊》1935年第16期。该文另见《台州教区半月刊》1935年第5期。

日多达小传》《圣伯辣弥诺小传》《圣女玛加利大传》《奇年奇行》《修院奇花秦秋芳修士小传》《一个模范的工人》《福女玛利亚纳传》《一位奉教太太许母徐太夫人传略》等。在土山湾印书馆印刷出版的书籍中，有许多与教学、观测等活动有关的科技书籍，这些科技书籍大部分是由震旦大学及观象台等机构编写之后交予土山湾印书馆印刷的。比如，出版的科学传记图书有《伟大的法国精神病学先驱》《牛痘接种的发明人》《现代化学的创立者》《伟大的军队外科医生》《晶体学的创立者》《伟大的法国化学家》等。

随着印书馆的发展和业务的扩展，该出版机构亦印刷中西书籍、杂志、月刊、文凭、公司商店发票、收据、信纸、信封、名片、广告、医学说明书等不同类别的出版物。土山湾印书馆印刷的大量出版物不仅为其带来了丰厚的社会效益，而且也扩大了它的影响。

二　土山湾印书馆与《汉学丛书》的出版

土山湾印书馆出版的书籍包括中文书籍和西文书籍两部分，内容涉及自然科学及教科书①（天文历法学、地理气象学、物理学、几何学、透视学等）、社会科学及宗教艺术（教礼教义、人物传记、图像书、宗教心理学、迷信研究、政治学、历史学②）。本部分主要探讨外国传教士及中国信徒撰写的《汉学丛书》。

土山湾印书馆《汉学丛书》开始于 1892 年。《汉学丛书》的最后一辑出版于 1938 年，前后延续了四十六年之久。《汉学丛书》涉及先秦史、中国古代哲学、中国传统信仰、地方志等多个主题。该丛书的编辑与法国传教士夏鸣雷密切相关。1879 年之后，耶稣会在上海创立汉学

---

① 土山湾印书馆还出版有法文教科书。《申报》1943 年 1 月 18 日第 2 张有一则"中西书室"广告，文中写道：法文教科书九折出售，其他法文图书五折出售。

② ［意大利］翟彬甫：《通史辑览》，李问渔译，土山湾慈母堂 1915 年版，第 391 页。全书分为"上古史、中古史、近世史、今世史"四部分，每部分之下分为若干"课"，是标准的章节体教科书。

研究社（Varietes Sinologiques），主其事者为夏鸣雷（Henri Havret），而协助之者有中国籍教士李杕（问渔）[①]、沈则宽、龚柴、蒋升、徐允希、张渔珊、黄伯禄等。夏鸣雷（1848—1901），法国人，1874年来华传教，主要活动区域为芜湖、海门、松江、上海徐家汇。他在汉学研究方面主要体现在唐代景教文碑方面，另外在中西历法年代学方面也有所贡献。

　　1939年印刷的土山湾图书目录列出了该丛书的完整书目，土山湾印书馆的《汉学丛书》书目见1—4[②]。

表1—4　　　　　　　　土山湾印书馆《汉学丛书》书目

序号	书名	作者	出版年份
1	崇明岛志	夏鸣雷	1892年第一版 1901年第二版
2	安徽省志	夏鸣雷	1893年
3	中国的十字架与卍形字符	方殿华	1893年
4	帝国的运河：其历史及描述	康治泰	1894年
5	中国的文科举制度	徐励	1894年
6	朱熹哲学：学说及影响	贾斯达	1894年
7	景教碑考·第一册	夏鸣雷	1895年
8	文学中的暗喻（第一分册）	贝迪荣	1895年 1909年重印
9	中国的武科举制度	徐励	1896年
10	吴国史（前1122—前473）	彭亚伯	1896年

---

　　① 李杕（1840—1911），江苏川沙人（今上海浦东新区），字问渔，原名浩然，字问舆，信仰天主教，1872年晋升司铎。他资助了震旦学院的创办，1906年任震旦学院院长。参与了土山湾印书馆数十部图书的翻译，如《西学关键》《天演论驳义》《性法学要》《形性学要》《名理学》等，在其编译的图书撰写的序中署名"耶稣会后学李杕识"。

　　② 参考任东雨《土山湾印书馆出版书籍研究——以科技类书籍为例》，硕士学位论文，上海师范大学，2012年。1942年，徐宗泽撰写《一百年来耶稣会译著概论》时写道："汉学丛书出版至今已有66种"，说明《汉学丛书》从1939年至1942年没再有新的出版。与此同时，汉学研究社被20世纪20年代成立的光启社所继承。

续表

序号	书名	作者	出版年份
11	中国产权研究	黄伯禄	1897 年
12	景教碑考·第二册	夏鸣雷	1897 年
13	文学中的暗喻（第二分册）	贝迪荣	1898 年
14	从法律观点看中国婚姻	黄伯禄	1898 年
15	盐之公卖研究	黄伯禄	1898 年
16	江宁府城图	方殿华	1899 年
17	开封犹太人碑铭	管宜穆	1900 年
18	古今金陵谈——开放的南京口岸	方殿华	1901 年
19	天主考	夏鸣雷	1901 年
20	景教碑考·第三册	夏鸣雷	1902 年
21	行政杂记	黄伯禄	1902 年
22	楚国史（前 1122—前 223）	彭亚伯	1903 年
23	古今会陵谈——历史及地理概况	方殿华	1903 年
24	中西历史年表比照	张璜	1905 年
25	中国礼仪中的一些关键词	龚古愚	1906 年
26	劝学篇	张之洞 管宜穆译为法文	1909 年
27	秦史（前 777—前 207）	彭亚伯	1909 年
28	中国大地震目录	黄伯禄	1909 年第一卷 1914 年第二卷
29	中西纪年表合编	黄伯禄	1910 年
30	晋国史（前 1106—前 452）	彭亚伯	1910 年
31	韩、魏、赵三国史	彭亚伯	1910 年
32	中国迷信研究［1—2］：日常生活中的迷信	禄是遒	1911 年
33	梁代陵墓考	张璜	1912 年
34	中国迷信研究［3—4］：日常生活中的迷信	禄是遒	1911 年
35	中国各府天主教图	马德赉	1913 年
36	中国迷信研究［5］中国咒符读本	禄是遒	1913 年
37	吴历渔山：其人及艺术作品	张璜	1914 年

续表

序号	书名	作者	出版年份
38	天主教在中国、朝鲜和日本的教阶组织	马德赉	1914 年
39	中国迷信研究 ［6］：中国众神（1）	禄是遒	1914 年
40	徐州府的湖团（特别是五段地区）的历史笔记	徐励	1914 年
41—42	中国迷信研究 ［7—8］：中国众神（2—3）	禄是遒	1914 年
43	四川西境及北境图	蒋方济	1915 年
44—46	中国迷信研究 ［9—11］：中国众神（4—6）	禄是遒	1914 年
47	教务纪略	管宜穆	1917 年
48	中国迷信研究 ［12］：中国众神（7）	禄是遒	1914 年
49	中国迷信研究 ［13］：中国儒教、佛教及道教的普及	禄是遒	1918 年
50	中国的用字与谚语	彭嵩寿	1918 年
51	中国迷信研究 ［14］：儒教学说	禄是遒	1919 年
52	中国编年史杂集	夏鸣雷、尚波、黄伯禄	1920 年
53	土默特笔记	彭嵩寿	1922 年
54	江苏省地图（比例尺 1:200000）	屠恩烈	1922 年
55	大清律例遍览	鲍来思	1923 年第一卷 1924 年第二卷
56	日食及月食记录	黄伯禄	1925 年
57	中国迷信研究 ［15］：佛教简史①	禄是遒	1929 年
58	甘肃土人的婚姻	许让	1932 年
59—60	明清间在华耶稣会士列传 1552—1773	费赖之	1932 年
61	中国迷信研究 ［16］：佛教简史（唐代之前的印度和中国）	禄是遒	1934 年
62	中国迷信研究 ［17］：佛教简史（从唐代到现今）	禄是遒	1936 年
63	王阳明的道德哲学	王昌祉	1936 年
64	中国文字与人体姿态	张正明	1937 年
65	诗经中的对偶律	张正明	1937 年
66	中国迷信研究 ［18］：老子与道教	禄是遒	1938 年

---

① 主要内容是插图版佛陀释迦牟尼生平。

从上表可以看出，《汉学丛书》所包含的内容十分广泛，用法语出版以后，获得法国儒莲奖等出版奖项。1899 年，法兰西文学院将儒莲奖①授予黄伯禄②和徐励，获奖著作分别是《中国产权研究》《中国的武科举制度》。1904 年获奖者为方殿华，获奖著作是《古今金陵谈——开放的南京口岸》和《古今金陵谈——历史及地理概况》。1912 年获奖者为禄是遒，获奖著作是《中国迷信研究：日常生活中的迷信》。1914 年获奖者为黄伯禄，获奖著作是《中国大地震目录》。1918 年获奖者为管宜穆，获奖著作是《教务纪略》。1925 年获奖者为鲍来思，获奖著作是《大清律例遍览》③。

《汉学丛书》共计 66 种，历时近五十年，在西学东渐与东学西渐过程中都具有重要影响。该丛书的汉学研究内容主要概括为以下几个方面：

第一，关于中西历法的研究，有利于形成中西时空的统一认识。西方来华传教士曾极力推广西方的公元纪年，并做了大量工作④。《中西历史年表比照》《中西纪年表合编》是这方面的代表。张璜的《中西历史年表比照》参考了 166 种中外文献，其中《欧亚纪元合表》以东亚世界为中心，编制了中西年历对照表，该书还附有《中国年月日时异称表》《天干地支异称表》。虽然在此书出版之前，已经有多部

---

① 儒莲是法国汉学家。1870 年，王韬应理雅各邀请到欧洲游学，曾拜访儒莲，在其著《弢园文录外编》中写有《法国儒莲传》，称"儒莲先生通中西之学，今之硕儒名彦也"。儒莲奖是由法兰西科学院的金石与美文学院颁发。该奖以法国汉学家儒莲的名字命名，于 1872年创立，1875 年起每年颁发一次，首届获奖者是理雅各。该奖项至今仍在延续。

② 黄伯禄（1830—1909），江苏海门人，天主教信徒，名成亿，字志山，号斐默，洗名伯多禄，撰述有多部著作，是中国天主教历史人物中的"佼佼者"。参见李强《"儒莲奖"得主黄伯禄的"汉学"研究》，《文汇报·文汇学人》2018 年 5 月 11 日。

③ 参考任东雨《土山湾印书馆出版书籍研究——以科技类书籍为例》，硕士学位论文，上海师范大学，2012 年。

④ 赵少峰：《公元纪年在近代中国的传播与历史书写的变革》，《学术探索》2018 年第2 期。

中西历史比照年表，但是本书在逐渐改变西方中心观，力图让西方人重新认识东方世界。

第二，关于中国重要问题研究，有助于西方人客观真实地认识中国的历史文化。如，关于中国科举制度的研究，《中国的文科举制度》与《中国的武科举制度》是全面介绍中国科举制度和科举活动的著作，这两部书籍附有大量的插图，对中国清代科举制度的县试到廷试的各个环节都有具体细致的描述，有学者认为此两书是"现代科举研究的真正发端"①。《中国大地震目录》是中国历史上第一本较完整的地震专著，《日食及月食记录》是中国历史上关于日食、月食记录的汇编。《帝国的运河》《朱熹哲学》《中国产权研究》《盐之公卖研究》《中国礼仪中的一些关键词》等是关于中国历史某一专题的研究。

第三，《中国迷信研究》是关于中国民俗生活的全面考察。该丛书共 13 部，计有 18 册，从 1912 年开始出版，至 1932 年完成。丛书探讨了中国社会中的生活习俗、宗教信仰、占卜、风水、崇拜仪式、佛教道教发展等问题。作者是一名法国传教士，书中运用了大量的田野考察、文献资料，是现代早期全面研究中国民间宗教问题的重要著作②。

第四，关于中国断代史和地方志研究。关于中国历史的研究主要是《吴国史》《晋国史》《韩、魏、赵三国史》等。地方志研究主要有《崇明岛志》和《安徽省志》。这两部志书由夏鸣雷编纂，《安徽省志》的编写可能与夏鸣雷曾经在芜湖居住过有关。《帝国的运河：其历史及描述》是康治泰的著作，康治泰在 19 世纪后期开始搜集大运河的历史并开始记录大运河当时的情况，该书的描述显示了作者对

---

① 刘海峰：《科举学的形成与发展》，华中师范大学出版社 2009 年版。

② 该丛书中译版是从英文版翻译过来。法文版原书中附有大量插图，并标注了中文名称。每章的法文标题下都有对应的中文名称。丛书已由上海科学技术文献出版社 2009 年出版，题名为《中国民间崇拜》。

于江北地形的熟悉程度。《徐州府的湖团的历史笔记》的作者是徐励，该书以徐州发生的湖团案为题材。另外，张之洞的《劝学篇》亦由西班牙传教士管宜穆翻译成法文出版①。

三　土山湾印书馆出版图书的影响

土山湾印书馆作为天主教出版事业中影响深远的出版机构，在上海历经了从兴起到消亡的全过程。从单纯印刷天主教传教士著作的"印刷部"，发展为以印刷、发行并重的"印书馆"，特别是土山湾印书馆出版的《汉学丛书》在东学西渐的过程中发挥了重要作用。土山湾印书馆设立的初衷是为西方人传教服务的机构，但却意外地为中国培养了专门的印刷人才，涌现出了王召海等一批业务上的佼佼者，即使在土山湾消亡之后仍然利用扎实的功底，继续为出版印刷事业发挥作用。

土山湾印书馆有着法国强大的天主教势力支持，参与出版事业的传教士一般都来自法语系统，所编印的教材也大多作为震旦大学的课本。值得提出的是石印技术发明于 1796 年，1876 年方才传入中国；照相锌版发明于 1855 年，传入中国在 1900 年，最初使用这些技术的都是土山湾印书馆。点石斋印书馆的石印技师邱子昂就是从土山湾印书馆请来的。可见，在近代西方新式印刷技术输入中国的过程中，土山湾印书馆扮演了重要的角色。土山湾印书馆还非常重视出版中国本土方言的调查与研究之作，1883 年至 1950 年先后出版有 36 种高质量的研究上海方言的著述，如用接近法语读音的字母记录了天主教系统的上海方言的音系《松江方言练习课本》和《法华上海方言松江方

① 据黄兴涛研究，《劝学篇》的英译本早于法译本。1898 年冬，管宜穆在《中法新汇报》季刊上连载了《劝学篇》的法文译本，1898 年底，上海东方出版社将其作为"东方系列"的一种出版。黄兴涛提及了 1908 年该书再版，但是没有提及是否与土山湾印书馆出版的《劝学篇》为同一种。参见黄兴涛《张之洞〈劝学篇〉的西文译本》，《近代史研究》2000 年第 1 期。

言词典》；1889 年出版有了吴启太、郑永新的《官话指南》，用上海
话编译的《土话指南》；出版了全面阐述上海话语法的蒲君南《上海
方言语法》和系统记录上海话在开埠以后近百年中出现的大量社会生
活新名词的《上海方言课本》。这些高质量的上海方言著作，系统地
记录了近代上海话迅速变化的真实面貌，为今人研究上海方言史留下
了珍贵的资料。

　　土山湾印书馆除了翻印了大量明末清初的汉文西书外，新出汉学
丛书等书籍，该出版机构还编印了一些中学、高校教材，教程内容包
含医学、药学、动物学、植物学、化学、天文学、音乐、哲学、历史
等学科领域。由于土山湾印书馆出版的图书主要面向天主教教徒、天
主教中小学、天主教高等教育学院以及使用法文的国家，所以我们很
难掌握这些图书发挥的具体作用。从当时学者的回忆录和日记中，也
很少看到他们阅读土山湾印书馆出版的图书的记载。这与基督教出版
机构在华著作产生的反响形成了鲜明对比。可以说，在中国近代印刷
业博兴时期，土山湾印书馆采用的印刷技术、经营管理模式为近代中
国印刷业发展提供了有益的经验借鉴。

　　土山湾印书馆出版的法文《汉学丛书》传播到西方，有些耶稣会
士又将其翻译为英文，如爱尔兰籍耶稣会士甘沛澍和芬戴礼将十六卷
本《中国民间崇拜》翻译为英文十卷本，扩大了《汉学丛书》在西
方的影响。尽管编纂和出版这套丛书是为了"帮助在乡间的同事们，
即那些新近从西方到达，还不了解中国人宗教状况的传教士们"，但
它"无疑会在远东和欧洲达成一个实用和科学的目的"①，促进中外
宗教比较研究，以及为外国公众了解中国民众的宗教生活提供读本。
黄伯禄、李杕、徐励等人参与来华耶稣会的汉学研究，发挥了自身熟
悉中国文化、历史和制度的优势，他们的研究成果为近代西人认识和

---

　　① ［法］禄是遒：《中国民间崇拜》第 1 卷，《英译版序》，高洪兴译，李天纲校，上
海科学技术文献出版社 2009 年版，第 2—3 页。

理解中国社会的各项制度提供了知识来源①。法文原版图书中配有一定的素描彩色图片，增加了文本的可读性和接受度。

总之，土山湾不仅仅是一个地理概念，更是中西文化交流的见证，是一个中西科技、文化和教育交流、融合的平台，对上海以至全国的科技、文化、教育、经济和社会发展起过重要的推动作用。

①　李强：《"儒莲奖"得主黄伯禄的"汉学"研究》，《文汇报·文汇学人》2018 年 5月 11 日。

第二章 官办出版机构与
西方史学传播

　　随着西学东渐影响的加深，中国社会、经济、文化发生了历史性变革，各级官员对"西学"的态度发生了不同程度的转变。在这样一个天翻地覆的变革时代里，全国各地新型出版机构纷纷建立。官办印刷出版机构是由晚清和民国各级政府建立的，以"自强"为主要目的，包括京师同文馆、江南制造局翻译馆和遍布全国的官书局、官印局、官报局，以及户部、度支部、邮传部、海关等建立的印刷出版机构。初步统计，全国各地的官办印刷出版机构多达二百余个。在官办出版机构中，出书数量最多、影响最为深远的还是江南制造局翻译馆。

第一节　京师同文馆及其印书处

　　京师同文馆是晚清最早设立的"洋务学堂"，下设同文馆印书处。因其设立于京师，它的标志性意义和影响要远远超越它实际发挥的作用。通过同文馆的翻译、印刷出版活动，清政府新兴社会阶层掌握了西方世界最新发展状况和趋势。学界已对同文馆开展了研究，尤其是在同文馆的教学改革、英语人才培养、法律知识译介等方面，研究成果颇多①。同文馆学生曾在外国教习的带领下翻译过《各国史略》《俄国史略》等图书，有的书籍经义和团运动时期的大火，已难以找寻。本节着重从同文馆历史类图书的译介视角进行分析阐述，解释历史图书编译出版的原因、内容和影响。

一　同文馆的译书活动

同文馆的前身是乾隆二十二年（1757）设立的培养俄文译员的俄文馆。鸦片战争后，清政府经常与西方列强交涉，深感语言不通、文字隔阂，受尽欺蒙。1860 年，恭亲王奕訢、桂良、文祥三人联名具奏《统筹全局善后章程》，提出关于学习外国文的建议。随后，奕訢又上书朝廷，诉说外交人才匮乏和关于域外世界书籍缺乏之苦："窃查，中国语言文字，外国人无不留心学习，其中之尤为狡黠者，更于中国书籍，潜心探索，往往辩论事件，援据中国典制律例相难。臣等每欲借彼国事例以破其说，无如外国条例，俱系洋字，苦不能识，而同文馆学生，通晓尚须时日。臣等因于各该国互相非毁之际，乘间探访，知有《万国律例》一书，然欲径向索取，并托翻译，又恐秘而不宣。"② 1858 年签订的《中英天津条约》第五十款、《中法天津条约》第三款都规定：英、法致中国的外交文件概用本国（即英国和法国）文字书写，"遇有文词辩论之处"，以英文（法文）为正义③。美国公使列威廉向桂良发出照会，建议中国学习外国语言文字。因此，清政府急需培养熟悉英、法等外国语言文字的人才。洋务派首领、恭亲王

---

① 代表性的学术成果有苏精《清季同文馆及其师生》（福建教育出版社 2018 年版）、陈向阳《晚清京师同文馆组织研究》（广东高等教育出版社 2004 年版）、张美平《京师同文馆外语教育研究》（浙江大学出版社 2018 年版）等。以上成果研究的侧重点不同，具有借鉴意义。

② 奕訢等：《总理各国事务衙门片》，《筹办夷务始末·同治朝》卷27，见《续修四库全书》第 0419 册，上海古籍出版社 2002 年版，第 450 页。

③ 梁为楫、郑则民主编：《中国近代不平等条约选编与介绍》，中国广播电视出版社 1993 年版，第 92、96 页。

奕訢在办理外交事务或签订条约时更有切肤之痛，提出在北京设立同文馆①，附属于总理衙门。同治元年（1862）八月，在北京设立了京师同文馆，简称同文馆。同文馆门额上写有"天下同文"字样。同文馆的英文名称最初使用 School of Languages，其后丁韪良改为 Tungwen College 或者 Peking College②。

同文馆初设英文、法文、俄文三个班，招收十四岁以下的八旗子弟，旨在培养翻译人员。后来，同文馆放宽招生年龄和民族界限，课程于汉文、英文、法文、俄文外，又增设德文、日文及算学、天文、物理、化学、外国史地、医学生理、万国公法等内容。同文馆设管理大臣、专管大臣、提调、帮提调及总教习、副教习等职。总税务司英国人赫德任监察官，实际操纵馆务，经费、人事等权基本控制在赫德手中。1864 年，美国传教士丁韪良到馆任教。1869 年，在赫德的推荐下，丁韪良被任命为同文馆总教习。对于京师同文馆而言，丁韪良认为赫德是"父亲"，而他本人只能算是一个"看妈"③。

1872 年，丁韪良为同文馆拟订了八年课程计划：第一年，识字写字、浅解词句、讲解浅书；第二年，讲解浅书、练习文法、翻译段落；第三年，讲各国地图、讲各国史略、翻译选编；第四年，数理启蒙、代数学、翻译公文；第五年，讲求格物、几何原本、平三角、弧三角、练习译书；第六年，讲求机器、微分积分、航海测算、练习译书；第七年，讲求化学、天文测算、万国公法、练习译书；第八年，天文测算、地理金石、富国策、练习译书④。从上面课程规划里可以看出，同文馆的学生学习任务很重，外文学习"当始终勤习，无或间断"，但是课程安排并不仅限于外语，内容非常广泛，翻译图书是学

① 奕訢：《奏议同文馆》，宋原放主编：《中国出版史料·近代部分》第 1 卷，第 353—354 页。

② 参见陈平原《不被承认的校长》，《读书》1998 年第 4 期。

③ 丁韪良：《同文馆记》，宋原放主编：《中国出版史料·近代部分》第 1 卷，第 372 页。

④ *Calendar of the Tungwen College*，Fist Issue，Peking，1879. 该文本收藏于耶鲁神学院特藏室。抄录本见章开沅：《鸿爪集》，上海古籍出版社 2003 年版，第 308 页。

生的一项重要学习任务。后来，同文馆招收取得功名的士人，学制也适当地发生了变化。1876 年后，同文馆学制改为八年学制和五年学制两种。"学习外文而及天文、化学、测地诸学者，八年毕业；年岁稍长，仅借译本而求诸学者，五年毕业。"五年制的学生虽然学习《万国公法》《富国策》等内容，但是因其年龄已长，外语学习就不作严格要求，而是"借译本而求诸学"。

在 1888 年前，到馆的外国教习有 28 人①。先后到任的英国教习有包尔腾、傅兰雅、德贞、欧礼斐、骆三畏等，美国教习丁韪良、海灵顿、马士等，法国教习司默灵、毕利干等，俄国教习柏林、费理饬等，中国教习李善兰、徐寿等。据苏精统计，同文馆先后到任的外国教习有 50 名，至少 19 名是大学以上毕业②。可以说，外国教学模式在改变学生观念、培养新的思维方式、扩展世界史观念方面起到了一定作用。

同文馆初设的主要目的是培养翻译人才，翻译图书逐渐成为师生的"必修课"。"自开馆以来，译书为要务，其初总教习、教习等自译，近来则学生颇可襄助，间有能自行翻译者。"③ 按照规定，同文馆的学生每三年要进行大考（又称为"岁考"），考试科目中的一项就是翻译。成绩优秀者，授予一定的官职，"课业较精者"，选派随使出洋。被授予官职且没有出洋的学生，"留馆肄业译书"。在师生的共同努力下，同文馆翻译出版了历史、外交、法律、物理、化学、经济、外语等方面的书籍。

同文馆设有藏书阁，"存储汉洋书籍，用资参考"，并存有供学生学习用的各种功课书籍。与私塾教育不同，学生基本不学"四书五

---

① 丁韪良：《同文馆记·同文馆外国教授表》，宋原放主编：《中国出版史料·近代部分》第 1 卷，第 368—369 页。

② 苏精：《清季同文馆及其师生》，第 59 页。

③ *Calendar of the Tungwen College*, Fist Issue, Peking, 1879. 收藏于耶鲁神学院特藏室。抄录本《同文馆题名录》，见章开沅《鸿爪集》，第 314 页。

经"传统科目。学生毕业后多成为政府译员、外交官员、洋务机构官员、学堂教习。1902 年,同文馆并入京师大学堂。京师大学堂同样附设有译书馆,专门翻译外文图书,以供学生学习之用。

二 同文馆印书处刊印的历史类图书

1876 年,京师同文馆设立印书处,有印刷机七台、活字四套,以代替武英殿的皇家印刷所①。印书处承担着同文馆翻译图书和总理各国事务衙门印件的印制任务。丁韪良曾任宁波华花圣经书房经理,任职同文馆教习后,姜别利②又从上海送给他一批中文铅活字,使同文馆成为较早采用西方近代印刷术的官办翻译印刷机构。据丁韪良《同文馆记》记载:"同文馆最初的目的是在养成翻译人才;但是由口语的译书上进一步,转而翻译别国的文献,以为己用。"③至于同文馆为何翻译诸多历史类图书,笔者认为原因有二:一是同文馆培养学生了解和掌握域外世界的需要,二是与丁韪良有关。丁韪良对中国历史、宗教等问题表现出了极大热情,出版有多部中国问题著作。他对中国历史和历史学家有专文论述,认为中国本土历史学家视野狭窄,分析问题缺乏洞察力,对问题不能进行宏观观察④。他还指出,"中国人有年鉴,但不是历史。中国人的年鉴精雕细刻,富于对人物和事件的尖刻地批评,但是他们的全部文学作品没有任何可以称之为历史哲学的东西"⑤。丁韪良的这种认识,促进和推动了同文馆历史类图书编译活动的开展。

---

① 丁韪良:《同文馆记》,宋原放主编:《中国出版史料·近代部分》第 1 卷,第 366 页。

② 姜别利(William Gamble),美国北长老会传教士,1858 年来华,改进了汉字活字印刷技术,曾主管美华书馆的工作。

③ 丁韪良:《同文馆记》,宋原放主编:《中国出版史料·近代部分》第 1 卷,第 388 页。

④ W. A. P. Martin, The Study of Chinese History, *Hanlin Papers*, Shanghai: Kelly & Wash. 1894, p. 14.

⑤ W. A. P. Martin, The Study of Chinese History, *Hanlin Papers*, Shanghai: Kelly & Wash. 1894, p. 8.

笔者统计，京师同文馆印书处印刷同文馆师生翻译（编纂）数学、物理、化学、历史、生物学、生理学等图书共计 41 种。其中，历史类图书 17 种，占到总数量的近二分之一。同文馆师生翻译出版的历史类图书见表 2—1。

表 2—1 　　　　　　　　同文馆师生编译的历史类图书一览①

书名	著、译者	出版日期	备注
万国公法	［美］丁韪良译	1865 年	
通商各国条约②	总理各国事务衙门编	1876 年	刻本，10 册
星轺指掌	联芳、庆常译③ ［美］丁韪良鉴定	1876 年	铅印本，4 册，3 卷续 1 卷
戊寅中西合历	［美］海灵顿编辑 熙璋等译	1877 年	
公法便览	［美］吴尔玺著 ［美］丁韪良译	1877 年	汪凤藻、汪凤仪、左秉隆、德明助译
己卯、庚辰中西合历	［美］海灵顿、费理饬编辑，熙璋等译	1878 年	
各国史略	长秀、杨枢等译 ［美］丁韪良鉴定	1879 年	
富国策	汪凤藻译④ ［美］丁韪良鉴定	1880 年	
中西合历	［美］骆三畏、丁韪良等编辑	1879、1884、1889 年	据光绪二十四年《同文馆题名录》
公法千章	［美］丁韪良译 联芳、庆常等助译	1880 年	后改名《公法会通》
法国律例	［法］毕利干译 时雨化笔录	1880 年	

———————

　　①　书目编纂参考了《同文馆题名录》（1879 年、1887 年、1893 年、1898 年）、丁韪良的《同文馆记》、苏精的《清季同文馆及其师生》、长洲的《同文馆出版物书目汇编》等。
　　②　浙江官书局 1902 年曾出版该书，名称改为《各国通商条约》。
　　③　联芳、庆常系法文馆学生，后担任副教习。
　　④　汪凤藻为英文馆学生，后担任副教习。

续表

书名	著、译者	出版日期	备注
西学考略	［美］丁韪良著，贵荣等协助	1883 年	
陆地战例新选	［美］丁韪良译罗饴助译	1883 年	铅印本，1 册
中国古世公法论略	［美］丁韪良编著	1884 年	据光绪二十四年《同文馆题名录》，铅印本，1 册
俄国史略	桂荣等译［俄］夏干鉴定	不详	桂荣系俄文馆学生
新加坡刑律	汪凤藻译	不详	据光绪二十四年《同文馆题名录》
中亚洲俄属游记	［英］兰士德著，杨枢等译	不详	2 册，2 卷；另有 1875 年上海时务报馆本

在经史子集四部分类法划分之下，以上图书均属于史部类。若按照当代学科划分，以上书籍涉及历史、政治、经济、法律、外交等方面的知识和内容。这些图书对即将步入国际社会的中国而言意义重大。处于统治阶层的士大夫能够及时了解西方国别发展史、外交原则和处理国际关系的方式。在同文馆接受教育的新兴社会阶层，尽管看待国际局势变动还是"雾里看花"，但是他们在逐渐与国际社会接轨，突破了传统朝贡体系的思维方式，以更加客观的视野来审视 19 世纪中后期的世界。

以上图书具有三个方面的显著特点：

第一，传递了国际公法方面的知识。《国际公法》《星轺指掌》《公法便览》《公法会通》等书籍中阐述了西方国家"三权分立"的原则，传递了国家主权、国际公法的知识。《万国公法》是我国引进的第一部西方法律，引起了晚清士大夫对中国与西方列强关系的重新审视[1]。关

---

① 王中江：《世界秩序中国际法的道德性与权力身影——〈万国公法〉在晚清中国的正当化及其依据》，《天津社会科学》2014 年第 3 期。

于国际公法，《公法便览》在凡例中写道："公法者，邦国所恃以交际者也。谓之法者，各国在所必遵，谓之公者，非一国所得而私焉。其制非由一国，亦非由一世，乃各国之人历代往来习以为常，各国大宪审断交涉公案，而他国援以为例，名士论定是非阐明义理而后世悦服，三者相参，公法始成。"① 它表明国际社会秩序的准则，并非由某一国主导，而是由多国共同商定遵守。法律书籍的翻译对清朝政府培养外交人才，办理洋务和交涉事务有很大的帮助，符合清政府将翻译和引进国际公法视为要务的目标。

第二，论述了西方国家的历史沿革和社会概貌。《各国史略》《俄国史略》是关于世界史、俄国史的著作。吴宣易的《京师同文馆略史》中讲道："联芳、金诚合译《外交指南》，俄文馆学生译《外国史》，杨树、张秀译《世界史纲》等。"② 丁韪良等人编纂的《中西合历》，目的是达到中西时空上的统一，便于中国人了解西方国家历史发展，形成具体的时空概念③。书中还对欧洲诸国、美国等社会风俗、经济贸易情况进行了概括描述。丁韪良在《西学考略》中论述道："德人性好稽古，而博学之士多于邻邦……崇尚文教，各设太学，建书库，聘鸿儒，咸以文风隆盛为荣焉""法人不但长于精艺，其兵法亦甲于欧洲。其振兴格致、化、医诸学亦在他国之先"；英人"则通商极广，贸易繁荣，人民富庶，属国众多。是以富国策一学始出于英，他国虽亦论者，要以英国为嚆矢。即以政体治术而论，亦较他国为精详"；至于美国，"初以自强为要务，不但富国兴商，即凡有裨民生而利国家者，莫不次第而措施焉。其诸新机创自美者甚昧，如汽

---

① 《公法便览·凡例》，同文馆聚珍本 1877 年版。

② 笔者查询了全国主要图书馆的馆藏目录，皆没有找到《各国史略》《俄国史略》这两部书。1907 年，丁韪良写的《同文馆记》中列出了这两部书，说明这两部书已经翻译完成。

③ 无论中国学者还是西方传教士，都对编纂中西年历对照表付出了很大的热情。典型代表有《东西史记和合》《四裔编年表》《五彩中西年表图》等，另外，在《华番和合通书》《英华通书》《希腊志略》《万国通史》等著作的书前或书后也列有年表。具体参见本书第五章第二节。

机、行舟、电机、通报，俱在他国之先。他国学院有自数百年来声闻昭著者，而美国学院虽建之在后，亦能与之争胜"①。以上图书将西方的教育制度、新发明、新科技，以及政治、经济成就逐项叙述，与开展的洋务运动共同改变着士大夫的思想观念和对世界的认识。

第三，在翻译方法上，采用了编译的撰写方法。同文馆翻译的西方国际法著作，并不是直译，而是在原著的基础上做了一些增损和解释，形成了具有"本土化"的中文译本。《星轺指掌》根据葛福根的修订本与马耳顿的《国际法》进行了编译，删削了原著中的外交程式和文书程式的章节，增加了文本解释的内容。毕利干翻译的《法国律例》中六种法律的译名更符合中国人的阅读习惯，并且将各法律内容重新进行了排序，依次为《刑律》《刑名定范》《贸易定律》《园林则律》《民律》《民律指掌》等。

同文馆印书处除了印刷本馆师生编译的著作，同时还刊印他人（机构）的著作。所刊印的图书既有古籍经典，也有当时新撰之作。

徐朝俊撰写的《高厚蒙求》是一部综合性的蒙学读物②，由于受到印刷技术的限制，该书在撰写完成后并没有广为刊刻流传。该书第二卷《海域大观》简要介绍了全球各大洲及各大洋概况，是较早简明进行世界地理概况介绍的著作，该书是最早记述有拉美史内容的著作。《日本地理兵要》是出使日本随员姚文栋1881年出使日本时，据《兵要日本地理小志》编译而成。《兵要日本地理小志》作者为中根淑，曾任日本陆军参谋局的汉学家、史学家。这部书曾作为日本小学的课本。全书对日本四岛的地理、气候、人情、风俗、政治、历史、物产、户口以及战史等情况进行了全面介绍，并从战略高度给予了评述，是近代中国人最早编译的一部日本军事地理专著。

---

① 丁韪良：《西学考略》，同文馆聚珍本，1883 年，第 6 页。
② 《高厚蒙求》嘉庆十四年（1809）著成刊印。

表 2—2　　　　　　　　　同文馆印书处代为刊印的图书一览

书名	著者	出版日期	备注
南省公余录	梁章钜	1869 年	铅印，2 册，8 卷
俪白妃黄册	董恂	1873 年	铅印，2 册，8 卷
日本杂事诗	黄遵宪	1879 年	聚珍本，铅印 2 册，2 卷
朱子古文读本	朱熹	1881 年	刻本，4 册，2 卷
中俄约章会要	总理衙门编	1882 年	铅印本，4 册，3 卷续编 1 卷
西陲要略		1882 年	聚珍版，铅印，4 册，4 卷
四述奇	张德彝	1883 年	铅印本，16 卷，另有著易堂仿聚珍版、申报馆仿聚珍版
续旁观论	乐彬	1884 年	铅印，1 册
日本地理兵要	姚文栋	1884 年	同文馆聚珍本，铅印，8 册，10 卷
高厚蒙求	徐朝俊	1887 年	刻本，4 册，4 卷
防海纪略	芍唐居士（王之春）	1895 年	铅印，2 册，2 卷，另有上洋文艺斋 1890 年版
西学课程汇编	出洋肄业局	1897 年	石印本，1 册
劝学篇	张之洞	1898 年	聚珍本，铅印，1 册，2 卷
张文达公遗集	张之万等	1900 年	铅印，2 册

　　当时的中国是以皇权为中心的封建社会，有关变法的主张还没有形成气候，朝野上下对西方政治制度的认知十分欠缺，对于国家主权和国际公法的了解也明显不足。同文馆将近代意义上的国际公法作为重要内容翻译过来，弥补了国内国际法知识空白。

三　同文馆所出图书的影响

　　在京师同文馆成立之后，江苏巡抚李鸿章上书朝廷，要求在上海和广州也开设同文馆。他说："惟是洋人总汇之地，以上海、广州二口为最。种类较多，书籍较富，见闻较广，凡语言文字之粗者，一教习已足；其精者，务在博采周咨，集思广益，非求之上海、广州不可。"① 随后，上海同文馆、广州同文馆先后成立。上海同文馆后被并入江南制造局翻译馆，对外国图书译介同样发挥了重要作用②。

清政府、外国驻华公使等对同文馆的译书活动也给予了鼓励和支持。《万国公法》的翻译就是一个例证。丁韪良曾以嘉宾身份参加了李鸿章七十大寿的庆典，与恭亲王奕訢的交往也"频繁而亲切"③。奕訢曾指派四名高官协助丁韪良翻译《万国公法》，并允诺完成后用政府的名义刊印此书。《万国公法》出版之际，总理衙门大臣董恂为之欣然作序，认为"今九州外之国林立矣，不有法以维之，其何以国"④。张斯桂同样为之作序，文中写道："是书亦大有裨于中华，用储之以备筹边之一助云尔。"⑤ 崇厚阅读完《万国公法》的书稿以后，"对于该书稿跟中国建立新的外交关系的需求之间的契合印象十分深刻"。美国驻华公使蒲安臣曾将丁韪良引荐给总理衙门，并向他保证"将此书提交给清朝官员"⑥。此外，《万国公法》的出版还得到海关总税务司赫德的大力支持。赫德鼓励丁韪良将翻译工作坚持下去，认为"这本书会被总理衙门接受的"⑦，并承诺从征收的海关关税中支付白银 500 两予以资助。

尽管同文馆招生规模不大，但是它培养了中国最早一批翻译家、外交家和初步掌握西方现代科技的人才，他们中有近代著名的翻译家兼外交官张德彝、外交总长陆征祥、驻日公使杨枢、驻意大利公使唐

---

① 李鸿章：《请设外国语言文字学馆折》，陈学恂主编：《中国近代教育史教学参考资料》上，第 52 页。

② 赵少峰：《略论江南制造局翻译馆的西史译介活动》，《历史档案》2011 年第 4 期。

③ ［美］丁韪良：《花甲忆记》，沈弘、恽文捷、郝田虎译，广西师范大学出版社 2006 年版，第 235 页。

④ 董恂：《万国公法序》，［美］惠顿：《万国公法》，丁韪良等译，日本京都崇实馆 1864 年版，第 1—2 页。

⑤ 张斯桂：《万国公法序》，［美］惠顿：《万国公法》，第 6 页。

⑥ ［美］丁韪良：《花甲忆记》，第 150 页。

⑦ ［美］丁韪良：《花甲忆记》，第 159 页。

在复、南洋公学校长汪凤藻等。这些人都是在同文馆翻译的西方图书的浸淫下成长起来的。同文馆师生翻译了一批西方史地、法律、政治、外交、社会等书籍，为国人提供了崭新的精神食粮，这些书籍成为"察他国之政，通殊方之学"的重要参考。在中国向欧洲派遣公使初期，同文馆毕业的学生担任了翻译的主力。1888 年，总理衙门增设英法德俄翻译官各两名，均出自京师同文馆。张德彝也因为他的英语优势和丰富的外交经历，成为光绪帝的英文教师。同文馆由培养外语人才，渐及翻译外国著作，并免费分发给全国的官员。丁韪良认为"这些书籍就像一支杠杆，有了这样一个支点，总可以掀起一些东西"①。张君劢认为在上海同文馆的学习扩大了知识面，"因为如此才使我们知道世界上除了做八股及我国固有国粹之外，还有若干学问"②。京师同文馆印刷所还印刷出版了其他书籍，例如德贞撰写的《全体通考》、毕利干的《化学阐原》等书。《全体通考》开本为 17.5×28.5 厘米，16 册 18 卷，并附有人体各个部位解剖图五百多个，是进入中国的第一部西医解剖学巨著。这部书从人体中的骨骼、骨节、肌肉及夹膜、脉管、津液管、脊髓脑筋、五官、胸、消化生殖系统等十八个部分进行了系统的论述并以图示之。自然科学知识和人文社会科学知识传播相伴随，冲击着人们的认识，涤荡着知识阶层的心灵。

尽管京师同文馆印书处不是专门设立的新兴出版机构，其图书出版数量和流布范围远逊于江南制造局翻译馆、广学会、土山湾印刷所，以及民营出版机构商务印书馆、广智书局等，但是同文馆的创设和图书翻译活动是清政府对外国态度变化的风向标，它的政治启蒙意义要远远大于这些图书实际发挥的作用。不仅在国内产生积极反响，

---

① ［美］丁韪良：《同文馆记》，宋原放主编：《中国出版史料·近代部分》第 1 卷，第 388 页。

② 张君劢：《我的学生时代》，陈学恂主编：《中国近代教育史教学参考资料》上，第 58 页。

而且对邻国日本亦有重要影响。1864 年刚刚译印出版的《万国公法》，次年日本京都崇实馆即进行了翻印。当然，京师同文馆在其存在的四十年中，也不断受到外界的非议①。同治年间，传统士大夫从保守立场出发，拒绝与同文馆为伍。光绪年间，批评者多是接受西学的士大夫，他们认为同文馆观念落伍，要求改革该馆的教育体制与机制。虽然两个时期对同文馆的批评立足点不同，但是都反映出同文馆在社会中的地位与影响。

总之，京师同文馆图书的翻译、编纂出版迎合了近代社会的需求，既满足了同文馆教学的需要，又适应了洋务运动时期了解域外实现自强的要求，为 19 世纪后期中国人编纂世界史著作奠定了基础，同时也是近代史学与社会发展息息相关的体现。

第二节　江南制造局翻译馆

江南制造局翻译馆是晚清官办翻译机构中，出书最多，影响最大，持续时间最久的翻译机构。关于它的成立、发展、出版图书情况，在传教士傅兰雅 1880 年撰写的《江南制造总局翻译西书事略》、魏允恭 1905 年撰的《江南制造局记》、翻译馆馆员陈洙等撰写的《新编江南制造局译书提要》等中多有介绍，现代学者利用各种档案文献也多有研究，发表了不少研究成果②，推动了对江南制造局翻译馆的认知。翻译馆设立的主要目的是翻译西方的科学技术书籍，为洋务运动服务。但是，它也出版了史志类图书多种，成为西史东渐的重要内容。

---

① 苏精：《清季同文馆及其师生》，第 67 页。

② 邹振环的《江南制造局翻译馆与近代科技的引进》（《出版史料》1986 年第 6 期）、王扬宗的《江南制造局翻译馆史略》（《中国科技史料》1988 年第 3 期）和《江南制造局翻译书目新考》（《中国科技史料》1995 年第 2 期）、熊月之的《江南制造局翻译馆史略》（《出版史料》1989 年第 15 期）、霍有光《交大馆藏江南制造局译印图书概貌及其价值》（《西安交通大学学报》1997 年第 1 期）等。

一 翻译馆的设立与历史类图书的翻译

1868 年 6 月，江南制造局翻译馆成立于上海，徐寿和华衡芳对翻译馆的创办出力尤多。他们在与日本学者交往之后，认为"诗书经史几若难以果腹，必将究察物理，推考格致"，通过在墨海书馆与传教士合信、伟烈亚力、韦廉臣等人的交流，更坚定了他们留在上海参与译书的决心，以便"与西士考证西学"。

翻译馆所译图书底本主要由傅兰雅向英国订购。在翻译馆正式开办之前，傅兰雅已经向英国订购了图书，其后又两次订购图书①。根据当时时局需要和设立江南制造局的目的，翻译西方的军事、科技等方面的书籍成为首选。作为主译人员的傅兰雅也有所记述，"局内所存西字格致书有数百部，约为中国所有西字格致书最多之处"。在翻译馆担任口译的外国人主要是傅兰雅、林乐知、玛高温、舒高第、秀耀春等人。对西方历史著作的翻译，傅兰雅和林乐知起的作用最大。傅兰雅在馆时间分 1868—1896 年、1897—1903 年两个阶段，时间最长。他作为主译人员，对译书有自己的规划，但是计划总被翻译军工兵备等有关"紧要之书"打断。他在回忆录中写道："初译书时，本欲作大类编书。而英国所已有者，虽印八次，然内有数卷太略，且近古所有新理新法多未列入，顾必查更大更新者始可翻译。后经中国大宪谕下，欲馆内特译紧要之书，故作类编之意渐废。"② 可见，西书的翻译工作主动权并不完全在西士手中，先译哪些书要经过总局或者总办的批准。傅兰雅有"中国大宪已数次出谕，令特译紧要之书，如李中堂数次谕特译某书"等语。1879 年傅兰雅与郭嵩焘同船回中国，

① A. A. Bennett, *John Fryer*: *The Introduction of Western Science and Technology into 19ᵗʰ Century China*, Cambridge, 1967, pp. 73 – 81.

② 傅兰雅：《江南制造总局翻译西书事略》，张静庐辑注：《中国近现代出版史料·初编》，第 14、17 页。

同郭氏谈了编次西学丛书的设想①。1877 年，第一届在华基督教传教士大会召开，傅兰雅的大会发言也只谈及了在翻译馆中翻译的科技书籍。

林乐知是美国南方监理会成员（American Southern Methodist Episcopal Mission），1860 年来华，1871 年加入翻译馆的译书工作，1881 年离开。林乐知对历史尤感兴趣，后在广学会翻译了不少历史书籍。

从翻译馆出版的图书来看，由最初的只注重翻译声光化电图书，到后来兼及翻译史志、政治、外交、公法等类图书，与中国社会形势的变化和基督教会在华宣教政策的转变有着重要关系。19 世纪 70 年代后，外国列强对中国的侵略和干预不断加剧。基督教会在华宣教手段也依据形势发展不断地调整。1877 年，第一届在华基督教传教士大会在上海召开，1890 年、1907 年又分别召开了第二、三届大会。可以说，大会制定的政策对教士在华活动有着直接的影响。傅兰雅和林乐知作为代表出席了第一届大会。在专题报告中，黎力基（R. Lechler）指出，在华教育应拟定新的标准，不能仅仅依赖《圣经》，也应该略知中国经典，培养中国学者，并向中国人教授地理、数学、历史和科学知识②。E. H. 汤姆森（E. H. Thomson）认为地理、自然哲学和世界历史，对于启蒙和教导"学者"使他们从"迷信"中解放出来具有重要作用③。保灵（S. L. Baldwin）认为"值得注意的是，中国的世俗文学，从历史、地理到艺术、科学，再到化学、医学，它们中的许多内容都带有很大的基督教元素和观点"④。在讨论环节，美华书馆的霍尔特（W. S. Holt）等人也认为尽管来自教会和中国官员的命令会打断出版计划，但是地理、自然哲学、古代历史等方面的著作

---

① 郭嵩焘：《伦敦与巴黎日记》，岳麓书社 1984 年版，第 922 页。

② R. Lechlor："On the Relation of Protestant Missions to Education"，*Records of the general conference of the protestant missionaries of China*，Held at Shanghai，May 10 – 24，1877. Shanghai：American Presbyterian Mission Press，1878，p. 179.

③ E. H. Thomson：*Day School*，p. 185.

④ S. L. Baldwin：*Christian Literature，what has been done and what is needed*，p. 209.

同样是非常需求的。古约翰（G. John）对傅兰雅、林乐知的译书和办报等活动给予了表扬。此时的传教士已经认识到单靠基督教宣传可能达不到预期目的，宣传手段不能仅仅限于宗教印刷品，而应利用历史、地理、哲学等书籍中的新知识，以吸引更多的学子和士人。

　　傅兰雅和林乐知等人同样参加了在上海召开的第二届基督教传教士大会。在第一天的开会致辞中，林乐知作了题为"中国发生的变化"的报告，他认为：国际关系越来越密切，中国的使臣已经派到西方，商业便利和交流正在改进，中国的外交大臣将期刊、书籍、报纸翻译到国内，急需的外国思想开始自由传播；中国逐渐地意识到所需，开始认识到不平等。林乐知还表示中国政府和人民对西方文明已经不是简单地表面模仿，中国人也在不断地学习。最后，他提出了包括制定统一的教科书和其他书籍在内的五条建议，认为这是决定教士工作成败和将来地位的重要方式①。与林乐知、傅兰雅共事多年的韦廉臣作了题为"还需要什么书籍？"的报告，指出在历史书籍上，谢卫楼（Davelle Z. Sheffield）的世界史作为一个简写本是不错的，但是更需要大量的关于当代国家的历史，包括欧洲的国家、美国、澳大利亚、非洲、印度、中亚和日本，要有简明扼要的论说。而且，还需要一本关于国际关系、权力平衡的书，类似于"中国和他的伙伴"，要求内容不断地更新②。至甲午中日战争时期，中国的战败激起了更多的士人、学子了解国外的欲望。一般的历史知识书籍已不能满足需求，包含最新世界历史发展情况的书籍翻译成为国人急需的对象。传教士的出版物正好满足了这种需求。

　　要之，翻译包括历史在内的社会科学类书籍并不是一时之举，而是传教士根据中国社会发展和国际形势的变化不断调整的结果。虽然

---

　　① Y. J. Allen："The Changed Aspects of China"，*Records of the general conference of the protestant missionaries of China . Held at Shanghai*，May 7 – 20 1890. Shanghai：American Presbyterian Mission Press，1890，pp. 14，22.

　　② Alexander Williamson：*What books are still needed*，p. 523.

这些书籍翻译的直接目的并不是促进中国人的进一步觉醒，然而却对政府和士人产生了重要影响，包括郭嵩焘、康有为、梁启超、汪康年、孙宝瑄以及后来的蔡元培等人均看过这些书籍。

二　史志类书籍内容介绍

翻译馆所翻译的史志类书籍，无法按照现在的图书分类标准进行严格区分。晚清梁启超的《西学书目表》和徐维则辑、顾燮光补辑的《增版东西学书录》，与民国年间出版的《上海制造局译印图书目录》，在分类标准上都有很大出入。梁启超在《西学书目表序例》中也说道，"西学各书，分类最难。凡一切政皆出于学，则政与学不能分""今取便学者，强为区别"。到1928年，郑鹤声编《中国史部目录学》时，依然认为："故吾人欲研究史部范围，将从前一切分类法，尽行抛弃可也。"① 对史学在目录学上的位置探索，也反映了史学学科化在近代确立的过程。翻译馆出版的史志类图书（包括被某些学者归为该类的图书）主要有：

《四裔编年表》，美国传教士林乐知、中国严良勋同译，李凤苞汇编，4卷4本，出版连史、赛连两种②，1874年刊。编年体史书。扉页有"江南制造总局镌版"字样。全书共分为4个年表，以中国的王朝纪年和甲子纪年为主，同时附有基督教公元日期。"年表一"起于少昊四十年壬子（公元前2349），至西汉哀帝元寿二年（公元前1年）；"年表二"起于汉平帝元始元年（公元1年），至宋太祖建隆三年壬戌（962）；"年表三"起于宋太祖乾德元年癸亥（963），至明景帝景泰四年癸酉（1453）；"年表四"起于明景帝景泰五年甲戌（1454），至清朝咸丰十一年辛酉（1861）。每表中，最上自右至左开

---

① 郑鹤声编：《中国史部目录学》，上海商务印书馆1935年版，第235页。
② 依据纸的质量做地区分，连史为上等纸，赛连较次一些。统一线装，较普通书籍显精致。

列中国皇朝纪年，最下自右至左对应西历前（后）日期。中间右侧列
有同时期的其他国家名称，在每一个对应时间内简列这些国家发生的
主要事件。在1897年，出现了"仿江南制造局原本"刻印的《四裔
编年表》，前有皇甫锡璋的序。光绪十五年（1889）在《万国公报》
上第一期至七期、第九期上连载了江苏华亭人朱逢甲的《四裔编年表
补证》。1898年，周传檊撰写的《续四裔编年表》，刊登在《湘学报》
1898年第44、45册上。

《列国岁计政要》，英国麦丁富得力编，林乐知口译，中国海盐人
郑昌棪笔述，首1卷，共12卷6本，出版连史、赛连两种，1880年
刊。章节体史书。首卷综述世界五大洲各国人民、土地、赋税、交通
等情况。后各卷分列奥斯曼、比利时、法国、德国、英国、希腊、意
大利、土耳其、美国、埃及、澳大利亚、日本等71个国家和地区的
政治发展及财政、赋税、疆域、兵备等情况，书中通过各种统计表展
示所列国家的经济财政收支情况，是近代翻译出版的第一部以各国财
政、赋税收支为主要内容，介绍各国概况的著作。1897年7月10日
至1898年1月3日周灵生续译了陜勒低（John Scott Keltie）的《丁酉
列国岁计政要》①。

《东方交涉记》②，英国麦高尔辑著，林乐知、中国瞿昂来同译，
12卷2本，出版连史、赛连两种，1880年刊，纪事本末体。全书共
分12卷，前有林乐知撰写的《序》和《原引》。本书主要记述了俄
国与土耳其在19世纪时期为争夺势力范围而进行的战争和开展的外
交活动，以及由此引起的欧洲其他国家外交政策的变化。内容包括克
里米亚战争始末；英于东局改行新法；英于东局力排众议；虐害保加
利亚人事；英于东局前后异法；土京会议记略；土京会议后情形；俄
土之战咎有攸归；局外与定和之法；俄与印度有何关系；英与各国宜

---

① 邹振环：《西方传教士与晚清西史东渐》，上海古籍出版社2007年版，第377页。
② 江南制造局版封面为《东方交涉记》，目录页却显示为《欧洲东方交涉记》。

若何会议；英与俄战大有关系等。书中引用了很多外交电报和报刊资料，具有重要史料价值。

《佐治刍言》，英国教士傅兰雅口译，中国永康人应祖锡笔述，不分卷3本，出版连史、赛连两种，1885年刊，章节体史书。全书共分31章418节。在《论财用》这一章，作者介绍了该书的主要内容。前13章主要论述个人、社会、国家三者之间的关系，涉及政治、经济、法律、文教、贸易、外交等内容；后18章，针对经济问题展开，介绍产业的设立及与国家的关系，工人、机器、资本、贸易、货币、银行等内容。书中倡导个人自由，发挥国家的社会职能，同时不要侵犯个人公平权利；提倡采用机器生产提高工作效率，鼓励各国间的通商贸易。此书原编纂者为英国钱伯斯兄弟（W. & R. Chambers），译者只翻译了该书的31章，后有4章未译，在翻译的过程中有所补充①。

《英俄印度交涉书》，英国报社记者马文著，英教士罗亨利、中国瞿昂来同译，正1卷续1卷，1册，出版连史、赛连两种，1887年刊。此书主要记述1870年前后英国和俄国就印度问题所展开的外交活动，借以显示当时国际关系和形势，能够了解俄国在亚洲的扩张形势。

《东方时局论略》，英国邓铿著②，林乐知译，1卷1本，出版连史、赛连两种，1889年刊，章节体史书。全书共分三章："东亚西亚日迫情事""俄人觊觎高丽证据""英国印度各报论俄人动静"。该书主要讲述高丽在东亚的战略意义，俄国在高丽的势力扩张会给日本、中国造成的威胁，建议英、中、日联合起来共同抵御俄国。全书近八千字，另有邓铿的《小序》。

---

① 叶斌：《佐治刍言·点校说明》，上海书店出版社2002年版，第3页。
② 不少学者认为邓铿是高丽人，细看的话就会发现是错误的。《东方时局论略》署名为"高丽洋关税务司邓铿"，且书中行文明显与英国"暧昧"，如第2页"将任我英一国抵御俄人""新闻扬播，并欲欺我欧人"；第13页"以英论之，俄已渐侵及我"；第14页"不任我英于高丽占便宜"等，且在序中，作者称"一千八百八十三年，予始至高丽"，由此推定邓铿为英国派往高丽的税务人员。

《俄国新志》，英国陔勒低著，傅兰雅口译，中国乌程人潘松笔述，8 卷 3 本，出版连史、赛连两种，1898 年刊。章节体国别史。此书共分为 8 卷 16 章。前五章独立为卷，第六、七、八、九、十章为第六卷，第十一、十二章为第七卷，第十三、十四、十五、十六章为第八卷，每卷下分若干节，分卷是为了便于分册。论及的内容包括俄国面积及人数；制造工艺及地产之物；通商贸易及船务；内地交通及信息传递法（河流、铁路、电报、文报）；国家及省的公款出入；国政；国王世系；教派；学校；刑律；保护国家政策（边界、陆兵、兵船）；铸币及银行；钦差及领事各官；俄属地芬兰；俄国在亚洲的属地等。运用图表较多，详细地展示了俄国财政收入、支出，对外贸易额等所要表达的内容。

《法国新志》，英国陔勒低著。卷一，傅兰雅口译，潘松笔述；卷二至卷四英国秀耀春口译，中国范熙庸笔述。4 卷 2 本，出版连史、赛连两种，1898 年刊，章节体国别史，叙述风格与《俄国新志》雷同。该书共分为 17 章，内容包括法国土地、面积、人口；物产；贸易、船务；内地转运之法；财政收支；国政；教会；学校；刑律；防务；钱币及银行；钱与分量；外交；属地；非洲内属地；美洲属地；澳洲属地，运用数字和表格相配合，内容丰富。

《埏纮外乘》，林乐知、严良勋同译，25 卷补遗 1 卷，8 册，出版连史、赛连两种，1901 年刊。卷二、十、二十五之续增部分[1]和补遗卷《美利坚志略》由美教士卫理口译，中国六合人汪振声笔述，纪事本末体国别史。每个国家为一卷，按照编年方式记述该国的发展历程及重大历史事件。该书叙述的主要国家包括法国、日耳曼（德国）、荷兰、比利时、土耳其、丹麦、挪威、瑞士、葡萄牙、俄国、波斯、

---

[1] 王扬宗在《江南制造局翻译书目新考》一文中，认为"卷一"也有续增部分，笔者在国家图书馆古籍馆看到的光绪辛丑年（1901）刻本，卷一没有续增内容。林乐知和严良勋同译部分即傅兰雅在《译书事略》中的"已译成尚未刊刻之书"：《印度国史》《俄罗斯国史》《欧罗巴史》《德国史》《万国史》。

意大利、西班牙、瑞典、印度、秘鲁、希腊、波兰、墨西哥、巴西、澳大利亚、匈牙利、普鲁士、埃及、英国、美国等。各国叙述的篇幅大小不一，法国、德国、俄国、印度都在两万字以上，英国（包括续志）多达 4 万余字，而挪威还不及千字。内容涉及各国建国前至 19 世纪 90 年代史事。

《一八九八年之西美战史》，法国勃利德撰，上海李景镐译，2 卷 2 本，出版连史一种，1904 年刊。该书主要记述美国对西班牙殖民地的侵夺。1898 年 4 月战争爆发，7 月西班牙战败。1898 年 12 月双方在巴黎签订了《巴黎条约》，美国夺得了西班牙在拉丁美洲和亚洲的大片殖民地。书前有李景镐的《自序》。

《公法总论》，英国罗柏村著，傅兰雅口译，汪振声笔述，1 册，不分卷节，1886—1894 年刊行①。该书主要讲述国际法的概念及适用范围，内容包括：论公法之源流、论公法之大纲、论古今公法之沿革、论公法与便法攸分、论分别自主与不自主之国、论预闻别国之事、论平权之理、论自主国相待为平等、论新得地与定交界法、论待使臣法、论使臣分三等、论立合约、论战时公法、论评理免战法、论交战章程、论局外国应守之例、论待野人法、论会议公法以息兵争等。

《各国交涉公法论》，英国费利摩罗巴德著，傅兰雅口译，俞世爵笔述，汪振声校注，钱国祥复核。初集为 1—4 卷，第二集为 5—8 卷、第三集为 9—16 卷，连史、毛太两种，1895 年刊。卷下包括若干章，章下又分若干节。富强斋丛书收有三集和《各国交涉公法论校勘记》1 卷，初集前有费利摩罗巴德《原序》和 1871 年写的《续序》。

《各国交涉便法论》，英国费利摩罗巴德著，傅兰雅口译，钱国祥校订，6 卷 6 本，出版连史、赛连两种，刊于 1899—1902 年。卷下分若干章，章下分若干节。著者在第一章对交涉便法作了全面介绍，指出交涉公法与交涉便法的区别在于"公法为国与国交涉之事所用，便

---

① 王扬宗：《江南制造局翻译书目新考》，《中国科技史料》1995 年第 2 期。

法为士人与客民交涉之事所用"①。

《美国宪法纂释》，美国海丽生撰，中国慈溪人舒高第口译，郑昌棪笔述，21 卷 2 本，附宪法、续增宪法，毛边纸②，1906—1908 年出版。

以上图书都是以外国史书为底本，由传教士和中国文人共同翻译完成。翻译馆译介的史志类图书与自然科学书籍的传播是同步的，同样对知识分子思想启蒙产生了巨大的影响。从第一本《四裔编年表》出版，到后来的各种交涉图书的翻译刊刻，译著与中国的政治形势联系越来越密切。

三　译著的特点与影响

翻译馆所翻译的史志类书籍，较以往传教士出版的著作显示出了新的时代特点。

第一，从普通的史地知识介绍转向国家发展概况及最新趋势的译述，史书基本脱离宗教内容。19 世纪 70 年代前，传教士出版的书籍杂志往往带有明显的宗教宣传的影子，或者是以知识宣传来带动宗教宣传。通观制造局翻译馆出版的史志类书籍，这些印记基本消失，不是传教士停止了宗教宣传，而是将知识书籍和宗教书籍分开了。历史图书的译介转向国别史、世界史以及最新的国际形势。《俄国新志》记述的是俄国最新发展状况，涉及政治、经济、军事、文教各方面内容。该书第一章介绍了 1859 年前后，俄国经过对外扩张增加的土地和人口，包括对中国黑龙江、库页岛的侵略；第二章介绍了 1892 年俄国公有土地面积、私人土地面积，作物产量；1880 年及 1886—1890 年的矿产数量；工厂、工人数量，对外贸易价值等；第十一章介绍了俄国兵役制度，与他国交界处炮台设置，1892 年俄国常备陆兵及

---

① 《各国交涉便法》卷 1，第 1 章《论交涉便法》第 5 款，富强斋丛书续全集本。
② 毛太纸与毛边纸是依据纸的质量而进行的区分，毛太纸比毛边纸稍薄，色稍暗。

其分布，各海域的军舰配备。《东方时局论略》一书记述了 19 世纪 90 年代英、俄对朝鲜的争夺，"高丽商务，本不足论，而所当加意者，在攘夺战争之危机，且其机非远，即在目前"①。这些都是当时国际关系中的最新内容，是中国国内形势发展所需的。这与 19 世纪 60 年代以前输入的内容相比，已经发生了变化。

第二，输入了西方国家发展史、政治、经济、法律、外交等方面的最新内容，给当时追求西学的读书人以启发。《佐治刍言》是"戊戌变法以前介绍西方政治和经济思想最为系统的一部书"，出版以后多次重印②。梁启超《读西学书法》云："《佐治刍言》言立国之理及人所当为之事，凡国与国相处、人与人相处之道皆备焉，皆用几何公论探本穷源，论政治最通之书。"章太炎读此书时如痴如醉，大为叹服；孙宝瑄在《忘山庐日记》中多次谈到自己看该书的感想。唐才常通过考察《各国交涉公法论》，认为"联邦合成之国会，视一国所立之国会，制虽异而理则同"，他认同罗柏村在《公法总论》中提出的设立一个国际协调组织并制定国际合约章程的主张，认为"此举乃余向所谓积千百年神圣之用心，甫由据乱而及升平者也。故历数中西史乘兵祸之奇惨者正告焉"③。书中蕴含的思想，给思想界，特别是维新人士以思想启蒙。

第三，促进了中国史家对传统史学的反思，推动了中国史学的发展。梁启超在《知新报》续译《列国岁计政要》的序中说："民史之著，盛于西国，而中土几绝。中土二千年来，若正史、若编年、若载记、若传记、若纪事本末、若诏令、若奏议，强半皆君史也。"④ 梁启超认为中国"君史之敝极于今日"，他所认可的"良史""国史之良

---

① ［英］邓铿：《东方时局论略·小序》，江南制造局 1898 年刻本。
② 国家图书馆现存有 1896 年上海鸿文书局"富强丛书"之一；1897 年武昌质学会"质学丛书"之一；1897 年梁启超辑"西政丛书"之一；1898 年湖南实学书局刻本等。
③ 唐才常：《各国政教公理总论》，《唐才常集》，第 79、86 页。
④ 梁启超：《续译列国岁计政要叙》，《饮冰室合集·文集之二》，第 59—61 页。

者"，是应该能够从中"鉴往以知来，察彼以知己"，能够了解国家的盛衰情况及变化缘由。在《变法通议》中，梁启超指出，"中国之史，长于言事，西国之史长于言政。言事者之所重，在一朝一姓兴亡之所由，谓之君史。言政者之所重，在一城一乡教养之所起，谓之民史。故外史中有农业史、商业史、工艺史、矿史、交际史、理学史等名，实史裁之正轨也"。他希望对西方"史学书尚当广译"①。梁启超通过阅览西史，为"新史学"思想的提出，特别是提倡"民史"的思想奠定了基础。唐才常阅读了《四裔编年表》《东方交涉记》《列国岁计政要》等西书，认为它们是通"西史"的重要著作，主张读西书应该"首宜显揭古今各国政术异同，以知强弱存亡之本；次考立国源流，种类迁徙；次列帝王人物，中西比较；次明各教派别善否，知将来环球大地，不能越素王改制精心；次表各国和战机要，攸关全局者"②，等等。唐才常认为学术上要中西学并重，坚持比较研究，从中西史的比较中考察中西治乱兴衰之理，强调"民史"的重要性。

第四，所出书籍被重刊多次，对晚清思想家、史学家、学者、统治者产生了重要影响。如，《东方交涉记》中不仅介绍了局势的变动，更多地反映了大国以争夺利益为目的的战争，为争夺势力范围的干涉行为。"俄得奥之援，土实大败，英普二国见俄奥骎骎乎，将得土京，大有害于其国，合力抗拒……自是以后，英则必欲保全土朝，不使分崩离析，且其地为印度屏藩。"③ 英国一位使臣解释《派利合约》时说，"本国立约之意，欲保土耳其地，非欲保土耳其朝"④，并且直白地说，先"遣使干预"，然后采取"以兵勉强之法"。这种干涉行为不仅是英国惯用的方法，也是欧洲的通行之法。合约背后的利益归属反映出了各大国外交的真实目的。

---

① 梁启超：《变法通议·论译书》，《饮冰室合集·文集之一》，第70页。
② 唐才常：《史学论略》，《唐才常集》，第41页。
③ 《东方交涉记》序，光绪六年（1880）江南制造局刻本。
④ 《东方交涉记》卷2，光绪六年（1880）江南制造局刻本，第1页。

孙宝瑄在甲午战后不仅看了翻译馆出的《列国岁计政要》等书，还阅读了《光学》《全体学》等自然科学书。他在日记中写道："愚居今世而言学问，无所谓中学也，西学也；新学也，旧学也；今学也，古学也。皆偏于一者也，惟能贯古今，化新旧，浑然于中西，是之谓通学，通则无不通矣。"① 张之洞认为翻译馆为"中国知西学之始"，希望翻译更多西国有用之书，"凡在位之达官、腹省之寒士、深于中学之耆儒、略通华文之工商，无论老壮，皆得取而读之、采而行之"②。翻译馆出的书，往往重刊多次，所产生的反响是深远的。

第五，促进中国知识分子主动去翻译国内急需的图书。虽然，翻译馆出版的书籍种类很多，给当时的知识分子以思想启蒙，但是这些书籍并不能构成一个完整的体系，将当时西方社会发展的政治、经济、文化发展成果全部介绍过来。精通外国语的马建忠指出了上海制造局、京师同文馆等处译书存在的问题，"即有译成数种，或仅为一事一艺之用，未有将其政令治教之本原条贯，译为成书，使人人得以观其会通者"③，他还对"西译中述"的翻译方式提出了批评，"盖通洋文者不达汉文，通汉文者又不达洋文。亦何怪夫所译之书，皆驳杂迁讹，为天下识者所鄙夷而讪笑也"。他认为所译之书应包括"各国之时政""居官者考订之书""外洋学馆应读之书"等，并提出培养翻译人才、设立图书楼的建议。康有为在《日本书目志》、梁启超在《西学书目表序例》和《变法通议》、张之洞在《上海强学会章程》、刘坤一在《奏请提倡农学和译书折》、高凤谦在《翻译泰西有用书籍议》等篇目中也都表达了类似的看法。所译图书中出现的问题，激发了中国知识分子主动去翻译所需书籍，探求变法图强的热情。

---

① 孙宝瑄：《忘山庐日记》上，上海古籍出版社1983年版，第80页。

② 张之洞：《劝学篇·广译》，广西师范大学出版社2008年版，第85页。

③ 马建忠：《拟设翻译书院议》，宋原放主编：《中国出版史料·近代部分》第1卷，第31页。

当然，翻译馆出版的这些书在观点上也存在不少问题，书的原作者站在西方强国的立场上进行史事评论。例如，《埏纮外乘·英吉利志略》将英国对印度的入侵称为"印度人作难，遣兵平之"，《英国续志》称印度人民的起义为"叛党""乱党"等①，这是明显错误的。

晚清人士希望读到更多的历史、政治类书籍，梁启超在《大同译书局叙例》中指出"农政之书""工艺之书""宪法之书""商务之书""官制之书""兵谋之书""宪法之书""章程之书"都要读，尽管"瞽者不忘视，跛者不忘履"强调译书要"以政学为先，而次以艺学"②。盛宣怀也评论说，"中国三十年来，如京都同文馆、上海制造局等处，所译西书不过千百中之十一，大抵算化工艺居多，而政治之书最少"③。因而，这三十多年翻译出版的史志类图书尤显重要。

第三节　中国海关印刷所的"西学启蒙丛书"

西方古典史学在中国传播比较早，前文所述的《东西洋考每月统记传》中就有关于西方古典史学的记述。创办于 1857 年的《六合丛谈》中也有相关篇章。此前，西方古典史学的传播多散见于部分期刊文章，缺乏系统性和完整性的介绍。"西学启蒙十六种"是由受聘于总税务司的传教士艾约瑟翻译的，此系列图书属于英国麦克米伦公司出版的"历史与文学基本读物"。《希腊志略》《罗马志略》《欧洲史略》是最早系统地记述希腊、罗马古典史和欧洲史的历史著作。

一　"西学启蒙丛书"翻译缘起

"西学启蒙"丛书的出版与赫德有密切关系。赫德，字鹭宾，

① 《埏纮外乘》光绪二十七年（1901）刻本，上海制造局，卷二十五，第63页；《续篇》，第1页。
② 梁启超：《大同译书局叙例》，《饮冰室合集·文集之二》。
③ 盛宣怀：《奏请设立译书院片》，张静庐辑注：《中国近现代出版史料·补编》，第50页。

1854 年来华，1908 年回国，是晚清中西关系史上的重要人物，也是
《清史稿》中得以立传的少数几个外籍人员。从 1863 年起，他正式任
职于中国海关总税务司，参与了中国海军的筹建、同文馆的建立以及
一些重要条约的签订，同晚清政府的上层统治者保持了良好的关系。
在这些活动中，处处发挥着他所代表的英国政府的影响力。当俄国政
府意识到中国有很多俄国商人而海关却没有俄国雇员时，赫德令金登
干迅速从欧洲寻找来自德语省份会俄语的人，以便"在陷阱啪地关上
以前，从这问题给我造成的困境中解脱出来"[1]。西学启蒙丛书的翻译
出版同样是赫德力图再现其影响力的重要举措。

　　赫德在中国生活多年，对晚清政府有深入的了解和认识。他清楚
政府官员的实力和水平，同时，他也在不断地学习各种知识，以当好
中国政府的"顾问"。他通过中国海关驻伦敦办事处主任金登干
（James Duncan Campbell）购买了包括海军、邮票、投资、历史、教科
书等内容的书籍和报纸多种，图书有为个人购买的，也有为同文馆、
中国海关等机构购买的。1880 年 12 月 10 日，赫德要金登干订购麦克
米伦公司（Macmillan）出版的"科学初级读本"和"历史初级读
本"。"科学初级读本"要已出版的全部，"历史初级读本"要已出版
的全部历史、地理书，文学书不要，全部费用由中国海关在伦敦的丽
如银行 A 字户头支付[2]。金登干在 1881 年 2 月 4 日给赫德的回信中
说，订购的麦克米伦公司的图书已经按照要求邮寄。按照当时的条
件，书刊会在两个月左右的时间到达。

---

[1]　中国第二历史档案馆、中国社会科学院近代史研究所合编：《中国海关密档》（2），
中华书局 1990 年版，第 470 页。

[2]　中国第二历史档案馆、中国社会科学院近代史研究所合编：《中国海关密档》（2），
第 469 页。中国海关在该行设立的账户分 A、C、D 三个户头，后因承担清政府的其他任务
又设有特殊账户 G，伦敦办事处暂用账户 O。赫德的私人账户 Z。详见《中国海关密档》
（1）注[1]，中华书局 1990 年版，第 10 页。

初级读本的翻译实际执行者为艾约瑟（Joseph Edkins）①。1880年，他受赫德之聘为海关翻译，此时，艾约瑟已经脱离了伦敦传教会②。艾约瑟来到海关负责的第一个重要事情就是处理"假货单案"，赫德认为这是对他能力的很好考验③。在来海关之前，艾约瑟已经有很好的声望，在墨海书馆工作过，在《六合丛谈》杂志上开设有"西学说"栏目，发表了一批介绍希腊罗马历史、史学家、人物传记的文章。他对中国传统文化有深入地认识和了解，是亚洲文会北中国支会的积极参与者，曾在该会上发表一系列演讲和报告④。1872年与丁韪良共同创办《中西闻见录》。1877年，他在《格致汇编》上刊载了《英国新史略论》，介绍了英国活跃的历史学家弗娄得及其著作《英国新史》⑤。另外，艾约瑟在语言学方面亦有研究，在《格致汇编》上发表《华语考原》，探讨中国语言学问题。19世纪50年代，赫德学习汉语时，就读过艾约瑟编写的《汉语会话》，他在日记中多次提及该书。也可能因此缘故，时隔三十年，赫德聘用艾约瑟翻译一套"泰西新出学塾适用诸书"。

艾约瑟将从麦克米伦公司购买的"科学初级读本"和"历史初级读本"翻译为"西学启蒙丛书"，包括《格致总学启蒙》《地志启蒙》

---

① 艾约瑟（Joseph Edkins，1823—1905），英国传教士，汉学家。1848年来华，任英国伦敦会驻上海代理人。1863年到北京传教。1880年应赫德之聘任中国海关翻译，在北京海关总税务司署任职。1889年调江海关。1905年死于上海。

② 中国第二历史档案馆、中国社会科学院近代史研究所合编：《中国海关密档》（2），第491页。

③ 中国第二历史档案馆、中国社会科学院近代史研究所合编：《中国海关密档》（2），第530页。"假货单"案指福州海关查获来自香港的英国"台湾号"轮船载有三担鸦片，而在呈交的清单中没有列入。详见《中国海关密档》（2）注①，第57页。

④ 王毅：《皇家亚洲文会北中国支会研究》，上海书店出版社2005年版，第182—194页。

⑤ 弗娄得，今译夫鲁德，19世纪文学史学派代表人物之一，同时期的史学家还有麦考莱、喀莱尔等。他们的文章往往忽视历史的真实性，而重视文章的技巧性，因而文章中的观点或细节许多都为后人所订正，但在其史学价值消失后，他们文章仍然不失其文学价值，故称文学史学派。具体参见［美］J. W. 汤普森《历史著作史》（下），孙秉莹、谢德风译，商务印书馆1992年版。

《地理质学启蒙》《地学启蒙》《植物学启蒙》《身理启蒙》《动物学启蒙》《化学启蒙》《格致质学启蒙》《天文启蒙》《富国养民策》《辨学启蒙》《希腊志略》《罗马志略》《欧洲史略》共十五种。艾约瑟自撰一册，概述西学源流，"博考简收"，名为《西学略述》，合为十六种。这套丛书翻译自 1881 年起至 1885 年冬止，1886 年由海关税务司印刷所印制发行。"科学初级读本"是正好适应洋务运动需要的"格致之学""历史初级读本"能够改变中国人的历史观念和世界观念。书成之后，艾约瑟曾向李鸿章、曾纪泽索序。李鸿章写道："泰西之学格致为先，自昔已然，今为尤盛，学校相望，人才辈出，上有显爵下有世业，故能人人竞于有用，以臻于富强"，启蒙十六种丛书，"其理浅而显，其意曲而畅，穷源溯委，各名其所由来，无不阐之理，亦无不达之意，真启蒙善本"，而"赫君之书适来深喜，其有契余意而又当其时也"①。曾纪泽也在《序》中讲道："予尝忝持使节，躬莅欧洲，每欲纂辑见闻，编为一帙，事务纷乘，因循不果。今阅此十六种，探骊得珠，剖璞呈玉，遴择之当，实获我心。"② 从李鸿章、曾纪泽的褒奖之词中可以看出赫德出版此套丛书的意图。

二　"历史初级读本"与《西学略述》的主要内容

"历史初级读本"中《希腊志略》《罗马志略》《欧洲史略》是关于西方希腊、罗马史和欧洲史的历史教材，《西学略述》中也有西方历史的专门论述。

《希腊志略》（*History of Greece*），作者为英国的费夫（C. A. Fyffe）。全书分为七卷，每卷分若干节，属于章节体史书。书前有《希腊志略年表》，上列希腊史上的重要事件，对应下书中国皇帝年号纪年。起自"俄伦比亚会初起"，至"埃及归为罗马省"。另有地图

---

① 《李鸿章序》，《西学略述》光绪戊戌年（1898）八月，石印本，上海盈记书庄藏版。
② 《曾纪泽序》，《西学略述》。

《自春秋至战国时巴西希腊地图》《群岛海并周围诸地图》《南希腊
图》《中国春秋及战国时希腊诸埠图》《撒拉米并雅底加海滨图》
五幅。

卷一为"溯希腊人初始"，主要记述希腊初起各邦国、民族，荷
马史诗、多神信仰等。卷内又分为十五节。各节名称分别为：追述希
意二族；希族与他族联属；希腊非一统；希地山岭隔为诸国；希腊人
腓尼基人；和美尔诗；初立革哩底德罗亚诸国；比罗奔尼苏诸王；多
利于比并亚地设埠；多利族居比罗地；整军旅并聚会事；希人英俊并
所奉诸神；初立盟会俱有奉神意；德庙十二族盟；德勒非叩神事。卷
二"比罗地上古诸事"，包含二十一节，叙述斯巴达的国政、人民、
对外扩张，与其他城邦、民族之间的战争，对外设埠通商，奴隶贸易
等。卷三"雅底加上古事"，分二十一节，记述雅底加地上雅典城邦
的出现，城邦早期的贵族统治，梭伦改革、比西德拉都的统治，革雷
改革，斯巴达人的入侵与雅典的反抗。卷四"约年人背叛并波斯战
务"。记载希腊在西亚设立的城埠，上古亚洲诸国的发展，波斯的兴
起与对外扩张，波斯同希腊多次战争，"马拉顿战争"，雅典人底米多
革利的主张和建议，波斯战败回国。此章包含三十二节。卷五"雅典
中兴与比罗战"，内分四十六节。记述雅典新建城，底罗岛同盟的形
成，雅典贝里革利理雅的统治，斯巴达与雅典在国政、统治政策等方
面的异同，斯巴达与雅典之间的伯罗奔尼撒战争，雅典战败与改革。
卷六"斯低马三国事略"，内分十九节。主要讲述斯巴达对原属雅典
地的统治，与波斯、希腊诸国战争；低比与希腊战争，名将意巴统
治；马其顿王国的兴起，国王腓力的统治等。卷七"亚利散大统辖诸
地"，内分二十五节。此章主要介绍马其顿的军队，亚历山大为国王
时期的对西亚、埃及、希腊、叙利亚等地的扩张，亚历山大去世后国
家和侵略地的变化。

《罗马志略》（History of Rome），作者为克埃顿（M. Creighton
M. A.）。全书分十三卷，卷内分节，属于章节体史书。书前有《小

引》分三节:《读罗马史便悉欧洲近事》《罗马史载往古诸国事》《史中五要》。篇首有《中西罗马年表》,上列公元纪年,中列中国皇帝年号纪年,下列罗马重要史事。地图十幅:《中国西周末时意大利地全图》《居意大利地之诸族分界图》《为罗马强敌之诸族地图》《与散尼底族战时罗马附近地图》《罗马城南意大利图》《罗马人修筑意地官道图》《罗马与加耳大俄二国图》《哈尼巴利帅师攻罗马经诸地图》《罗马并有东方诸图》《罗马全盛地图》。全书叙述了自创筑罗马城至东罗马帝国灭亡的历史。有学者认为《罗马志略》是"目前我们所知的汉文献中最早的一部简明的罗马通史,也是最早将罗马史学中的历史连续性的观念带给了中国人"①。

卷一"罗马城古初诸事",内分二十节。主要记述意大利初始情形,罗马城的建立与立罗马为城的传说,罗马的国政,罗马立"民政"及贵绅和平民相争的益处等。卷二"罗马如何得意大利全地",内分二十二节。记载了罗马统一意大利的全过程,罗马与伊都斯干人、加利人、拉丁人战争,并三征散尼底,同希腊诸埠以及比鲁战,统一意大利,采取措施进行管理。卷三"罗马人加耳达俄人战",内分二十节。加耳达俄(Carthage)即迦太基。主要记述了比鲁战后十一年同迦太基的战争。涉及迦太基的源流,罗马与迦太基战争的原因,哈尼率军进攻意大利,罗马军大败,西标兴起同迦太基战于撒马,最终迦太基求和,"献多金与罗马"。经过三次布尼革战争,罗马成为濒临地中海第一强国②。卷四"罗马砥属东域",内分七节。罗马对东疆扩张,同马其顿、叙利亚等进行战争,征服西班牙,环地中海国尽属罗马,自此罗马战事与前不同。卷五"罗马平诸国后转变如何",内分九节。记述罗马平定东西南北诸国后,古风大变,掌权者不似以前之躬亲,兵丁将帅无前之忠厚诚朴、骄矜夸大、贪恋富贵,

---

① 邹振环:《西方传教士与晚清西史东渐》,第246页。
② 《布尼革战关罗马国事端》,《罗马志略》卷3。

驻外方伯受贿等，认为这种风气受到希腊风俗的影响①。卷六"革氏出首救时弊"，内分四节。介绍罗马出现弊政的原因，贵绅底比留革拉古推行改革措施，未成功。其弟该由革拉古继续改革，也未取得成功。卷七"罗马弊政"，内分十节。罗马长期的弊政得不到解决，导致了系列问题，战争不可避免。该由马留统治时期给罗马带来的问题。卷八"罗马内地战"。内分三十二节。长期的弊政，导致了政权的不断更迭和不同的党派，带来了长期的内部战争，出现了一系列重要人物，辛那苏拉、本贝、该撒、俄达非、安多尼、雷比渡等。卷九"罗马立帝之始"，内分二十三节。叙述了罗马有帝缘起，俄达一人身兼诸要职，成为第一位"奥古斯都"。奥古斯都的统治政策及对外行动。后继者及政策，耶稣教在此时的兴起和发展。卷十"弗拉分族之诸帝"，内分十三节。主要介绍弗拉分王朝统治时期诸帝，自威巴斯至伯耳底那，在这百年内，罗马人民安乐，国家富强。卷十一"为军士拥立之诸帝"，内分九节。讲述自 193 年至 284 年依靠军事实力上台的诸位帝王，出现了帝王和议院的权力之争。卷十二"丢革利典与根斯丹典二帝之世"，内分十四节。丢革利典统治时期，将罗马一国分四君统治。根斯丹合诸省为一帝，进行国政改革。此时，耶稣教大兴，立为国教。哥德人等他族开始入侵罗马。卷十三"诸他族人入君罗马"，内分十二节。罗马帝国后期统治混乱，遭到外族入侵，再次分东西两帝国，最终两帝国相继灭亡。但是，罗马法律影响至今。

《欧洲史略》（*History of Europe*）作者为福利曼（E. A. Freeman）。全书分十三卷，内分不同的节，属于章节体史书。前有地图五幅：《希腊国并希腊诸埠图》《罗马全盛地图》《茹斯底年时罗马地图》《降生后一千二百年欧洲列国图》《帝加罗第五时欧洲列国图》。卷一，"欧洲诸族"；卷二，"希腊隆盛之世"；卷三，"罗马国兴之世"；卷四，"罗马国衰之世"；卷五，"罗马东迁之世"；卷六，"欧洲诸国

---

① 《罗马风俗更变》《罗马人于希俗有感悟》，《罗马志略》卷 5。

肇基原委";卷七,"卫护主墓战争之世";卷八,"东西二罗马衰微之世";卷九,"耶稣新教源流并教战事之世";卷十,"法国大兴之世";卷十一,"法与西班牙二国联盟之世";卷十二,"法国废君易为民政之世";卷十三,"德意诸小国复各联合之世"。这是一部欧洲通史著作,从希腊、罗马城邦的建立至同治十三年(1874)法国新总统麦克马洪上台。每卷的最后一节,总结本章的主要内容。在本书中有专门一节介绍"文艺复兴",译者称为"古学重兴"。在叙述了历史背景之后,文中写道:"至东罗马国势危殆,其根斯丹典城博学之士,多出避回难,迁往意大利地,而意地之希腊文重兴,既而四邻从风,流传甚速",欧洲诸地文学技艺多取法于古,出现了"好古如是之专而且笃,乃于其立身治国之如何贪纵,皆置之不论而如忘也"①。这是目前所知译著中最早对"文艺复兴"的全面介绍。卷八第十七节《欧洲诸国设立新埠》描述了欧洲诸国进行的海外扩张,包括对非洲、印度、南洋及南、北美洲诸地的侵略②,自此以后,"印度与美洲之史,概可总括于欧地诸国史内",显示了作者狭隘的历史见识。卷九第九节《欧人开设诸埠》主要讲述了18世纪前后,英国荷兰对外扩张行为。卷十一主要记载了18世纪中后期欧洲诸国的变化:英、法、西班牙保持实力、普鲁士兴起、波兰灭亡、瑞典荷兰衰落、美国独立、俄国扩张势头增长。卷十三主要记述了19世纪中前期欧洲各国的变化。

《西学略述》是艾约瑟撰写的概述西学源流的一部书。全书分为十卷,卷内分若干节,属于章节体体裁。卷一"训蒙",包括字母、音乐、学校等十二节,是针对儿童(幼儿)的教育。卷二"方言",对言语、笔墨、书目号字以及印度、欧洲、亚洲等民族语言的考证。卷三"教会",宗教的起源,佛教、火祆教、犹太教、耶稣教异同比

　　① 《古学重兴》(第12节),《欧洲史略》卷8,上海盈记书庄藏版。
　　② 在译文中,以前的文献多译为"亚墨理驾洲",这里首次译成"美洲",并且有"北美地"和"南美地"的区分,对于地理概念的理解具有推动作用。

较与考证。卷四"文学"，包括对希腊文学，欧洲词曲，口辩、论说、翻译、新闻及德国诗学的描述。卷五"理学"，理学的分类，对希腊、约年学派、波斯、苏格兰等理学以及教会理学的记载。卷六"史学"，对巴比伦、波斯、希腊、俄国、德国、意大利等国以及南北美洲历史的记述，对议院、天主教始末、欧洲航海通商、拿破仑成败等历史事件的叙述和评论。卷七"格致"，包括天文、质学、化学、电学、医学等23类。卷八"经济"，涉及海防、铁路、税收、国债、租赋、船制等，并对英国、法国、意大利的经济情况进行专门分析。卷九"工艺"，绘画、雕刻、印刷、钟表、冶铁、酿酒等。卷十"游览"，欧洲人对外航海过程中的见闻及历史记载，与中国、非洲等地贸易的记载，对马可波罗的记述，多属于外交史料。

三 对古典史学与近代史学的记述

古希腊、罗马有着悠久的历史，两国的史学在欧洲有着深远的影响，可以同中国的历史和史学媲美。因而，希腊、罗马的古典史学也是当时欧洲的骄傲。在艾约瑟译著的这几部著作中，对古典史学多有记述。同样，也有对欧洲、美洲的近代史学家及其著作的叙述。

关于荷马的记述。《希腊志略》记载："希腊国，有由古传遗篇幅极长之诗二部，希人俱目为出自一手，其人为诗家和美耳"，两部著作分别为《伊利亚德》《俄低西》，今译《伊利亚特》《奥德赛》，文中对两部史诗的主要记载内容进行了叙述。书中认为荷马的史诗，"所咏者虽非实事，然观其书，可赖以知赋其诗时，希人曩所有之风土人情，励行持家诸事也"①。对于希腊早期历史，没有信史记载的情况下，荷马的史诗便成为重要的历史文献，"上古希腊事，即和美耳之诗，可略见其大概"。在《欧洲史略》中也有关于荷马的记载，并

---

① 《和美耳诗》，《希腊志略》卷1，光绪戊戌年（1898）八月，石印本，上海盈记书庄藏版。

指出了史诗记述中存在的问题，"和美耳诗内，所列希腊各国出兵之战船详目，即知当此真伪难辨之希腊世，与出有信史时其国界图绘，每多歧异"①。

关于苏格拉底的记载。伯罗奔尼撒战争给各地带来了灾难，多数人"置事理于不顾，异己者相怨相恨"，在这是非混乱之际，"雅地挺生一人独梭革拉低，与真理并善中，能发希人前所未有之论，所默揣者，大不同于他人"。文中叙述了苏的教育方式和为真理而死的精神。对其一生评论道："前此雅典为国捐躯者极多，为真理丧命者独梭公也。无论其在前世与既殁后，均能令闻其训言之徒众，受感发而兴起。"② 苏格拉底以讲学享有盛名，对弟子有着深刻的影响，"其徒赛挪芬（色诺芬）与伯拉多（柏拉图）所著书中，则皆多引其师说，是梭公为希腊诸国第一著名讲学人"③。

希罗多德、修昔底德、色诺芬是"古希腊三大史家"，开创了"信史"时代。《欧洲史略》记载："溯考希腊著述经史之诸士，当比罗奔尼苏之战时，始创有亲历目睹之信史，盖著此信史人，皆身预是战，故其史均能信而有征。"记希罗多德，"纪巴西（波斯）战事之士为希罗多都，而希君之生也，晚仅及见预巴西战事诸人，聆其议论，集以成书"。记载伯罗奔尼撒前数年之史学家为修昔底德，"惟时都君为武弁，亲历行间，凡所见闻，皆极真确"。记载伯罗奔尼撒战后数年事及之后数战事为色诺芬，"赛挪芬所记，当巴西王薨，其世子之第名古烈者，外募希腊万人为兵，入巴西国与兄争立嗣，兄弟相约，皆挺身亲出博战，古烈遂为其兄所杀，希腊人亦皆自退归，而时赛挪芬实为之帅，故所著之师，即名之曰万军，言旋实录"④。《欧洲史略》是最早将古希腊三位史学家置于一起连续介绍的史书。

---

① 《上古希腊真伪难辨世》（第 6 节），《欧洲史略》卷 2。
② 《梭革拉底》，《希腊志略》卷 5。
③ 《希腊著述经史诸士》（第 14 节），《欧洲史略》卷 2。
④ 《希腊著述经史诸士》（第 14 节），《欧洲史略》卷 2。

对罗马早期诗人和历史学家的记述。在奥古斯都统治时期，因其喜文士并与之往来，出现了一些有名气的史学家和文学家。在他们的著作中，记载了奥古斯都时期的历史。《罗马志略》记述了早期诗人威吉利所著的《爱尼德诗》①，两位著名诗人贺拉西和俄非德②，以及历史学家利非③。李维的史著"至罗马史内详列上下七百余年事"④。

罗马史和希腊史在欧洲史上的地位。作者认为，"凡欧洲诸国之史书内，率皆以罗马一国为中键，缘欧史中，凡古之诸国，皆依次述其如何渐尽属于罗马，而今之诸国，则皆依次述罗马如何渐就衰微"。希腊史"自出机杼，立国又较先于罗马，故其史中，备述该国如何兴盛，而不厕入罗马一事"⑤。在《欧洲史略》中，作者认为："希腊一史，其较胜于他史者，凡他国史中，所载明示我辈之诸义理，皆已节略见于希腊史内。学者果能习熟希腊一史，则欧洲诸史之义理，皆易明晰。"⑥ 希腊史和罗马史在欧洲史上占有重要地位，是欧洲他国学习的榜样，也是了解欧洲史的源头。相比之下的欧洲他国史则"散如纲目"。希腊制度学业之所以欧洲诸国宗尚之，在于文学、工艺、国制、民风"创而不因"。

艾约瑟对西方历史的论述，集中体现在《西学略述·史学考原》中。文中写道："上古希腊无史，惟多著名演说故事之人，皆

---

① 威吉利（Vergilius，公元前70—前19），今译为维吉尔。罗马最伟大的诗人，代表作《埃涅阿斯纪》（一译《伊尼德》）。

② 贺拉西（Quintus Horatius Flaccus）今译贺拉斯（公元前65—前8），罗马诗人，在西方古代美学思想史上占有重要地位。俄非德（Ovidius，Publius Naso）今译奥维德（公元前43—公元18）代表作《变形记》。

③ 利非（Livy，公元前59—公元17），今译李维，出生于意大利北部的帕多瓦城，曾目睹晚清罗马帝国的建立及倾覆局面，与奥古斯都本人有过接触。代表作《建城以来史》，亦称《罗马史》。见张广智《西方史学史》，复旦大学出版社2000年版，第47、48页。

④ 《著书名儒》，《罗马志略》卷9。

⑤ 《欧洲国史以罗马为中键》（第8节），《欧洲史略》卷1。

⑥ 《总结》（第20节），《欧洲史略》卷2。

口述往古诸事。俾人听记，嗣乃有数人相继而起，创著国史荣名，至今泰西后学，仰而师之，如今中国文人之俯首于班马也"，创造的撰史风格是不仅记载希腊一国史事，还兼及邻境之敌国、友邦的风土人情等情事。创著国史之人，一为希罗多都（希罗多德），"曾周游多国，问政访俗，并征诸故老之所流传，典籍之所采录，返至希国，兼证以昔所见闻"，作史九卷；一为都基底底（修昔底德），"其史乃即当时希腊境内诸城称兵互相攻击，竭虑殚精，以详考其间战争诸事而作"。在这篇文中还叙述到历史传记作家伯路大孤（普鲁塔克）① 的著作，其著记载了希腊罗马有才德之人，"或长于治国，或长于治军，分为立传，考定优劣，以示后人"②。此外，《西学略述》在其他章节还介绍了古巴比伦、古埃及、腓尼基、古波斯等国的发展史。

艾约瑟在《西学略述》中不仅叙述了希腊、罗马的古典史学和史家，而且还对欧洲近代史学家及其成就进行了介绍，文中写道："以英文著史之人，计其间之杰出者甚多。"论及英国的史学家有休摩③及代表作《英国史》，"叙载清真兼之雅正"；基本④所著后罗马史，"器度雍容，亦复华丽"；马高来⑤所著英国史，"字句警练，几于突逾前人"。他介绍了三位美国的历史学家，贝斯哥德⑥著有"西班亚初定

---

① 普鲁塔克（Plutarch），希腊传记作家和哲学家，著有《传记集》又译为《希腊罗马名人合传》。

② 《史学考原》，《西学略述》卷6。

③ 今译休谟（David Hume，1711—1776），英国著名的哲学家、历史学家，史学代表作《英国史》。

④ 今译吉本（Edward Gibbon，1737—1794），18世纪英国最著名的历史学家，传世之作《罗马帝国衰亡史》。

⑤ 今译麦考莱（Macaulay，1800—1859），英国辉格派历史学家，代表作《论历史》《英国史》。

⑥ 今译威廉·希克林·普雷斯科特（William Hickling Prescott，1796—1859），1838年写成大部头专著《费迪南德和伊莎贝利亚的历史》，1843年史学巨著《墨西哥征服史》问世，奠定了他在欧美史学界的崇高地位，被誉称为美国第一位有国际声誉的史学家。《秘鲁征服史》则是随后出版的另一部史学杰作。

今墨西哥与秘鲁两国地记"，班歌罗夫①著有美史，摩德利②著有"和兰开国记"，认为这几位史学家皆能详明通博，休谟和班克罗夫特的历史著作，"概于民主之国，三复其政治焉"③。

西方史著中也存在正史、野史之别，艾约瑟在其著中有简单概述。欧洲早期的野史一般无作者，内容多是"上古群雄攻取战争之事，后各国著野史者多祖之"。大约相当中国唐朝时期，当时欧洲战争不断，所出野史较多，"凡敬信耶稣佩十字架，战没疆场之人，野史皆及其称扬"。艾约瑟撰著《西学略述》前一百五十年，泰西各国所出野史尤盛。在嘉道年间，英国人瓦德斯哥德逐渐改变过去不真实，"捏造千神百怪"的撰述风格，"皆言人逐日共见共闻之事，而其辞则要皆高妙，使人喜阅"，后之人效仿者多，撰述方式上"多即今人之性情好尚而演述之"④。

四 西学启蒙丛书的流布与反响

艾约瑟在翻译的过程中充分考虑到了中国读者的接受程度，不仅作了中西年历对照表，而且在翻译的行文中，也不同程度使用了中国的皇帝年号纪年法。在叙述《多利族并久居比罗地之旧族》时，首先交代时间，"是章追述者，适为中国春秋时事"⑤。在《罗马屯所》一节中，介绍罗马对新征服的土地实行屯所法，认为"与中国之屯田法殆相若也"⑥。在《欧洲史略》中也多使用康熙、嘉庆、道光、咸丰等年号。这一本土化的倾向，使得两种文化之间的冲突有所弱化，缩

---

① 今译班克罗夫特（George Bancroft，1800—1891），美国史学的奠基者，著有 10 卷本《美国史》。

② 摩德利（John Lothrop Motley，1814—1877），出生于美国马萨诸塞，主要著作：*Morton's Hope，or the Memoirs of a Provincial*（1839）；*The Rise of the Dutch Republic*（1856）；*History of the United Netherlands* 等。

③ 《英文诸史》，《西学略述》卷6。

④ 《野史》，《西学略述》卷4。

⑤ 《多利族并久居比罗地之旧族》，《希腊志略》卷2。

⑥ 《罗马屯所》，《罗马志略》卷2。

短著译者与读者之间的距离。艾约瑟在翻译过程中，对有些历史事件也没有过多的修饰和隐晦，对印度的抗英运动，英国与中国及其他亚洲国家的战事也直言不讳地叙述出来。如，文中写道：近年英国"预欧地事较前少，预天下事较前多也"①。艾约瑟翻译的这套启蒙丛书在撰述风格和文字表述上，都非常规范，体例简洁，加之书前有李鸿章、曾纪泽的序，也为本书的流布和影响起了不少作用。

《西学启蒙丛书十六种》在1886年刊刻后，又被重刊多次。传教士创办的《格致汇编》在1891年夏季号刊登了《披阅西学启蒙十六种说》的书讯，首列《西学略述》，最后列《希腊志略》《罗马志略》《欧洲史略》三部史书。目前，这套丛书有1896年上海著易堂本，1898年上海盈记书庄本、1898年上海图书集成局本。清季的西学丛书，如梁启超的《西学书目表》，徐维则、顾燮光的《增版东西学书录》，黄庆澄的《中西普通学书目表》，湖南新书局刊行的《西史汇函》（续编）等，或评价（收录）启蒙丛书十六种，或者收录史学三书，并有所评价。这套书籍对梁启超、唐才常、孙宝瑄、叶瀚、京师大学堂教习王周瑶以及蔡元培等人产生了重要的影响。

通过上文叙述，我们知道读《希腊志略》《罗马志略》可以了解古希腊、罗马的发展兴衰历程，读《欧洲史略》可知西方主要国家的发展史以及各国国际地位的变动，增加国际背景知识。从目前的史料显示，这套启蒙丛书受到中国人的特别关注是在甲午战后。唐才常在1897年《湘学新报》第一期发表《史学第一》，强调史学要"考古以证今，由中以逮西，博观而约采，规时而达用"，认为艾约瑟翻译的《希腊志略》《罗马志略》《欧洲史略》是通西史的重要参考书目。他在《湘学新报》1897年第15、17、18期上对三部史书做了书目提要②。孙

① 《大伯利丹与爱尔兰合国》（第12节），《欧洲史略》卷13。
② 《湘学新报》1897年第1、15、17、18期。《史学第一》改为《史学论略》，收入《唐才常集》，中华书局1980年版。

宝瑄在 1898 年正月初五、初六日阅读了《西学略述》，他在日记中写道："《西学述略》云，泰西著名史学家最先者，一曰希罗多都，一曰都基底底，一曰伯路大孤，至今后学仰而师之，如中国人之俯首马班也。其后继踵而起者曰休摩，著英史；曰班哥罗夫，著美史。二公皆于民主政治，三复其意焉。"① 梁启超评价《希腊志略》《罗马志略》《欧洲史略》是"古史之佳者"，《欧洲史略》"不以国分而以事纪"，在体例上超过了《万国史记》和《万国通鉴》；梁启超还认为了解"希腊、罗马，并欧洲古时声明文物之国，今泰西政事、艺学"不可以不读《希腊志略》《罗马志略》，《西学略述》记叙的"希腊昔贤性理词章之学，足以考西学之所自出，而教之流派，亦颇详焉"②，不可忽略。蔡元培在戊戌年也购买了艾约瑟翻译的西学启蒙丛书③。叶瀚在 1897 年刊刻《初学读书要略》中，明确强调了阅读西方史书的意义，指出读史应当"中西合参始得其道""西史宜先读西学启蒙十六种之《罗马志略》，可知远西政学之渊源"，同时读西国史可以了解西方强盛的原因，"反思己族不兴之由"④。京师大学堂教习王周瑶在《论读史法》中强调"读史宜以正史和通鉴为最要"，同时也指出正史存在的问题，"所载外国传，大都得诸传闻，非所亲历。故以今日东西诸史较之，疆域、政教、风俗事实，舛误时出"，因此，对外国史应"极宜究心"，《欧洲史略》《罗马志略》《希腊志略》等外国史，"皆不可不一读"⑤。

概言之，艾约瑟编译的《希腊志略》《罗马志略》《欧洲史略》及概述西学源流的《西学略述》，虽非出于自觉，但却给中国人带来了西方史学的新内容和新的表达方式。有些学者认为艾约瑟编译的史

---

① 孙宝瑄：《忘山庐日记》上，第 165 页。
② 梁启超：《西学书目表》《读西学书法》，收于夏晓红辑《〈饮冰室合集〉集外文》，第 1130、1163—1164、1167 页。
③ 高叔平：《蔡元培年谱长编》第一卷，人民教育出版社 1999 年版，第 136 页。
④ 叶瀚：《初学宜读诸书要略》，《初学读书要略》，仁和叶氏刊，1897 年，第 2、3 页。
⑤ 王舟瑶：《京师大学堂中国通史讲义》（贰编），国家图书馆藏，第 1—3 页。

书"展示了与传统中国以一个朝代、一个君主更替的顺序叙事模式全然不同的世界图景"①。这四部书成为 19 世纪中后期中外史学交流的重要内容。

第四节 地方官书局的趋新

地方官书局具有官方色彩,但是它又与全国性的官办出版机构不同。王家熔先生认为,"就图书的历史讲,产生地方官书局的原因,是和太平天国战争相联系的,战争使书籍受损,就要补充。另外,我认为,从清末政治—学术风气的变化,开始时它是对乾嘉学派的反对,是件进步的事"②。由于采用西方近代印刷术和印刷设备的印刷出版机构基本上都掌握在外国人手中,加上政府并未对印刷出版业给予足够的重视和关注,所以官办出版机构建立的时间相对较晚。从图书刊刻的内容而言,地方官书局受到多种因素的影响,基本从事古籍的校勘、整理。从图书出版的数量和影响而言,由于受图书出版目的的限制,加之刊印技术的落后,图书流播局限于一定区域,对知识精英阶层形成的旧有观念和认识并没有产生革命性冲击。

一 官书局的创立

19 世纪中后期,清政府迫于西方列强侵略中国所带来的民族危亡态势和太平天国运动在文化领域造成的影响,在曾国藩、李鸿章、左宗棠、张之洞等洋务派领袖倡导下,开始并陆续在全国各地建立官办印刷出版机构,清末地方官书局见表 2—3。这些官书局,一开始多采用中国传统的雕版印刷和活字印刷。后来随着中国近代印刷业的发展和普及,才逐渐改用西方传入的近代印刷。

---

① 邹振环:《西方传教士与晚清西史东渐》,第 260 页。
② 汪家熔:《地方官书局》,《图书馆建设》2002 年第 2 期。

京师同文馆印书处和江南制造局印书处，是隶属京师同文馆和江南制造局的附属机构，还算不上是独立的官办印刷出版企业。但其作为中国近代官办印刷出版机构的先驱，对以官书局为主体的众多官办印刷出版机构的建立，产生了深远的影响。

表 2—3　　　　　　　　　　　**清末地方官书局一览**①

名称	时间	创办人	地域	备注
江南制造局翻译馆	1868 年	曾国藩、李鸿章	上海	
上海官书局	1903 年	曾国藩、李鸿章	上海	
福州船政学堂	1866 年	左宗棠	福建	
江夏书局	1859 年	胡林翼	湖北	又名武昌书局
崇文书局	1867 年	李瀚章	湖北	
鄂渚书局	1898 年前		湖北	
曲江书局	1863 年	莫友芝	安徽	又名曲水书局
敷文书局	1871 年前		安徽	
正谊书局	1905 年前		安徽	
金陵书局	1864 年	曾国藩等	江苏	又名江南书局
江苏官书局	1865 年	李鸿章	江苏	
聚珍书局	1869 年	李鸿章	江苏	
淮南书局	1901 年	方浚颐	江苏	
江楚编译局	1901 年	刘坤一、张之洞	江苏	
浙江官书局	1864 年	马新贻	浙江	
浙江书局	1867 年	杨昌浚等	浙江	
湖南官书局	1865 年		湖南	即湖南书局
传忠书局	1873 年	官督商办	湖南	
思贤书局	1890 年	王先谦	湖南	
正谊堂书局	1866 年	左宗棠	福建	后改正谊书院

---

① 张树栋等：《中华印刷通史》，印刷工业出版社 1999 年版，第 483—485 页。

续表

名称	时间	创办人	地域	备注
福建官书局	同光年间	左宗棠	福建	又名福州书局
四川官书局	同治年间	吴棠	四川	又名成都书局
存古书局	1863 年		四川	
尊经书院	1863 年		四川	
武学官书局	1922 年		四川	
山东书局	1869 年	丁宝桢	山东	
尚志书院	1869 年	丁宝桢	山东	
江西官书局	1872 年	刘坤一	江西	
南昌官书局	1902 年		江西	
广东书局	1868 年	方浚颐	广东	又名粤东书局、羊城书局
广雅书局	1886 年	张之洞	广东	
桂垣书局	1890 年	马丕瑶	广西	
广西官书局	1907 年	张鸣岐	广西	
贵州书局	1896 年	嵩昆	贵州	
遵义官书局	1898 年		贵州	
云南官书局	1880 年	崧藩	云南	
河南官书局	1884 年		河南	
浚文书局	1879 年	曾国荃	山西	后称山西官书局
莲池书局	1871 年	李鸿章	河北保定	又名畿辅通志局①
保定官书局	20 世纪初		河北	
北洋陆军编译局			河北	又名武学官书局、武学印书局
泾阳味经官书局	1873 年	许振炜	陕西	初名味经书院

---

①　莲池书局由时任直隶总督的李鸿章在保定设立。从可查询的书目发现，以"莲池某某"为刊刻名的图书有三十余种，另外还有一些翻译的蒙学读本。以莲池书局本、莲池书院本、古莲花池本为名的刊刻本均为同一出版机构。《畿辅通志》以及《李文忠公全集》均在此局刊刻。

续表

名称	时间	创办人	地域	备注
秦中官书局	1896 年	柯逢时	陕西	
陕西官书局	1903 年		陕西	
甘肃官书局	1903 年	甘肃高等大学堂	甘肃	
尊经书局	1872 年	龙锡庆	青海	前身为湟中书院①
迪化书局	1880 年	左宗棠	新疆	
京师同文馆印书处	1873 年	奕訢等奏请	北京	
撷华书局	1884 年			专印《谕折汇存》
直隶官书局	1896 年	总理衙门	北京	
京师编译局	1895 年		北京	
京师官书局	光绪末年	袁世凯	北京	
学部图书局	1906 年			

所有的官书局中，其中较负盛名、影响较大的是金陵官书局、江苏官书局、浙江书局、广雅书局等。

地方官书局所出版的图书基本上按照经、史、子、集四大部类进行刊刻。从史部图书的内容来看，地方官书局对西方史学关注极少，更为重视的是古史的校勘、补遗、地方志刊刻以及地方文献的编纂整理。下面，以江苏书局的史部为例，认识一下地方官书局的史书刊刻。

从表2—4可知，江苏书局出版的史部图书众多，官书局出版的史部图书主要集中在二十四史、地方志的再刊刻，旧文献整理与校勘，名臣传、家谱、典制的编纂。其他地方官书局出版的史部图书与此类似。

---

① 随着文教日盛，西宁县前往湟中书院的读书人越来越多。当时教材缺乏成为发展教育的突出问题，为了解决教材困难，同治十一年，西宁知府龙锡庆设立尊经书局，刻印《四书》《五经》《三字经》《四字韵言》《百家姓》《千字文》，供学生诵读。延至清朝新政时，科举考试衰竭，书院教育退出历史舞台。1905 年，清政府废除科举，改书院为学堂，湟中书院随之变成西宁县立高等小学堂，1942 年易名为南大街小学。

表2—4　　　　　　　　江苏官书局所刻史部部分图书一览①

书名	册数	价格
《辽史》	十二册	连史纸五元二角零九厘，赛连纸四元一角五分六厘
《金史》	二十册	连史纸九元五角一分七厘，赛连纸七元六角一分九厘
《元史》	四十册	连史纸十五元九角三分一厘，赛连纸十三元四角零八厘
《辽史拾遗》	八册	连史纸二元六角五分四厘，赛连纸二元零四分一厘
《辽史拾遗补》	二册	连史纸六角五分一厘，赛连纸五角一分五厘
《金史详校》	十册	连史纸三元六角五分七厘，赛连纸二元零六分一厘
《补元史艺文志》《氏族表》	三册	连史纸九角二分，赛连纸七角一分一厘
《辽金元三史国语解》	十册	连史纸三元一角四分五厘，赛连纸二元三角八分一厘
《三国志证闻》	二册	连史纸三角四分七厘，赛连纸二角四分八厘
《资治通鉴》	一百册	连史纸四十三元九角二分一厘，赛连纸三十五元四角一分八厘
《通鉴校勘记》	二册	连史纸三角六分三厘，赛连纸二角九分六厘
《资治通鉴目录》	十册	连史纸四元五角九分八厘，赛连纸三元六角八分六厘
《司马温公稽古录附校勘记》	四册	连史纸一元二角四分三厘，赛连纸九角六分七厘
《通鉴外纪并目录》	十册	连史纸三元一角六分五厘，赛连纸二元四角四分
《通鉴地理今释》	三册	连史纸九角二分七厘，赛连纸七角一分一厘
《续资治通鉴》	六十册	连史纸二十五元九角一分一厘，赛连纸二十元七角二分二厘
《明纪》		连史纸八元八角五分三厘，赛连纸七元一角
《史鉴节要》		连史纸四角三分五厘，赛连纸二角八分四厘
《西夏纪事本末》		连史纸八角七分七厘，赛连纸七角一分一厘
《历代名儒名臣循吏合传》		连史纸七元五厘，赛连纸五元七角四厘

---

① 周振鹤：《晚清营业书目》，上海书店出版社2005年版。

书名	册数	价格
《百将图传》		连史纸八角八分二厘，赛连纸六角九分二厘
《江苏全省舆图》		料半纸九元七角八分，连史纸四元五角三分九厘
《江苏舆图》		连史纸装裱十九元八角一分二厘，连史纸装订十一元六角一分，连史纸散片九元六角三分五厘
《江苏水利图说》	一张	连史纸六角七厘
《苏州城厢图》		连史纸一角六分一厘
《苏省五属二十里方舆图》	一张	连史纸三角二分九厘
《五省沟洫图说》	一册	连史纸一角六分四厘
《孙耕远筑圩图说》	一册	连史纸六分，毛太纸三分五厘
《吴地记》	一册	连史纸八分七厘，毛太纸五分三厘
《吴郡图经续记》	一册	连史纸二角三分七厘，毛太纸一角五分一厘
《苏州府志》	八十册	连史纸二十四元九角六分三厘，赛连纸十九元七角三分四厘
《江苏海塘新志》	四册	赛连纸一元五角一分八厘
《沧浪小志》	一册	连史纸一角六分四厘，毛太纸一角六厘
《西汉会要》	十册	连史纸三元二分，赛连纸二元三角四分四厘
《东汉会要》	八册	连史纸二元四角四分四厘，赛连纸一元九角五分四厘
《唐会要》	二十四册	连史纸九元二角七分五厘，赛连纸七元四角九分五厘
《五代会要》	六册	连史纸一元九角一分九厘，赛连纸一元五角二分七厘
《大清通礼》	十二册	连史纸三元二角六分八厘，赛连纸二元四角八分六厘
《大清律例总类》		连史纸九角四分，赛连纸七角二分三厘，毛太纸五角七分五厘
《吾学录初编》	六册	连史纸一元九角七分，赛连纸一元四角七分，毛太纸一元一角二分七厘
《筹济编》	八册	连史纸二元八角三厘，毛太纸一元二角九分六厘
《图民录》	二册	连史纸四角九分二厘，毛太纸二角八分四厘
《实政录》	六册	连史纸一元二角六分三厘，毛太纸七角一分一厘
《牧令书五种》	十四册	连史纸三元四角三分四厘，赛连纸二元六角四分二厘，毛太纸二元一角三分一厘

续表

书名	册数	价格
《牧令须知》	二册	连史纸三角二分四厘，赛连纸二角五分，毛太纸二角
《审看拟式》	二册	连史纸三角六分七厘，赛连纸二角八角三厘，毛太纸二角二分五厘
《秋审条款》	二册	连史纸三角二分四厘，毛太纸二角一分三厘
《读律一得歌》	二册	连史纸五角一分三厘，赛连纸三角九分四厘，毛太纸三角一分六厘
《三流道里表》	二册	连史纸八角六分八厘，毛太纸五角八分七厘
《五军道里表》	十八册	连史纸三元一角二分六厘，毛太纸二元七分八厘
《通行条例》	六册	连史纸一元四角八分九厘，毛太纸九角二分七厘
《江苏省例初编》	四册	连史纸六角八分三厘，毛太纸三角八分六厘
《江苏省例续编》	二册	连史纸五角九分二厘，毛太纸三角四分七厘
《江苏省例三编》	二册	连史纸六角一分二厘，毛太纸三角五分四厘
《江苏省例四编》	四册	连史纸一元七分八厘，毛太纸七角五分九厘
《刺字集》	一册	连史纸一角七分一厘，赛连纸一角三分三厘
《清颂章程》	一册	连史纸二角三分二厘，毛太纸一角四分
《保甲章程》	一册	连史纸三分，毛太纸二分
《捕蝗要诀》	一册	连史纸七分八厘，毛太纸五分三厘
《学仕遗规》	五册	连史纸一元八角三分五厘，毛太纸一元一角三厘
《陆清献公治嘉格言》	一册	毛太纸九分八厘
《陆清献公莅嘉遗迹》	一册	毛太纸七分五厘
《大婚合卺礼节》	一册	连史纸二角六分五厘，赛连纸一角七分八厘
《文庙丁祭谱》	一册	连史纸二角六分九厘，毛太纸一角五分二厘
《文昌庙乐舞图》	一册	连史纸一角一分二厘，毛太纸六分二厘
《直省释奠礼乐记》	四册	连史纸四元九角一厘
《直斋书录解题》	六册	连史纸一元六角五分七厘，毛太纸九角四分一厘
《寰宇访碑录》	四册	连史纸一元一角六分五厘，毛太纸七元六角四分厘
《墨妙亭碑目考》	二册	连史纸四角一分四厘，赛连纸二角六分五厘
《学古堂藏书目》	一册	赛连纸一角八分二厘

二 江楚编译局

江楚编译局是地方官书局中关注社会变迁的代表性书局。尽管江楚编译局存在的时间不长，但是该书局出版了多部西方史学著作和教科书，对于促进地方学术思想的变化起到了重要作用。

江楚编译局的兴办与张之洞有紧密的关系。张之洞很重视引进西学，他作为晚清时期的洋务运动主力在推动西学传播方面做了一些贡献。张之洞在主政督湖北时期时认为："今日商务日兴，铁路将开，则商务律、铁路律等类亦宜逐渐译出，以资参考"①"如种植、畜牧等利用厚生之书，以及西国治国养民之术，由贫而富，由弱而强之陈迹，何一非有志安攘者所宜讲学？亦应延聘通晓华语之西士一二人口译各书，而以华人为之笔述，刊布流传，为未通译文者收集思广益之效"。张之洞认为译书是学习西学最重要的手段。张之洞力图通过"西学"改变清王朝衰落局面，实现社会的稳定运行和政权巩固，促进地方的发展。1891 年，张之洞倡议设立了武昌方言商务学堂，培养"讲求实务、融贯中西、研精器数"的人才，聘请上海格致书院王韬搜集外国书籍。1893 年，张之洞改方言商务学堂为自强学堂，先后设置了英、法、德、俄、日五馆，用五国语言文字课程，还附译西书，以商务、法律、铁路诸方面书籍为主。

江楚编译局是张之洞学习"西学"思想的延续。1901 年，两江总督刘坤一、湖广总督张之洞奏设翻译出版机构，初名江鄂译书局，后改为江楚编译局。经费主要由江宁提供，聘缪荃孙为总纂，陈作霖、姚佩珩为分纂，兼管江南官书局局务。该局聘请的学者主要有罗振玉、王国维、柳诒徵、樊炳清等人，编译东西洋书籍，特别是日本的教科书。

从表 2—5 可知，江楚编译局的出版指导思想与其他出版机构相异，

---

① 张之洞：《张文襄全集·公牍十五》卷 100，北平文化斋 1928 年版，第 26 页。

在历史类图书出版方面，译介出版的外国断代史、通史、典制等书籍颇多。除了出版外国史，江楚编译局还编纂有一些教科书，见表2—6。

表2—5　　　　　　　　　　**江楚编译局所刊历史类图书一览**

书名	册数	价格
历代史略	八册	官堆纸①，二元五角
读新学书法	一册	石印，三角
万国史略	四册	石印，一元五角
日本历史	二册	石印，五角
日本史纲	一册	石印，四角
埃及近事考	一册	石印，三角
外国列女传	三册	石印，一角
英国警察	一册	石印，五角
日本军事教育编	二册	官堆纸，四角五分
交涉要览	五册	石印，二元八角
政治学	一册	石印，二元八角
东西洋各国银行章程	六册	一元
蒙古史	二册	石印，三角三分
元宁乡土志	一册	官堆纸，二角八分
江宁金石记	二册	杭连纸，九角

表2—6　　　　　　　　　　**江楚编译局刊印教科书一览**

书名	册数	价格
蒙学丛刊	一册	官堆纸，一元五角
初等小学国文教科书	一册	石印，八分八厘
初等小学国文教授法	一册	石印，三分五厘

---

① 官堆纸，纸名，手工纸种之一，系用竹浆制成，厚度比毛边纸略高，纸色淡黄，强度好，通常用作公文纸。

续表

书名	册数	价格
小学诗歌	二册	石印，五角
高等古文教科书	六册	官堆纸
江苏师范讲义	十六册	官堆纸，六元
日本师范	一册	官堆纸，一角
伦理教科书	二册	二角五分
女学修身教科书	二册	石印，五角
地理教科书	四册	官堆纸，七角
地理学参考	一册	石印，三角
小学万国地理教科书	一册	官堆纸，五分
地文学教科书	一册	一角
矿物学教科书	二册	一角八分
植物学实验初步	一册	一角四分
小学农业教科书	二册	石印，四角
小学理科	二册	一角七分
小学图画、理科教授细目	二册	一角四分
毛笔图画	二册	官堆纸，一角六分
化学导源	三册	官堆纸，四角
生理教科书	一册	一角七分
算学歌诀	一册	官堆纸，六分
算法初级	一册	官堆纸，一角八分
算法次级	一册	官堆纸，一角八分
小学珠算教案	二册	二角五分
高等小学算术教科书	二册	一角七分
高等小学几何学	一册	一角二分
小学几何画法	一册	一角
普通新代数学	六册	官堆纸，九角六分
经济教科书	一册	一角七分

江楚编译局出版的教科书，一定程度上缓解了教科书紧张的局面，扩大了西方知识的传播。

江楚编译局译介的日本历史类图书以及教科书，与王国维、罗振玉、樊炳清有密不可分的关系。1902 年至 1903 年，罗振玉任江楚编译局襄办，其时樊炳清留学日本早稻田大学，学习哲学和教育学。但此期间，樊炳清的著述在国内亦有出版。江楚编译局出版了他和沈鸿等人编译的教科书二十多种。樊炳清与王国维、罗振玉关系颇好。1902 年，王国维在上海主持《哲学丛书》，樊炳清为之译出《社会学》两本。1904 年，罗振玉创办苏州两级师范学堂并任监督，王国维和樊炳清从旁协助。樊炳清与罗振玉创办了中国第一份教育杂志《教育世界》。另一方面，这与张之洞有着紧密联系。张之洞重视西学，遴选了大批学生赴日留学，还聘请了日本人担任新式学堂教学，为此时期中日史学和文化交流搭建了桥梁，同时也促进了两湖地区近代化的发展。

宣统元年，"江苏咨议局决议裁撤是局，而江督张人骏奏，就局款改为江苏通志局，且欲志局并入江南图书馆。时庆年兼主图书馆，为书办之甚力，随别设志局"①。1910 年 4 月，江楚编译局改为江苏通志局。辛亥革命后，志局中辍，所藏中西书籍归国学图书馆所有。该书局共出版书籍 70 余种，其中译刻新书约 60 余种，占该书局刊行书籍的 85%，对传播西方文化起了一定作用。江楚编译局不同于以往的官书局，以编译教科书推动革新为目的，并且使用铅字印刷。

江楚编译局所编译的书籍具有以下特点：

一是以日文图书为媒介，翻译出版日本和欧美最新历史书籍，以及实用的算学、武备、商务、农学等书籍。

二是留学生在图书译介方面发挥了作用。张之洞在湖北办学堂，

---

① 柳诒徵：《江楚编译官书局编译教科书状况》，陈学恂主编：《中国近代教育史教学参考资料》上，第 656 页。

倡行近代教育改革，派遣留日学生学习西学，传播西学。赴日中国留学生和日籍教师来武昌、汉口教习则成为传播西学的媒介。

三．官书局的困境

各地官书局皆由清政府的钦差大臣和地方高级长官所倡办，在地方史志编纂出版和文化传承方面发挥了作用。有学者统计，在清末官书局有 52 家[①]（京师同文馆印书处、上海江南制造局翻译官除外）。浙江官书局因有杭州藏书家丁丙、丁申等所藏古籍善本的支持，再加上校勘者皆为当时经史、词章的大家，所出图书校勘精当，错误较少，且印刷精美。为了照顾到当时的寒门学生读书之需，浙江官书局还专门出版了"低价本"书籍。广州的广雅书局，采用雕版印刷方法出版图书三百余种，在宣统年间也引进了铅印技术，出版了《小学各科教授法》等书籍。由于官书局的特殊定位，其在图书出版选择以及印刷技术上，不及民办书局灵活，而且图书销售的范围较小。例如，在京师，西学图书销售远逊于上海。由于风气未开，1895 年设立的强学会，不久改为强学书局，被崇尚保守的御史杨崇伊奏请封禁，孙家鼐充分肯定了强学书局的作用，为讲求实学、培养人才起见，建议改为官书局[②]，并制定了官书局开办章程。清末官书局之外，还有为数甚多的官报局、官纸局、官印局、印刷局、印铸局等名目繁多的印刷机构，从事书籍、报刊等各种印刷品的印制，这些机构的数量在百余家[③]。1906 年，为预备立宪做准备，御史赵炳麟奏请参考东西各国设立官报局，提出"预备立宪之基础，必先造成国民之资格，欲造国民之资格，必自国民皆能明悉国政治。东西各国开化较迟，而进化独速，其宪法成立，乃至上下一体，气脉相通，莫不籍官报以为行政之

---

① 张树栋等：《中华印刷通史》，印刷工业出版社 1999 年版，第 488—491 页。

② 孙家鼐：《官书局开设缘由》，张静庐辑注：《中国近现代出版史料·初编》，第 45—47 页。

③ 张树栋等：《中华印刷通史》，第 483—484 页。

机关"①。然而，官报局将编纂印刷日报、周报、月报作为主要业务，
而对急于了解的国政与国民给忽略了。

　　总体而言，无论官书局、官报局，还是清中央政府或者地方政府
创办的翻译局、编译局，他们的宗旨在于大量刊印经史子集等书籍，
以求捍卫传统的封建思想，维护清王朝的封建统治。这些印刷机构均
属官办，他们或规模宏大，刻书较多；或校勘精审，版面秀雅。除了
江楚编译局之外，尚有为数不多的书局编印西方史学图书。由此可见
中央、地方官书局的出版状况了。

---

　　① 《奏设印刷官报局片》，张静庐辑注：《中国近现代出版史料·初编》，第34页。

第三章 学堂、学校附设机构与
西方史学传播

　　1896年，李端棻奏请学校设立译局报馆，提出了五条建议：设立藏书楼、创设仪器院、开译书局、广立报馆、选派游历，"夫既有官书局、大学堂以为之经，复有此五者以为之纬，则中人以下，皆可自励于学，而奇才异能之士，其所成就益远且大。十年以后，贤俊盈廷，不可胜用矣"①。当然，通过以上措施实现以雪国耻、震慑强邻、解除皇帝忧虑只是一厢情愿的事情，但是学校改革确实到了不得不实行的境遇。19世纪末20世纪初，中国的教育事业出现了一次重大变革，废科举、兴学堂、编印新式教科书，成为当时一种时尚而又无以抗拒的潮流迅速发展起来。随着新式学堂的兴办，旧式教材如《三字经》《百家姓》《千字文》等蒙学读本，由于知识面窄、内容陈旧，在近代教育体制巨变的大潮中被淘汰，新式教科书的编写和印制也随之提上日程。最早出现的新式教科书是西方传教士在中国传教时应兴办学堂之需而编印出版的。1877年，西方基督教会为编写新式教科书，专门组织成立了"学校教科书委员会"，负责新式教科书的编写工作，"教科书"一词也于此时在中国出现。"学校教科书委员会"编写的教科书，可以说是中国历史上第一套供学堂、学校教学使用的

---

　　① 《奏请推广学校设立译局报馆折》，张静庐辑注：《中国近现代出版史料·二编》，第8页。

新式教科书，计有算学、历史、地理、伦理和宗教等数种。一些学堂如京师大学堂、山西大学堂、南洋公学院等专门成立了译书院，编写和印制新式教科书。尽管各地学校、学堂出版（印刷）机构多由国家开设，但其性质与官办的出版机构又有所不同。

第一节　"兴学自强"的南洋公学译书院

南洋公学译书院是中国近代史上第一所新式学校附设的出版翻译机构。南洋公学译书院成立于 1898 年，1903 年因经费不足而被迫裁撤。在存在的四年时间里，该书院共翻译出版东西学书籍六十余种，为我国翻译出版事业的发展做出了突出的贡献。南洋公学译书院出版历史类图书二十余种，包括世界通史、国别史、区域史、商业史等内容，是在"新史学"思潮兴起前后有重要影响的学校附设出版机构。已有的研究成果侧重于对译书院的全面介绍①，对译书院在史学译介方面的贡献关注较少。

一　以"兴学自强"为目的的译书院

甲午战争的失败，使得国内先进知识分子进一步意识到亡国灭种的危机，深感振兴教育的重要性和紧迫性。无论是朝廷大员还是资产阶级维新派都疾呼近代教育改革，要求废科举、设学堂、兴新学，以此来唤醒国人。一部分有识之士深刻反省战败的原因，希望借鉴日本明治维新的成功经验，由"轻日本"逐渐向"师日本"转变。他们认为，日本能够迅速强盛源于借鉴了西方文化和技术，其中翻译西书功不可没。

---

① 对南洋公学译书院翻译活动研究的代表性成果有：霍有光：《南洋公学译书院及其译印图书》，《西安交通大学学报》1999 年第 4 期；陆晓芳：《晚清翻译的实学性——南洋公学译书院外籍汉译考论》，《东岳论丛》2014 年第 12 期。

1896 年 10 月，盛宣怀向清朝政府正式上奏《条陈自强大计折》，附奏《请设学堂片》，奏折中交代已经禀明两江总督刘坤一，拟在上海捐地开办南洋公学，并将培养人才的用途进行了概述，"在京师及上海两处各设一达成馆，取成材之士，专学英法语言文字，专课法律，公法政治，通商之学，期以三年，均有门径，已通大要，请命出使大臣奏调随员悉取于两馆，候至外洋俾就学于名师，就试于大学，历练三年，归国之后，内而总署章京，外而各口关道，使署参赞，皆非是不得与。资望既著，即出使大臣、总署大臣之选也……其设馆之地，京师由专司学政大臣酌定，上海附于南洋公学。详细章程，俟奉谕旨后由专使学政大臣核定奏咨照办"①。同年 12 月，条陈得到光绪皇帝"准允"，南洋公学正式创立，学堂经费"半由商民所捐，半由官助者"。据《清史稿·学校》记载：南洋公学分四院：曰师范院，曰外院，曰中院，曰上院。外院即附属小学②，为师范生练习之所。中、上即二等、头等学堂，寓中等学堂、高等学堂之意。课程大体分中文、英文两部，而注重法政、经济。上院毕业，择优异者咨送出洋，就学于各国大学。国内大学猝难设置，以公学为预备学校。南洋公学引进了西方的教育制度和教育体系，而中国传统的四书五经等书目不适应时代的发展潮流，更不能作为新式学堂学生使用的教材。南洋公学总教习张焕纶谱写了校歌，校歌浓缩了公学创立时的国内外政治形势与办学思想，意在唤醒青年的自尊心与爱国心③。洋务运动期间，京师同文馆、江南制造局翻译馆、福州船政学堂等先后翻译了一部分西学著作，但其翻译著作数量不足、部分内容陈旧，仍不能解决南洋公学缺乏合适教材的难题。于是，创办翻译外国书籍的译书院提

---

① 霍有光、顾利民编：《南洋公学·交通大学年谱》，陕西人民出版社 2002 年版，第 2 页。

② 1901 年，蒙养院改名南洋公学附属高等小学堂，派师范生陈颂平（懋治）为主任，吴稚晖为代主任。南洋公学为外院谱写了校歌，首届师范学堂的沈庆鸿在 1911 年担任了南洋小学主任（校长）。

③ 霍有光、顾利民编：《南洋公学·交通大学年谱》，第 3 页。

上日程。1898 年 6 月，盛宣怀上奏南洋公学附设译书院条陈：

> 时事方殷，需才至亟，学堂造士由童幼之年层累而进。拔茅
> 连茹，势当期已十年，欲速副朝廷侧席之求，必先取资于成名之
> 人，成才之彦，臣是以有达成馆之议也。顾非能读西国之籍，不
> 能周知四国之为。而西国语言文字，殊非一蹴可即，壮岁以往始
> 行学习，岂特不易精娴，实亦大费岁月。日本维新之后，以翻译
> 西书为汲汲，今其国人于泰西各种学问皆贯串有得，颇得力于译
> 出和文之书。中国三十年来如京都同文馆、上海制造局处，所译
> 西书不过千百中之十一，大抵算、化、工艺诸学居多，而政治之
> 书最少。且西学以新理新法为贵，旧时译述半为陈编。将使成名
> 成材者皆得究极知新之学，不数年而大收其用，非于日本之汲汲
> 于译书，其道无由矣！①

根据奏折可知，创办译书院的目的是要"应时需"和学校教材的
需要，培养新型知识分子，而新型知识分子就必须要学习西方的新知
识。要学习新知识，"顾非能读西国之籍，不能周知四国之为""西
国语言文字，殊非一蹴可即"，让学生直接去读翻译过来的西学原版
书可以达到事半功倍的效果，"不数年而大收其用"。盛氏多次强调，
"变法之端在兴学，兴学之要在译书"。为此，要"广购日本及西国
新出之书，延订东西博通之士，择要翻译。令师范院诸生之学识悠长
者笔述之。他日中上两院俊才，亦可日分晷刻轮递，犹可以当学堂翻
译之课，获益尤多、译成之书次第付刻，倘出书日多，即送苏浙各书
局分任刊印，以广流传"。兴学是改变中国社会落后的一剂良药，要
自强唯有兴学。只有广译外国书籍，才能更便捷地让知识分子接触西
方先进的知识和文化。1902 年，盛宣怀对译书院及东文学堂的作用有

---

① 盛宣怀：《南洋公学附设译书院片》，《愚斋存稿》卷 2，第 27 页。

过论述："其附属公学者，曰译书院，专译东西国政治教育诸书，以应时需及课本之用；曰东文学堂，考选成学高才之士，专习东文，讲授高等普通科学，以备译才。"①

条陈在一个月之后得到皇帝批复，奉朱批："著照所拟办理。"随即南洋公学着手办理译书院事宜。在李鸿章的推荐下，南洋公学聘请张元济为译书院院长，主持译书和出版活动。实际上，在张元济任院长之前，南洋公学译书院已经进行了一些前期准备工作。译书院的译员分中国人和日本人两部分。日本人中有细田谦藏、稻村新六。1898年9月，日本陆军大尉细田谦藏入译书院，住三等学堂②。后聘请日本陆军大尉稻村新六充当翻译兵书顾问，此二人是译书院的最早成员。光绪二十四年（1898）九月二十二日，盛宣怀与时任日本驻上海总领事小田切万寿之助签订稻村新六的聘任合同。今将合同录于此：

今因大清国办铁路总公司事务大臣大理寺少卿盛，欲聘南洋公学译书院编译兵书顾问一员，订明如兼充南洋公学体操教习，应由公学总理另立合同，不加薪水，商由大日本国驻扎上海总领事馆小田举荐充当，兹已荐到大日本国陆军大尉稻村新六，所有议定各条开列于后。

一、受聘之人必须认真从事，聘东亦应以客礼相待。

二、受聘之人每月由聘东给予薪水，洋银壹百伍拾元，火食仆役一切在内，不准另行开支每月薪水，逢西历一号，须由聘东发给。

三、受聘之人以一年为试办期限，限内无故彼此不得辞退，一年期满之后，如办有成效，可以另立合同展限。

---

① 盛宣怀：《南洋公学历年办理情形折》（1902年9月），《愚斋存稿》卷8，第240页。
② 上海交通大学数字档案馆，http://archives.sjtu.edu.cn/platformData/infoplat/pub/shjadag_12/docs/200811/d_44027.html。

四、受聘之人来华川资，由聘东给壹个月薪水，一年期满，所有回国川资，仍由聘东给发洋银壹百元。

五、受聘之人住房及房内床铺桌椅由聘东发给，至其余屋内所用一切零星各件，须由受聘之人自行添购，聘东不管。住房如不能备妥，则须另行酌给，每月津贴若干，以备来回车马之费。

六、受聘之人除每逢两国大节及礼拜日一律停歇，每逢礼拜六日办事半日外，其余每日编译功夫，以六点钟为律，惟遇有紧急事务，可以由聘东商同受聘之人通融办理。

七、此约写立三纸，一存铁路大臣之处，一存日本总领事馆署，一交受聘人收存。

受聘充当南洋公学译书院编译兵书顾问，大日本国陆军大尉稻村新六①。

译书院成立以后，便大量翻译日文著作和日文版的西方各国著作。外文教员伍光建、李维格，中国译员主要有郑孝柽、黄国英、陈诸藻、杨萌杭、雷奋、杨廷栋、沈曾植、费念慈、孟森等。此外，还向严复等院外翻译人员约稿。在南洋公学译书院工作的人员，先后有十余人，他们都为译书院的翻译出版工作做出了很大贡献。

1901 年 8 月，盛宣怀奏《呈进南洋公学新译各书并拟推广翻辑折》，阐明译书对育才救国的重要，建议各省书局改为译印书局，由政务处电令出使各国大臣广为采购国外有关政学新理的书，分发各省翻译印行。8 月 25 日光绪朱批："知道了，着就推广翻辑书留览，钦此。"1902 年 1 月，盛宣怀就译书一事呈奏《推广翻辑政治法律诸书敬陈纲要》，指出"兴学为自强之急图，而译书尤为兴学之基础""论译书，则天算、制造较政治、史学为难；论选书，则政治、史学

---

① 《受聘约章》，上海图书馆编：《上海图书馆藏盛宣怀档案萃编》（下），上海古籍出版社 2008 年版，第 406 页。

较天算、制造为难"，为避免择书译书的流弊，盛宣怀还提出了四条翻译原则。1902 年 10 月 18 日，盛宣怀呈奏《南洋公学历年办理情形请旨遵行折》。主要内容为：（一）简述公学 6 年来的办学情况。关于上院、中院、师范班、蒙学堂、特班、译书院、东文学堂、商务学堂开办的时间及现状等。（二）拟请朝廷降旨，准南洋公学卒业学生，按照政务处礼部所拟《学堂选举章程》一律办理。由此可见，盛宣怀为推动西学传播、培养近代科学技术文化人才做出很大的努力，特别是在推动译书院的各项工作方面，颇费心思。

光绪二十九年（1903）八月，盛宣怀奏呈《开办高等商务学堂折》，阐述商战的重要性，奏请将南洋公学改为"高等商务学堂"，毕业生则颁给文凭。当月，奉旨允准改南洋公学为上海（高等）商务学堂，费用由招商、电报两局拨款办理。由于招商和电报局改隶属北洋①，经费骤减。1903 年冬，译书院因学校经费拮据，被迫裁撤停办。张元济遂将译书院与夏瑞芳创办的商务印书馆合并。由于出版停办，1903 年南洋公学特班生李广平（叔同）由日文翻译的《法学门径书》与《国际私法》在上海开明书店出版。虽然其存在时间不长，但在我国翻译出版事业发展史上留下了浓墨重彩的一笔。

二　南洋公学译书院所译军事、历史著作

据霍有光整理的资料显示，《南洋公学收支清册》记载，1897 年"支林乐知译书酬劳，规元二百两"，说明林乐知参与了公学的译书工作；"支中西各书籍图画，规元二百九十四两三钱九分一厘"，表明公学已开始添置图书资料②。光绪二十四年（1898）七月，白作霖呈文谈公学课程设置问题。呈文写道："承命拟择功课书，开呈鉴核……

---

① 1904 年，招商局、电报局又隶属商部。
② 霍有光、顾利民编：《南洋公学·交通大学年谱》，第 6 页。

因念日本研究政治学，其序由历史为之基，自古而迄最近，乃终以文明史、社会学，使其融化事实；次乃及国家国法等学；再次各国法制；而本邦宪法、行政等，以公法法理等学辅焉；终之以统计、美辞、论理诸学，以要其成，其书具有刊本。今虽不必悉仿其程，要可略师其意"①。白作霖开出的课程是：万国史（讲授），答问（用课本誊写），戎牍（讲授），叙记文（讲授），文课，政治学，法学，通商始末记。

　　至于译书院翻译什么书，盛宣怀与张元济、严复等人是有过探讨的。译书院的图书翻译前期和后期有不同的变化。前期以军事书籍为主，后期以政治、教育、商科书籍为主。光绪二十七年（1901）六月，张元济向盛宣怀呈递《南洋公学所译东西洋各书请每种各检二部咨送政务处等》，关于译书言："本公学译书院历年译书共成十有四种，有关兵政者十二种，教案、商务各一种；尚有兵政八种，理财一种，商务两种，国政两种，学校三种，税法一种，均已译成，现已陆续付印。"1901年12月，盛宣怀认为，"现在举行新政，凡学校科举财政诸大端，钦奉明诏，一皆参酌中西，以议施行则凡有关乎学校科举理财练兵之政治法律诸事，均待取资，势不容以再缓"②。所以，政书成为重要选择。

　　译书院在其开办之初所译军事书籍最多，见表3—1。这主要源于两个方面：一是在近代中国对外战争中，清政府屡次失败，期望通过译书达到富国强兵的目的；二是日本在明治维新以后重视军事发展，所撰写的军事书籍体系完整，翻译较为容易。但是，随着清末新政的开展，译书院的译书重点转向了维新和立宪方面。

---

　　① 霍有光、顾利民编：《南洋公学·交通大学年谱》，第9—10页。
　　② 盛宣怀：《南洋公学推广翻辑政书折》（1901年12月），《愚斋存稿》卷6，第191页。

表 3—1　　　　　　　　　南洋公学译书院所译军事书籍一览

书名	著、译者	卷册
步兵操典	日本陆军省颁行，孟森译	一卷二册
步兵斥候论	日本陆军教导团编，王鸿年译，日本稻村新六校订	一卷一册
野外要务令	日本陆军省编，卢永铭译述	二卷四册
步兵射击教范	日本陆军省编，日山根虎之助译	一卷二册
作战粮食给养法	日本陆军经理学校编，细田谦藏译述	一卷一册
日本宪兵制	著者不详孟森译，稻村新六校订	一卷一册
日本军政要略	日本陆军经理学校编，孟森、杨志洵译述 稻村新六校订	三卷二册
日本军队给与法	日本军部编，细田谦藏摘译	一卷一册
美国陆军制	著者不详，南洋公学译书院译述	一卷一册
陆军教育摘要	日本陆军省编，细田谦藏译述	一卷二册
日本陆军学校章程汇编	日本陆军省编，孟森译，郑孝柽复校	一卷四册
步兵战斗教练书	日本军事教育会编，孟森译	二册
步兵斥候答问	著者不详，南洋公学译书院译述	一册
军队内务书	日本陆军省编著，杨志洵译述	一册
步兵各个教习书	日本军事教育会编，稻村新六辑补，孟森译述	二册
战术学	日本士官学校编，细田谦藏译述	三卷四册
步兵工作教范	日本陆军省编，樊炳清译	一册
步兵部队教练法	日本陆军户山学校编，孟森译	一册
步兵战斗射击教练法	日本陆军户山学校编，山根虎之助译	二册
日本陆军学校	著者不详，孟森译，稻村新六校订	
骑兵斥候答问	日本陆军教导团编，王鸿年译述，稻村新六校订，郑孝柽复校	

　　南洋公学译书院翻译出版的军事书籍，大都是译自日本。翻译的范围并不仅限于先进军事武器的介绍上，而是涉及军事的方方面面，如军制改革、军事训练、战时供给，形成了自己独特的译书风格。作

为学习教材，这些军事书籍使一部分先进知识分子学习军事知识，造就了一批中国近代爱国将领。这些书籍的出版传播，唤醒了更多的中国人学习先进的军事技术，为中国新式陆军的建立培养了人才。

　　政治类和历史类书籍是南洋公学译书院非常关注的内容，这与日益兴起的新政改革有紧密的联系。尽管"论选书，则政治、史学较天算、制造为难"，但是，南洋公学译书院还是翻译了大量的历史类图书。

表 3—2　　　　　　　　南洋公学译书院所译历史类图书一览

书名	著、译者	卷册
支那教案论	[英] 宓克著，严复译	一卷一册
政群源流考	[美] 韦尔生著，伍光建、李维格译	二卷一册
英国枢政志	[英] 图雷尔著，郑鼎元、徐兴范、张景良、杨振铭、杜嗣程、许士熊、沈庆鸿、潘灏芬、章乃炜译	十四卷一册
计学平议	[美] 兰德克略著，陈昌绪译	二卷二册
万国通商史	[英] 琐米尔士著，日经济杂志社译，[日] 古城贞吉重译，孟森、郑孝柽校	一卷一册
英国文明史	[英] 勃克鲁著，汤寿潜署检	五卷五册
西比利亚铁路考	[美] 勒芬迩著，王建极、徐兆熊朱煌译	一册
法学通论	著者不详，南洋公学译书院译述	一卷一册
欧洲商业史	著者不详，南洋公学译书院译述	五册
亚东贸易地理	著者不详，南洋公学译书院译述	四册
英国财政志	[英] 怀尔森著，南洋公学译书院译述	三册
商业实务志	[日] 佐佐木信夫著，南洋公学译书院译述	四册
商业提要	[英] 花纳著，南洋公学译书院译述	四册
商务博物志	著者不详，南洋公学译书院译述	六册
欧洲各国水陆商政比例通议	著者不详，叶浩吾译	三册
世界通史	著者不详，南洋公学译书院译	一卷一册
欧洲全史	著者不详，南洋公学译书院译	四册

续表

书名	著、译者	卷册
法规大全	著者不详，驻日公使参赞夏地山组织留日学生译	一百二十册
日本矿业条例注释	著者不详，南洋公学译书院译	一册
日本近政史	著者不详，南洋公学译书院译	四册
英国会典考	著者不详，南洋公学译书院译	一册
新撰大地志	著者不详，南洋公学译书院译	一卷一册
五洲地志	著者不详，南洋公学译书院译	六册
美国宪法史	［日］松平康国著，译者不详	
万国政治历史	［日］下山宽一郎著，南洋公学译书院译	
原富	［英］斯密亚丹著，严复译	五卷八册

南洋公学译书院所出历史类图书的特点主要体现在：

第一，翻译史书主要来源于日本。甲午战败使"师日"思维得到了最大程度的强化，士大夫阶层以日本发展为借鉴，探求国运衰微的病理和强国之策。盛宣怀认为，"日本更化之始，先于学校以东文编译西书，上而将帅公卿，下而贩夫走卒，皆于西学有所取裁，遂以一岛国雄视全球，此取明效大验也"① 士大夫们一致认为，日本已经对西方富国强兵的书籍进行了"挑选"，中国直接译介日本史书，省时、省力，见效快。

第二，传播了英国文明史的内容，反映了中国学者对外国史学理论的探索。1903 年南洋公学译书院译刊的《英国文明史》应该是在中国译介的最早版本，属有"光绪廿九年五月第一次活字排印"字样。该版本分甲乙丙丁戊五篇，即原书第一卷前五章。篇一总论史学考证之原、人事齐次之理。凡人事每受制于心理、物理，故史学与格致有密切之关系；篇二论天然物理于人群组织、个人品质上所施之感

---

① 盛宣怀：《呈进南洋公学新译各书并拟推广翻辑折》（1901 年 6 月），载《愚斋存稿》卷 5，第 175 页。

染力；篇三论心理学家考察心理之法；篇四论心德、心慧，析心理为二，曰德，曰慧。此篇发明二者之关系，于治化而较其轻重；篇五论宗教、文字、政府三者范移治化之力。南洋公学译书院译本前面载有一篇《亨利·多马斯·勃克鲁传》，这篇传记不仅较详细介绍了巴克尔的家庭出身、生活经历、著书过程，而且提要钩沉，把《文明史》中有关史学理论和方法部分，集中概括出"十条大意"。

第三，注重专史的译介。传教士设立的出版机构更多地关注国别史的译介。南洋公学译书院在专史译介方面有了突破。商业史著作有《万国通商史》《欧洲商业史》《欧洲各国水陆商政比例通议》《商业提要》《商务博物志》等；政治史有《日本近政史》《万国政治历史》等。另外还有一些军事著作，军事史、商业史以及教育类专史著作的译介与盛宣怀的主张有紧密关系。

第四，注重翻译名词的统一问题。名词统一问题我国古代早已提出，近代史学家及出版机构亦多次提出。盛宣怀非常重视此问题，他提出："亟宜将各国舆地官职度量权衡及一名一物撰拟名目类表，仿古人一切经因义翻译名义集之例，别为名义，附诸卷后，以求画一，嗣后官译私著悉依定称；另有一法即取西文字典，分类译之。"① 严复的《原富》翻译完成后，本未作表，交南洋公学出版后，特由张元济、郑孝柽作中西编年及地名人名物义诸表，附于书后。这种做法推动了史学编纂工作。

同时，出于教学的需要，南洋公学译书院翻译了一些教科书，包括《科学教育学讲义》《习字范本》《万国地理教科书》《格致读本》《中等格致课本》《化学》《代数设问》《心算教授法》《笔算教科书》《物算教科书》《几何》《算磅捷诀》《图画范本》《统合新教授法》《中等格致读本》《社会统计学》等。1897 年，南洋公学出版了朱树

---

① 盛宣怀：《南洋公学推广翻辑政书折》（1901 年 12 月），载《愚斋存稿》卷 6，第192 页。

人编的《蒙学课本》，此书模仿英美读本体例，但无插图。

三 译书院的出版活动引起的反响

自洋务运动开始，中国人开始兴办新式学堂，而甲午战败后，有识之士更是掀起办新学的热潮。南洋公学是近代中国人自主创办的一所新式学堂，办学的需要催生了译书院的设立，译书院的设立又解决了办学中面临的教材缺乏的难题。因而译书院对南洋公学的发展有着不可磨灭的影响。

依据 1898 年《南洋公学章程》，"教员人役名额"中罗列的各学堂教习情况，"南洋大学总理一员，华总教习一员，洋总教习一员，管图书院兼备教习二名，医生一名"，"师范院并外院洋教习二名，华人西文西学教习二名，汉教习二名，司事四名，斋夫、杂役二十名"，"中院华人洋人教习四名，洋文帮教习四名，汉教习四名，帮汉教习四名，稽查教习二名，司事二名，斋夫、杂役十六名"，"上院专门洋教习四名，华人洋文教习四名，汉教习四名，稽查教习二名，司事二名，斋夫、杂役十六名"。可以看出，中外教习人员基本持平，学生在学习中不再拘泥于传统学问的学习。1931 年，曾担任南洋公学监院的福开森在《南洋公学早期历史》一文中回忆道："在汉语教学中，我们废弃了八股文，而要求学生每周写作文。我们为师范生开设了历史、诗歌和作文等专门课程，就我所知，这个学院是开创本国语言和文字的现代教学体系的第一所院校"，"本院对全体学生教授英语，我们的目的在于使学生一开始学习时就会正确地阅读和书写。我们并不企图推动学生努力迅速地掌握英语知识，而是比较透彻地进行教学"，"教学中次要的课程是历史和经济学，为此目的，我们得到来自美国的两位青年的帮助，他们是赛茨教授和李文沃思教授"①。应当说，学

---

① 霍有光、顾利民编：《南洋公学·交通大学年谱》，第 8—9 页。1902 年冬，福开森辞去院监一职。

校的教师、教材以及管理模式借鉴了西方学校的模式，对培养新式人才奠定了基础。

译书院的图书译介具有强烈的致用目的，正如盛宣怀所言："公学所译各书已经排印十有三种，敬谨装治成套送军机处，恭呈御览……坊肆中近来译印各书甚伙，拟择其正当者编成目录，另咨政务处俾被采取。所有呈进已译各书并拟推广翻辑，以资治理。"① 译书院出版了大量政治类、历史类、军事类书籍，满足了当时社会需要。南洋公学译书院高薪聘请一部分外国人翻译外国著作，保证所译书的准确性，为译书质量奠定了基础，书籍在社会上畅销。南洋公学译书院译介大量西学书籍，把西方先进的社会思潮引进东方古国，启迪民智，开化民心。同样，盛宣怀在《奏陈南洋公学历年办理情形请旨遵行折》中提出了设置"特班"的用意，"变通原奏速成之意，专教中西政治、文学、法律、道德诸学，以为有志应经济特科者预备之地"，此时蔡元培担任教习，培养出了邵力子、李叔同、黄炎培、谢无量等名家②。

如果按照我们正常的理解，在南洋公学读书的学生接触的都是前沿的西方知识和学问，如饥似渴地阅读西方书籍。笔者翻看史料时发现，时年23岁在南洋公学特班就读的黄炎培，日记中记录下来阅读的是《资治通鉴》《日本国志》之书，且在蔡元培每周提交给教习的作文中，也是谈论的中国传统史学。文中写道：

> 我国史部之书关于政治者别为三类：书志（包通典、通考之属）及纪事本末为一类，本纪、年表及编年史为一类，政治家列

---

① 盛宣怀：《呈进南洋公学新译各书并拟推广翻辑折》（1901年6月），《愚斋存稿》卷5，第176页。

② 《特班生成绩表》（光绪二十八年九月初三日），上海图书馆编：《上海图书馆藏盛宣怀档案萃编》下，第438—441页。另见蔡元培著《三十六年以前之南洋公学特班》一文。

传为一类。作者用意不同，其利益于读者亦异，试详言其故，且决定以先读何者为宜。经演理而史演事，事详而理益富焉，故史不可不博读。政术之公私也，文化之进退也，家姓之废兴也，百度之因革也，国之贫富也，民之多寡也，凡史所详备而繁纪，莫非政治家所有事。读经而兴亡强弱之公理彰，读史而此兴彼亡、此弱彼强之比例见，而兴之、强之、弱之、亡之、之理益信，凡史之用，具如此。虽谓乙部为政治家专书，可也。我中国自唐虞来代有史书，春秋以上即列之经矣，自余诸史书别其体例三端而已，曰编年也，曰纪事也，曰传人也。编年之为体，昌之于孔子之春秋，踵之于龙门之本纪，及班范下诸史家之所为帝纪焉（各纪固编年月，然君各为纪实，合编年月传人合一者也），而涑水集其大成，顺序而成，文据事而直书，典章经制之繁所不及甚详，而于兴废成败之大迹、张弛得失之道、民生之利病、君子小人之进退，未尝不三致意读之者。上下千古于一朝，前之所以兴与后之所以亡，得比例于焉。此朝之所以兴与后朝之所以亡，得比例焉。由是而发：平陂倚伏之惧于百年之中，悟古疏今密，穷变通久之，与时损益之道于数千年之际，则编年之功大也。编年之不足，而纪事传人二例兴，则有龙门所为书，兰台下所为志，以及杜氏通典、郑氏通志、马氏通文，徐氏王氏李氏所为会要之详。于典章制度沿革之原因，袁氏陈氏谷氏纪事本末之详；于事迹之起迄，沿波而讨源，因端而竟委，端若引绳，杂而不越，读之者于一典一事之前后，得比例焉；于此事与彼事，得比例焉。编年之为迹也散，纪事之为迹也聚，编年广而博，纪事精而专，一纵而一横，一分而一合，相济之妙，有如斯矣。若夫传人之体，龙门以前未之闻，其所胪列似不尽关于政治。然我以为读传循吏、酷吏，使识一代之吏治；传滑稽、佞幸，使识一代之主德；传儒林，使识一代之文化；传日者、龟策，使识神学之流传；传货殖，使识计学之不可废；传刺客、游侠，使识民热力之

烈之有所不能压；传四夷，使识外交之得失；传逸民独行，使识
当时之风尚、世道之否泰；传孝友、忠义，使识民气之漓厚；传
列女，使识女学之兴废；何在非政治家所有事，读之者明乎人与
人之比例，而益有以信世与世之比例焉。盖史体以编年为最正，
亦最古记事传人所以辅之而已。故论学者所从事惟有先之编年以
会其全，次之记事传人以推极其至细，夫编年其全体也，记事传
人小体而已矣①。

　　文中通论的是中国传统史学的发展以及编年、纪传、纪事本末等
史书体裁的优劣，而没有看到此时已经传入的西方著作使用的章节体
的影子，更没有看到对中西史学发展的思考，不禁让人费解。

　　要之，译书院编译的教科书被江南省高等学堂、三江师范学堂等
作为学校教科书。光绪二十八年十月南洋公学译书院出版的《原富》
版权页印有"书经存案，翻刻必究"的字样，首开中国近代版权保护
的先例。《原富》的出版，不仅成为广大学生新的教材，更影响了中
国一代文人知识分子的思想观念，从而推动社会的变革。南洋公学译
书院出版的《原富》一书，既是公学学生的必读教材，又在校外广泛
发行。梁启超曾在《新民丛报》上大力推荐此书，蔡元培也曾派人专
门到上海购买此书。由此可见，南洋公学出版图书的影响。

第二节　解决教材急需的山西大学堂译书院

　　山西大学堂是中国设立较早的高等学堂之一。在新旧学制改革之
际，学堂在上海设立了译书院，专门翻译学堂教科书。译书院所译教
科书分为高等学堂用教科书、中等学堂用教科书、师范学堂用教科书
以及教学参考书等。山西大学堂译书院所译各类教科书，为当时许多

---

① 《黄炎培作文》，上海图书馆编：《上海图书馆藏盛宣怀档案萃编》下，第433—437 页。

大、中学堂所采用，解了学堂缺乏教科书的燃眉之急，为中外文化交流做出积极的贡献。

一 在上海设立译书院的缘由

1902 年，山西大学堂成立之初，时任山西巡抚的岑春煊即对译编教科书擎划在胸。岑春煊认为翻译西方书籍有好处，其中"一利"即为："今日译编新出者尚属寥寥，旧出者已成陈迹。虽设学堂，读西书，苦无课本。若归并办理，则西学专斋所译之新书，皆系大学堂之课本。"西学专斋首任总理李提摩太特从西斋每年经费中拨出 10000 两白银，在上海设立了山西大学堂译书院。

山西大学堂译书院初设于上海西华德路，后迁至江西路福慧里 210 号。最初译书院由李曼教授负责，后又聘英人窦乐安（John Dorroch）博士主持。其英、日译员及校阅者前后 10 余人，他们分别为上海人张在新、浙江上虞人许家惺、山东高密人朱葆琛、上海人范熙泽、湖北同安人黄鼎、广东三水人梁澜勋、浙江上虞人许家庆、江西钱塘人夏曾佑、上海吴县人叶青、山东蓬莱人郭凤翰、上海人苏本姚、日本人西师意。其中，夏曾佑、许家惺、朱葆琛为翻译界名流。

译书院之所以设在上海，除李提摩太在上海主持广学会便于就近指导外，另一个原因就是经费紧张，用有限的经费尽可能翻译出版更多的教科书。清末，在上海设立的翻译机构最多，翻译人员比较好选，图书购置比较方便，所以上海成为当时各家翻译机构设立的最佳选择地。1902 年初，管学大臣张百熙在"奏请设立译书局与分局"中即明确指出："欲随时采买西书，刷印译文，更宜设分局于上海，则风气既易流通，办理亦较妥便。又翻译东文，费省而效速，上海就近召集译才，所费不多，而成功甚易，南中纸张工匠，比京师尤贱，拟将东文一项，在上海随译随印，可省经费之半。"①

---

① 朱寿朋：《光绪朝东华录》卷 170，中华书局 1984 年版。

译书院成立后，李提摩太曾于 1903 年 5 月间到日本访问考察，搜集了大量日本翻译的西方国家大、中、小学教本，所以译书院译教本中有许多都是从日文转译而来，日文翻译西师意即为李氏此次访问所聘，甚至有些教科书干脆由日本博文馆印刷所或福音印刷合资会社制版印行。

二　山西大学堂译书院翻译西书

山西大学译书院自 1902 年设立，至 1908 年因经费紧张停办，存在了六年时间。在这六年时间里翻译印行教科书数量说法并不一致。现依据山西大学图书馆所藏古籍整理，详见表 3—3。

表 3—3　　　　　　　　山西大学堂译书院翻译西书一览

书名	著者、译者	册数	备注
天文图志	［美］迈尔著，黄鼎、张在新译述	1 册	高等学堂用书
地文图志	［英］冀崎著，叶青译，夏曾佑阅、朱葆琛、许家惺校阅	1 册	高等学堂用书
迈尔通史	［美］迈尔著，黄鼎、张在新译述	1 册	高等学堂用书 广学会亦出版此书
俄国近史	［法］兰波著，苏本姚译述，夏曾佑、许家惺校阅	1 册	高等学堂用书 广学会亦出版此书
世界商业史	［英］器宾（H. de B. Cibbins，又译吉本）著，许家惺、许家庆译述	1 册	高等学堂用书
克洛特天演学	［英］克洛特著，黄鼎、范熙泽译述	1 册	高等学堂用书
美国法律学	译述不详	1 册	高等学堂用书
应用教授学	［日］神保小虎著，［日］西师意译述	1 册	师范学堂用书
藤泽算术教科书	［日］藤泽利喜太郎著，［日］西师意译	2 册	中学堂用书
植物学教科书	［日］大渡忠太郎著，［日］西师意、许家惺译述	1 册	中学堂用书

续表

书名	著者、译者	册数	备注
矿物学教科书	［日］神保小虎著，［日］西师意、许家惺译述	1 册	中学堂用书
动物学教科书	［日］丘浅博士著，［日］西师意、许家惺译述	1 册	中学堂用书
物理学教科书	［日］西师意、朱葆深译述	1 册	中学堂用书
理学教科书	［日］丘浅次郎著，［日］西师意、许家惺译述	1 册	中学堂用书
地文学教科书	［日］横山又次郎著，［日］西师意译	1 册	中学堂用书
十九周新学史	［英］华丽士著，梁澜勋译述，许家惺纂辑	1 册	中学堂用书
代数学教科书	不详	2 册	中学堂用书
世界名人传	［英］张伯尔著，窦乐安、张在新、黄鼎、郭凤翰译述，许家惺校阅	1 册	参考书
世界轶事	辛之（Synge）	1 册	参考书
中西合历年志	黄鼎辑	1 册	参考书
万国纪略	不详	1 册	参考书
插图惊奇轶事	不详	1 册	参考书

通过李提摩太的日记，我们得知以上译介的图书主要有两个来源，一是来自欧洲国家，二是来自日本。像《迈尔通史》《十九周新学史》《俄国近史》《世界名人传》等来自英、法等国家。而矿物学、动物学、物理学、植物学等书籍都来自日本东京学校的系列标准教程[①]。

三 山西大学堂译书院译书的特点

山西大学堂所译图书除了译自日本的教科书构成了一个完整的教

---

① ［英］李提摩太：《亲历晚清四十五年——李提摩太在华回忆录》，第286—287页。

科书系列外，其他图书并未构成完整的教学用书。众所周知，中国的教育进行学堂制改革开始于戊戌变法，由于保守势力的阻挠，变法的成果仅教育改革被部分地保留了下来。1902 年筹建的山西大学堂是在中外势力共同"磋商"下的折中选择，因而山西大学堂分为中文部和西学部。学校筹建非常仓促，学校的管理制度、教学制度等系列制度并没有厘清，预科课程也是因袭了伦敦大学的课程模式。所以，在这种情况之下，最初学校教科书的翻译也只能是"救急"，未成系统。

因为西学书斋更重视"西学"，学习的预科课程主要集中于理科的教学，所修科目包括法律、科学、医药学、机械工程学、语言学以及文学等。在上海设立的译书院也更重视西学中自然科学图书的翻译。

因为李提摩太既是山西大学堂的筹办者，又是在华基督教会创立的教育团体广学会的总干事，所以山西大学堂翻译的图书与李提摩太有着千丝万缕的联系。这些图书的外文版都由其提供。由于"译手"一才难求，很多口译、笔译人员都长期受聘于广学会，所以他们在李提摩太的协调下，协助山西大学堂译书院进行了图书翻译工作。因而，有些图书如《十九周新学史》《迈尔通史》《俄国近史》等也在传教士设立的美华书馆出版。山西大学堂译书院译书共 23 种 25 册，确实做了一件利于学术文化的大事。当然，有些书籍是西方国家刚出版的新书，《天文图志》英文版于 1903 年出版，1906 年即出中文译本。

20 世纪初译书界之活跃实属空前，除政法类书籍之外，主要为教科书。学堂对教科书需求量很大，出版教科书有利可图，故国人蜂拥竞相翻译。据统计，1911 年前，国外的历史教科书被官方审定通过的有 13 种，它们包括《最近支那史》《支那通史》《东洋史要》《欧罗巴通史》《节本泰西通史揽要》《普通新历史》《西洋史要》《支那史要》《万国历史》《世界近代史》《亚美利加洲通史》《万国史纲》《西史课程》。但事实上学堂采用国外历史教科书的数量远不止这个数字，当时曾有多家学社翻译出版大部头的国外教科书，1902 年东新译社有感于"我国学界之幼稚其原因虽不一，然不知普通学为病根之根"，计划将日本富山房《普通学全书》翻译出版，"以供我国普通学教科书之用"①。1903 年会文学社范迪吉等翻译出版《普通百科全书》100 册，其中有木寺柳次郎的《日本历史》、幸国成友的《东洋历史》、白河次郎和国府种德合著的《帝国文明史》、吉国滕吉的《西洋历史》、富山房的《帝国历史》《万国历史》等。从《中外日报》刊登"各译书处来函汇录"以及《申报》史籍广告来分析，20 世纪初年作为教科书翻译过来的史书数量极为可观。尽管山西大学堂译书院只存在了短短几年的时间，但是它为官方学堂教科书的编译以及教学的发展做出了重要贡献。

第三节　京师大学堂译学馆及其译书活动

1901 年，清政府宣布实施新政，在政治、经济、军事、教育等方面推行变革。中国新式教育迎来了"春天"，京师大学堂译学馆（以下简称"译学馆"）的设立便是其中之一。译学馆成立于 1903 年，至清王朝灭亡而消失。它为清末民初培养了一批外交、翻译人才，并为满足教学需要编纂、翻译了一批书籍。学界对京师大学堂译学馆的研究较为分散，可见于北京大学校史、翻译史、教育史、法律史等研究成果中②。关于北京大学校史的研究成果对译学馆提

---

① 《普通学全书》已译广告，载《游学译编》第 1 册，1902 年 10 月 15 日。
② 陈初编纂的《京师大学堂译学馆校友录》较为详细地列出了译学馆的教员、学生名录；黎难秋的《清末译学馆与翻译人才》（《中国翻译》1996 年第 3 期）、邱志红的《京师大学堂译学馆英语教育初探》（《北京社会科学》2001 年第 6 期）、杨洋的《京师大学堂译学馆文凭考》（《首都博物馆论丛》2016 年第 1 期）等论文围绕译学馆翻译人才的培养、英语教育等具体问题展开论述；潘清的《京师大学堂译学馆研究》（华中师范大学 2014 年硕士学位论文）概述了译学馆的发展历程、课程设置、学生情况，但是没有梳理译学馆的译书活动。

及颇多，然而现有成果对京师大学堂译学馆的沿革、课程设置以及译书活动皆语焉不详。本书坚持详人所略、略人所详的原则，力图在对译学馆机构设置、人才培养的爬梳基础上，对其译书活动展开重点探讨。

一　京师大学堂译学馆发展历程

与外国人的屡次交涉中，清政府深感在外交上无可用之才，致使其在与外国的谈判中经常处于不利地位，国家利益无法得到保障。译学馆的设立既满足了清政府对精通外国语言的人才需求，又培养了一批洞悉世界局势、维护外交利益的专门外交人员。

1862 年，清政府应恭亲王奕訢的提议，创建京师同文馆，学习外国语言文字，但是培养的人才远不能满足现实外交需要。1898 年，在光绪帝的支持下，筹建京师大学堂。后由于八国联军入侵北京，德国、俄国军队占京师大学堂校舍为营房，大学堂被迫暂时停办。《辛丑条约》签订之后，1902 年 1 月 10 日，清政府又下诏恢复京师大学堂，派张百熙为管学大臣。次日，光绪帝下旨将同文馆并入京师大学堂①，拟在预备、速成二科中分设外国语言文字专科。随后，将京师同文馆改为京师大学堂翻译科，"拟于预备、速成两科中设英、法、俄、德、日本五国语言文字之专科，延聘外国教习教授"②。从现有史料来看，译学馆之名在 1902 年已经出现并使用③。1903 年 6 月，鉴

---

① 《同文馆归并大学堂谕》（光绪二十七年十二月初二日），《德宗实录》卷 491。按照张百熙《为大学堂变通办法及器物免税事奏折》，京师同文馆的所有书籍及仪器设备一律归并入京师大学堂。

② 《钦定京师大学堂章程》，参见谭承耕、李如龙校点《张百熙集》，岳麓书社 2008 年版，第 116 页。

③ 在 1902 年 12 月 28 日《大公报》（天津）第 4 版刊发的《续录京师大学堂藏书楼章程》第三章第八节写道："取阅各书只许在学堂、各斋舍观览，不得带出学堂之外，至译书局、编书局、译学馆、医馆各处阅览不在此例"，说明在 1903 年购地建屋之前已经公开使用了这一名称。据《大公报》（天津）1903 年 5 月 20 日第 3 版报道："已于门首设立木坊，上书译学馆字样。"

于"全国中专习外国语言文字尚无规模完备之学校，当局鉴于环境大势，非有兼通译寄之人才，不足以肆应盘错"①，清政府决定在京师大学堂附设译学馆（College of Languages），初选地点为仕学馆前院，因房屋有限，在东华门内北河沿购地建屋，为外国语言文字专门学校，旨在培养适应时代发展需要的外交人才，系由原京师大学堂内的翻译科归并得来，张百熙、张之洞、瞿鸿禨发挥了重要作用。同文馆与译学馆不同，如蔡元培所论"清同文馆，舌人是植；译学代兴，文字识职"②，译学馆重在培养新式知识分子。

朱启钤出任译学馆第二任监督③，办学经费从华俄银行余利项下拨充，每年薪资费约银一万九千九百两，常年经费约银四万二千两④。学生五年毕业，根据成绩奖励出身，分别录用，"其原系进士、举人出身而有官职者，视其所考等级，比照章程，按原官优保升阶；原系举人而无官职者，视其所考等级，比照章程优保官阶"。按照《奏定译学馆章程》，出使各国使节、各省督抚咨取译员以及各处学堂延聘外国文教员，均要优先选择译学馆毕业学生⑤。1903 年 11 月（光绪二十九年九月十四日），译学馆正式开学。招生要求为"学有根柢，曾习外国文者，年幼质敏易于造就者"⑥，京师大学堂仕学、师范两馆中懂外国语言文字者也可报名参加。

《拟定大学堂译学馆章程》和《奏定译学馆章程》是指导译学

---

① 刘焜：《京师大学堂译学馆校友录·京师译学馆始末记》，沈云龙主编：《近代中国史料丛刊续编》第 50 辑，文海出版社 1978 年版，第 1 页。

② 蔡元培：《译学馆校友会祝词》，高平叔：《蔡元培年谱长编》第一卷，第 502 页。

③ 译学馆首任监督由曾纪泽之子曾光铨担任，后由于其要丁母忧，朱启钤由译学馆工程提调升任监督。据朱启钤自撰年谱："光绪二十八年任译学馆提调，二十九年任监督至三十年冬。"瞿鸿禨是朱启钤的姨夫。译学馆第三任监督是黄绍箕，之后分别是章梫、王季烈、邵恒浚。

④ 《拟定大学堂译学馆章程》，收于北京大学校史研究室编《北京大学史料》第 1 卷，北京大学出版社 1993 年版，第 167 页。

⑤ 《奏定译学馆章程》，收于北京大学校史研究室编《北京大学史料》第 1 卷，第 172 页。

⑥ 陈初辑：《京师大学堂译学馆校友录·京师大学堂译学馆建置记》，收于沈云龙主编《近代中国史料丛刊续编》第 50 辑，第 6 页。

馆发展的两项重要章程。《拟定大学堂译学馆章程》共十章，分为127节，从总纲、教习、学生、礼节、经费等方面都做出详细的规定。《奏定译学馆章程》是癸卯学制中系列学制之一部，内容较《拟定大学堂译学馆章程》少，但是对于译学馆的规划更加翔实。《奏定译学馆章程》共七章，分为44节，是译学馆发展的纲领性文件。

依照1904年1月颁布的《奏定大学堂章程》规定，京师大学堂设立大学总监督一职，"大学总监督受总理学务大臣之节制"①。大学设立八科四十六门，原隶属京师大学堂的仕学馆、师范馆待时机成熟单独设立大学。照此划分，译学馆此时独立为专门大学堂，改提调为监督一职，外国文下设英文、法文、德文、俄文、日文五科。由此译学馆走上了相对独立的发展道路。尽管译学馆与京师大学堂有千丝万缕的联系，但是两者学风迥然不同。京师大学堂在蔡元培引导下崇尚"自由"之风，译学馆为"严肃"之风，学生为"谨饬之士"，多数能自立，"有气节，坚守岗位，朴实无华"②。

到1911年辛亥革命爆发，清王朝被推翻，译学馆逐渐退出历史舞台③。1913年，译学馆馆舍、资料、仪器等归并入北京大学，法学科迁入译学馆原址。刘焜在《京师大学堂译学馆始末记》中写道："先后八年，欻然而兴，倏然而止，于前无古，于后无今，亦吾国教育史上一特殊掌故也。"④ 译学馆前后共历经五任监督，招收甲、乙、丙、丁、戊五级学生，每级120人，总约700余人，其中甲、乙两级为

---

① 《奏定大学堂章程（含通儒院章程）》，收于璩鑫圭、唐良炎编《中国近代教育史资料汇编·学制演变》，上海教育出版社2007年版，第392页。

② 齐凡：《京师大学堂译学馆识小》，黄萍荪主编：《四十年来之北京》第二辑，子曰社1950年版，第59页。

③ 《北京大学校史》称："1913年6月，译学馆停办；高等学堂改为预科后，迁入北河沿译学馆原址。"参见萧超然等《北京大学校史（1898—1949）》，北京大学出版社1988年版，第45页。

④ 前后八年是指1903年至1911年，参见《京师译学馆始末记》，收于北京大学校史研究室编《北京大学史料》第1卷，第176页。

免费生，丙级学生中有 25 人为免费生，丁、戊两级皆为自费生①。但在"严其资格，慎其考选，密其课程"②的毕业要求下，毕业仅 300 余人。

二 译学馆的教育改革与留学生之派遣

与饱受争议并仓促而设的同文馆不同，京师大学堂在章程设置、人才培养等方面更加规范。京师大学堂设有编书处，主要职责是编纂普通学课本（即通识课教材），"取中国学问为学堂所必须肄习者分门编辑"，编纂课本包括：经学课本、史学课本、地理课本、修身伦理课本、诸子课本、文章课本、诗学课本③。就史学课本而言，"拟以编年为主，删除繁琐，务存纲要；史家论断，所以明是非而别嫌疑，于人事至为切要，拟就先哲史论文集精为择取，或逐条系附，或另卷编列"④。学习之用的西学书籍，由京师大学堂译书处负责办理。为满足教学需要，京师大学堂在上海专门设置译书院，翻译西方书籍。按照《奏定译学馆章程》规定，译学馆所学普通科目有九门，课本采用京师大学堂现有课本；所学专门学有交涉学、理财学、教育学三门，使用从日本翻译的相关教材讲授。按照课程设置，历史科目是必修课程，第一、二年学习中国史，第三年学习亚洲各国史⑤，第四、五年学习西洋史；就地理科目而言，第一年学习中国地理，第二年学习亚洲各国及大洋洲地理，第三年学习欧洲各国地理，第四年学习非洲及美洲地理，第五年学习地文学。这样的学习安排更符合学生的认知规律，也更便于接受新知识。

---

① 齐凡：《京师大学堂译学馆识小》，黄萍荪主编：《四十年来之北京》第二辑，第59页。丁、戊两级学生皆为 1911 年毕业。

② 陈初辑：《京师大学堂译学馆校友录·京师大学堂译学馆始末记》，收于沈云龙主编《近代中国史料丛刊续编》第 50 辑，第 12 页。

③ 《大学堂编书处章程》（光绪二十八年），收于北京大学校史研究室编《北京大学史料》第 1 卷，第 203—205 页。

④ 《大学堂编书处章程》（光绪二十八年），收于北京大学校史研究室编《北京大学史料》第 1 卷，第 204 页。

⑤ 在《拟定大学堂译学馆章程》中称为"东洋史"。

译学馆人才培养不同于旧式教育，"旧教育把学生限制在书斋和故纸堆里，新教育则不同，学生活动于教室、校园和操场上"。清末实施新政，逐渐意识到引进西式教育的重要性。译学馆采用新式教育模式，注重学生生理、心理素质的提高，"造就人才之方，必兼德育、体育而后为完备"①。在学生身体素质培养上，译学馆设置了体操课程，操衣、操鞋由译学馆负责发放，每星期上 2 个小时，占总学习时间的 5%。体操课又分为柔软体操和器具体操两种，学生第一年学习柔软体操，后四年学习器具体操。为配合课程的开展，译学馆专门修建了运动场，单杠、双杠、木马、哑铃等运动用具齐全②。1904 年 4 月 25 日，京师大学堂举办了第一届运动会，这是近代学堂第一次举办运动会，译学馆的学生参加了这场运动会。

近代以来，清政府向美国和欧洲派遣学生留学，终因新旧势力冲突而夭折，未取得预期效果。清末新政将派学生出国留学作为一项重要内容再次提出。因译学馆培养人才的特殊性，先后派出四批学生分赴八国学习，人数 50 人左右。留学生分官费和自费两种，学习科目涉及法律、电气工程、海军、政治经济科等。官费留学生期满回国后，需承担一定的义务，"皆令充当专门教员五年，以尽义务，其义务年限未满之前，不得调用派充他项差使"③。这也是清政府摆脱教育"借材域外"局面的尝试。1907 年，外务部对译学馆留洋学生的姓名、籍贯、现在何国、何学堂、肄业何科、何时毕业等情况进行了汇编，具体见表 3—4④。

---

① 《总监督为大学堂召开第一次运动会敬告来宾文》，北京大学校史研究室编：《北京大学史料》（第 1 卷），第 291 页。
② 张心澂：《译学馆回忆录》，中国人民政治协商会议全国委员会文史资料委员会编：《文史资料选辑》第 40 辑，中国文史出版社 2000 年版，第 177 页。
③ 《奏官费游学生回国后皆令充当专门教员五年片》，北京大学校史研究室编：《北京大学史料》第 1 卷，第 447 页。
④ 《咨呈外务部译学馆出洋学生表册请查照文》，北京大学校史研究室编：《北京大学史料》第 1 卷，第 444—445 页。

表3—4　　　　　　　　　　　　译学馆部分留洋学生一览

姓名	留学国	就读学校	学习科目	毕业年月	出国年月
林行规①	英	伦敦大学校	法科政科	未详	二十九年十一月
范绍濂	英	播克贝克学校	未详	未详	二十九年十一月
杨曾浩	英	在乡闲预备	未详	未详	三十一年九月
徐墀	英	伦敦大学校	预备科	未详	三十年九月
侯维良	英	北明翰大学	预备科	未详	三十一年九月
吴庆嵩	英	伦敦大学校	预备科	未详	三十一年九月
曹钧	英	皇家大学校	预备科	未详	三十一年九月
靳志②	法	现赴利耳投考工艺学堂	未详	未详	三十年九月
陈祖良	法	罗益高等工业化学校	未详	三十五年七月	二十九年十一月
周秉清	法	巴黎工程学堂	民事科	三十七年	三十一年九月
邓寿恬	法	利耳工艺学堂	未详	三十五年	二十九年十一月
周纬	法	赴利耳投考工艺学堂	未详	未详	三十一年九月
黄广澄	法	中学堂	未详	未详	三十一年九月
王廷璋	法	岗省大学堂	工程科	未详	三十一年九月
陈浦	法	工科专门学校	未详	二十八年	三十一年九月
金国宝	法	赴利耳投考工艺学堂	未详	未详	三十一年九月
程经邦	德	现尚在营二月后即可入校	未详	未详	二十九年十一月
张谨	德	柏林法政大学堂	法律	三十六年九月	三十一年九月
陈永治	德	工艺专门学校	机器	三十五年七月	三十一年九月

---

　　① 林行规（1882—1944），字斐成，浙江鄞县人。早年学习英文，南洋公学毕业后，入读京师译学馆德文馆。依照《咨呈外务部译学馆出洋学生表册请查照文》，林行规于光绪二十九年十一月出国，那么他在译学馆学习的时间仅有三个月即公派出国。英国伦敦大学法学士。历任大理院推事、司法部民治司司长、法院编查会编查员、司法部部长、调查治外法权委员会专门委员等；1914 年 1 月至 1916 年 2 月，任北京大学法科学长，中国营造学社重要成员。
　　② 靳志（1877—1969），字仲云，号居易斋，河南开封市人。1903 年，在清政府科举廷对后获进士，用工部主事，入京师大学堂译学馆学习法语、英语。1904 年，以中国第一批公费留学生的资格赴法留学，学习工业及政治经济学。在此期间，他参加了孙中山先生发起的同盟会。1912 年，中华民国政府成立后回国，后几经驻外。

续表

姓名	留学国	就读学校	学习科目	毕业年月	出国年月
顾兆熊	德	柏林工科大学	电汽工程	三十六年冬	三十一年九月
柏山	俄	森彼得堡大学堂	法政专科	三十四年	二十九年十一月
麟祉	日	高等工业校	窑业科	三十四年九月	三十一年九月
胡国礼	日	早稻田大学	政治经济科	三十四年九月	三十一年九月
徐鼎元	日	早稻田大学	政治经济科	三十四年九月	三十一年九月

上表中包括了有学科程级官费留学生 24 名，尚有 5 名学生没有汇报信息，其中 2 名官费留学生陈大岩、符鼎升，3 名自费留学生徐世襄、熊景遇、钟俊。从上表可以看出，译学馆派往日本学习的学生比例并不高，反而是前往欧洲学习的学生所占比例最高。这一方面考虑到德国、法国制造业精良，另一方面是清政府以此抵消日本留学对清政府政治统治产生的不良影响。中国译学馆派遣学生出国留学适应了培养人才的需要。学生学习了外国先进的科学技术以及政治、经济知识，锻炼了外语能力，开拓了眼界，增长了专业学识，为后来中国发展提供了专门人才。甲级留法毕业生王建中曾任京兆财政厅厅长，丙级留英毕业生朱启镕[①]曾任农商部天津商标局局长，还有大批学生任职于中东铁路、平汉路局、京汉路局、津浦路局等。

在译学馆新式教育模式培养下，译学馆五级学生中涌现出大批外交人才，前后共有近 50 人任职外交部或驻外使馆[②]，占毕业人数的六分之一，详见表 3—5。译学馆延续了其前身京师同文馆培养人才的使命，优秀学子以所学为中国争取外交权益做出贡献，具体驻外人员

---

① 朱启镕（1884—1960），字子陶，原籍贵州紫江，1884 年 10 月 25 日生于湖南宜章。1903 年应聘担任湖南宝庆府中学堂英文教员。1904 年任长沙修业学堂教员，同时加入黄兴等创立的华兴会，从事革命活动。1905 年任长沙善化学堂教员，同年考入京师大学堂译学馆，1910 年毕业。

② 陈初辑：《京师大学堂译学馆校友录·五级同学姓名录》，沈云龙编：《近代中国史料丛刊续编》第 50 辑，第 107—144 页。

参见表3—5。毕业生中，甲级学生朱式瑞，乙级学生郭诚、冯农、黄中疆，丁级学生乔曾劬、许明德6人留馆任翻译或编译工作①。还有大批学生，如顾兆熊、袁尊三、王尚济、宋光勋等毕业后任职于北京大学、四川大学、同济大学等高等学校。

表3—5　　　译学馆毕业生任职外交部（驻外使馆）人员名单

姓名	年级	工作任职
王廷璋	甲级	驻墨西哥使馆、旧金山领事馆、葡萄牙国使馆及外交部
吕崇	甲级	外交部
张沛霖	甲级	外交部
路潚	甲级	驻荷兰阿姆斯特丹领事馆
靳志	甲级	驻比利时使馆、荷兰使馆以及外交部
蔡世溶	甲级	外交部
郑庆豫	甲级	外交部
王治焘	乙级	日内瓦国际联合会劳务局秘书、外交部、东北大学法学院教授
张玮	乙级	外交部
张天元	乙级	驻朝鲜釜山领事馆、驻墨西哥使馆
冯肃恭	乙级	外交部
杨曾翔	乙级	外交部
周诗蕴	乙级	外交部、司法行政部
刘毓瑚	乙级	外交部、北平市政府
郑恒庆	乙级	外交部
赖机	乙级	外交部
田树藩	丙级	外交部
胡襄	丙级	驻丹麦使馆、外交部
雷孝敏	丙级	驻墨西哥使馆

① 黎难秋：《中国科学翻译史》，中国科学技术大学出版社2006年版，第124—125页。

续表

姓名	年级	工作任职
方祖宝	丁级	外交部
毛乃应	丁级	外交部
王侃	丁级	外交部
王汝明	丁级	外交部、财政部关务署
王曾思	丁级	驻意大利使馆、外交部
田乘	丁级	外交部、国立北平师范大学
申寿慈	丁级	外交部
朱宝琨	丁级	外交部
李郭功	丁级	外交部
周易通	丁级	外交部
邱鸿渐	丁级	外交部
保君镡	丁级	驻澳大利亚墨尔本领事馆
孙金钰	丁级	外交部、驻英使馆
徐乃谦	丁级	外交部
袁尊三	丁级	外交部俄文专修馆
张蔷	丁级	外交部
曹岳觐	丁级	外交部
陈炳武	丁级	外交部
陈锡璋	丁级	外交部
程华铭	丁级	驻南洋爪哇领事
童德乾	丁级	驻葡萄牙使馆、西班牙使馆、奥地利使馆、国际联盟中国代表、土耳其使馆、约翰内斯堡领馆以及国民政府外交部
叶于沅	丁级	外交部
刘毓琪	丁级	外交部、部立小学校长、驻海参崴领事馆
张泽嘉	丁级	外交部
陶履谦	丁级	外交部
钱泰	戊级	外交部
萧继荣	戊级	驻瑞士使馆、外交部

译学馆的学生大都有科举考试的经历，具有中国传统学问根底，同时他们具有外语优势，能够更加清晰地认识外部世界，对外部世界的观察和思考也更加客观和真实。如，童德乾著有《中国外交政策》《中国不平等条约史》等著作。

三 译学馆的译书事业

1877 年，第一届在华基督教传教士大会在上海召开时已经指出："中国与世隔绝的日子已经屈指可数。不管他愿意与否，西方文明与进步的潮流正朝他涌来。"① 至 20 世纪初年，清政府衰退之势已充分显现，打开国门，面向世界成为时代的必然要求，而要想了解世界局势，学习西方制度，翻译外国的书籍不失为一种有效的手段。译学馆"以造就译才品端学裕为宗旨，务使具普通之学识，而进于法律交涉之专门，通一国之语文，而周知环球万国之情势，体用兼备，本末交修"②。与京师同文馆相比，译学馆对于翻译人才的培养目标更高。

译学馆的主要职责首先是培养精通外文且通时事的人才，其次是编纂文典，会通中外词义。在机构设置上，译学馆参照高等学堂章程，在管理方法上参照大学堂章程。为实现上述目标，译学馆聘请了大量外籍教员。据京师大学堂校友录资料显示，译学馆共有教职员124 人，其中来自法、德、美、英、日、俄等国的外籍教员 19 人③，且所聘本国教习也大都由精通外国语、有过出洋经历的人担任。译学馆教习汪荣宝曾留学日本，后为该馆学生讲授现代历史；王鸿年曾任驻日公使，后为译学馆学生讲授国际公法；蔡元培担任过商务印书馆

① *Records of General Conference of Protestant Missionaries of China*, Held at Shanghai, May 10 – 24, 1877. Shanghai: Presbyterian Mission Press, 1878, p. 177.
② 《拟定大学堂译学馆章程》，北京大学校史研究室编：《北京大学史料》第 1 卷，第160 页。
③ 陈初辑：《京师大学堂译学馆校友录·教职员姓名录》，沈云龙：《近代中国史料丛刊续编》第 50 辑，第 97—106 页。

编译所所长，为乙班学生讲授国文和西洋史①；陈衍讲授伦理学②。需要注意的是，在担任英、法、德、俄、日五种外语教员的 23 名中国人中，有 7 人出身同文馆③，这也从一个侧面反映了译学馆是同文馆的延续。在课程设置上，学生既要学习外国文，又要学习常识和交涉、理财、教育专门之学。蔡元培指出："译学馆为偏重外国语之学校，其所以与同文馆、广方言馆等不同者有两点：一兼课国文，二兼授其他科学是也。"④ 在外语学习上，设置英文、法文、俄文、德文、日文五科，"每人认习一科，务期专精，无庸兼习。但无论所习为何国文，皆须习普通学及交涉、理财、教育各专门学"⑤。外国文授课设计按照由浅入深、循序渐进的原则，先教授缀字、读法、译解、会话、文法、作文等难度较为低等的课程，待学生学习两三年且有一定的外文基础后，再在此前课程的基础上教授各国历史及文学，以便学生能更好地掌握外文。在课程学时设置上，外国文课程学时占比将近一半，前两年外国文课程每星期学习 16 个小时，占总学时的 44.4%，后三年每星期学习 18 个小时，占总学时的 50%。⑥

近代以来，有识之士很早就提出了翻译外文图书的重要性。输入的西学知识为挽救民族危亡、启迪民智、动员社会力量发挥了举足轻重的作用。官办京师同文馆、江南制造局翻译馆进行了初步实践。梁启超的《变法通议》、张之洞的《劝学篇》以及晚清军机大臣的奏议中，可以清晰地看出他们对译书活动的重视。译学馆的学生继承了同文馆的习业方式，在经过系统的外国文学习后，学生以外语为工具，

---

① 高平叔：《蔡元培年谱长编》第一卷，第 317 页。

② 自 1899 年至 1902 年，陈衍与日本高等商业学校毕业生河濑仪太郎合作，翻译了《日本商律》《日本破产律》等 9 部著作。

③ 黎难秋：《中国科学翻译史》，第 123 页。

④ 《京师译学馆校友录·题词》，高平叔编：《蔡元培全集》第六卷，中华书局 1984 年版，第 146 页。

⑤ 《奏定译学馆章程》，北京大学校史研究室编：《北京大学史料》第 1 卷，第 169 页。

⑥ 《奏定译学馆章程》，北京大学校史研究室编：《北京大学史料》第 1 卷，第 170—171 页。

尝试翻译西方书籍。教习除日常教学外，主要任务也是翻译书籍。

译学馆专门设立文典处，负责文典的编纂工作以及翻译著作译名的统一。洋务运动开始以后，翻译西书的数量剧增，如何统一译名的问题便随之而来，文典处的成立是官办机构对统一译名做出的一次积极尝试。《奏定译学馆章程》中规定，文典处主要负责翻译和编纂英、法、俄、德、日五种文字的字典。在人员设置上，文典处"设总纂一员，总理文典事务并参译馆中一切事宜；分纂二员，主搜罗纂辑兼理外来函告；翻译一员，协理外国文字兼翻译馆中外国文件；办理刊印书籍一员，主刊印文典及馆中一切刊印之件"①。张绲光（初为教务提调）任文典处总纂。编撰的文典大体可分为三种形式，"一种以中文为目，以外国文系缀于后；一种以外国文为目，以中文系缀于后；一种编列中外专名，系以定义定音"。在用字、用词方面，由于外国文字数量多于中文，所以平时应广搜古词、古义以备不时之需。对于译书过程中遇到的专科学术名词，"应俟学术大兴、专家奋起始能议及"。文典编定完成后，"凡翻译书籍文报者，皆当遵文典所定名义，不得臆选；其未备及讹误之处，应即告知本馆，续修时更正；其随时审定之名词，虽未成书，可知照译书局及大学堂润色讲义处以归划一"②。除参与文典翻译编写外，文典处人员还曾参与清末拼音字方案的制定。由于外国语言文字的涌入，一些人深感欧美皆为拼音文字，汉字表意却不表音，因此他们萌发了改造汉字，创立一种适应汉语特色的拼音文字的想法。文典处参与其中，曾负责审定了卢戆章的《中国切音新字》。译学馆学生及教习编译的部分图书见表3—6。

---

① 《拟定大学堂译学馆章程》，收于北京大学校史研究室编《北京大学史料》第 1 卷，第 165 页。

② 《奏定译学馆章程》，收于北京大学校史研究室编《北京大学史料》第 1 卷，第 173 页。

表 3—6　　　　　　　　　译学馆学生及教习编译部分图书

书名	原作者	译者	卷数/时间	备注
汉译法文典	松井知时	京师大学堂译学馆文典处	两编，1904 年	
法国学制		林行规	三编，1904 年	上海时务书局本改名为《法国经世辑要》
俄国政略①		林行规	二卷，1904 年	封面署有学务大臣鉴定，京师译学馆印行
教育词汇		徐用锡	精装一册，1904 年	日本育成会《教育字汇》的编译版
汉译新法律词典		徐用锡	1905 年	
中英公牍辑要		钱文选	1907 年	
物理学词汇		王季烈②主持编订	1908 年	中、英、日三种文字对照，由商务印书馆发行
汉译世界语	柴门霍夫	林振翰③	1911 年	此书是林振翰在京师译学馆学习期间翻译，后经英国学者乌克那博士审校后正式出版

　　书目统计依据熊月之主编《晚清新学书目提要》（上海书店出版社 2007 年版）、《学部官报》以及《北京师范大学图书馆解放前中文教育书目》（北京师范大学图书馆编，1989 年）。

　　笔者尽可能地搜罗译学馆师生翻译的图书，但是所见甚少。通观现已查到之书，可简单看出译学馆译书之崖略。

---

　　①　林行规在《俄国政略·译例言》所述："译者年少，初学于东西政艺未尝用心。壬寅薄游日邦偶得此帙，袖之其归。冬夏假后无事，辄译以自课。癸卯游津，学以示同志，同志争劝其付剞劂。未几迁入京学会，蒙奉派至欧邦留学，乞假回省于晨昏省侍之暇，遄蒫译竟。"此书是林行规在译学馆和留学期间翻译完成。

　　②　译学馆理化教习，1907 年任译学馆第五任监督。

　　③　林振翰（1884—1932），字永修，号蔚文，福建宁德人。译学馆丁级学生，被称为"中国世界语第一人"。

第一，文典编纂涉及语言、教育、法律等多个领域。1904年，译学馆文典处出版了松井知时的《汉译法文典》①，该书共分两编，详细地介绍了法语字母的发音规则、法语单词的词性等。同年，译学馆学生林行规根据英人格烈森的《法国教育沿史》，并参考日人土屋政朝的《佛兰西通国制度》翻译完成《法国学制》②。此书共三编，由北京京师学部官报局出版。《译书经眼录》对该书描绘道："首详言法国学政得失、前代教务改革以明学制之变更成立，次载述文部省及各教务局之模型，以至选举局员稽查功课，以揭教育之枢纽，末编综核各学区规则，制稽察督励之方，而以地方学政终焉。"③林行规还编译了《俄国政略》，此书附录年表一份④，展现了俄国数百年来蚕食鲸吞其他国家的情况。林行规指出，沙俄"向来习用续地政策，蚕食吞并，版图日廓"，当时将侵略矛头指向东方，加强了在中国东北的争夺，必将激化日俄在中国东北斗争，使中国"益难为国"⑤，字里行间满含对民族危亡的担忧。

第二，翻译以从日本转译为主。从日本直接转译图书自甲午战争始，"日本自维新以后，锐意西学，所翻彼中之书，要者略备，其本国新著之书，亦多可观，今诚能习日文以译日书，用力甚鲜，而获益甚巨"⑥。加之日本的语言、习俗、文化与中国相近，翻译日本书籍成为潮流。《奏定译学馆章程》中也在"专门之学"中名列暂用日本相

---

① ［日］松井知时原著，京师大学堂译学馆文典处翻译：《汉译法文典》。

② 据文中"叙言"，此书翻译完成在"光绪二十九年八月"，译学馆尚未正式开学。根据此书版权页，《法国学制》光绪三十年七月印刷，八月发行。署名译述者林行规，发行者京师译学馆，印刷者野口安治，印刷所日本翔鸾社。上海时务书局本改名《法国经世辑要》。

③ 顾燮光：《译书经眼录卷之三》，收于熊月之编《晚清新学书目提要》，上海书店出版社2014年版，第273页。

④ 此书版权页，署名译述人译学馆学生林行规，印刷人榎木邦信，印刷所东京并木活版所，发行所京师译学馆，印刷、发行日期光绪三十年十一月一日。书后年表始于1300年，至于1902年。

⑤ 《辛亥革命丛刊》编辑组：《辛亥革命丛刊》第7辑，中华书局1987年版，第53页。

⑥ 梁启超：《梁启超论教育》，商务印书馆2017年版，第89页。

关之教材讲授。1904 年，京师大学堂译学馆文典处刊行由徐用锡翻译的《教育词汇》一书①，系统地将日本的教育术语引入中国。1905年，译学馆出版了《汉译新法律词典》，此书原为日本的新法典讲习会所编，母本为三浦熙的《新法律字典》，后由徐用锡翻译，张缉光主编，在东京秀英社第一工场印刷②，这本书向中国介绍了法律方面的专业知识和法律用语，同时也为日后译介法律书籍提供了词汇上的借鉴，便于法律用语的统一。

第三，师生合作翻译。译学馆翻译西书与培养人才并行，提倡学生现学现用，在教习的帮助下，开展翻译活动。学生翻译，教习负责订正修改，这样既能锻炼、提高学生的实际编译能力，又能兼顾学生编译水平的不足，大大减少所译书籍中的错误，相比于洋务运动时期"西译中述"的翻译模式有重大进步。近代以来，中外之间的贸易交涉、政治联系日益密切，公牍成为对外交往的重要契约文本，公牍中言辞的卑亢程度能够直接影响中外关系的发展。英国常以英文文本为解释文本，然而"中国向无英国公牍善本"③，清政府在与英国交涉中面临左支右绌的困局。鉴于此，译学馆甲级学生钱文选利用英语所长翻译了《中英公牍辑要》，后经双浩德、巴克思等京师大学堂译学馆外国教习修改，1907 年正式出版④。这部原本只打算在译学馆内部交流使用的教材，后因其中罗列中外政界近事较多而受到政府关注。1910 年 2 月，该书经学部审定为高等学堂参考用书⑤。

---

① 萧承慎：《教学法三讲》，福建教育出版社 2009 年版，第 2 页。《教育词汇》一书由日本的育成会编撰，书末附有一张《德英汉教育熟语对译》。

② ［日］实藤惠秀：《中国人留学日本史》，第 297 页。

③ 钱文选：《中英公牍辑要·序》，钱文选：《士青全集》，上海商务印书馆 1939 年版，第 533 页。

④ 邱志红：《京师大学堂译学馆英语教育初探》，《北京社会科学》2001 年第 6 期。

⑤ 《审定书目：钱文选中英公牍辑要一书应审定作为高等参考用书批》，《学部官报》1910 年第 137 期。

京师大学堂设有译书局、藏书楼，中西新旧藏书丰富。从中国第一历史档案馆存《译学馆教科书目录》看，译学馆的教学资料分存于甲乙丙丁戊柜子中①。从1903年成立之初，便不断购置新式图书②。1906年9月20日，担任教习的蔡元培在日记中记载："收译学馆参考书廿三种"，为了满足教学需要，他也着手编纂国文和西洋史教科书③。比如，元和汪荣宝编纂了《本朝史讲义》④、无锡算学教习丁福保编纂了《京师译学馆初等代数讲义》《京师译学馆生理卫生学讲义》、韩朴存编《京师译学馆舆地学讲义》等。教习编纂教材怀有强烈的民族主义精神情绪，正如顾栋臣所论："中华号称算学最古之国，即代数学之输入亦在日本之先，然今日海内学子所墨守者，不过沪上旧译代数学、代数术、代数难题数种。在当时虽见为新书，今日已不合教科之用，稍适教科用者只有教会所刊《代数备旨》一书，其程度又仅合中代数之上卷，求如日本完全无缺之教科书，中土尚未之有也。"⑤ 林行规在翻译的《法国学制》"叙言"中也写道："今之世，审利害，言改革，奠邦基，于至巩固其为治之本，有更急于教务乎？然稽教务发见于国内者自寥寥数学舍外，它无复足徵焉……欧邦诸国比邻接壤击柝相闻，声教文物夙相颉颃，一国之法即列国之法也。而法国于学务一事尤著先鞭，国家特设文部、置大臣，专司其任。"⑥ 在此情形之下，他们主动翻译、编修教材。

---

① 乙柜中有《世界文明史》《日本历史》《西洋哲学史》《西洋历史》《政治史》《日本风俗史》《支那文明史》等史书，都属于从日本直接输入的书籍。

② 1903年4月4日《大公报》（天津）第3版报道："译学馆总办现在派人往琉璃厂铁老鹳庙公慎书局购办各种学科应用书籍。"

③ 高平叔：《蔡元培年谱长编》第一卷，第317页。

④ 汪荣宝：《本朝史讲义》，光绪三十二年三月。此书共三编，署名印刷者为京师官书局，发行者为京师译学馆，发行所为商务印书馆。书中已经使用了简单的句读。

⑤ 顾栋臣：《译学馆初等代数学讲义序》，《译学馆初等代数讲义》，科学书局1905年版。1903年，顾栋臣参与创办京师译学馆，并先后担任译学馆、京师大学堂教习，主持过庚子赔款的留美考试。女婿孙百英曾入译学馆学习。

⑥ 林行规：《法国学制·叙言》，日本翔鸾社1904年版。

译学馆翻译出版的书籍主要有三条去路：其一，提供给全国各处学堂作为教材或参考书，供教员和学生使用，贵阳经世学堂就曾向译学馆购置大量新译书籍①；其二，送至全国各处办理交涉衙门供官员阅读，以了解世界局势，作为处理涉外事务的参考资料；其三，流通于民间书籍市场，供各级官员、读书人、学堂士子购取，以开阔眼界或学习之用。译学馆师生翻译、编修的书籍种类较多，流通范围较广，既为废科举之后各学堂教学提供了可供参考的教科书范本，也为官员掌握世界局势以及人们了解世界提供了载体。在"学问饥荒"之年代，图书翻译以直译为主，没有考虑到中国与外国读者群体的不同，针对性较差。有学者评论道："《汉译新法律词典》几乎照抄照译《新法律字典》一书。不仅词条排序和词条具体释义完全相同，而且照录原序和词典凡例。"② 因为翻译的是字典，照抄翻译也无可厚非。

要之，经过 19 世纪西方文化的广泛输入与传播，晚清读书人的思想发生了重大变化，由封建臣民观向近代国民观转变，"国民观的传入，与民权一起，成为近代中国民主思想的重要概念"③。梁启超也提出："夫国家者，全国人之公产也"④，明确了国家的含义，号召人们认识国家，树立国民意识。正如译学馆教务提调张缉光所言："夫学校之设，在精神不在形式。校舍其形式也，学科其精神也。"⑤ 译学馆的学生作为全方位接触西方文化的群体之一，亦深受此思想的影响，掀起了轰轰烈烈的"拒俄运动"⑥。国民捐运动是学生国民主体

---

① 《贵州辛亥革命烈士钟山玉》，政协贵州省委员会文史资料委员会编：《文史资料存稿选编》第 2 卷，贵州人民出版社 2006 年版，第 9 页。

② 王勇：《中日关系的历史轨迹》，上海辞书出版社 2010 年版，第 380 页。

③ 桑兵：《晚清学堂学生与社会变迁》，广西师范大学出版社 2007 年版，第 310 页。

④ 梁启超：《中国积弱溯源论》，《饮冰室合集·文集之五》，第 16 页。

⑤ 张缉光：《京师译学馆建置记》，北京大学校史研究室编：《北京大学史料》第 1 卷，第 175 页。

⑥ 1903 年 4 月 30 日，由仕学馆、师范馆学生倡导举行京师大学堂全校师生大会以声讨俄国的无耻行为，译学馆学生也积极响应，上书清政府要求坚决抗俄，拒签不平等条约。

意识又一体现。《辛丑条约》签订后，清政府面临高息巨额赔款，负债累累，但国库空虚，根本无力承担。1905 年由彭翼仲创办的《京话日报》率先发起国民捐运动，旨在呼吁社会各界人士自发筹集资金，用以抵偿外债，由户部银行代收捐款。译学馆学生在本学馆范围内筹办国民捐，"译学馆现创办国民捐，先以捐簿由各认捐者亲笔填写数目"①，由甲级俄文馆学生蔡璐负责，第一批捐款共 957 元②。此外，学生还通过集会、结社等形式表达爱国热情，抵制西方的侵略行径③；以罢课的方式反对不公平待遇，维护个人利益④。

尽管译学馆设立的根本目的在于维护清王朝的统治，并在管理规定中制定了严格的礼仪，以加强对封建统治的认同，比如"每岁恭逢皇太后、皇上万寿圣节，皇后千秋节，至圣先师诞日，皆由监督、提调、总教习、教习暨办事人员率学生至礼堂行礼如仪"⑤"学务大臣所期望所责成，则不惟育译才，而在育学问完备之译才，不惟习外国语言文字，而在习外国语言文字以求外国之学术，而保存灵粹旧墟于国文，扶植品范，趋重于伦理"⑥。但是，20 世纪初年世界和中国的周边形势已经发生了巨大变动，封建统治的大厦在西方列强沉重的冲击下已经出现了倾斜。译学馆从兴办到衰亡，不足十年，它的译书价

---

① 《京师近事：译学馆创办国民捐》，《北洋官报》1906 年第 903 期。

② 蔡璐：《京师大学堂译学馆始末》，中国人民政治协商会议全国委员会文史资料委员会编：《文史资料选辑》第 40 辑，中国文史出版社 2000 年版，第 202 页。

③ 1907 年 12 月初，针对学生集会事件，清政府发布《学部为查禁学生开会结社事咨行大学堂》，禁止学生干预政事，抄件中写明欲开会结社的学生名单，名单中有译学馆学生钱文选。

④ 1906 年 7 月初，译学馆颁布新规，"正额由甲乙丙三级学生分补，凡期考不合格者，改为附学生"。甲级学生中有数人因功课较差被降为附学生，必须个人缴费。班长、斋长向监督求情希望学馆能收回成命，但并无实际效果。学生商讨之后决定以罢课反抗，最终译学馆无奈接受了学生的要求。

⑤ 《拟定大学堂译学馆章程》，北京大学校史研究室编：《北京大学史料》第 1 卷，第 165 页。

⑥ 张缉光：《京师译学馆建置记》，北京大学校史研究室编：《北京大学史料》第 1 卷，第 175 页。

值远不及客观产生的社会影响①。它切断了新式知识分子与旧式线装书的联系，以联系的、发展的、全局的视野来审视中国与世界的关系。

---

① 《光明日报》驻伦敦记者林卫光写道："20 世纪 20 年代，英国教育会议第一个在世界上承认北京大学及其附设的译学馆均为大学"（参见林卫光《北京大学英国校区正式启动》，《光明日报》2018 年 3 月 27 日）这里所写的"译学馆"即指京师大学堂译学馆。

第四章 民办出版机构与
西方史学传播

在传教士和政府创办的出版机构之外，还有民办出版机构。民办出版机构主要由商界和知识界私人出资创办。这类出版机构具有分布广，数量多，出版方式灵活的特征。民办出版机构规模悬殊，大到商务印书馆、中华书局，小到成员仅二三人的家庭作坊式的印刷所。在民族危亡的近代社会，如此多的民办出版机构自有其各不相同的成立动机和缘由。有的是在外的留学生，在国外接触到西方的近代印刷技术和先进的图书资料；有的是受到外国出版机构出版图书的影响，力图翻译出版最新国际形势和国别历史变迁的图书；当然，为数更多的出版机构是通过图书出版，达到营利的目的。商务印书馆、中华书局、广智书局、作新社、大东书局、世界书局、文明书局等在当时也是规模和影响较大的出版企业。世界书局为了推动图书出版，还成立了专门的编译所。这些内容都值得深入梳理和探讨。

第一节 康梁支持的广智书局

在 20 世纪初年的上海出版业，除了商务印书馆外，广智书局是较有影响的出版机构。当年，《国民日报》《中国白话报》等报刊上不断刊出"文明绍介"栏目，所介绍的图书大多由开明书店、商务印书馆、广智书局等出版机构出版。广智书局创办于 1902 年，在其存在的十余年时间里，出版各类图书 400 余种，其中译介的历史类图书 60 余种，占出版图书总数的五分之一。当前，学术界关于广智书局的研究成果不少，无论是宏观研究，还是微观论述，都取得了一定的成绩①。然而，广智书局译介的史学著作内容，对中国史学思潮的影响，以及对中国史学现代转型发挥的作用，鲜有论及。本节着重论述广智书局出版物的特点、译介历史类图书的内容，认识和分析该出版机构译介的史学著作在中国社会产生的反响。

一　广智书局之设立

上海作为近代不平等条约中第一批开放的通商口岸，风气较为开放，交通便利，自然成为东西方文化交汇的枢纽。各出版机构负责人也认为，只有在上海，图书才能有更好的销路，"各处的购书者，都到上海来选取，各处的书商，都到上海来批发"②"上海者，中国文明之薮，翻译局遍设，书肆满街，皆可以输入文明者也。然非印书局不为功，上海最大之印书局为商务印书馆，而广智、而华洋、而铸古，以及其他大小印书局，盖不以枚举。"③

随着各地中小学堂、高等学堂的开办，各地也前往上海购取学堂之书④。广智书局取名为广智，意为"广为传播知识"之意。1902 年初，广智书局选择在上海创办，书局对外公开的老板是冯镜如⑤。然

---

① 关于广智书局的研究，代表性的成果有：张朋园的《广智书局（1901—1915）——维新派文化事业机构之一》，"中研院"《近代史研究所集刊》1971 年第 2 期；邹振环的《广智书局的地理学译著》见《晚清西方地理学在中国》，上海古籍出版社 2000 年版；周振鹤的《广智书局新书目录》，见《晚清营业书目》，上海书店出版社 2005 年版；吴宇浩的《广智书局研究》，硕士学位论文，复旦大学，2010 年，等等。

② 包公毅：《金粟斋译书处》，宋原放主编：《中国出版史料·近代部分》第 3 卷，第 240 页。

③ 剑村游客辑：《上海》，清光绪二十九年（1903）铅印本，第 7 页。

④ 如山西巡抚给皇帝上奏折，要求派绅士前往上海购书。参见《山西巡抚晋省赴沪购书奏片》，见宋原放主编《中国出版史料·近代部分》第 3 卷，第 300 页。

⑤ 后来，冯镜如对只担任名义发行人表达了不满，梁启超给康有为的信中说道："然镜如大有吃醋之意，谓此局出彼名，而彼不得为总办"，见上海市文物保管委员会编《康有为与保皇会》，上海人民出版社 1982 年版，第 227 页。笔者认为，冯镜如意图并不在要真正负责书局事务，而是对书局盈利分成有成见。

而，书局幕后主持人是康有为、梁启超。康有为、梁启超与冯镜如结识于戊戌政变后。戊戌变法失败，康梁东走日本，在横滨结识了香港商人冯镜如、冯紫珊兄弟。《清议报》就是在冯氏兄弟的资助下发行的①。此时康有为、梁启超尚受到清政府的通缉，康梁看重冯镜如的香港身份，以其名义作为出版发行人，必定会受到地方政府的保护。事实证明，康梁的这一想法是正确的。英总领事给清政府的函件，以及清政府批转给地方巡抚保护版权的函件，出现在了广智书局出版物的扉页。告示如下：

> 钦命二品顶戴江南分巡抚苏松太兵备道袁为给示谕禁事：
> 　　本年二月二日，接英总领事霍来函以"香港人冯镜如在上海开设广智书局，翻译西书，刊印出售，请出示禁止翻刻印售，并行县廓一体示禁。附具切结，声明局中刊刻各书，均系自译之本"等情，函致到道。除分行县委，随时查禁外，合亟出示余谕禁。为此示。仰书贾人等一体遵照，勿得任意翻印渔利。倘有前项情弊，定行题究不贷。其各凛遵勿违。
> 　　　　　　　　　　　　　　　　光绪二十八年三月初二日示②

至于书局开办的原因，有人认为康梁的报馆、团体、书局之间的关系为"以报开会、以会立局、以局养会"③，通过书局的盈利来维持保皇会的运行。笔者认为，康有为、梁启超等人创办广智书局并不是一时兴起，而是有了很长时间的筹划，并进行过实践。康有为在1896年开始撰写《日本书目志》，1897年5月完稿，对日本新出各书

---

① 丁文江、赵丰田编：《梁启超年谱长编》，上海人民出版社1983年版，第169页。
② 在广智书局出版的《近世欧洲四大家政治学说》《支那史要》《日本维新三十年史》《十九世纪大势变迁通论》等书籍扉页都印有这份文件，封底印有"书经存案，翻印必究"字样。
③ 吴宇浩：《广智书局研究》，硕士学位论文，复旦大学，2010年，第8、69页。作者还分析了广智书局拿出了部分盈利，支持康有为安排的暗杀活动。

已基本了然于胸。1896 年，梁启超撰写了《变法通议》，在《时务报》上陆续发表，其中有一节《论译书》，专门探讨西书翻译存在的问题，提出译书是"强国第一要义"。1897 年大同译书局创办，可以说是康梁出版思想的一次实践，但是大同译书局仅存在年余就被查禁了。

康有为、梁启超身在日本，却十分关注国内知识分子的思想动态。影响知识分子的思想是康有为、梁启超创办译介图书的重心所在。梁启超创办《清议报》《新民丛报》就是例证。广智书局设立在国内，主要出于以下方面的考虑。其一，宣传政见，引领舆论。1902 年，梁启超指出："学生日多，书局日多，报馆日多"是黑暗中国的"一线光明"所在①，书籍是改变中国人观念，激发国民爱国心的一大源泉。其二，设立书局便于自著图书出版。虽然康有为、梁启超因戊戌变法在国内赢得了名声，但是变法失败以后，他们的著作出版受到了影响，没有出版机构敢于出版他们的著作，他们只能选择国外的出版机构来出版图书。其三，国内设立书局能够盈利。康有为认为，"八股新变，考试皆取外国之学，以数百万之童生，数十万之秀才所用，故新书大销争售。外国土地、宫室、人物影相亦争售，四川、云南、甘肃之僻地，价皆数倍，观今广智书局昼夜赶印不及可见"②。广智书局 1903 年前后发行的出版物印证了这一点。据上海书业公所总董席裕福 1911 年 4 月统计，1911 年前上海的书局书庄有 116 个③，张仲民教授统计晚清上海存在过的书局有 421 家④。由此证明，书局的存在肯定是盈利的。书局不仅

---

①　梁启超：《敬告我同业诸君》，《新民丛报》光绪二十八年九月初一日。

②　上海市文物保管委员会编：《康有为与保皇会》，上海人民出版社 1982 年版，第 277 页。

③　《辛亥五月以前上海的出版业》，《出版史料》1987 年第 4 期。当然，这里面有很多书局没有统计上，在这个名单里面没有找到广智书局的名字。

④　张仲民：《晚清上海书局名录》，复旦大学历史系、出版博物馆：《历史上的中国出版与东亚文化交流》，上海百家出版社 2009 年版。

要支付雇佣员工的工资，还要支付稿费、房租等一系列费用。如果
没有利润，书局肯定不能够长久存在。

广智书局初期运行经费主要由梁启超通过募股的形式筹得。《梁
启超年谱长编》中有言："壬寅春间在上海开设广智书局，经理为梁
荫南，总经理为黄慧之，驻横滨总管全局出纳，十年携款至沪开办，
不过六万元。"① 然而，广智书局的管理架构甚为复杂。最初，梁荫南
不懂书局管理，在 1902 年、1903 年连年亏损，书局不得已，在 1903
年夏改由梁启超的弟子何擎一负责。管理财务的黄慧之涉嫌贪污，把
书局推向了崩溃边缘，直到 1904 年初，书局方步出泥潭。

广智书局步入正轨，不仅在上海有总局，在北京、南昌等地也设
有分店②。当然书局运行之中也存在不少问题。书局经历管理不善、
贪污等事件后，徐勤向康有为提出建议，"凡办事，外人多不可靠，
必须同门乃可"③。这导致后来广智书局的著者、译者中多为康氏门
人。书局在稿件翻译方面也存在问题。梁启超在给康有为的信中提
到："前弟子收译稿，而稿不可用，或有先支译费，无交稿者，其数
亦不下三千左右"④，其中湘中人占三分之一，同门人占三分之一，日
本人翻译占三分之一。图书印刷不及时也是书局发展的障碍。书局最
初拟定的出版方案并没有得到切实贯彻执行，康有为撰著的《物质救
国论》也延期至 1908 年方才出版，康有为也因此大为光火。

由于广智书局出版计划执行不力，书局管理者经营不善，导致书
局运行渐入窘境。1909 年以后，广智书局图书出版在社会上的影响已
经微乎其微，以至于在 1911 年统计的出版机构名录里面，竟然找不
到广智书局的名字。按照常理推算，曾经在上海有很大影响的出版机

---

① 丁文江、赵丰田编：《梁启超年谱长编》，第 730 页。

② 孙殿起：《琉璃厂小志》，北京古籍出版社 1982 年版，第 15、51 页；张仲民：《晚
清上海书局名录》，复旦大学历史系编：《历史上的中国出版与东亚文化交流》。

③ 上海市文物保管委员会编：《康有为与保皇会》，上海人民出版社 1982 年版，第
231 页。

④ 上海市文物保管委员会编：《康有为与保皇会》，第 227 页。

构，应该不会被故意漏掉。没有统计在名录中，说明其在 1911 年前后出版的图书太少，以至于被人们所忽略。广智书局还面临图书被盗版①，同行业竞争激烈的困境，微薄的图书收益不足以支付股东的分红。书局虽维持至 1915 年，实际上在最后存在的四年时间里已经出书极少②。

二　广智书局出版物及特点

广智书局出版的图书不像西方在华设立的出版机构，以欧洲出版的著作为蓝本。书局以日本出版的图书为蓝本进行翻译③。译介日本出版的图书与中外社会形势的变化有紧密的联系。广智书局在《日本维新三十年史》中写道："日本近日进步之速，一日千里，故十年间变更之现象，比诸前代百年千年，尚或过之。然则据黄书以求日本今日之国情，无异据明史以语中国今日之时局也。且甲国人言乙国人之事，必不能如乙国人自言之详确也。"④ 我们大体可以从中得出自日本译介图书的缘由。其一，日本在甲午战争中取得了胜利，中国士大夫试图从图书中获取日本快速发展的缘由；其二，戊戌变法之后，康有为梁启超东走日本，在日本图书译介方面具有一定优势；其三，甲午战争之后，前往日本的留学生数量不断增多，便于图书翻译工作的开展；其四，20 世纪初年，从日本译介图书逐渐形成为一种风气。开明书店主持人夏清贻写道："自志士东游以来，译本书如风发云举，一

---

① 梁启超写道："故本局每出一书，未能赚回本钱，已为他人所翻，本局若不贬价，则一本不能售出，而成本既重，贬价则必至亏本而后已。"见《梁启超年谱长编》第 487 页。实际上，晚清图书盗版是非常普遍的现象。

② 至于书局最终关门歇业的时间，笔者没有搜集到确凿的证据，采用当前学者较为一致的认识。《上海出版志》写道："1925 年停业，出盘世界、广益两局"，《上海出版志》编纂委员会编：《上海出版志》，上海社会科学院 2000 年版，第 229 页。

③ 近代日本出版的很多书籍亦摆脱不了西方的影响。它们或者以西方的著作为底本进行翻译，或者以西方著作为蓝本进行重新改编、改写。

④ 广智书局编译部：《日本维新三十年史之例言》，《日本维新三十年史》，广智书局 1902 年版，木刻本。

切学科日渐进步，政法诸书尤辟浑茫，欧西巨子之学说，滔滔飞渡重洋，竞灌输吾同胞之意识界矣。"①

从现存的史料来看，广智书局刚刚成立之时制订了宏大的出版计划。在《清议报》第一百册里，梁启超专门进行了广告宣传，并列出了书单，包括"已译待印书目""编译中学教科书""广智书局小丛书"等。从广智书局已刊刻的图书来看，数量也确实非常多，内容非常广。广智书局出版的图书涉及政治、经济、历史、地理、哲学、法律、医学、社会、军事、教育等门类，同时还出版了历史、地理、物理、化学、数学、德育、体育等学科的教科书。粗略统计，广智书局出版图书达 400 余种，平均每年出书近 30 种。在书局最初成立的1902 年、1903 年，两年中共出版图书 160 余种，占广智书局出版物总数的 41%②。1904 年至 1909 年的六年时间中，广智书局出版图书185 种，占出版图书总数的 45%。1910 年至 1915 年，书局出版图书数量仅占总出版物的 12% 左右③。

广智书局出版的图书具有以下特点：

第一，广智书局出版图书种类繁多，图书出版没有系统规划与侧重。从目前统计出的广智书局书目可知，书局翻译的图书包罗万象，涉及了当下学科分类中的所有学科。出版图书繁杂，导致出版物没有特色。这在一定程度上源于广智书局对利润的追求。社会需要什么样的书籍，就出版什么图书。从《东坡尺牍》《明儒学案》《求阙斋日记类钞》到《十九世纪大势变迁通论》，从《亚西利亚巴比伦史》到《欧洲十九世纪史》，从《地球与彗星之冲突》到《义和团战争图》，从各学科教科书到新版小说，可谓应有尽有。广智书局还校印前人诗文、尺牍、日记、类钞、碑帖等作品，出版此类

---

① 公奴：《金陵贩书记·卷上》，宋原放主编：《中国出版史料·近代部分》第 3 卷，第 303 页。

② 吴宇浩：《广智书局研究》，硕士学位论文，复旦大学，2010 年，第 42 页。

③ 有些图书出版年份不能确定，固而无法进行分类。

图书共计 46 种。

第二，重视政治类、史地类图书的译介，重视实学图书出版。广智书局政治类图书占总图书种类的六分之一强，史地类图书占到总图书种类的三分之一多。这种译书主张与《大同译书局叙例》所言具有一致性，"以政学为先，而次以艺学"，"洗空言之诮，增实学之用，助有司之不逮，救燃眉之急难"①。广智书局认为凡有用之书，皆随时刊布。

第三，译介图书"以东文为主，辅以西文"。在广智书局的所有出版物中，译自外国的图书占据了一半的分量（194 种）②。而在译介的外文作品中，译自日本学者的作品又占据了多数。仅有极少数作品译自或者转译自美、英、法等国学者的著作。这与当时在华的外国出版机构译介图书对象有极大差异。日本在明治维新之后，大量聘请西人，翻译西史，历史科目建设相对完备，形成了"东洋史""西洋史"等研究机构，出版了丰富的历史著作。康梁等人在日本生活，便于"就地取材"。日本路途近、学费便宜、易通文字。20 世纪初年，赴日留学生日渐增多。留学生及在日本学者选择好图书翻译对象，略作删改，即在国内出版。

第四，出版的中国学者自著图书以康有为、梁启超作品为主，译介作品的承担者多为中国留日学生。据统计，广智书局共出版梁启超自著著作 26 种，翻译著作 6 种；出版康有为自著著作 11 种，主编期刊 1 种。担任外文图书翻译的译手主要有赵必振、麦孟华、麦仲华、麦鼎华、梁启超、周逴、罗伯雅、陈鹏、罗普等人。赵必振翻译了 17 种日文图书，成为书局出版物译介的主力军。

书局在最初成立的几年中，在上海图书市场颇有影响。但是，书局将盈利作为一个重要目标，使其逐渐丧失了特色与地位。广智书局

---

① 梁启超：《大同译书局叙例》，《饮冰室合集·文集之二》，第 58 页。
② 在 410 余种出版物中，尚有 53 种作者不明。

最初看好了科场考试的图书需求，译介之书成为科场士子的宠儿。公奴描述了当时的出版情况："若夫有用无用，盖视科场为衡，苟科场所不需，则虽佳亦从缓。能越此范围，殆百不及一。"① 上海开明书店股东王维泰在《汴梁卖书记》中写道："场前买书者，类皆取地理历史两部，杂著能阅者尚多，至教育一门，则寥寥无几。"② 广智书局历史、地理、政治类图书经常出现"赶印不及"的现象，一书年内再版并不稀奇。清政府废除科举考试之后，学堂大兴，教科书又成为广智书局的出版对象。然而，广智书局没能够成为学部审定的教科书出版机构，所出版图书积压甚多。

三 广智书局所出历史类图书

20世纪初年，"历史类"图书销售最为可观，究其原因有二：其一，"史皆事实，故译笔率皆畅达，便于省览"；其二，"此次科场，皆问各国政事，故不得不略求其端绪"③。除此以外，中国传统文化中"经""史"占据了重要内容，"经"属于上层建筑，"史"属于实学内容。以史为鉴，发挥史学的求真致用的功能是历代学者、知识阶层追求的目标。广智书局最初关注历史类图书出版，一方面是输入新知，唤醒国民，另一方面是书局盈利的需要。

据统计，广智书局共出版历史类图书80种④，其中国人自著13种，译介国外著作64种，外人中文著作3种，见表4—1。

---

① 公奴：《金陵贩书记·卷上》，宋原放主编：《中国出版史料·近代部分》第3卷，第309页。在科举考试废除之前，销售最好的书籍一般冠之以时务大全、大成、汇纂、通考、统宗、渊海等名称。

② 王维泰：《汴梁卖书记》，宋原放主编：《中国出版史料·近代部分》第3卷，第321页。

③ 公奴：《金陵贩书记·卷上》，宋原放主编：《中国出版史料·近代部分》第3卷，第304页。

④ 鉴于古今学科分类的差异，笔者难以将每一本图书恰当地归属于某一学科。

表4—1　　　　　　　　广智书局译介历史类图书一览

书名	著者	译者	出版日期	备注
东邦近世史	［日］田中萃一郎		1902	曾连载于《湖北学报》
欧洲十九世纪史	［美］轩利普格质顿	麦鼎华	1902	线装，铅印本，1册
十九世纪末世界之政治	［美］灵绶	罗普	1901	铅印本，1册
东亚将来大势论	［日］持地六三郎	赵必振	1902	线装，排印本
土耳其史	［日］北村三郎	赵必振	1902	铅印本，1册，史学小丛书
亚西里亚巴比伦史	［日］北村三郎	赵必振	1902	铅印本，1册，史学小丛书
埃及近世史①	［日］柴四郎	麦鼎华	1902	铅印本，再版大洋两角五分
新撰日本历史问答（上下）	［日］冈野英太郎	逸人后裔	1902	铅印本，两册
日本维新三十年史	［日］高山林次郎	广智书局	1902	第三版，计六册，定价大洋一元六角
德相俾斯麦传	广智书局编译	广智书局	1902	铅印本，1册，传记小丛书
泰西政治学者列传	［日］杉山藤次郎	中国广东青年	1902	铅印本，传记小丛书
明治政党小史②	东京日日新闻社	陈超	1902	铅印本，线装，1册，大洋一角
二十世纪之怪物：帝国主义	［日］幸德秋水	赵必振	1902	铅印本，1册
十九世纪大势变迁通论	［日］大隈重信	吴铭	1902	铅印本，1册，大洋四角

---

①　1903年，上海商务印书馆出版章起渭的同书译本。
②　1902年，上海商务印书馆出版此书，系《帝国丛书》之一种。

续表

书名	著者	译者	出版日期	备注
十九世纪欧洲文明进化论①	［日］民支社	陈国镛	1902	铅印本，1册
十九世纪大势略论	［日］加藤弘之	养浩斋主人	1902	铅印本，线装，1册，史学小丛书，大洋一角五分
现今世界大势论	饮冰室主人	梁启超	1902	木刻本，线装，1册
希腊独立史②	［日］柳井人絅斋	秦嗣宗	1902	铅印本，1册
世界近世史③	［日］松平康国④	梁启勋	1903	2册，二卷
中国文明小史	［日］田口卯吉	刘陶	1902	铅印本，1册，原名《支那开化小史》
日本维新慷慨史	［日］西村三郎	赵必振	1902	铅印本，2册二卷
俄国蚕食亚洲史⑤	［日］佐藤弘 ［英］克乐诗	养浩斋主人	1902	铅印本，1册，史学小丛书
日本现势论	日本东邦协会	养浩斋主人	1902	铅印本，线装，1册

---

① 此书可能是日本田尻稲次郎的讲义。

② 同年，上海商务印书馆出版此书。

③ 1902年，上海商务印书馆出版中国国民丛书社的《世界近代史》，铅印本，线装1册，作为历史丛书之一种。1903年，上海作新社也出版了此书。

④ 松平康国（1863—1945），字子宽，幼名琼杵三郎，号天行，别号破天荒（"破天荒斋""破天荒猛士"）、琼浦，日本江户（今东京都）人。早年习汉学，后留学美国。回国后入读卖新闻社，曾担任该社主笔。1891年受聘为东京专门学校讲师。1902年受直隶总督袁世凯聘请，任直隶学校司编译处主笔。1905年又受聘为张之洞的"政治法律幕僚"。1907年归国，任早稻田大学教授会议员（后改称教授）。1911年因辛亥革命爆发与犬养毅同往中国观察事态变化。1924年4月，大东文化学院创立，受聘为特任教授，至1926年4月解任。1943年3月，从早稻田大学退休。生平著述丰富，主要有《世界近世史》《英国史》《英国宪法史》《史记讲义》《左史讲义》《天行文钞》《天行诗钞》等。松平康国在华活动参考孙宏云《日本汉学家松平康国的对华认识及其政治倾向》，《中山大学学报》2021年第3期。

⑤ 此书分为上、下篇，上篇佐藤弘著，下篇克乐诗著。

续表

书名	著者	译者	出版日期	备注
东亚各港口岸志	日本参谋本部	广智书局	1902	铅印本，线装，1 册
万国商业地理志①	［英］嘉楂德氏	广智书局	1902	铅印本，线装，1 册
最新万国政鉴	［日］《太阳》杂志社		1902	铅印本，线装，1 册，原名《世界国势要揽》
万国地理志	［日］中村五六	周起凤	1902	铅印本，线装，1 册
王安石新法论	［日］高桥作卫	陈超	1902	铅印本，线装，1 册
泰西史教科书②	［日］本多浅次郎	出洋学生编辑所	1902	铅印本，线装，1 册
中国财政纪略	［日］日本东邦协会	吴铭	1902	铅印本，线装，1 册，大洋二角五分
欧洲财政史③	［日］小林丑三郎	罗普	1902	铅印本，线装，1 册
中国商务志④	［日］织田一	蒋篯方	1902	铅印本，线装，1 册
世界十二女杰	［日］岩崎徂堂、三上寄风	赵必振	1902	铅印本，1 册
英国宪法史	［日］松平康国	麦孟华	1903	铅印本，3 册
英国制度沿革史⑤	［英］非立啡斯弥士	广智书局	1903	1 册

① 此书以国为章，共计二十三章，记述各国商务贸易，未述及商业与地理之关系。

② 1902 年，上海商务印书馆出版了此书，书名为《西洋历史教科书》。上海群益书社也出版了此书。

③ 1902 年，上海商务印书馆出版了此书，由出洋学生编辑所翻译，铅印本，1 册，系"政学丛书"之一种。

④ 该书在 1902 年 11 月再版，出版时间不得而知，根据广智书局设立的时间，该书属于年内再版。

⑤ 1897 年，该书经日本学者工藤精一译介在日出版。2005 年，日本信山社影印再版此书。

续表

书名	著者	译者	出版日期	备注
现今中俄大势论	［日］渡边千春	梁武公	1903	铅印本，2 册
近世世界工商业史	［日］桐生政次	人演绎社	1903	
波斯史	［日］北村三郎	赵必振	1903	铅印本，1 册，史学小丛书
埃及史	［日］北村三郎	赵必振	1903	铅印本，1 册，史学小丛书
腓尼西亚史	［日］北村三郎	赵必振	1903	铅印本，1 册，史学小丛书
亚剌伯史	［日］北村三郎	赵必振	1903	铅印本，1 册，史学小丛书
犹太史	［日］北村三郎	赵必振	1903	铅印本，1 册，史学小丛书，大洋一角
历史哲学	［美］威尔逊	罗伯雅	1903	
意将军加里的传		广智书局	1903	铅印本，1 册，传记小丛书
铁血宰相传①	［日］吉川润二郎	钱应清、丁畴隐	1903	铅印本，1 册，传记小丛书
俄罗斯史②	［日］山本利喜雄	麦鼎华	1903	铅印本，1 册，二卷
意大利独立史	［日］松井广吉	张仁普	1903	
英吉利史	［日］须永金三郎	广智书局	1903	铅印本，线装，2 册，三卷
世界进化史		张通煜	1903	活字本，线装，2 册
法国革命史	［日］涩江保	赵天骥	1903	
教育学史③	［日］金子马治	陈宗孟	1903	1 册

---

① 上海文明书局亦出版此书。

② 1903 年，上海商务印书馆出版了由本馆编译的《俄罗斯史》，著者为俄罗斯伊罗瓦伊基。笔者尚未考证二版本之间的关系。

③ 同年，广智书局还出版了此书的陈毅译本，2 册。

续表

书名	著者	译者	出版日期	备注
万国商业志①		陈子祥编译	1903	1册，二卷
南阿新建国史	［日］福本诚	贺延谟、陈志祥	1904	2册
粤军志	［日］曾根俊虎	广智书局	1904	
今世欧洲外交史	［法］德比瑠儿	麦鼎华	1905	铅印本，硬皮精装，2册，上册大洋一元四角
血史	［美］佛兰斯士专逊	梁启勋、程斗	1905	
世界殖民史②	［日］山内正瞭	陈祖兆	1905	铅印本，线装，1册，大洋四角
日俄战役外交史③	［日］东京博文馆	赵伸	1906	铅印本，1册
中学西洋历史教科书④	［日］坪井九马三	吴渊民	1908	
明治政史	［日］白海渔长、漠堂居士	王钝		1册
东洋女权萌芽小史⑤	［日］铃木光次郎	赵必振		铅印本，线装，1册
美国民政考⑥	［美］勃拉斯	章宗元		铅印本，1册，二卷
英国度支考⑦	［英］司可得开勒	华龙		铅印本，1册

---

　　① 此书二卷，分四章。记述了自古代至近代以来世界各国商业发展。1901年，上海广学会出版此书。此书节选自《万国通志》第五编。

　　② 该书发行所为清国留学生会馆、广智书局，印刷所为东京并木活版部。1905年5月初版，同年9月再版。

　　③ 该书发行所为清国留学生会馆、广智书局，印刷所为东京并木活版部。1906年初版。

　　④ 李孝迁曾介绍广智书局出版的《中学西洋历史教科书》（见《清季汉译西洋史教科书》，《东南学术》2003年第6期），笔者没有查阅到此版本。

　　⑤ 1903年，上海新民译书局出版了该书。笔者未见广智书局版本。

　　⑥ 沈兆祎在《新学书目提要》中介绍广智书局出版了该书。笔者只查到了上海文明书局的版本，没有找到广智书局的版本，该书具体出版时间无法确认。从文明书局版可知，此书是节译本。

　　⑦ 上海商务印书馆亦出版此书，具体时间未知。

广智书局历史类图书译介的主要特征体现在：

第一，出版亡国史、大国衰亡史，以及国别发达史、名人传，达到以史为鉴、挽救民族危机的目的。20世纪初年，中国再次遭受西方列强群体式掠夺，中华民族岌岌可危，有志之士无不忧心忡忡。广智书局出版的《史学小丛书》对亡国史、衰落史异常关注，以达到"朝野忧国者鉴"的目的。广智书局译介了《犹太史》《埃及史》《亚刺伯史》《波斯史》《亚西利亚巴比伦史》等史书。译介的《意大利独立史》《希腊独立史》《南阿新建国史》《日本维新慷慨史》《法国革命史》以及《德相卑（俾）斯麦传》《伊藤博文》《意将军加里波的传》等史书，意在彰显民族气节，表彰优秀人物、爱国志士在民族崛起中的努力和奋斗。《南阿新建国史》文中有言："夫阿州鱼肉于欧人久矣，得古鲁家振作民气，其收效若此，然则地广人众者可以鉴矣。"[①] 南非久受欧洲奴役，在英雄人物带领下，民气大振。

第二，出版世界发展史，关注当代世界发展新趋势。广智书局不仅关注衰亡史，而且重视当代世界最新发展趋势。书局译介了一批当代史、外交史著作，如《世界近世史》《欧洲十九世纪史》《十九世纪大势略论》《十九世纪大势变迁通论》《今世欧洲外交史》《日俄战役外交史》《现今中俄大势论》等，特别关注世界的发展动向和各国之间的外交策略。书中有言："欲知政上未来之问题，无不原因于过去之实验者，凡吾人研究政治学，非以史学为根据不可。"[②] 以上著作分析了世界各国思想、哲学、军事、外交、国力等方面的变化，并预测未来国际关系的变化。《世界近世史》一书分为五编，内容包括新航路开辟、欧洲宗教改革、欧洲列国之波澜、东洋诸国之变动、欧美自由主义之发动，论及了美国的建立与法国大革命，止于维也纳会

---

① 熊月之编：《晚清新学书目提要》，上海古籍出版社2007年版，第238页。
② 《去来两纪日本与世界列国之关系》，《十九世纪世界变迁通论》，广智书局1902年7月版。

议。该书中有梁启超按语。梁启超称赞该书为"东国史籍中第一善本"①。对于国人认识欧洲列强的发展轨迹，世界形势的新变化，具有很大的启发意义。

第三，重视文明史著作以及政治、经济、法律等专史的译介。田口卯吉是19世纪后半期日本书明史学的代表人物，他以近代西方史学观念来撰写《中国文明小史》。《中国文明小史》内容不局限于政治和战争，而扩展到宗教、哲学、风俗、礼节、建筑、文学等领域，给当时中国史学界带来了一片清新的空气。文明史书写方式改变了以往史书撰写方式，内容更加丰富，对20世纪初年中国史学思潮产生了重要影响。同样，在文明史的影响下，各种专史研究和论述也逐渐丰富起来，宪法史、政党史、制度史、外交史、商业史、财政史等各种专史书籍不断出现，为中国知识分子更全面认识和理解社会变迁提供了参考。

第四，出版历史教科书，适应了社会需求。戊戌变法期间以及之后，特别是清末颁布"壬寅学制""癸卯学制"以后，全国各地兴办了学堂，注重历史教育，特别是重视外国历史教育，以资借鉴。学堂对教科书的需求逐渐增多。《万国史记》《泰西新史揽要》《日本国志》等书籍曾被作为教科书参考使用。但是，教科书编纂出版是一个缓慢的过程，"吾国自有翻译西籍以来，西史寥寥，而可充中学堂用，已辑为教科书者，亦不可得"②。广智书局出版自著、译介教科书近五十种，适应了当时社会的需求。在历史教科书方面，译介出版的《泰西史教科书》《中学西洋历史教科书》等历史教科书，尽管没有通过学部审定，成为官方教材，但是同样受到了各学堂的欢迎。

第五，图书洋装本和旧装本并存。在20世纪最初的几年，中国图书形式（印刷、装订）存在洋装、旧式两种。从日本译介（包括

---

① 《〈世界近世史〉广告》，《新民丛报》第32号，1903年5月25日。
② 《绍介批评：〈中学西洋历史教科书〉》，《教育杂志》1909年第6期。

在日本出版）的图书为了迎合中国读者的需要，都会采用旧式样式。广智书局出版的图书，旧装图书不在少数。在 1902 年出版的旧装本译自日本的 43 种图书中，广智书局图书占到了 46.7%[①]。随着洋装书的大面积使用，广智书局也逐渐改变了装订样式。

四　译介历史类图书的意义与影响

尽管广智书局图书出版具有一定"功利性"，但是书局历史类出版物的潜在影响深远。图书翻译者对中国社会问题的"关照"表现尤为突出。译者在《中国财政纪略序》中写道："中国百务失政，腐败不堪。今日欲锐意整理，昌言改革，诚千头万绪，不知从何说起""当局所最棘手者，尤莫如财权尽失一事""财权既失，则外制于人，内穷于己"[②]。译者翻译《中国财政纪略》是为了"有心者"能从中得到财政管理的借鉴。

其一，书局译介的历史类图书采用新的史书编纂体裁和体例，推动了"新史学"思潮的发展。《日本维新三十年史》六册[③]，采取编、章、节的新式史书编纂体裁。《泰西史教科书》共二册六编，该书是章节体教科书并具有明确时代分期的代表，对国内世界史教科书的编纂具有启发意义。日本式的文明史编辑形式对近现代中国的史书撰写尤其是自编历史教科书撰写，产生了深远影响，它在中国近现代史学史、教育史上具有一定的地位。

其二，国人对本国发展情形，西方国家的侵略行为有深入地了解和认识。《东亚将来大势论》《东亚各港口岸志》等史书，主要论述了中国当时的发展状况，在东亚的地位，以及列强对中国关注的目的及动向。如，《东亚各港口岸志》介绍了中国台湾、香港、沿海、长

---

① ［日］实藤惠秀：《中国人留学日本史》，第 261—263 页。
② 《中国财政纪略·序》，广智书局 1902 年版。
③ 《日本维新三十年史》有木刻版、铅印版之别。该书采用纸张的不同，装订的方式亦有区别，有的订为 1 厚册，有的线装为 4 册。

江各口岸的地理位置、风俗物产、贸易情形。在《芜湖》中写道："民俗甚属勤俭，勤耕稼穑，善营田土，畦畎相望也，故获收田利颇多，人民稍有富色焉……实为输出品之主目也。"①《十九世纪大势通论》认为，有形之战争已经稍息，"无形之战争必日起而日烈，杀人如草，流血无声，而国家之兴废存亡，必与其工商业之兴衰而决之"②。处于世纪之交的知识分子读之，又怎能对国家民族之危亡熟视无睹呢。

其三，书局所译介的外国史书在中国的社会运动、史学思潮、学校教育、思想变革等方面起到了一定的影响。这些史书的原著者均为外国人，日本学者居多，他们不可能站在中国社会立场之上思考问题，甚至在行文中使用污蔑性的语言，但是，这些出版物在中国语境中的确发挥了资鉴的效应，译介的史书契合了"救亡"的时代主题，符合社会的需求。《中国文明小史》中有言："中国人民常苦于独裁政治之弊害，从周以前数千年间，埋没于封建乱离之祸害时代也……然其于政治则未有别开生面而越于独裁政治之外者。不然，则以四亿人之邦国，何至如此之境也。"③赵必振在书中写道："以社会之大，民族之众，而以彼一姓一族一人而统括之，私矣小矣，夸矣误矣，故今日之谈新史学者，辄谓中国无史，非无史也，不过二十四姓之家谱年表耳。"④日本之旧史与中国相类似，自明治维新以来，史家随其风潮而改革，"一洗其旧日君史之陋习，而纪其有关于社会之大者，是为东亚民史之权舆"。这种语言和论述能够鼓舞国人士气，增强国人斗志。

其四，广智书局译介的史著在树立国人世界观念，增强"国家""民族""社会"等政治观念方面同样发挥了重要作用。1903 年《大

---

①　《东亚各港口岸志》第三章第一节《芜湖》，广智书局 1902 年版。
②　《十九世纪大势略论·两世纪之大观》，广智书局 1902 年版。
③　《中国文明小史·总评》，广智书局 1902 年版。
④　赵必振：《日本维新三十年史序》，《日本维新三十年史》，广智书局 1902 年木刻版。

陆报》刊发的文章指出："我中国闭关于昆仑山脉之下，锁国于马来半岛之东，极东孤立，庞然自大，其交通者，不过如汉儒所谓东夷南蛮西戎北狄而已，知识未周，见闻不广，并不知有亚洲，遑问世界，故世界史之著，亘古无闻焉。数十年来，海禁开放，宗教、贸易、外交、学术、技艺之会通，我国民耳濡目染，则世界之观念，宜其勃然兴起，以成世界史，而沾溉同胞矣。"① 世界史著作、国别史著作在广智书局出版物中占据了一定分量。日本编撰的史书受西方史学观念影响颇大，特别是文明史的撰写方法。行文中"国民""国家""社会""实业""财政""外交"等词语随处可见，在进化史观的指导下，突出社会发展的大势。读者能够重建历史事实"互为因果，连绵总续"的关系②。译介的日本史著受到中国一些学者的好评，"日人新编，较为扼要，且多新识"③。

要之，广智书局出版的历史类图书可谓是康梁思想的延续。20 世纪初年，中国面临严重的政治、经济、思想、社会危机，中国进入世界和世界进入中国一样都不可避免。广智书局译介的图书，促进了新的知识分子群体的形成。他们通过阅读最新历史类、政法类等图书，对世界发展的不均衡性有了更加清晰的认识，对非欧美地区表现出了越来越强烈的认同，对政治和政治参与产生了新的理解。中国社会精英再次思考应对社会变化的策略。

同样，新闻业和出版业对中国史学的现代转型发挥了重要作用。20 世纪初年，梁启超先后发表《中国史叙论》《新史学》，振臂高呼"史学革命"。广智书局译介的历史类图书为"新史学"思潮的深入开展起到了推动和延续作用。新的史书体裁、体例，新的史书撰写风格，为"新史学"的"立"奠定了方向。《日本维新三十年史》一书

---

① 《近世世界史之观念》，《大陆报》1903 年第 2 期。
② 《中国文明小史·原序》，广智书局 1902 年版。
③ 王舟瑶：《中国通史讲义·论读史法》（贰编），商务印书馆 1904 年版。

在 1902 年初版，1903 年 2 月 10 日再版，1903 年 5 月 14 日三版。在极短暂的时间之内，书局译介出版的历史类图书多次再版，显示了社会的迫切需求，彰显了出版人的学识和时代责任感。

20 世纪初年中国译书界之活跃实乃空前，历史类、政法类、教科书类应有尽有。群谊译社批评时风说道："浅尝之士每未能融会书意，涂乙一二联络词，卤莽卒事，甚者且竞骛牟谋，惟速是尚，不暇问于义之安否，驯致所译之书，格格不堪卒读，不惟不足以启吾国民，即远质诸已知和文者，亦未由索解矣。"① 从现存广智书局出版的图书来看，图书翻译质量、印刷质量不输于其他书局。至于书局出现入不敷出，关门大吉，应该不只是图书出版的问题。1909 年之后，广智书局基本不再出版历史类图书，很大一个原因是图书滞销严重。此时革命思潮已经兴起，维新、保皇思想得不到更多人的拥护支持。当时的一部小说《新上海》描写了广智书局的情况，当时主人公看到广智书局出版的《明治政党史》《十九世纪外交史》《社会主义》《戊戌政变记》等书不能像以往那样畅销，说道："见旁人买时都只得两三个铜元一册，翻那书上价目，却明明白白刊着一元、八角、五角、三角呢"②，甚至这些图书还没有小说能够卖上价去。从侧面亦可看出，图书出版与时局变迁之间的互动关系。

第二节　留日生创办的作新社

清末出版机构如雨后春笋迅速出现，既有外国创设的出版机构，又有官办译书机构，还有个人创办的译书机构。留日学生学成回来，响应时代需求，自创出版机构，译介日本人撰著的史学著作或者转译日本西方史学著作，成为中日史学交流的一个重要内容，也推动了近

---

① 《群谊社广告》，《大陆报》1903 年第 3 期。
② 陈大康：《论晚清小说的书价》，《华东师范大学学报》2005 年第 4 期。

代史学思潮的发展。作新社作为留学生创办出版机构的代表，在仅存的近十年的时间内，译介了大量日本出版的史学著作，满足了当时学界的需求。目前，国内学界对作新社的出版研究较少，对作新社与日本史著译介关注更少①，主要原因是所发现的史料中关于作新社的描述多语焉不详。本节以作新社的史学译介为中心，在理清作新社译介史学著作的书目与内容的基础之上，分析该出版机构译介日文史著的动因以及社会反响，以期认识该出版机构对中国近代史学演进发挥的作用。

一 作新社的设立与运行

作新社，又称作新社图书局、作新译书局、作新书社、作新书局等，初期社址在上海英租界四马路巡捕房东首，同时附设有印刷局。作新社是由留日学生戢元丞与日本女教育家下田歌子合作开办的。有学者认为作新社创立于日本东京，1902 年迁回国内。邹振环教授认为作新社大约于光绪二十七年秋天在上海正式成立，印制的第一本书可能就是曾经在日本出版过的《东语正规》②。作新社的总部设立在上海，之后在北京、扬州等地设立了分社。在北京的分局地址是琉璃厂西门内路南，在扬州的地址是钞关门内埂子大街③。笔者翻看作新社1902 年出版的《万国历史》，后面版权页有"明治三十五年阴历七月十六日印刷"，出版的其他著作中个别也有明治纪年，说明作新社与日本有着紧密关系。若仅因为该书为留学生在日本翻译，则没必要书上日本时间，故而该书在日本出版过，再转运至中国。

戢元丞在与唐宝锷合编的《东语正规》前言中写道："岁辛丑之

---

① 代表性的论文有邹振环的《戢元丞及其创办的作新社与〈大陆报〉》，《安徽大学学报》2012 年第 6 期。

② 邹振环：《戢元丞及其创办的作新社与〈大陆报〉》，《安徽大学学报》2012 年第 6 期。

③ 笔者搜集到《达生编》，署名民国丙寅扬州作新社，地址是扬州钞关门内埂子大街。此时的作新社已经更换主人，并非上海作新社的分社。

冬，期满将归，思谋输入东邦文明，以享吾同胞之有志新学者，译述之书多至十余种，已成策矣，正谋付梓，适《东语正规》又将次告罄，以东文之书在中国发印殊未便，故不能不在东付刊。窃思我国当兹创巨痛深之后，有志之士旋思磨荡脑力，以为变法用，将来东渡留学者更当不绝于道，则输入文明之先导，不得不求之于语学也。"① 戢元丞是将在日本已经完成的部分译述并在日本进行了印刷，之后在上海设立东文学社之后，重印了部分图书，又继续翻译印刷了部分图书。

作新社的主要创办人是戢元丞（1878—1908），名翼翚，早年随父居武昌，得与当地士大夫游，始识读书之法，颇有四方之志。1896年作为首批官费选派赴日留学生，就读于嘉纳治五郎负责的亦乐书院，毕业后进入东京专门学校学习②，后任职于励志学会，曾参与创办《译书汇编》《国民报》《大陆报》等多种报刊，又加入兴中会，被誉为"留日学生第一人"，发刊革命杂志第一人，亦为中山先生密派入长江运动革命之第一人。光绪二十八年（1902）毕业回国，光绪三十一年（1905）以游学毕业身份获进士出身，任外务部主事，负责对日交涉。后因被指控"交通革命党，危害朝廷"而遭革职，押解回籍，于1908年在武昌逝世。

作新社的重要股东是下田歌子。下田歌子生于安政元年（1854），出生地是美浓（今日本岐阜县）。下田氏家学渊源，自曾祖父以下均精通汉学，她自幼即学《论语》《孟子》及日本和歌等。1881年，下田首创"桃夭塾"，以教育日本贵族子女，塾名即取义《诗经》。1884年，她任华族女子学校学监。1899年，在"帝国妇女协会"之下附设实践女学校及女子工艺学校，招收女学生入学，下田兼任两校校长。1908年，将实践女学校及女子工艺学校合并为一，名为实践女

---

① 《东语正规》重印本，作新社1905年版。
② 这也充分说明了，为何作新社翻译的日文图书原本多来自东京专门学校出版部印刷。[日] 实藤惠秀：《中国人留学日本史》，第252页。

学校。下田歌子与秋瑾、孙中山、吴汝纶、熊希龄、严修、戢元丞、杨枢、杨度、钱恂夫妇等都有过往来。

作新社出版政法类、历史类、地理类、自然科学类、军事类、医学卫生类、语言类等新学书籍，出售科学仪器，编辑出版有《大陆报》杂志。《大陆报》主要刊载政治、经济、军事、哲学、历史、教育、文艺、自然科学等文章，而以政论为主。作新社出版的部分图书，或先在《大陆报》连载，或在报纸上进行全面介绍。很多学者多强调该社所出版的宣传革命思想的读物，如杨廷栋据日文译本重译卢梭的《路索民约论》，杨廷栋、周祖同译日人成濑仁藏的《女子教育论》，杨荫杭译日人加藤弘之的《物竞论》①，以及日人岛田三郎著《社会主义概评》、日人中岛生的《朝鲜政界活历史》、小越平陆的《白山黑水录》等。

作新社出版的高峰期是 1902 年至 1906 年。所见该社最后一种有明确标注年代的图书是 1906 年 5 月 15 日出版的《政法类典》的乙"政治之部"和《政法类典》的丁"经济之部"，而该社的刊物《大陆报》也是结束在 1906 年 1 月。1906 年后，作新社渐渐进入衰弱期。邹振环认为，"民国初年，作新社可能已经结束，或认为是与梁启超领导的广智书局进行了合并。此说虽无直接证据，但作新社后期的译作《最近财政学》，由上海广智书局出版，可作为旁证"②。

至于作新社到底何时歇业关闭，笔者并没有详细确切的资料为证。需要说明的是，在 1914 年、1915 年以及 20 世纪 20 年代署名"作新印书局"的出版社与作新社肯定不是一家。在 1914 年前后，先后有奉天作新印书局、辽宁作新印书局等，此名与作新社相差甚远矣。

---

① 杨荫杭（1878—1945），字补塘，笔名老圃，又名虎头，江苏无锡人，四女儿是作家杨绛。1895 年考入北洋大学堂（当时称"天津中西学堂"），1897 年转入南洋公学，1899 年由南洋公学派送日本留学。回国后因鼓吹革命，清廷通缉，筹借资金后再度出国赴美留学。
② 邹振环：《戢元丞及其创办的作新社与〈大陆报〉》，《安徽大学学报》2012 年第 6 期。

二　作新社史学著作译介内容与特点

因为戢元丞、下田歌子等与日本有特殊关系的缘故，作新社译介图书的底本主要来自日本。作新社出版的译著主要集中在 1902—1906年，见表 4—2。

表 4—2　　　　　　　　　　作新社译介日本史著一览

书名	著者译者	备注
日本维新三十年大事记	作新社编译	1902 年，刻本，2 册，180 页，七角
最近外交史①	作新社编译	1902 年
万国历史	作新社编译	1902 年六月二十八日首版②
十九世纪欧洲政治史论	［日］酒井雄三郎 作新社编译	东京专门学校出版部 1900 年出版，作新社 1902 年出版
可萨克东方侵略史	作新社编译	1902 年，75 页
白山黑水录③	作新社编译	1902 年出版④
革命前法兰西二世纪事	［日］中江兆民⑤	1902 年

---

① 国家图书馆藏有该版本。另外，1904 年，国家图书馆藏有湖北学报馆译日本原田丰次郎等著的《最新外交史》，笔者没有比较二者之间的区别。

② 1902 年十月十一日再版，1903 年一月十八日发行第三版，1903 年五月发行至十一版，定价一元，233 页；附彩色地图 10 幅。

③ 此书为日本人小越平陆著《满洲旅游记》的中译本。

④ 根据版权页显示，此书在日本印刷，在中国发行。此书主要讲述满洲的铁路、水运、平原等情况。

⑤ 中江兆民（1847—1901），原名笃介，1847 年 11 月 1 日生于日本上佐藩一个下级武士家庭。幼年在藩校文武馆学习汉文。青年时代开始学习西方语言和人文科学。1871—1874 年，他作为司法省的留学生在法国留学，专心研究哲学、史学和文学，深受法国 18 世纪启蒙思想的影响。1880 年他参加了自由党，他用汉文译述的卢梭《民约译解》（即《社会契约论》）一书的出版，在知识界影响很大，使他获得了"东洋卢梭"的称号，成为日本公认的自由民权运动激进派的理论家。他的著作有：《理学钩玄》（意为：哲学概论，1886）、《革命前法兰西二世纪事》（1886）、《三醉人经纶问答》（1886）、《平民的觉醒》（1886）、《国会论》（1887）、《选举人的觉醒》（1889）、《忧世慨言》（1889）和《放言集》（1891）等。译作有：《非开化论》（即卢梭著《论科学与艺术》日译本，1883）、《维氏美学》（1883—1884）、《理学沿革史》（意为哲学史，1886）、叔本华的《伦理学大纲》（1893）等。他最后一部著作，以《一年有半》为名，其后又写下他"无神无灵魂"的哲学思想，作为续编，是为《续一年有半》，由他的学生、日本最早的社会主义者幸德秋水整理出版。

续表

书名	著者译者	备注
近世政治史	［日］有贺长雄	1903 年，体例不甚统一
德意志政治史	富士英译	1903 年
世界上古史	作新社编译	
世界中古史	作新社编译	255 页
世界近代史	作新社编译	
世界近世史①	［日］松平康国	1903 年
世界文明史	［日］高山林次郎，上海作新社译	1903 年
支那人气质	［美］斯密斯	1903 年，铅印本，1 册
成吉思汗	［日］太田三郎等著 作新社译	1903 年，64 页
兴国史谈	作新社编译	1903 年
朝鲜史略	作新社图书局译	1903 年，50 页
政法类典·历史之部	作新社编译	1903 年
支那人之气质	［美］明恩溥	1903 年
朝鲜政界活历史	［日］中岛生著，益闻子译	1903 年，50 页
希腊政治沿革史②	［美］弥勒崧著，陈弢译	1903 年
法兰西近世史	马君武	1904 年
国文典	［日］儿岛献吉郎著，丁永铸	1905 年，铅印本，2 册
租税论	作新社编译	1905 年，铅印本，定价六角
希腊春秋	王树枏	1906 年，大洋二元
五大洲三十年战史③		

---

① 另有松平康国编著，梁启勋译述，许毅编辑《世界近世史》，由广智书局印行，百城书局出版。

② 版权页署名：发行所为作新社印刷局，总发行所为东来译局。

③ 邹振环还提及了作新社出版的《日本制度提要》《地方制度要义》《法国革命战史》《意大利独立战史》《美国独立战史》等作品，笔者没有看到这些书的原本。参见邹振环《戢元丞及其创办的作新社与〈大陆报〉》，《安徽大学学报》2012 年第 6 期。

作新社图书译介的特点主要体现在：

第一，重视史学著作的译介。《大陆报》"史传"一栏颇见特色，文中写道："夫史家之要，在发潜露隐，扬德标光，描写人物之精神，披抉事情之真相，令读者歌之泣之鼓舞之而闻风兴起焉。本栏记者以深刻奇拔之观察与精确明了之断案，为古今东西之奇杰立传。"中国社会精英阶层多以人文社会科学读物为消遣，或者获取知识。

第二，史学译介重视国家政权的建构与发展。作新社对如何实现民族独立与国家建设予以特殊的关注，如出版社所译《兴国史谈》，全书共二十三回，以埃及与埃及之文明、巴比伦、亚西利亚、新巴比伦、腓尼基、犹太、伊兰高原、米底亚、波斯等为例，讨论兴国与亡国、兴国之要旨等问题。作新社推出的一系列独立战史的译著颇受学界关注，如《美国独立战史》有1903年作新社出版的东京留学生译本，后又有商务印书馆重印本。全书分上下两卷九编，第一编叙美与殖民地之轧轹，即革命之远因近因也；第二编至第八编叙述革命数大战，即所谓独立战也；第九编叙战后情状及种种政策。

第三，史学著作译介与革命思想宣传相结合。邹振环认为，戢元丞等是将作新社作为出版鼓吹革命书刊，也是革命党人秘密活动的机构，如同湖南民译社、福州书报社、上海国学社、湖北乐群印刷社。作新社出版的《兴国史谈》《朝鲜史略》《美国独立战史》《法国革命战史》《意大利独立战史》《五大洲三十年战史》等亡国史鉴和各国革命史、独立史的译著反映了戢元丞的编刊思想。作新社创办的期刊《大陆报》鼓吹改革，赞成立宪，排斥康、梁，宣传进化论，批判孔学，介绍西方社会政治学说和科学文化。

第四，图书由从日本印刷到在中国上海印刷。在《白山黑水录》《世界近世史》等著作的版权页，还写着"明治三十三年"字样，说明有些图书可能在日本印刷。日本印刷的技术较高，特别是《世界近世史》附有彩色地图，而当时的上海民办出版机构还较少使用彩色印刷技术。而同时期的有些译作，没有标注日本纪年字样，说明这样的图书是在上海当地印刷。

三 作新社译介史学著作的社会反响

中国留日学生到日本以后，努力从事图书翻译工作，以将最新的历史和时局知识传递到国内。据实藤惠秀编《中译日文书目录》记载，从 1896 年首批学生赴日留学，至 1937 年全面抗日战争爆发，中国留学生从日本翻译图书 2602 种，其中地理、历史类图书 344 种[①]。这些图书为中国人重新认识中国与世界的关系提供了重要参考。

第一，推动了图书装订形式的发展。中国传统图书多采用木刻，木刻分为家刻、官刻、坊刻、影印等类别。在铅石印技术传入后，图书刷印方式有了改变，但是装订模式采用传统模式。作新社在出版史上的最大贡献，是使中国第一次有了洋装书，第一次采用了新式版权页。中国人编辑印刷出版的书，最初都是旧式的环筒页线装本，文字只印一面，采用对折装订。现代形式的中文书籍的平装本和精装本，是晚清出现的，作新社起到了重要推动作用。

第二，史书中所体现的独立思想，反抗西方侵略，加强国家建设，尤其是英雄人物的作用，对中国革命运动的发展起到了重要作用。通雅斋主人评论说："美之隶于英也，蜷伏为其属土，重税之轭制，日有所增，主权损弃，美几不国矣，使非举兵抗争，八年血战，十三州之人民将沉沦终古而永无独立之望。此书谓泰西数大战，其可称义战者，唯英国革命之战与美国独立之战，此说颇为允当。盖战争之起不由于忧国爱民，而其成功则往往以专制之政略施于新造之国，如亚历山大、拿破仑皆具有此种之思想，能牺牲一人，始终以利公众者，唯华盛顿一人。"[②]《万国历史》专为学堂急需的历史教科书而翻译[③]，文笔通畅，采用公元纪年法，在一些重要地名、人名首次出现

---

① ［日］实藤惠秀：《中国人留学日本史》，第 247 页。
② 通雅斋同人编：《新学书目提要》，广雅书局 1903 年版，第 28 页。
③ 《万国历史》名为"世界史"，实则主要论述西方国家历史，在事实选择上，更多关注人类文明进步的重要史实。见《万国历史·绪论》。

时，标出外文，以便理解①。该书在出版发行的 1 年之内，再版 5 次，受到当时知识分子、学堂的欢迎。戢元丞作为作新社的创办者，为出版社的发展做出重要贡献。他身体力行，参与图书翻译。上海大宣书局 1903 年出版有戢元丞译出的日人松村介石《万国兴亡史》。他"身兼译书汇编社、作新社、出洋学生编辑所、国民社和国民报社等出版机构的重要领导者的职位，对推动中国出版事业的近代化有一定的功劳。如果说戢氏是中国书刊洋装化之父，似也不为过"②。1908 年，戢元丞去世以后，作新社的图书出版基本上停止了。

第三，译印书充满了对中国命运的关切，对西方侵略的警惕，期待中华民族的奋起抗争。译者在《译哥萨克东方征略史序》中写出了欧洲诸国对外侵略的原因，文中写道："中国居神州膏腴之地，民生丰乐，无待外求，其视四夷蛮荒，夷然不一措意，是以无长驾驭之功。而欧洲诸国，或起于蕞尔小邑，或僻在旷邈无人之野，非锐心远略，不足以图存。虽勇怯之致殊，亦其势然也。"③ 关于哥萨克对外侵略的行为，"吾国之言实务者莫能详也"。同时，通过哥萨克对外侵略活动，提出了对外国侵略的警惕，"胜则鞭笞八海，败则一蹶不振，转委命于他人，殖民兴国之事业，岂独欧洲人也哉？"④ 在《万国历史》一书中，同样有类似表述，文载："曾有言曰，世界者，强者之所有也，此言诚然。故此互相竞争之际，欧洲人博爱之说，同胞之义，非不美也，然鲜有能行者。口虽称道之，而心则狡焉思启，右手持圣经以教导人，左手则持剑戟以相待。然则竞争也，战斗也，残忍也，皆今日所未免。"⑤

相比于同时期的出版机构，作新社有独特的优势。一是出版机构

---

① 《万国历史·历史凡例》，作新社 1903 年版。
② ［日］实藤惠秀：《中国人留学日本史》，第 260 页。
③ 《译哥萨克东方征略史序》，《可萨克东方侵略史》，作新社 1902 年版，第 1 页。
④ 《译哥萨克东方征略史序》，《可萨克东方侵略史》，第 2 页。
⑤ 作新社编译：《万国历史》，作新社 1902 年版，第 333 页。

主持人戢翼翚以及译者都有日本的留学经历（有的翻译是日本人），得到翻译图书的底本较为便捷，并且有语言的优势，词语翻译信手拈来，更能达意；二是该出版机构得到了日本实践学校—笃志家的经费支持①，解决了为谋利而翻译的难题，从图书选择到翻译润色更能体现出版者的意图。从现在的史料来看，当时的学者对作新社出版的图书都特别关注。

第三节　商务印书馆：从教科书转向汉译丛书

商务印书馆是清末成立的具有重要影响的民营出版机构，它不仅出版了系列教科书，而且出版了众多有影响的国别史、区域史的外国史著作。戊戌变法之后，光绪皇帝还开具所需外国史书目，专门派人去商务印书馆查询图书。

一　商务印书馆的建立与发展

商务印书馆（The Commercial Press）创立于 1897 年（清光绪二十三年）2 月 11 日，商务印书馆初期承印商业簿记、表册、账本、教会图书等印务，故得名商务。该馆最初设立的地址是在上海北京路南首德昌里末弄三号。商务印书馆由夏瑞芳、鲍咸恩、鲍咸昌、徐桂生、高翰卿等七人合资创办，以夏瑞芳为核心，其他股东都是他的亲友，最初资本额 3750 元。大股东沈伯芬，共认两股，计洋 1000 元。②在创立初期，发起人不分余利，所有盈余尽作营业资本。1902 年，夏瑞芳有意扩充，设立编译所，聘请张元济主持编译事务。张元济等投资加入时，重新评估资本。夏瑞芳等原发起人邀请张元济、印锡璋等

① ［日］实藤惠秀：《中国人留学日本史》，第 259 页。
② 高凤池：《本馆创业史——在发行所学生训练班的讲话》，《中国出版史料·近代部分》第 3 卷，第 49 页。

人在四马路昼锦里口聚丰园商议合资办法，并成立有限公司，议定原发起人每股原数升为七倍。之后又在上海福建路海宁路购地建造印刷厂，发行所迁到河南路。1897—1911 年，夏瑞芳担任商务印书馆经理。1903—1909 年初，该馆有董事四名，不设固定董事会主席。1909—1911 年董事会主席为张元济。1915 年在陈叔通的提议下把三所行政、用人、财务都集中起来作通盘筹划，拟定组织大纲和各种章则，成立商务总务处，并由其主持。1920 年起，王云五开始主持编译所。1932 年淞沪战役中，该馆总务处、编译所及其附设的东方图书馆（包括涵芬楼藏书）、印刷总厂等都被日军炸毁，以后部分恢复。1954年 5 月总馆迁至北京。

　　该馆最初仅经营印刷一项，后期逐渐以编辑出版新式教科书、西方学术著作、古籍、科学著作、工具书、文艺、期刊等为主要业务。《华英初阶》是商务印书馆出版的第一部著作，配以中文注释，英汉对照，"行销极广，利市三倍"①。这本书的成功发行，使夏瑞芳等人开始向出版业发展。商务印书馆初期编译的教科书是高凤谦（字梦旦）去日本考察时带回来的，邀请夏曾佑负责历史著作的编译。20 世纪初年，学堂普遍设立，科举考试制度进行改革，教科书的发行为商务印书馆带来了巨大利润。商务印书馆编译所按照学期制度编辑的最新教科书系列，是我国第一套初等小学教科书。随着业务的不断拓展，商务印书馆在上海设总馆，在北平、天津、济南、沈阳、福州、潮州、香港、厦门等地设有分馆，在新加坡、马来西亚的吉隆坡也设有分馆，在安庆、黑龙江、保定、吉林等地设有支馆，衡阳、张家口等地设有支店，在北平和香港设有印刷局。商务印书馆规模之大，职工人数之多，在当时的出版机构中实为罕见。

　　根据商务印书馆的宗旨，出版图书的目的有两个，一为普及教育，广开民智；一为宣传西方文化，普及"世界知识"。张元济加入

---

　　① 《商务印书馆百年大事记》，商务印书馆 1997 年版。

商务印书馆时，便与夏瑞芳相约"吾辈当以扶助教育为己任"。"昌明教育平生愿，故向书林努力来"更体现了张元济投身图书编辑事业的伟大抱负。在商务工作期间，他以实际行动践行了印书馆的宗旨。在《答友人问学堂事书》中，张元济认为"泰西教育之法，莫不就其本国之民质、俗尚、教宗、政体以为之基础"①，提出办教育就应该编辑出版适合中国国情、符合教育教学规律的教科书。他反对粗制滥造和直接使用外国编纂的课本，主张"勿存培植人才之见"，由英才教育转向普及教育，强调"集全国之人之智以为智"，振兴国民精神。其编辑思想独具创新精神，博采众长，推陈出新，在他的主持下商务印书馆翻译出版了大量关于西方思想理论的著作，出版了《帝国丛书》《历史丛书》《战记丛书》《传记丛书》等西方史学著作。张元济认为教育具有重要作用，"无良无贱，无智无愚，无长无少，无城无乡，无不在教育之列"②，出版图书要求做到"学术之书，他家力量所不能出版者，本馆可以多出。欧美名著已译成多种，尚可继续进行现在编译百科全书，一二年后当可出版"。

商务印书馆的诞生，标志着中国出版业走向近代化，对中国近代文化的发展、近代教育的进步有着重要的影响。商务印书馆的兴起并非偶然，与时代变革有着密切联系。第一，维新运动解放了人们的思想，促进了文化革新，产生了学习西方的浪潮，维新派提倡"国家欲自强，以多译西书为本；学者欲自立，多译西书为功"③，这对新式出版业起到巨大推动作用；第二，中国新知识分子云集于上海，伴随着近代化的进程，上海成为西学在中国的传播中心。这里潜藏着庞大的读者群，为商务印书馆发展提供了最有利的空间；第三，夏瑞芳等具有远见卓识，善于识人用人，如请张元济、印锡璋等人入馆，为商务

---

① 张元济：《答友人问学堂事书》，《张元济诗文》，商务印书馆1986年版，第170页。
② 张元济：《答友人问学堂事书》，《张元济诗文》，第170页。
③ 梁启超：《西学书目表》，《梁启超全集》，北京出版社1999年版，第82页。

印书馆的发展壮大凝聚了一大批人才。19世纪中后期，中国的译书事业刚刚起步，梁启超曾指出这一时期的图书出版状况，一是重视富强图书的翻译，理论著作翻译较少；二是最新的图书成果翻译较少①，而商务印书馆出版业的发展弥补了这一缺失。1902—1910年，商务印书馆出版865种图书，译作达到330种。② 商务印书馆翻译的图书对中国知识分子阶层产生了重要影响。

　　商务印书馆的发展异常坎坷，通过收购破产的印刷所和引用外资，进一步拓展了商务的业务，提升了实力。高凤池曾提到收购的印刷所，价钱低廉，凡大小印机、铜模、铅字切刀、材料，莫不完备，于是大加扩充，宛然成为一有规模之印书房，除自用之外，随时零售，赚钱不少③。1903年，日本金港堂主人原亮三郎经印锡璋介绍，双方同意合作经营。高凤池回忆道：经理及董事都是中国人，只举日人一人为监察人；聘用的日人随时可以辞退④。汪家熔提到中方没有失掉主权，日方没有特权⑤。与日本人合股以后，商务印书馆在各方面得到日本人不少帮助，提供了大量资金，不断购置新机器，扩充规模，事业发展极速；日本派技师传授印刷技艺，如照相落石、铜版雕刻、五色彩印、珂罗版印刷；日方股东为其提供了组织管理经验，对其编译教科书提供了很多有用的经验。"资本既增，规模渐扩，利益与共，办事益力，自是以来，吾人经验渐富，技术清精。"⑥ 1912年，董事会提议收回外股，由夏瑞芳同日本股东磋商，1914年日方签订退股议约。

----

① 梁启超：《西学书目表序列》，《梁启超全集》，第82页。
② 邹振环：《上海翻译出版与文化变迁》，广西教育出版社2000年版，第47页。
③ 高凤池：《本馆创业史——在发行所学生训练班的讲话》，《中国出版史料·近代部分》第3卷，第51页。
④ 高凤池：《本馆创业史——在发行所学生训练班的讲话》，《中国出版史料·近代部分》第3卷，第55页。
⑤ 汪家熔：《主权在我的合资——1903—1913年商务印书馆的中日合资》，《中国出版史料·近代部分》第3卷，第133页。
⑥ 1914年1月31日，商务印书馆董事会：《在商务印书馆特别股东会上所作关于收回日本股份之报告》。

表4—3　　　　　商务印书馆1897—1922年资金增长一览

年份	1897	1901	1903	1904	1905	1913	1914	1920	1922
资本（万元）	0.375	5	20	50	100	150	200	300	500
为1897年倍数		13.3	53.3	133.3	266.6	400	533.3	800	1333.3

　　印刷出版新兴教科书之后，商务印书馆着眼于印刷出版颇具实用价值的西方学术著作、文学著作和各种工具书。印刷出版了严复翻译的《天演论》《群己权界论》《社会通诠》《群学肄言》《法意》，林纾、王寿昌翻译的《巴黎茶花女遗事》，林纾、魏易合译《黑奴吁天录》和日本鹈滨渔史撰写的《罗马史》、英人默尔他的《万国国力比较》、日人清浦奎吾的《明治法制史》、日人黑田茂次郎、土馆长言的《日本明治学制沿革史》、日人末冈精一的《比较国法学》。从1897年创办到1922年的25年，商务印书馆资金增至创办时的1333倍，这从一个侧面，反映和证明了商务印书馆发展之神速，业绩之辉煌。

二　出版的历史类图书

　　商务印书馆所出版的"历史类"图书，主要包括翻译出版的西方历史教科书、国别史、近代史、世界史、民族史、传记类、杂著等类别，见表4—4。由于时代的差异，学科划分标准存在着较大的差异，各种图书类别划分方面也很难取得统一。

表4—4　　　　辛亥革命前商务印书馆所出历史类图书一览

书名	著译者	时间	卷册数/价格	备注
重译考订东洋史要	［日］桑原骘藏原著，樊炳清译		四卷四册，一元	原书《东洋史要》附地图一册

续表

书名	著译者	时间	卷册数/价格	备注
高等小学西洋历史教科书	出洋学生编辑所译述、校对	1902 年首版	二册，五角	附中西合璧地名、人名
埃及近世史	〔日〕柴四郎著，出洋学生编辑所译	1902 年	四角五分	帝国丛书
帝国主义	〔日〕浮田和民著，出洋学生编辑所译	1902 年		帝国丛书
明治政党小史	〔日〕东京日日新闻报馆著	1902 年		帝国丛书
各国国民公私权利考	〔日〕井上毅著，出洋学生编辑所译	1902 年		帝国丛书
西洋历史教科书	出洋学生编译所译述	1902 年	二卷二册，一元五角，附地图一册八角	附《西洋历史地图》1 册
亚美利加洲通史	戴彬编译	1902 年	二卷二册，七角五分	历史丛书
世界近世史	〔日〕松平康国原著	1902 年	八角	历史丛书
世界文明史	〔日〕高山林次郎著，商务译*	1903 年	一卷，六角	历史丛书
泰西民族文明史	〔法〕赛奴巴原著，沈是中等重译	1903 年	三角五分	历史丛书
世界历史问答	〔日〕酒井勉著，商务译*	1903 年	二角	此书采用问答体
希腊史	〔日〕柴舟桑原著，商务译*	日期不详	一卷，七角五分	历史丛书
罗马史	〔日〕占部百太郎著，章起渭译	1903 年	二册，八角五分	历史丛书
法兰西史	商务印书馆编译，张宗弼校	1903 年	五卷，三角五分	历史丛书

续表

书名	著译者	时间	卷册数/价格	备注
日耳曼史	［英］沙安著，商务译*	1903 年	七角	历史丛书
苏格兰独立史	［美］那顿著，商务译*	1903 年	一卷	历史丛书
俄罗斯史	［法］波留著，［日］中岛端译	1904 年	五角	历史丛书
普奥战史	［日］羽化生著，赵天骥译	1902 年	一卷，五角	战记丛书
飞猎宾独立战史	（菲）樟时著，东京留学生译	1902 年	三角	战记丛书
意大利独立战史	日本留学生译	1903 年	六卷一册，四角	战记丛书
法国革命战史	［日］涩江保著	1903 年	四角	战记丛书
美国独立战史①	［日］涩江保著，中国东京留学生译		四角	战记丛书
尼罗海战史	［美］耶特瓦德斯著，［日］越山平三郎译	1903 年	二角五分	战记丛书
日本近世豪杰小史		1903 年	五角	传记丛书
辟地名人传	［美］爱德华著，王汝宇译	1903 年	一角五分	传记丛书
拿破仑传	［日］矢岛元四郎著，范枕石译	1903 年	四角	传记丛书
克莱武传	［英］麦可利著，商务译*	1903 年	一卷，洋装本，三角	传记丛书，学部审定
纳尔逊传		1903 年	三角	传记丛书
万国史讲义	［日］服部宇之吉讲述		一卷，	原书《万国史》
日本明治法制史	［日］清浦奎吾著		三卷，一册，洋装本	历史丛书

---

① 取材于《合众国史》《美国革命史》二书。

续表

书名	著译者	时间	卷册数/价格	备注
欧洲新政书	[德] 米勒尔著，商务译*	1903 年	二卷	历史丛书
欧洲最近政治史	[日] 森山守次著，商务译*	1903 年		历史丛书
万国史纲	[日] 永丰吉、元良勇次郎著，邵希雍译	1906 年	一册三编，一元	中学堂教科书，学部审定
最新高等小学东洋历史教科书	商务印书馆编译所	1906 年	二册，大洋三角	学部审定教科书
中学西洋历史教科书	傅岳棻	1909 年	一元二角	原名《西史课程》，学部审定
日俄战记全书①		1918 年	洋装四巨册，零售三十册，每部五元，每册二角五分	战记丛书

注：＊"商务译"，是指由商务印书馆编译所翻译。

以上是 1911 年前商务印书馆所出版的史志类书目，书目统计依据周振鹤主编的《晚清营业书目》（上海书店出版社 2005 年版）、宋原放主编、汪家熔辑注的《中国出版史料》（近代部分）、顾燮光著《译书经眼录》、国家图书馆古籍部所藏商务印书馆部分图书，上海商务印书馆 1903 年新书广告书目②，同时也参考了《商务印书馆九十年》等相关研究著作。

1903 年是商务印书馆出版活动的一个分界点，商务印书馆自此开始吸收外资，开展与日本金港堂印刷公司合作。1903 年新书广告书目体现了资本变化给经营带来的变化，是商务印书馆独资经营和利用外资合资经营之间的区分点。当时又正值清政府实行新学制，商务印书馆的经营内容发生了明显变化，即全力从事学校教科书的编纂印刷发

---

① 每册首列写真画若干幅。
② 录自《版权考》一书所载的广告页。该书出版于 1903 年九月。

行，使其迅速占据出版业的龙头地位。

三 所出西方史学著作的内容与特点

商务印书馆在 1897—1911 年所出版的各种历史类图书迎合了时代的需求，适应了社会救国图强的形势，所出版的西方史学著作主要包括历史丛书、战记丛书、帝国丛书、传记类图书，其中以历史丛书、战记丛书系列的图书居多。

结合上面的书目，我们大体可以看到商务印书馆编译西方史学著作的内容。

第一，历史丛书系列图书主要讲述了各国历史的兴衰以及各国的宗教、文化、风土人情等概况。甲午战争以后，西方列强同中国签订了一系列不平等条约，掀起了瓜分中国的狂潮，救亡图存成为时代的主题，也是译书的重点。其中，《希腊史》全书共分为八篇，前四篇叙述了希腊极盛时代，后四篇叙述了希腊衰微时代。该书详细记载了希腊战争，而在希腊哲理、文学、政治、美术等方面记载不详，可以看到编译者的侧重点。《法兰西史》记载始于上古高卢建国，到 1876 年实行共和新政为止，全书共分五卷，分别讲述了上古政治、封建时代之政治、法兰西立君之政治、法兰西革命之政治、法兰西今世之政治，简要论述了两千年来法国民俗强悍、政党倾轧、教案事件等内容。《世界文明史》书计三篇，一是未文明之人类，计二章；二是东洋文明，凡六章；三是欧罗巴，凡九章。除此之外论述了东半球欧、亚、非三洲的宗教、文学、美术、哲学源流，以及东亚文弱之源、西欧尚武之性。

第二，战记丛书系列图书主要讲述了各国的独立战争、民族战争，宣扬了爱国救国、变法图强的精神。1900 年以后，民主革命热潮不断涌现，反对清朝的统治，寻求民族独立，各种反对外族统治的西方史学著作应运而生。其中，《飞猎滨独立战史》全书共十四章，主要论述了美国通过美西战争占领了菲律宾群岛，土酋阿桂拿度掀起反抗运动，虽战败，但其精神不可泯灭，作者言辞沉痛奋激，多亡国之痛。《义大利独立战史》全书共六卷，主要论述了意大利兴起、意大利之战及其原因、意大利统一之战。《美国独立战史》讲述了美洲沦为英国殖民地，困于重税，尽失主权，华盛顿起兵抗英，战争持续八年才获得独立，建立美国并发展为强国的故事。

第三，传记丛书系列图书主要讲述了世界各国的民族英雄、志士、杰士、义士。民族危亡之际，晚清社会出现了许多文人志士为中华民族之独立不断奋斗，展现了不屈的民族气节，而此类西方传记丛书的出版更是鼓舞了社会精英阶层为民族独立奋斗的决心。《日本近世豪杰小史》主要论述日本明治维新以来出现的有勋业学问、侠义奇行的杰出人才，商务印书馆将其各列一传，编为此书。《辟地名人传》主要论述了欧洲诸国之所以控取全球，皆因为有二三个豪杰不避艰险，搜觅新的领土，此书采用列传体，阅读之后使人倍增进取之心。《纳尔逊传》主要论述了纳尔逊从事英国海军事业三十五载，为英国海军发展做出的巨大贡献，读此书使人倍增兴起之心。

第四，帝国丛书系列图书主要论述了西方古老帝国的衰落，新兴帝国的发展。19 世纪末 20 世纪初，美、德、英、日、法等西方资本主义国家进入帝国主义阶段，中国饱受列强的侵略，在这种时代背景下，帝国丛书系列出版。其中，《埃及近世史》主要论述了埃及作为上古开化之国，其文学、美术照古铄今，此书详细记载了埃及 19 世纪衰乱，最终出现权落外人、党同伐异的情状。《帝国主义》一书则详细论述了德国、俄国的铁道、商业、殖民各政略皆被帝国主义所掌控的现状。

结合以上各书的论述，大体可以概述出此时商务印书馆所编译西方史学著作的特点。

第一，译介的西史著作多是从日文转译过来。清末翻译出版西方著作，主要有三种形式：一是西译中述，即中国学人与西人合作译介西学著作，西方人翻译，中国人进行润色；二是在华西人进行独立的翻译活动；三是从日文转译西学著作。而商务印书馆的西史著作译介多属于第三种，特别是 1903 年与日本合资经营以后，商务开始大量翻译日本人所著的历史著作。

第二，出版图书数量众多，人文著作强调"世界知识"的传播。与当时的中华书局、文明书局相比较，商务印书馆编译所在张元济等人的领导下，引进了大量的翻译人才，翻译出版了大量的西方史学著作，出版的数量和质量是另外两大书局所不能媲美的。同时，商务印书馆出版的许多西方史学著作以"宣传新知、启迪民智"为重点，详于论述西方各国的政治、风俗、宗教、地理位置等概况，让人们进一步了解西方各国。

第三，塑造人心，通过西史著作的出版，向国人灌输爱国救国、变法图强的精神。《普奥战史》《美国独立战史》《飞猎滨独立战史》等战史丛书详细论述了各个国家在民族战争中英勇斗争、奋力维护民族独立的精神。各国独立战争所彰显出来的不屈不挠的斗争精神，深刻地激励着中国人民爱国救国热情，极大地鼓舞了国人拯救民族于水火之中，推翻帝国主义列强统治的精神。

第四，影响广泛。西方历史教科书的出版推动了中国教育的近代化的发展，而西方史学著作的出版则更深刻地影响着一批文人志士，改变着他们的思想，他们开始从西方各国的历史变革中汲取亡国的教训，学习其变法改制走向富强的方法，为新文化运动的开展奠定了思想基础。从印书和装订技术来看，"以前作新社、出洋留学生编辑所、文明书局等洋装书，虽熟自称是上海印刷，实际上却是在日本印刷和装订的。可是商务印书馆的书籍，却真真正正是在上海印刷和装订的，所以有划时代的意义"①。

四　史学著作译介的社会反响

19 世纪末以来，随着中西文化交流的深入和新思潮的传播，以

---

① ［日］实藤惠秀：《中国人留学日本史》，第 269—270 页。

传播西学为目标的翻译出版业逐渐占据时代潮头，成为近代文化启蒙运动极其重要的组成部分。大量西书的译介与出版使近代中国人转变了传统落后的观念，开始站在更宏阔的角度上学习新知，认识世界，认识中国。这个时期的中国出版业，没有哪家能与西学译介脱离联系。商务印书馆的诞生适应了中国骤变的社会形势，所出版的图书受到人们的追捧，标志着中国出版业迎来了一个崭新的开端，开创了近代中国西学传播史上的新纪元。戊戌变法之后，近代中国西学的传播与商务印书馆紧密相连。商务印书馆所出版的各种历史类图书主要以各种西方历史教科书和史学著作为主，都是介绍与传播近代西学知识的重要媒介。西方历史教科书内容新颖，与当时的时代大背景息息相关，潜移默化地影响着近代社会的发展，对中国近代教育的发展做出了不可磨灭的贡献；各种史学著作所阐发的变法改制的思想，唤醒了国民沉睡的民族意识，有力地鼓舞了近代有识之士为国家的前途和命运而奋斗，更进一步推动了广大国人为中华民族的振兴而斗争。

历史著作和西方历史教科书不仅是对过去历史的记录，也在一定程度上反映了当时的社会现实，在社会发展中发挥着自身的作用。以张元济、蔡元培等为首的编辑们抓住了教育改革的新趋向，为适应新式教育的发展，在癸卯学制颁布前便开始着手出版新式教科书。在清末"新政"时期，商务印书馆自编的西方历史教科书深受学界的欢迎，"不管他的创办人是自觉还是不自觉，在时代潮流的冲击下，商务就站在资产阶级新文化一边，为新学、西学和新式的学校教育鸣锣开道""在提倡新学、西学，为废科举、兴学校领先地做出业绩"①。曾在书局工作过的陆费逵②这样评价道："商务编简明教科书，内容形

---

① 高崧：《商务印书馆今昔》，《出版史料》第 1 辑，学林出版社 1982 年版。

② 陆费逵（1886—1941），浙江桐乡人，中国近代著名的出版家，教育家。1908 年，进入商务印书馆工作。1912 年创办中华书局，主持业务长达三十年。

式均尚佳。但只国文、修身两种，亦未销开。在光复以前，最占势力者，为商务最新教科书、学部之教科书两种。"① 在中华民国政府建立后，商务印书馆出版的《共和国教科书》更是广受欢迎。西方历史通过教科书的形式逐渐地译介到中国，全新的视角、全新的教学方式无疑在思想禁锢的晚清和民国社会掀起层层波浪。1912 年，毛泽东从湖南全省高等中学（后改为省立第一中学）退学，寄居在湘乡会馆，每日到湖南省立图书馆读书，"读了严复译的亚当·斯密《原富》，孟德斯鸠《法意》，卢梭《民约论》，约翰·穆勒《穆勒名学》，赫胥黎《天演论》和达尔文关于物种起源方面的书，还读了一些俄、美、英、法等国的历史、地理书籍，以及古代希腊、罗马的文艺作品"②，这些书籍多是由商务印书馆所出。1936 年，毛泽东与埃德加·斯诺谈起这段读书经历认为，"我这样度过的半年时间，我认为对我极有价值"。

商务印书馆一方面看到了西方的先进之处，另一方面期望扩大中国文化的影响，"谋沟通中西以促进整个中国文化之光大"③，主张在学习西方文化的同时保持中国的独立、自尊。在 1903 年商务出版的《埃及近世史》序中，张元济便提到：中国目前的状况与埃及曾经面临的情势极为相同，现在中国必须抱"至诚恻坦之意"向西方学习，但向西方学习的同时，还必须以保持民族独立自尊，考虑中国的实际国情为基础。如果只图虚名，不务其实，"徒以为涂饰耳目，娱乐外人之用"，对西学不加推究而盲目照搬，势必会导致西学引进之后"淮橘北枳"的结果。④ 商务印书馆出版的各种史学著作适应了时代潮流，解放了人们的思想，为各种新思想的传播提供了理论基础。美国那顿的《苏格兰独立史》全书共十二章，以苏格兰亡国之由为始，到苏

① 陆费逵：《论中国教科书史书》，陈学恂主编：《中国近代教育史教学参考资料》上，第 653 页。

② 《毛泽东年谱》上，第 13 页。

③ 何炳松：《商务印书馆被毁记略》，《商务印书馆九十五年》，商务印书馆 1992 年版，第 238 页。

④ 张元济：《埃及近世史序》，《张元济诗文》，商务印书馆 1986 年版，第 287 页。

主劳拔得白路司止，叙事详细，重点讲述了苏格兰虽为一岛国，因苦于英国重税起兵独立，建国后不久又被英国所灭，但爱国精神终不可灭。苏格兰等其他国家独立战争的胜利激励着中国知识分子介绍新知、唤醒民众，为民族复兴而不断抗争。商务印书馆出版的不少历史著作都是有价值的，对中国深入了解西方历史和史学，具有一定的积极意义。

第四节　以"开启民智"为己任的中华书局

中华书局成立于民国初年，相对于同时期较有影响的民营出版机构，它的成立显然要晚。中华书局本着"开启民智"的宗旨，顺应时局发展，编写社会需要的中小学教科书[①]，同时印行古籍、各类科学文艺著作和工具书等，为传播科学文化知识、推动新式教育发展起到了促进作用。1919 年前，中华书局陆续出版了《中华大字典》《四部备要》《古今图书集成》等影响力较大的书籍，创办深受读者欢迎的刊物，如《大中华》《中国学生界》《小朋友》等。它翻译的西方近代科学、人文社会科学的译本 3000 种之多[②]。虽然中华书局以编译教科书为主业，但是它也关注学术著作的出版，在 1912—1919 年成立短短八年时间里，出版了 21 种史学著作。其中，中国学者的史学著作 8 种，翻译外国学者的史学著作 13 种。

一　中华书局之设立

1911 年 8 月，商务印书馆讨论印制次年课本事宜。就在商务印书馆商议是否要编新教科书之时，陆费逵与同事戴克敦、文明书局的陈寅以及沈知方等筹划资金，准备建立新的出版机构，并加紧编写适合

---

① 中华书局编：《回忆中华书局》，中华书局 1987 年版，第 13 页。
② 邹振环：《五四时期的学术著作翻译出版概况》，中国书籍出版社 1993 年版，第 117 页。

共和政体的中小学教科书。1911 年 10 月 10 日，武昌起义爆发，社会变革的气息直接影响着教育界、出版界。教育内容的更新，突出表现在教科书的编撰上。

1912 年初，陆费逵等人开始在上海创办中华书局①。他们对中华书局设立之理念有过详细讨论，记录在案。文中写道："立国根本，在乎教育；教育根本，实在教科书。教育不革命，国基终无由巩固。教科书不革命，教育目的终不能达也……兹将本局宗旨四大纲列左：一，养成中华共和国国民；二，并采人道主义、政治主义、军国民主义；三，重视实际教育；四，融和国粹欧化。"② 陆费逵本人接受了新思想，首先提出取消"读经"课程，大力倡导"为小学生减负"。他在《民国教育方针当采实利主义》一文中写道："教育宗旨，以养成'人'为第一义。而人之能为人否，实以能否自立为断。所谓自立者无他，有生活之智识，谋生之技能，而能自食其力，不仰给于人是也。欲达此目的，非采实利主义为方针不可。"欲实现这一目的，编纂使用新式教科书是一个"捷径"。

尽管中华书局起步异常艰难，但是他们还是坚持下来，不断发展壮大。中华书局董事会向股东的报告中写道："我局之创始也，资本仅二万五千元，办事员并编辑员不过十余，苫屋三椽，聊避风雨而已。二月之初，开始营业。第一日仅售五元，惴惴之情现于颜色，第二日仅售百余元，第三日开始批发，约六百元。彼时不过教科书数十册。"③ 经过一年的艰苦开拓，中华书局形成了稳定格局，"爰设分局于各省，先后成立者凡九处，代办分局十余处。东至美国，西及川滇，南尽南洋，北达哈尔滨"④。1913 年，中华书局设编辑所，后沈

---

① 中华书局编：《回忆中华书局》，中华书局 1987 年版，第 13 页。
② 陆费逵：《中华书局宣言书》，宋原放主编：《中国出版史料·近代部分》第 3 卷，第 159 页。
③ 《中华书局五年概况》，宋原放主编：《中国出版史料·近代部分》第 3 卷，第 165 页。
④ 陈寅：《中华书局一年之回顾》，宋原放主编：《中国出版史料·近代部分》第 3 卷，第 161 页。

知方（芝芳）加入，陆费逵任局长（后称经理），沈知方为副局长，而编辑所所长先后有范源濂、戴克敦、陆费逵、舒新城等人。1913 年，陆费逵主持新版教科书编纂，这是民国以来出版的第一套适合共和政体的教科书。民国成立以来，中华书局编印了六组教科书，他们分别是春季始业初等小学教科书、春季始业高等小学教科书、秋季始业新制初等小学教科书、秋季始业新制高等小学教科书、中学教科书及师范教科书。这些教科书令人耳目一新，且风行全国，迅速赢得了民国初年教科书的市场，中华书局也从此奠定了在近代中国出版界的地位。陆费逵回忆道："民国元年，中华书局开办，所出《中华教科书》，颇风行。二年，范源濂入中华任编辑长，编行《新制教科书》；三年，编《新编教科书》；五年，编《新式教科书》。"① 一直到 20 世纪 20 年代，中华书局的《新式教科书》与商务印书馆的《共和国教科书》都是教科书行业的"巨擘"。

董事会五年报告中写道："（民国）三四年为培植根本时期，资本稍大，规模略具，然资本之一大部用于建筑房屋，添置器械……今后可进于发展之时期矣。"② 在将来的发展规划中，将"派人出洋留学，养成完备人才"，"广译西书以输入新学"列入其中。从中华书局的发展规划中，我们可以感受到中华书局的历史责任感，与时代同行的市场意识。中华书局推出的教科书深受市场欢迎，如潘武编《历史教科书》1913 年 9 月初版，至 1921 年 7 月已经达到了 22 次印刷；钟毓龙著《本国历史参考书》1915 年初版，1926 年达到了 8 次印刷。

二　中华书局编译出版的史学著作

中华书局成立伊始，就确立了出版教科书以培养共和国国民，注

---

① 陆费逵：《论中国教科书史书》，陈学恂主编：《中国近代教育史教学参考资料》上，第 653 页。

② 《中华书局五年概况》，宋原放主编：《中国出版史料·近代部分》第 3 卷，第 165 页。

重实际教育的宗旨，"提倡国粹以启发国民之爱国心""兼采欧化，以灌输国民之世界知识"①，更以弘扬传统，服务学术为导向。1912—1919 年，中华书局以出版教科书为主业，同时推出了 21 种史学著作。

为了对中华书局出版图书产生客观认识，我们首先看一下中华书局所出版的中国学者撰著的史学著作。20 世纪初的中国历史学者，深受西方文化的影响，在整理古籍图书的基础上，重新审视中国史学著作撰写范式。部分新史学家不再将眼光放在古籍的考证整理上，而是融合东西方史学内容，洋为中用，著书立说，奠定中国近代史学体系基础。中华书局所出版的中国学者撰著的史学著作有 8 种，见表4—5。

表4—5   1919 年前中华书局出版的中国学者撰著的史学著作

书名	编著者	年份及开本	备注
清史	华鹏飞著	1912 年 12 月初版；32 开	
清史纂要	刘法曾著	1914 年初版，1940 年 9 版；25 开	
清朝野史大观	小横香室主人编	1915 年初版，1916 年再版；32 开	全十二册
苏秦张仪	吕思勉著	1915 年 8 月初版，1918 年 11 月再版，1924 年 4 月 6 版	
关岳合传	吕思勉著	1916 年 8 月初版，1920 年 3 月 3 版，1923 年 12 月 6 版	
国耻小史	吕思勉编辑	1917 年初版，1919 年 10 月 6 版	上下册
欧战之教训与中国之将来	黄郛著	1918 年 12 月初版，1935 年 4 月 3 版；25 开	
学界风潮纪	丁督盦编	1919 年初版；32 开	

从上表可以看出，由于中华书局集中于历史教科书的编纂，国人撰写的历史学著作集中于中国史的研究，对当时流行的"万国史"、国别史著作关注不够。

---

① 陈寅：《中华书局一年之回顾》，宋原放主编：《中国出版史料·近代部分》第3卷，第164页。

中华书局所出版的中国学人编译的外国史学著作较当时的其他民办出版机构也比较逊色。1912—1919 年，中华书局所编译出版的外国史学著作共 13 种，见表4—6。

表4—6　　　中华书局出版的外国史学著作书目（1912—1919）

书名	编著者	年份及开本	备注
美法英德四国宪政比较	［美］约翰·温泽尔著，杨锦森、张莘农译	1913 年	
美国十大富豪	卢寿箋编译	1914 年 11 月初版；20 开	
清朝全史	［日］稻叶君山著，旦焘编译	1914 年	
慈禧外纪	［英］濮兰德、白克好司著，陈冷汰、陈诒先译	1914 年初版；50 开	清外史丛刊
清事外纪	［英］濮兰德、白克好司著，陈冷汰、陈诒先译	1915 年初版；32 开 1917 年 8 月修订版出版	清外史丛刊
慈禧写照记	［美］卡尔著，陈霆锐译	1915 年 9 月初版；24 开 1919 年 10 月 3 版；48 开	
庚子使馆被围记	［英］朴笛南姆威尔著，陈冷汰、陈诒先译	1916 年 4 月初版；21 开 1917 年 8 月初版；50 开	清外史丛刊
德皇统一世界策	［德］德皇威廉第二，张献公译述	1916 年	
世界第一大战（全二册）	陈冷汰、陈诒先译	1917 年 3 月初版；16 开	
乾隆英使觐见记	［英］马嘎尔尼著，刘半农译	1917 年 8 月初版 1931 年 5 月 3 版；50 开	清外史丛刊
德皇外妾自述记	陈仲子、黄中译	1917 年 1 月初版；24 开	
二十世纪国际公约	［法］福偶，朱文黼译	1917 年	
卢骚民约论	［法］卢骚，马军武译	1918 年	足本

其中，日本学者稻叶君山所著的《清朝全史》，该书分为上、下两卷，共84 章。史料主要取自《实录》等史籍和异闻传说，还大量采用了日本和西方著作中的资料。书中详细记述了清初几大疑案，虽

然书中章节分类略为粗疏，但在当时《清朝全史》是对清代历史进行了较为全面梳理研究的学术著作，受到学界极大关注。

三 出版西方史学著作的原因及特点

中华书局成立的时间恰逢民国刚刚建立，笔者认为该出版机构出版译自西方的史学著作源于两个方面，一方面响应民国共和制度的建立，另一方面是面向市场，迎合读者的需要。中华书局具有强烈的民族责任感和使命感，希望出版的著作能够达到"端儿童之趋向""启发国民之爱国心""灌输国民之世界知识""立国民之参政基础"的目的[1]，显示了出版机构强烈的经世意识和思想。1913 年，中华书局出版《美法英德四国宪政比较》，希望通过介绍西方政治制度，给予民国政体建设以启示。中华书局的创办人陆费逵提出："吾人用尽脑筋和心血，出一部有价值的书籍贡献于社会，则社会上的人们，读了此书之后，在无形中所获得利益定非浅鲜；反是，如以诲淫诲盗的书籍贡献于世，则其比提刀杀人还要厉害。"[2] 在《德皇统一世界策》一书中，介绍了英国、法国、意大利、日本等国的军事状况，指出了日本人为好战好血之国民，更为重要的是谈到了《世界空地之中华民国》，分析了容易怀柔之中国国民的性格，中国觉醒后的未来发展趋向。面向市场，获得读者认可是任何一家出版机构立足的根本。清王朝刚刚灭亡，读者对清王朝的历史典故和重要政治人物兴趣颇浓，中华书局看到了这一市场机会，出版了清外史丛刊。美国卡尔著的《慈禧写照记》深受读者喜爱。该书主要记述作为画家的卡尔为慈禧太后画像的经过和见闻。此书虽然对慈禧太后的评价不甚客观，有过于吹捧之嫌，但能对慈禧太后作较全面的描述，越发显得可贵。

---

[1] 陈寅：《中华书局一年之回顾》，宋原放主编：《中国出版史料·近代部分》第 3 卷，第 164 页。

[2] 俞筱尧、刘彦捷：《陆费逵与中华书局》，中华书局 2002 年版，第 465 页。

　　从上表可以看出，1912—1919 年，中华书局出版的历史类译著具有两个明显的特征：

　　第一，注重清史。中华书局成立初期，人力物力皆不足，史学著作的受众范围又较窄，发展前途尚待观望。中华书局出版了华鹏飞编的《清史》，此书分为 50 章，以编年史方式简要叙述清王朝自建立到灭亡的史实。日本学者稻叶君山所著的《清朝全史》描写了清代 12 朝历史；刘法曾所著《清史纂要》，内分清史概论、崛兴时期、极盛时期、衰弱时期、改革及灭亡时期以及清世文明史等章；《清室外纪》的作者是英国人濮兰德、白克好司，由陈冷汰、陈诒先译为中文，中华书局于 1915 年出版，该书多用习语，采用小说的叙述风格，记述了自顺治至宣统的历史故事，虽部分史实有所偏颇，但著者自有其意，"欲研究中国历史之因果以推其现在未来发生之事，第一须知中国人思想之所从出，为其政治风俗之根者；第二须知中国民族历劫之性质，虽有时改其常度而终必回复者；第三需知其宗教社会生计之法则。若于三者未能深知，既不能得其政治之枢纽，及今日人民危迫之实情，亦不能有所助于其国。盖欲助之，必先明其致弊之源，及其今日所需者何物也。吾人须以虚平之心察中国全局之状，更溯而上之，以考其历久相传之文明中根源深患之处……故予此书所引朝廷之论旨及国史所载私家所记，务求不失其本意"①。清外史丛刊的编纂出版，获得了市场的认可。

　　第二，总结世界当代史特别是第一次世界大战的经验教训。1911 年，清政府组建皇族内阁，彻底暴露了皇室集权的阴谋，标志着立宪运动失败。此时国内对于究竟采用何种政体各执己见，"然国家新进借鉴友邦"②，1913 年，中华书局适时出版美国学者约翰·温泽尔的《美法英德四国宪政比较》，以表格形式介绍美、法、英、德四

---

　　① ［英］濮兰德、白克好司：《清室外纪》，陈冷汰、陈诒先译，中华书局 1915 年版，第 46 页。
　　② 邹振环：《五四时期的学术著作翻译出版概观》，《出版史研究》第 1 辑，中国书籍出版社 1993 年版，第 117 页。

国政体、宪法、元首、内阁、国会等宪政情况，并进行了比较研究。书中写道："法、美固共和先进之国，英虽君主立宪，实际上仍是一个完全共和之政体，此皆吾国所亟宜取法者也。若德意志之邦联其制至善，吾国幅员辽阔，属地广博，将来中央与地方之权限必为宪法"①，希望通过介绍西方政治制度，给予当时政体建设之启示。1917 年，中华书局出版了由陈冷汰、陈诒先编译的《世界第一大战》，该书全二册，第一册分欧洲各国处分土地之筹划与其实力、20 世纪初之欧洲各国、英德二国猜忌之原因、战祸之酝酿、巴尔干之纷争、调停无效、德国有开战之诚心、日本土耳其意大利之参入战争等 10 章，附有 1552—1914 年大事年表；第二册共 14 章，分别介绍交战各国之态度、陆海军实力、财力以及各国交战之动员令等，还附有 1679—1915 年大事年表。此外，1918 年，黄郛著《欧战之教训与中国之将来》亦出版。这些书均通过对第一次世界大战的各种概况的记叙，给国人以第一次世界大战经验教训。

要之，中华书局编译出版的一系列历史类图书，特色鲜明，不仅以史为鉴，启迪民智，而且传播西方学术，使无法踏出国门的知识分子了解世界，促进了中国史学的发展，亦对中西文化的交流与融合做出重要贡献。20 世纪的中国经历着时代的大变革，政治思想文化面貌焕然一新，在这一时期图书出版事业也经历诸多磨难，而中华书局能够生存下来并且渐渐有了自己的特色也实属不易。与前面所谈的民办书局不同，中华书局减少了与西方人之间的瓜葛，尽管所出版的著作不多，但是它不断探索符合民族出版事业发展的道路。中华书局重视史学学术群体的培养。陆费逵曾说过，"作者是我们的衣食父母"②。中华书局在发展的过程中，重视维护与作者的关系，梁启超、马君

---

① ［美］约翰·温泽尔：《美法英德四国宪政比较》，杨锦森、张莘农译，上海中华书局 1913 年版，第 12 页。

② 吴铁声：《解放前中华书局琐记》，中华书局 2001 年版，第 97 页。

武、谢无量、郭沫若、郑振铎、巴金、徐悲鸿、刘海粟等在此出版图书，从不克扣作者的版税，对于不再约稿的不仅说明理由，而且还会支付一部分的稿酬，为史学学者的生存提供了良好的环境。

第五节　以出版教科书为主业的文明书局

文明书局是清末创立的以主营教科书的民营出版机构。该书局为扩大影响，占领出版市场，除编辑出版教科书之外，还借助留学生的力量，积极翻译出版西方著作。在译介的西方著作中，以社会科学类书籍为主，涉及政治、历史、地理等内容。该书局译介的西方历史书籍发行量大，在当时社会产生了广泛的反响。

一　以出版教科书为主的民营出版机构

清末民族危机日益严重，近代知识分子不断探寻救国救民的道路，以求通过文化传播，使士大夫和国民抛弃旧观念，走上强国的道路。文明书局的创办主要源于两个方面的因素。

其一，学制变革，学堂教科书匮乏，是文明书局成立的社会条件。特别是清末新政以来，教育体制变革随之展开，全国各地学堂和学生的人数大幅度上升，教科书缺乏问题凸显。1898年，俞复、丁宝书、吴稚晖、杜嗣程等人得裘廷梁赞助，在无锡创办三等公学堂。新学堂缺乏教科书，他们根据日本学堂读本，结合中国实际进行了改编，"积至二十八年壬寅春，而成七编"[1]，是为《蒙学读本全书》。这套教材内容丰富，适合中国当时的国情，一经发售便被广泛采用，初次尝试成功后，他们便看中了出版教科书市场。这套读本被张謇誉为"中国教科书第一善本"。

---

[1] 俞复：《无锡三等公学堂：蒙学读本编辑大意》，陈学恂主编：《中国近代教育史教学参考资料》中，第253页。

其二，晚清民营出版业发展迅速，商业出版逐渐兴盛，是文明书局发展的基础。官办出版机构主要出版经史子集之类的传统书籍。虽然在甲午战争后，官办出版机构也开始翻译西方的书籍并出版新式教科书，但是受传统观念和文化态度的影响，它们的发展受到了极大的影响。民营出版机构由于观念转变较快，经营灵活，目标明确，很快占领了出版市场。

1902 年 3 月，廉泉①、俞复②、丁宝书等人在上海筹办书局。廉泉、俞复等人早年均接受过系统、良好的儒家教育，考取过功名，对地方教育事业深有影响。同时，他们又重视西学，能紧跟时代潮流，接受新知识、新思想，支持变法改革。受维新变法思想影响，转而投身出版领域，推行新式教育，传播新思想，启发民智。尽管上海地方印书局林立，但是"接受生意发卖书籍，是为十八行省总汇之处，断非内地可比"。1902 年 6 月 1 日，文明书局在上海正式开张，初名为文明编译局，后改为文明书局。该书局以出版教科书著称，是近代中国第一所成立之时就以出版教科书为主营业务的民营出版机构。在以后的出版事业中，文明书局打造了自己的特色，形成了"蒙学教科书"和"文明教科书"两面大旗。

《蒙学读本全书》作为文明书局最具代表性的教科书③，"出版后，曾风行一时，三年内竟重印十多次"④。随后，文明书局推出了《蒙学科学全书》24 种，内容涉及修身、经训、书法、历史、地理、格致、化学、动植物学、地质矿物学、卫生学、天文和地文学等内容。除

---

① 廉泉（1868—1931），字惠卿，号南湖，又号岫云、小万柳居士，江苏无锡人。1894 年中举人，与康有为参与了"公车上书"，曾任户部主事、户部郎中。后与革命党人孙中山、徐锡麟、秋瑾等人有交往。

② 俞复（1866—1931），字仲还，江苏无锡人。1894 年中举人，赴京会试时，参加"公车上书"，进行反清革命，后加入同盟会。

③ 据载：吴稚晖、俞复等在无锡创设三等公学堂，自编自教《蒙学读本》。1902 年，俞等开办文明书局于上海，刊印该读本及其他教科书多种。参见高平叔《蔡元培年谱长编》第一卷，第 119 页。

④ 来新夏：《中国近代图书事业史》，上海人民出版社 2002 年版，第 176 页。

了蒙学教科书，文明书局还陆续出版发行了初级小学堂、高等小学堂和中学堂等学堂教科书。由于过去的"历史教科书"采自历代正史、圣谕广训等内容，没有年级之别，缺乏趣味性，枯涩难读，不受欢迎。文明书局编印的历史教科书特色明显，深受学生喜爱。文明书局靠编印教科书起家，并迅速成为清末民初具有影响的教科书出版机构之一。

除教科书之外，文明书局借助留学生的力量，积极翻译出版大量西方著作，特别是社会科学类书籍，涉及政治、法律、历史、地理、哲学、教育等很多方面。历史著作如《泰西通史》《万国通史》《社会主义》《佛国革命战史》等。文明书局还代理发行各种报刊，如留学生在日本东京创办的《江苏》《法政杂志》《实业界》《智群白话报》《女报》等，在北京创办的《华北译著编》等。这些期刊对当时的社会启蒙产生了积极的作用。

文明书局通过招股的形式解决了购买印刷机器、纸、墨以及铸铜模等设备的资金。至1906年，文明书局的资产累积已达到三十万元，成为当时书局中的佼佼者。在印刷技术方面，文明书局采用石印印刷技术，俞复还亲赴日本购办各种最新印书机械及铅字铜模，为译印各种教科书、外国历史书籍奠定了基础。廉泉注重教科书出版，重视通过图书插画、铜版影印等其他方法来扩大书局的知名度。根据版权页可知，文明书局在北京、南京、汉口、广东、保定等地设有分局。

文明书局凭借出版教科书兴极一时，随着商务印书馆、中华书局等加入教科书出版行列，文明书局的教科书出版日渐衰落，1915年并入中华书局，中间屡经变故，至1932年正式关张①。

二　文明书局出版的历史教科书

文明书局以教科书出版为主要业务，出版了从蒙学、初小、高小到中学的各级各科教科书，以历史地理教科书最为突出。除了俞复、

---

① 朱联保：《近现代上海出版业印象记》，学林出版社1993年版，第120—121页。

丁宝书、杜嗣程和吴稚晖等编的《蒙学读本全书》，文明书局还推出
了蒙学历史教科书，见表4—7。在所有的历史教科书中，国人编著的
教科书较多，译介国外的教科书较少。尽管如此，国人编著的历史教
科书也深受译介国外书籍的影响，教科书的编纂具有较强烈的效仿日
本教科书的色彩。

表4—7　　　　　　　　　　蒙学历史教科书书目一览

编者	书名	出版日期	册数
秦瑞玠①	蒙学西洋历史教科书②	1903 年	2
丁宝书	蒙学中国历史教科书	1906 年	2
秦瑞玠	蒙学东洋历史教科书	1906 年	2

　　据统计，文明书局发行的蒙学教科书有31种，内容科目涉及体
育、书法、历史、地理、物理、化学、动植物学、地质矿物学、卫生
学、天文和地文学等等，课程全面周到，种类齐全。蒙学历史教科书
采用章节体裁进行编纂，深受广大学生的喜爱，《蒙学西洋历史教科
书》1903年首版，至1905年底共发行了10次。蒙学读本具有强烈的
民族思想，书中指出，中国"几不复知有世界列国，顾宜及早开通。
特次于中史，编列外史一种，略述彼邦强盛之由，西力东侵之渐，俾
童而习之，稍知外事，庶免一隅自封之习"，今则中西交往密切，"竞

---

　　① 秦瑞玠，字晋华，1874年生于江苏无锡。1897年获优贡，赴日本留学，专攻法律，
毕业于日本法政大学。归国后，起初在河南省任知县，不久改任江苏省咨议局议员。1912
年后，历任北京临时参议院议员，江苏吴县地方审判厅推事。1922年任代理农商部次长。
1923年，商标局成立，任商标局首任局长。民国时期著名学者。编写《蒙学西洋历史教科
书》《蒙学东洋历史教科书》《高等小学西洋历史教科书》，与孟林合编《教育部审定共和
国民新读本》；译编《普通西洋历史教科书》，编写《大清新刑律释义》，翻译日本松波仁
一郎的《日本商法论：总则编、会社编、商行为编》等。
　　② 书的封面为《蒙学西洋历史教科书》，内页为《蒙学外国历史教科书（西洋之
部）》，书后附有外国历史中西对照年表。封面署有初等小学堂学生用书，书中有印刷的黑
白色人物肖像和地图。

争日烈，形势迥殊，是编近事较详，尤注重于中西关系，冀于国民共谋御敌"[1]。《钦定学堂章程》规定，蒙学堂须开设修身、字课、习字、读经、史学、舆地、算学、体操八门课程。此前晚清没有任何一家出版机构推出一套学科基本健全、能及时应用于新式学堂教授的教科书。"蒙学教科书"符合了社会发展需求。

初等小学堂用书共计 18 种，门类包括修身、国文、历史、书法、地理、博物、生理卫生、算学和体操等。初小用教科书，除专注学习中国良好传统（书法）外，还有修身、国文，并引进了外国的科目，如地理、博物等。初等小学堂历史教科应用书见表 4—8。

表 4—8　　　　　　　　　初等小学堂历史教科应用书

编者	书名	出版日期	备注
丁福保	中国历史教本并说明书		

高等小学堂教科书目有 22 种，数量也十分可观，内容主要包括历史、地理、语文、博物、卫生学和经济学等科目。高等小学堂历史教科书和翻译外国历史教科书见表 4—9、表 4—10。

表 4—9　　　　　　　　　高等小学堂历史教科书目

编者	书名	出版日期	册数
陈懋治	高等小学中国历史教科书	1902	2
秦瑞玠	高等小学西洋历史教科书	1903	2
丁宝书	高等小学西洋历史教科书	1902	不详
汪承镛	高等小学国史教科书（附历代沿革地图）	1904	1

---

① 秦瑞玠：《蒙学西洋历史教科书·编辑大意》，上海文明书局 1903 年版。

表4—10 翻译外国历史教科书

书名	原著者	译者	册数
高等小学中国历史教科书	［日］鹏桥	王季烈译补	1
中等东洋史教科书①	［日］桑原骘藏	周同愈	1

除了上面所列的历史教科书，文明书局还出版有女学堂用书和师范学堂用书，见表4—11。

表4—11 女学堂适用历史教科书

编者	书名	出版日期	册数
杨千里	女子新读本	1904	2
王维祺编译	世界女权发达史	1903	2
王维祺编译	（女子适用）国史教科书	1903	

师范学堂教科书主要是关于教学方法等内容，有《最新心理学教科书》《最新教育学教科书》《最新管理法教科书》和《最新教授法教科书》等。通过学部审定的有《小学各科教授法》《小学统合新教授法》《单级小学教授管理法》和《画学教授规则》等。

虽然女学堂所用教科书，特别是历史教科书不多，但是其意义重大。《（女子适用）国史教科书》出版广告有言："历史学科，无男女之可分，而吾国四千年历史中，凡涉及女子事略，可垂为法戒者，不知凡几。是编用历史科寻常之系统，而内容多配置以历史中女子之事实，注重在道德教育，而历史上女子美术之进步，尤所注意程度合高等小学及中学一二年用，用以为女子历史可，用以女子修身书亦可。"②《女子新读本》是修身教科书，《（女子适用）国史教科书》

---

① 此书由上海作新社印刷，发行所为广智书局及各地分局。
② 李孝迁：《论晚清女子历史教科书》，《华夏文化》2007年第1期。

和《世界女权发达史》可算历史教科书。女子教科书一般从经典和史籍中摘录出各种类型的女性典范，并引用国外的杰出女性事迹等以表彰她们的杰出成就，并赋予新时代的意义，成为女子学习的榜样。清末出版女子教科书的书局不多，文明书局起到了率先垂范的作用。

三　译介的西方历史著作

文明书局在教科书出版方面做出贡献，在翻译西方著作特别是历史著作方面同样有所成就。文明书局所翻译的书籍绝大多数是由日本人著述的书籍或经日本人转译的西方书籍。当时的文明书局内部并没有设立专门的翻译部门，主要通过与留学生建立联系，取得译稿得出版权，组织印刷发行。1901 年，庄俞、严练如在上海成立人演译社，翻译东西文新书数十种，文明书局成为其发行所之一。

与专门的翻译机构合作，是书局获取书稿的途径之一，与文明书局合作最多的即是人演译社。其他具体确切可考的译者共 54 位，他们分别为：陈志详、丁福保、丁锦、樊炳清、富士英、傅运森、顾万珍、侯士绾、胡克猷、胡宗瀛、华文祺、华纯甫、华熔、黄大暹、嵇镜、江郁年、金柯、李郁、李静涵、林祖同、马君武、麦鼎华、钱增、秦毓鎏、秦元弼、秦国璋、萨端、沈联、汤锡祉、陶懋立、陶珉、王维祺、王师尘、吴汝纶、吴启孙、吴民、吴建常、吴兴让、吴祷、徐渭臣、徐勤业、许士熊、严复、杨廷栋、杨寿桐、愈愚斋主人、曾剑夫、张相文、张肇桐、张大椿、张肇熊、张竞良、章宗元、周柏年等。

1902—1904 年文明书局发行的外国历史类书籍，共有 34 种，见表 4—12。这些书籍除秦蘅江编辑的《东洋分国史》外，其余均为译印之本，而 90% 以上又是从日文翻译而来。欧洲各国的历史是当时关注的重点。按照内容性质分类，除一般通史和各种专门史外，多为文明史、革命史、亡国史、独立史、侵略史、人物传记等方面，反映了译者对于变法、革命、独立、进步等问题的关切。此外还出现了史学理论类著作。

表4—12　　　　　　1902—1904 年译印外国历史著作一览表

书名	原著者	译者	出版时间
泰西通史	［日］箕作元八、峰岸米造	华纯甫、李静涵合	1902
绝代伟人传略		徐传霖编译	1902
新译李鸿章	［日］吉田勿勇	愈愚斋主人	1902
革命前法朗西二世纪事	［日］中江笃介	出洋学生	1902
南阿新建国史①	［日］福本诚	桂林陈志详	1902
万国通史	［日］天野为之	吴启孙	1903
西洋文明史	［日］高山林次郎	"支那翻译会社"	1903
万国兴亡史	［日］松村介石	汤锡祉	1903
西史通释	［日］浮田和民	吴启孙	1903
西洋史要	［日］小川银次郎	东文学社 樊炳清、萨端	1903
德意志史	［日］白石真编	人演社	1903
佛国革命战史	［日］涩江保	人演社	1903
十九世纪亚美利加之风云	［日］矢野太郎	钱增	1903
西力东侵史	［日］斋藤奥治	秦元弼译、秦毓鎏校阅	1903
埃及惨状	［美］卜因约翰		1903
彼得大帝传	［日］佐藤信安	愈愚斋主人	1903
拿破仑		秦国璋、吴元润	1903
林肯传	［日］松村介石	无钱增、顾万珍	1903
华盛顿	［日］福山义春	丁锦	1903
哥伦波	［美］勃胪贰原		1903
格兰斯顿	［日］近松宇太郎	人演社	1903
恺撒	［美］克拉哥	张大椿、沈联	1903

---

① 书后版权页写着"明治三十五年十二月一号印刷，光绪二十八年冬月二十日发行"。发行所广智书局，印刷所文明书局。定价五角五分。

续表

书名	原著者	译者	出版时间
海军第一伟人：纳尔逊传	［日］岛田文之助	侯士绾	1903
成吉思汗少年史	［日］坂口模次郎	吴椿	1903
铁血宰相			1903
汉尼拔	［日］大町芳卫原	丁锦	1903
世界第三伟人			1903
东洋分国史	秦蘅江编辑		1903
新史学	［日］浮田和民	侯士绾	1903
世界女权发达史①	［美］他士坦登搜	王维祺	
欧洲列国变法史	［法］赛那布	［美］麦克范译， 许士熊重译	
欧洲历史揽要	［日］长谷川成也	敬业学社	1904
英国史	［日］松平康国	戴麒	1904

　　亡国史、侵略史触及了时代主题，直接表明了当时社会严重的民族危机。据不完全的统计，辛亥革命前的10年间，至少出现了50种亡国史著作。通过介绍其他国家的亡国历程，向国人敲响"亡国警钟"，有助于警醒国民，使其从中吸取教训，引以为鉴。同时通过分析亡国史和帝国主义史可以直接对国民进行直面的教育，激起群众挽救统治的信念以及唤醒麻木的百姓。

　　独立史、革命史彰显了书局的社会责任。在民族危机、救亡图存的关键时期，汲取西方国家独立革命成功的经验尤为重要，有利于学习民族独立所采取的政治模式。

　　人物传记试图寻找改革的旗手。1902年8月书局发行了十厚本的《绝代伟人传略》，作为便蒙丛书，后陆续发行了13种人物类传记，还将其中六种合集发行为《古今世界六大豪杰传》。这些人物传记的

――――――――――

　　① 此书已采用彩色封面。

主人翁皆为古今中外杰出的领袖人物，有成吉思汗、李鸿章、恺撒、拿破仑、华盛顿、林肯。他们都是推动社会变革的旗手。20世纪初的中国，社会急剧变革，改革的浪潮不断高起，这是一个期待英雄豪杰的时代。英雄人物传记一方面能够使国民认识英雄人物在推动历史演进中的作用，另一方面能够使国民了解西方资本主义国家领袖人物的生平，学习西方所推行的制度，从中总结出经验。

史学理论著作引导史学变革的方向。日本近代著名的政论家和历史学家浮田和民的《史学原论》被文明书局翻译过来，这是一本关于西方近代史学理论与方法的著作。书中主要介绍了历史学的性质、范围、定义、价值以及历史与国家、地理、人种等之间的关系，历史大势及研究方法。20世纪初年，梁启超发表《新史学》诸文，倡导史界革命，掀起了一股"新史学"思潮。在这股思潮影响下，浮田和民的《史学原论》备受关注，被介绍传入了中国。1902—1903年，中国先后出现了五种译本，而文明书局出版的译本最早。侯士绾将其译为《新史学》，充分表明了他对梁启超"新史学"观点的认同。

四　文明书局教科书与译著的社会反响

在科举考试制度之下，传统经史书籍成为读书人必读书目。尽管有些读书人认识到时势的变迁，但是更多人还是期待通过科举晋升仕途，并不因社会需要什么，而去学习什么。1897年，南洋公学师范生陈懋治、杜嗣程、沈庆洪等编纂的《蒙学读本》，是中国人自编教科书的开始。清末新政后特别是科举制度废除，给出版业带来了发展契机。上海文明书局印刷了丁宝生、杜嗣程等人编纂的《蒙学读本》，"楷书石印，附有图画，形式内容，均比较美观，故盛行一时。不及三年，已重印十余版；在小学教育界占势力者五六年"①。陆费逵指

---

① 蒋维乔：《编辑小学教科书之回忆》，陈学恂主编：《中国近代教育史教学参考资料》上，第647—648页。

出，南洋公学的《蒙学读本》没有图画，文明书局出版的图书弥补了这一缺憾，认为七册《蒙学读本》都很好，"文字简洁而有趣，在那时能有此种出品，实在是难得，我曾用此书教过学生，到现在还不忘记"①。在 1902 年编纂的《蒙学西洋历史教科书》编辑大意中写道："西国寻常小学，有本国历史，而无外国历史，先后详略，次第宜然也。惟我中国，自古一统，几不复知有世界列国，故宜及早开通，特次于中史，编列外史一种，略述彼邦强胜之由，西力东侵之渐，俾童而习之，稍知外事，庶免一隅自封之习。历史有东洋、西洋之分，此两史上之邦国，各为一群，以遂其文化之发达，兹编专述白种人事实，故别为外国历史西洋之部。古时西洋盛衰理乱，影响不及于我，今则两族交通，竞争日烈，形势迥殊。是编近事较详，尤注重于中西关系，冀于国民共谋御侮，为徵悒所存。"② 通过《编纂大意》，书中所表达的民族主义思想溢于言表，此种教科书对学生产生的深远影响亦可预见。1907 年前后，学部也组织图书局出版教科书，但是"所出教科书，大半仿商务、文明体例，且加入许多不合儿童心理的古董教科书，外间很有批评"③。面临着亡国灭种的严峻局势，如何唤醒"虽然处将亡之势，而不自知其所以亡"④ 的广大国民，是一项重要的时代课题。文明书局通过图书出版，一方面满足学堂的需求，另一方面唤醒国民，对社会启蒙起到了重要作用。

要之，文明书局以"蒙学教科书"和"文明教科书"为其出版指向，出版的教科书包括蒙学、初小、高小和中学堂教科书，内容丰富，特色突出，在民营出版机构教科书出版活动中，具有重要的代表

---

① 陆费逵：《论中国教科书史书》，陈学恂主编：《中国近代教育史教学参考资料》上，第 652 页。

② 《编纂大意》，《蒙学西洋历史教科书》，上海文明书局 1902 年版。

③ 陆费逵：《论中国教科书史书》，陈学恂主编：《中国近代教育史教学参考资料》上，第 653 页。关于学部图书局编纂教科书，可以参考江梦梅《前清学部编书之状况》，收于陈学恂主编《中国近代教育史教学参考资料》上，第 654—655 页。

④ 《绍介新著·〈埃及近代史〉》，《新民丛报》1902 年第 6 号，第 96 页。

性。教科书的体裁、体例布局、插图、文字表述等为教科书出版提供了范本，为近代中国教育事业的发展做出了重要贡献。文明书局译介的外国史学著作，促进清末的思想启蒙和民主革命，促进了西学在中国的传播。通过这些译书，国人能够快速掌握西方国家的政治模式、思想变化、制度沿革，探求中国走向富强独立的道路。

第五章　近代中国史学变革与
　　　　阅读世界的变化

　　中国史学自产生以来，赓续发展，史学著作浩如烟海，未有断绝。然而，19世纪以后，世界融为一体的趋势日益加强，与日益没落的封建社会形成鲜明对照。认识并掌握域外局势成为摆在史家面临的时代话题，通过近代新兴媒体（报纸、出版机构）输入的西方史学，成为统治者、士人、读书人选择的对象。近代学人在接受了世界史知识和西方史学观念之后，对中国史学展开的批评之声不绝于耳①，特别是在留日、留美、旅欧等留学生引进的西方史学思潮的催生之下，中国史学由传统史学迈入近代史学阶段。中国史学转型的两个重要节点是梁启超掀起的"新史学"思潮和1919年胡适《中国哲学史大纲》的出版。这个新阶段的重要体现就是历史书写内容的变化和读书人阅读世界的变革②，这股新动力和新力量的积累不能忽略。

第一节　拿破仑形象在中国的塑造与传衍

　　晚清至民国，有两个外国历史人物在政界和学界享有特殊盛誉，

---

　　① 徐仁铸、唐才常、陈黼宸等都有相关论述，尤以梁启超的《中国史叙论》《新史学》批评最为激烈，影响最为广泛。
　　② 潘光哲的《晚清士人的西学阅读史（1833—1898）》（凤凰出版社2019年版）从近代文本出发，探讨了读书人阅读世界的新动向。

他们是美国的华盛顿和法国的拿破仑。此二人在国人著作和报刊上反复出现，成为时代的"潮人"。这显然与近代以来中华民族遭遇的严重民族危机相连。国人把华盛顿和拿破仑当作解国危于倒悬的希望，成为"启蒙标本、革命偶像和政治象征"①。1903 年，益新译社和上海文明书局分别发行两种题为《拿破仑》的传记，从译者、著者的序中，可以体会到拿破仑作为现代民族精神的符号所具有的影响力。前者在《译序》中写道："古今之英雄，孰不推拿破仑为第一？稍知学问者，无不震之于拿破仑之名。"② 后者《传序》将其喻为"医治"中国之扁鹊。文中写道："中国人心之不振久矣，医国者无术以唤之起，不得不借助于人。拿破仑其扁鹊乎。"③ 1929 年，蔡元培以"四海惊传拿破仑，国民渐不思我存"④，描绘了拿破仑在当时社会的影响。近代以来，中国人对拿破仑怀有持续的兴趣和特殊的情感。拿破仑的名言至今依然被当作鼓舞精神的话语。一句是否为拿破仑说过的话："中国是一只睡狮，一旦它醒来，整个世界都会为之颤抖"，引起了 20 世纪以来众多学者的论争⑤。本节论述之重点不在平息学术争端，而是着力探讨拿破仑形象在近代中国史著中的塑造和传衍，以及在此过程中蕴含的社会意义和价值。

一　拿破仑形象之输入

拿破仑虽未至中国，却与中国有着很深的渊源。他是一个博学多才

---

① 中国学者对国外文学家笔下的拿破仑形象研究成果较多，而集中探讨拿破仑中国形象的成果极少。代表性成果如刘宝吉的《拿破仑的近世中国之旅》（《史林》2014 年第 2 期）、程天芹的《清末（1910—1911）文献中描述的"拿破仑形象"》（《兰台世界》2013 年第 27 期）。

② ［日］土井林吉：《拿破仑·译序》，赵必振译，上海益新译社 1903 年版。

③ 吴元润、秦国璋编译：《拿破仑·传序》，上海文明书局 1903 年版。

④ 蔡元培：《拿破仑》，高平叔编：《蔡元培全集》第 5 卷，中华书局 1988 年版，第 307 页。

⑤ 此语是否为拿破仑所说，引起了众多学者论争。详见［日］石川祯浩《晚清"睡狮"形象探源》，《中山大学学报》2009 年第 5 期。

的人。在上军校的时候，拿破仑就非常好学，除主修军事课程外，他对哲学、政治、历史、地理、法学、文学等都有广泛的研究兴趣。军校毕业后，拿破仑对东方世界以及埃及、阿拉伯、印度、中国等古老国度兴趣颇浓。拿破仑对中国的了解源于当时法国在广州的商人。1794 年，荷兰派出由萨克·蒂津带领的 7 人使团，朝贺乾隆皇帝登基六十周年。蒂津使团的翻译是常驻广州的法国人克雷蒂安·德·吉涅。吉涅回到法国后，在 1808 年发表了他的回忆论著。这时，如日中天的法国皇帝拿破仑得到了信息，命令吉涅编撰一部中—法—拉丁文字典①。嘉庆年间来华的英国阿美士德使团在返回途中，"拜访"了被流放到圣赫勒拿岛的拿破仑。从诸多回忆录中可以看到，拿破仑对阿美士德的到来非常感兴趣，他用了三个月时间来准备这次访问，还多次阅读了英国马戛尔尼使团纪实②。阿美士德与拿破仑谈了中国问题，"他问到我在北京的情况，打听了鞑靼的礼节。但他并没有像我准备的那样就我屈从的可能性发表任何意见……后来他问我在中国旅行的情况"。由于拿破仑只与阿美士德和埃利斯单独会谈，而使团其他成员与拿破仑共同会面的时间不足十五分钟，所以关于此次会谈的内容对外披露很少。因此，使团的医生写道："我们与拿破仑的会见，我没有多少可说的。"③ 在阿美士德使团到达圣赫勒拿岛前后，拿破仑与爱尔兰私人医生奥米拉进行过三次关于中国问题以及英国使团的讨论，比如觐见礼节问题④，拿破仑认为，"外交官拒绝叩头是对皇帝的不敬"⑤，无论

---

①　［法］佩雷菲特：《停滞的帝国——两个世界的撞击》，王国卿等译，生活·读书·新知三联书店 2016 年版，第 445 页。

②　［法］佩雷菲特：《停滞的帝国——两个世界的撞击》，第 445 页。

③　［英］克拉克·阿裨尔：《中国旅行记（1816—1817）》，刘海岩译，上海古籍出版社 2012 年版，第 298 页。

④　拒绝"叩头"是由斯当东提出的，阿美士德和埃利斯放弃了自己的主张，听从了斯当东的建议。参见［英］乔治·托马斯·斯当东《小斯当东回忆录》，屈文生译，上海人民出版社 2015 年版，第 63—64 页。

⑤　1817 年 3 月 25 日，拿破仑与奥米拉谈话记录。参见［法］佩雷菲特《停滞的帝国——两个世界的撞击》，第 448 页。

是马戛尔尼还是阿美士德，使团的礼仪要求都是荒谬的。拿破仑没有到过中国，对中国情势的理解多属于臆测，夸大了中国的军事实力和经济实力。拿破仑的名字最早何时由何人传入中国，尚需进一步考证①。依据现有史料，我们可以得知，拿破仑形象在中国的塑造与传衍，既与外国在华传教士的文化出版活动有关，也与早期走出国门的中国学者、官员、留学生群体有关。

众所周知，19世纪来华传教士为推行西方的价值观念，进行了层次多样的文化传播活动。他们办报刊、兴学堂，设立出版机构译介西方著作，终极目的是改变中国人"藐视西方"的观念。在文化传播的过程中，拿破仑作为在欧洲有重要影响的人物，也被纳入中国的"思想资源库"之中。

《东西洋考每月统记传》是中国境内最早用中文出版的近代期刊，该文献中较早对拿破仑、华盛顿等英雄人物进行了介绍。在《霸王》篇中，传教士郭实腊介绍了拿破仑在法国大革命中上台，掌权之后的对外扩张行为，以及最后被流放到非洲西边小岛上的经历。作者评论道："若以挐皇帝（拿破仑）较之秦始皇及元之忽必烈或谓相似，但拿破戾翁乃为霸中之魁也。"② 随后，该期刊又在1837年10月、11月、12月连载了《谱姓：拿破戾翁》，详细地介绍了拿破仑一生的行为，也指出了他个性中的缺点，"性情好动，贪位爱名"，认为拿破仑"若论其行藏，可谓出类拔萃，而高超乎众。盖彼实钟山川之英气，而为特异之人也"③。《东西洋考每月统记传》还刊载了大量西方文明知识，成为近代国人了解西方的一个窗口。郭实腊后来将《东西洋考每月统记传》中的一些篇章集合起来，出版了《万国地理全图集》，

---

① 邹振环认为，《东西洋考每月统记传》中的《谱姓：拿破戾翁》是中文书刊中首见的拿破仑传记。详见氏著《"革命表术"与晚清英雄系谱的重建》，《历史文献》第九辑，上海古籍出版社2005年版。在《东西洋考每月统记传》之前，尚有多部西方传教士在南洋、中国沿海创办的中文期刊，是否为"首见"尚可再考察。

② 黄时鉴整理：《东西洋考每月统记传》，第263页。

③ 黄时鉴整理：《东西洋考每月统记传》，第304页。

并对法国史中的拿破仑有所论及。客观地讲，该文对拿破仑的功过进行了公允评述。

　　英国传教士马礼逊撰写的《外国史略》同样对法国历史发展和拿破仑的统治进行了介绍。文中写道："佛兰西国古时亦山林之蛮夷，久渐向化。然性好勇，建屋不筑城，恶其障蔽拘禁也。"① 随后，翔实地介绍了拿破仑的活动。在传教士创办的《察世俗每月统计传》《六合丛谈》《遐迩贯珍》等期刊上，也有关于拿破仑的介绍。

　　李提摩太是英国来华传教士，其翻译麦肯西的《泰西新史揽要》（初名《泰西近百年来大事记》）1894 年连载在《万国公报》上，后结集出版。该著作对拿破仑一生及其征战有详细描述。书中以《法皇拿破仑行状》为题列为一章，下分三十节。文中既指出了拿破仑的功绩，"法皇拿破仑之生平尽心于立国养民之道，可谓欧洲自古以来罕有之英主"，其提出的"安民""养民"之策为欧洲诸国所效法。同时，作者也指出了拿破仑对外战争给欧洲以及法国带来的灾难，"欧洲人民遭逢乱世，及不知有太平之事，残害生灵数百万，耳目之所见闻无非杀气之所浸渍"②。广学会是基督教传教士在华创办的具有重要影响的教育出版机构。该机构在民国结集出版了《地球一百名人传》一书③，卷三《政治家》共收录各国政治家 17 位，其中包括华盛顿、拿破仑。文中叙述了拿破仑的政治、军事统治以及与普鲁士、奥地利、俄国、英国的战争。文中认为，法国自昌革命，欲立共和，拿破仑上台不仅阻止了法国的共和进程，而且"扰乱全欧"二十余年，直至拿破仑去世方才平息。该书对拿破仑评价道："身体短小，精力强悍，立心太侈，用兵如神。仅可以列在欧洲亚历山大、汉尼巴、沙尼

---

　　① 魏源：《大西洋·佛兰西国总记下》，《海国图志》卷 42，岳麓书社 1998 年版，第 1220 页。

　　② ［英］马恳西：《泰西新史揽要》，李提摩太译，上海书店出版社 2002 年版，第 44 页。

　　③ 由李提摩太口述，蔡尔康笔述的《地球一百名人传·叙》首先刊发在《万国公报》1898 年 8 月第 115 册。

曼、成吉思汗、铁木耳诸人中间，卒以好战致败。"① 可知西方传教士编纂期刊、出版著作的目的是推行西方的价值观念，为列强对外侵略服务，昌言"优胜劣汰""弱肉强食"的思想，因而对拿破仑的一生功过，没有进行有意识的"加工"，将真实的拿破仑带到中国社会精英阶层的思想世界。

自 19 世纪中后期，随着中国被纳入世界体系的过程加速，越来越多的学者、官员、留学生得以有机会走出国门，来到西方世界。他们对曾经称霸一时的拿破仑抱有热情，并借机参观了拿破仑曾经生活和战斗过的地方，在日记和论著中有所记述。1867—1870 年，王韬前往欧洲游历，两过法国，前往马赛、里昂、巴黎等地游览，著有《漫游随录》《普法战纪》《法国志略》等论著。书中对法国的发展历程和拿破仑的对外战争进行了详细描述。王韬写道："法京中多前王拿破仑遗迹，至今游人观览者，犹想见其功烈之崇隆，势位之烜赫焉""法王昔年与欧洲列强构兵，所向克捷，几于一统"②，他对拿破仑的战绩是赞许的。然而，由于拿破仑的长年战争，也使法国走向衰落，"然拿破仑之战称为古今所仅见者，诸国之兵亦只有十五六万而已，以视今日，殆不及十之一也。故以今日大势揆之，人但见其事事讲求，物物精审，似若雄视一切，不可限量，而不知智巧愈极，机诈愈深，情伪相感，利害相攻，祸患之来，气机已召，人皆谓其强之至者，吾正谓其衰之始"③。通过对法国社会的考察，王韬对中法之间的交往形成了独到认识。他认为："法通中国已三百余年，于泰西诸国为独先，名流硕彦接踵东来，无非借天算格致以阴行其主教，其势几至于上动帝王，下交卿相，有明之季靡然从风，实足为人心学术之隐忧。流弊至今，亦缓通商而急传教，中外龃龉之端率由此起。"④ 在

① ［英］李提摩太：《地球一百名人传》卷3，广学会出版，出版时间不详，第75页。
② 王韬：《漫游随录·扶桑游记》，湖南人民出版社1982年版，第84—85页。
③ 王韬：《弢园文新编》，生活·读书·新知三联书店1998年版，第127页。
④ 王韬：《弢园文新编》，第124—125页。

《法国志略》一书中，王韬认为拿破仑是"海外异人之一"①。但是，拿破仑"居然以帝号自娱"，认为权力是"天授"，过度的征伐使其功名没能够一直延续下来。

1876年，中国首任驻英公使郭嵩焘出使英国。1878年，他又兼任驻法国公使。在其撰写的《伦敦与巴黎日记》中，郭嵩焘提及拿破仑十余次。尽管郭嵩焘对拿破仑没有大篇幅的评价，但是从行文记载来看，他对拿破仑是非常关注的。1878年，清政府派曾纪泽接替郭嵩焘，担任出使英国、法国大臣。曾纪泽在欧五年时间，悉心了解西方各国历史、国情，对西方社会进行深入的考察。他对法国的历史非常关注，多次陪家人、朋友到拿破仑纪功坊参观，并在日记中有所记述②。1889年春，薛福成出使英、法、意、比，在出使日记中，薛福成多次提到在法国见到的拿破仑战争后留下的遗物，并相继记述了普法之间的战争。1806年，普鲁士被法国战败，普鲁士被迫"割地称臣"。薛福成认为："法王拿破仑第一以兵残灭普国，尽取其地，盟日耳曼诸小邦于来因河（莱茵河）上。又与俄皇亚力山德第一相会，互约俄称北帝，法称南帝；而普王啡哩特威廉第三，以失国之君侍立门外，执事维谨。俄皇怜之，颇为缓颊。拿破仑许稍析故地封之，而未践言也。会普王之后，携其子赴拿破仑宫茶会，已无立锥之地自诉，拿破仑乃今仅以一郡地封为附庸小国。"③ 书中还记述了拿破仑与奥匈帝国之间的战争，"奥王再与议和"④。在拿破仑的领导下，法国在对外战争中取得了胜利，开疆拓土，国势达到鼎盛。

严复是中国首批派往英国学习的留学生，对英、法之事较为熟知。严复归国后，正值中国民族危机日益加深之时。严复在日记、文章中经常谈论拿破仑，但是拿破仑的形象大多是负面的。严复写道：

---

① 王韬：《保拿巴氏纪》，《重订法国志略》卷六，光绪十五年上海松隐庐刊本，第2页。
② 曾纪泽：《曾纪泽日记》，中华书局2013年版，第883—1138页。
③ 薛福成：《出使英法意比四国日记》，岳麓书社1985年版，第296—297页。
④ 薛福成：《出使英法意比四国日记》，第754页。

"今且无论往古，即以近事明之。八百三十年，日耳曼不尝败于法国乎？不三十年，洒耻复亡，蔚为强国。八百六十余年，法兰西不尝破于德国乎？不二十年，救敝扶伤，衰然称富，论世之士，谓其较拿破仑之日为逾强也。然则战败又乌足悲哉！所可悲者，民智之已下，民德之已衰，与民气之已困耳，虽有圣人用事，非数十百年薄海知亡，上下同德，痛刮除而鼓舞之，终不足以有立。"① 对拿破仑等人的专制行为，严复是持批评态度的。严复认为："历史中如路易，如伏烈大帝，如拿破仑，其得位行权，皆有此理。不过，当知此等专制一立之后，虽事势变迁，其权无由解散。虽其始有救亡之用，而其终常为殃民之资，此其制所以为千古之诟厉耳。"② 严复认识到专制制度既有有利的一面，也有弊端，会演变为政治民主化的障碍。

当然，中国前往欧美游历、考察、任职、留学的人员论著中关于拿破仑的记载还有很多。中国第一位在美国拿到学位的读书人容闳有缘到了圣赫勒拿岛。1847 年，容闳随其师布朗前往美国途中，登上了囚禁拿破仑的圣赫勒拿岛，"附近吊古，怅触于怀"，其著《西学东渐记》在 1915 年由商务印书馆刊刻。20 世纪 20 年代，蔡元培赴欧洲考察时，曾多次参观与拿破仑相关的战争遗迹和纪念馆。据其日记记载，1921 年 2 月 13 日，蔡元培与驻比利时公使魏注东一起，在比利时参观了拿破仑战败地滑铁卢，观看了历史全景画《拿破仑·波拿巴》。2 月 28 日，他在法国国家学会马松的陪同下，参观了该国拿破仑一世纪念馆，发现"凡拿破仑及其眷属之画像甚多；所遗弃物及签字之文牍、手书，他人关于拿氏之著作，均甚富有"③。在这两则日记里，蔡元培对拿破仑的叙述非常平和，也未对其功过作任何评论。

前往日本的学人同样关注到了拿破仑。梁启超在日本期间创办了

---

① 王栻编：《严复集》第 1 册，中华书局 1986 年版，第 9 页。
② 王栻编：《严复集》第 5 册，第 1311 页。
③ 转引自单滨新《无非时势造英雄——蔡元培诗论拿破仑》，《中华读书报》2013 年 7 月 3 日。

《清议报》，该报纸对国内知识分子具有重要影响。报纸刊载了中国留学生的《拿破仑好诵之格言》一文，作者论述道："开今日欧洲文明者拿破仑之力也。然其一生所最好诵者，即真正才智在刚毅之志气、之一语。观其平生所为，亦多具此种精神。"①文中还引用了拿破仑的名言："予能令泥土为吾大将"，并认为拿破仑的刚毅精神对其取得成就发挥了至关重要的作用。《清议报》还刊登了湖南邵阳蔡奋撰写的《瀛海丛谈》，其中有《拿破仑》一篇。文中将拿破仑评价为"心力之雄大，才力之宏博"，具有"高立须弥，俯视群虻之态"，对拿破仑投去了羡慕之情。文中充分肯定了拿破仑演讲所具有的鼓舞性和号召力，"读其片词双字，足使志气飞扬，增无穷磊落嶙峋之浩气"②。《浙江潮》刊载了《拿破仑之爱国》一文，认为拿破仑签订议和条约并不是兵败所致，而是出于对国家、民族前途的考虑。文中写道："法帝拿破仑败于鲁国，同盟军围巴离。然帝之麾下尚有军士数万，足支数月。帝不忍以一身之故，劳苦国民，遂与同盟军订议和，自愿退帝位。"③"帝不忍以一身之故，劳苦国民"，拿破仑的高大形象立即显现出来。

二　"雄才伟略，诸侯稽首"：晚清国人著作中塑造的拿破仑

通过上文论述可知，西方传教士以及走出国门的中国人论著中，展现了一个具有文韬武略、战功卓著、显赫一时的拿破仑。他既促进了欧洲的制度进步，又给欧洲带来了战争。在此基础之上，没有走出国门的读书人根据国内形势发展需要，对文本进行取舍，塑造出来一个具有雄才伟略、震慑环宇、诸侯稽首的拿破仑形象。

魏源、徐继畬、姚莹、梁廷枏等人是近代中国开眼看世界的代表

---

①　《拿破仑好记诵之格言》，《名人著述伟人之佳话》，《清议报全编》卷8，横滨新民社辑印，第530页。

②　蔡奋：《拿破仑》，《名家著述瀛海丛谈第十三》，《清议报全编》卷8，第483页。

③　公猛：《回澜丛话·拿破仑之爱国》，《浙江潮》1903年第6期。

人物，他们撰写的史地著作成为中国人了解世界的重要"思想资源"。《海国图志》《瀛寰志略》等书籍参阅了《东西洋考每月统记传》《外国史略》《万国地理全图集》等书籍中传递的信息，书中对法国史和拿破仑进行了叙述。魏源以按语的形式对法国历史发展进行了评论，认为法国为欧洲传世最久的国家，也是最好刀兵的国家。魏源认为拿破仑"争先处强，不居人下；偶有凌辱，必思抱负""其用兵也，仗义执言，不似诸国之专于牟利"①。当法国在路易十六统治时期，国王"不修政事，国库耗于妃妾，乃议增饷以补国用，民心不服。正与欧罗巴列国交战，有将军那波伦者，佛国英雄也，乘虚擅权，百战百胜，威声大震，于嘉庆八年篡位，称尊号在诸国之上"。拿破仑横空出世，是拯救国家于危难的英雄人物。拿破仑当政后，利用手中的兵权与自己的才智，"设造新律，改正纪纲"，使法国能够雄视泰西诸国。拿破仑虽百战百胜，但是用兵不能有度，最终导致以失败告终。魏源对拿破仑的总体评价是："论其才能，非不出类拔萃，惟佳兵好战，以至于亡。"②虽然拿破仑的对外征战给其他国家和法国人民带来巨大灾难，但是作者对此并没有给予过多的评论。《瀛寰志略》同样论及了法国发展史，对拿破仑的评述基本上延续了《海国图志》的风格。文中写道："王好渔色，内宠擅权扰民，民不能堪。乾隆五十四年，国大乱，寻废王弑之，立领事官三人摄王政，以拿破仑为首。拿破仑者，佛凤将，用兵如神，王忌之，置散地。国人既弑王，拿破仑乘势鼓众，得大权。嘉庆九年，国人推戴即王位，恃其武略，欲混一土宇，继罗马之迹……战胜攻取，所向无敌，诸国畏之如虎。"③拿破仑以乱世中之英雄形象呈现在读者面前。

黄遵宪在担任驻日公使参赞之时，利用暇余，多与日本学者相往

---

① 魏源：《大西洋·佛兰西国总记下》，《海国图志》卷42，第1227页。
② 魏源：《大西洋·佛兰西国沿革》，《海国图志》卷43，第1205页。
③ 魏源：《大西洋·佛兰西国总记下》，《海国图志》卷42，第1226页。

还，撰有日本史专著《日本国志》，是 19 世纪后期了解日本发展史的重要参考资料。文中认为欧洲发展日新月异，"强弱相并"，欧洲诸国中"西则有若拿破仑，雄才伟略，诸侯稽首；又西则有若华盛顿，艰苦卓绝，独立一洲"[1]。拿破仑与华盛顿居于欧洲诸多政治家之魁。郑观应通过阅读《泰西新史揽要》，加深了对中国问题的思考。他认为，普鲁士虽然遭受法国侵略，但是依然能够实现自强，这是中国效法的榜样。他记述道："法皇拿破仑胁迫普国，割其地大半，责尝军饷一百四十兆弗郎克，驻兵普京，俟偿款清而后退，普地不许增炮台，其原有之炮台，每台限炮若干口，不得增设，通国兵额只准四万二千名，不许增兵。其挟制普国至矣。今吾中国受人挟制，未必过于法之待普也。普受此胁迫，尚可富强，中国何必丧志哉！"[2] 针对西方国家提倡的国际公法，郑观应认为，国际公法对于强弱相等的国家具有约束力，对太强、太弱的国家缺乏约束力。拿破仑当政时期，"囊括宇宙，震慑群雄，横肆鲸吞，显为公允"，但是没有国家对其进行干预和追究责任。郑观应热心"洋务"，对外国情势洞烛先机，从受害国的角度对拿破仑的对外征战进行评论。

康有为、梁启超、唐才常等人肯定了拿破仑的改革措施在法国变革，乃至对欧洲进步所产生的推动力，这些认识多受李提摩太翻译的《泰西新史揽要》的影响。梁启超在其名著《变法通议》中写道，"自法皇拿破仑倡祸以后，欧洲忽生动力，因以更新"[3]。唐才常在其论著中亦充分肯定了拿破仑改革的积极作用，称其"雄伟绝世，震动全欧"[4]，将其失败的原因归于改革"过急"。康有为肯定了拿破仑在奖励"新书、新器"方面的措施，认为改革政策促使"精器日出"，欧洲诸国纷纷效仿，"遂以横行大地，扩括五洲，夷殄列国""自是

---

① 黄遵宪：《日本国志》，天津人民出版社 2005 年版，第 210 页。
② 郑观应：《郑观应集》，上海人民出版社 1982 年版，第 340 页。
③ 梁启超：《变法通议·论不变法之害》，《梁启超全集》第 1 卷，第 13 页。
④ 唐才常：《唐才常集》，第 70 页。

改易数万千年之旧世界，为新世界矣"①。此时，西方列强不断扩张在华势力，民族危机日益严重，拿破仑成为维新人士推动变法的榜样，他们要一改中国被动落后之情势，营造"改弦更张，咸与维新"之新局面。戊戌变法失败后，梁启超并未受事变之影响，反倒以更加勇猛的精神去推动社会变革，在其主编的报刊和发表的论文中，不时见到拿破仑的"光辉形象"。在《新民说》中，梁启超盛赞拿破仑，"率其彪悍之国民，东征西击，卒能取威定霸，奋扬国威"②，我中华民族十倍于法人，难道不能"攘外而立国"。

20世纪初年，拿破仑的名字经常见诸书报，有关拿破仑的传记、小说、评论纷纷出版。有学者称1903年为"拿破仑传记出版的大年"③。而此时，拿破仑不再是"维新变法"的代言人，而以"革命志士"的形象再次登上历史舞台。邹容的《革命军》热切呼唤革命大潮的到来，"得之则生，不得则死"，文中称卢梭之民主思想在欧美国家得到响应，"况又有大儿华盛顿于前，小儿拿破仑于后，为吾同胞革命独立之表木"④，认为中国的革命运动势在必行。章太炎在《驳康有为论革命书》中，驳斥了康有为所谓"革命党中必无有才略如华盛顿、拿破仑者"的观点。章太炎认为，"虽华盛顿、拿破仑之微时，天下亦岂知有华盛顿、拿破仑者"，中国并非需要再造"华盛顿、拿破仑"，而是"中国亦望有尧、舜之主出而革命，使本种不亡已耳，何必望其极点如华盛顿、拿破仑者乎？"⑤ 中国革命之先驱孙中山因其革命事迹，时人称其具有"拿破仑、华盛顿之勋业，无

---

① 康有为：《请厉工艺奖创新折》，中国史学会编：《戊戌变法》（二），第225、226页。

② 梁启超：《新民说·论尚武》，《梁启超全集》第3卷，第713页。

③ 邹振环：《"革命表木"与晚清英雄谱系的重建》，《历史文献》第9辑，上海古籍出版社2005年版，第405页。

④ 邹容：《革命军》，中国史学会编：《辛亥革命》（一），上海人民出版社1957年版，第335页。

⑤ 章太炎：《太炎文录初编·驳康有为论革命书》，《章太炎全集》，上海人民出版社2014年版，第184页。

与伦比"①。民国初年，陈少白评论孙眉、孙中山兄弟时称："弟是华盛顿，兄是拿破仑。"②

拿破仑形象在晚清衍生的政治效果在甲午中日战争前后最为明显。与中国传统文化中塑造出来的"尧、舜、禹"的贤君形象不同，华盛顿、拿破仑外国人物在近代社会剧烈变动中产生的政治效果要更加强烈。"华盛顿神话"促醒了中国人对西方民主政治制度的追求，"拿破仑形象"则唤起国人对拯救国家于危难的民族英雄的向往，对未来民族国家建立的信心。尽管拿破仑的名字在中文文献中有多重表达方式，先后被写作那波利稔、拿破利翁、那波良、拿坡仑。无论使用哪个名词，都不影响其所产生的政治效果。

三　一波二折：民国拿破仑形象之翻转

进入民国，人们获取知识的手段更加多元化。报刊、著作中拿破仑出现的频率不断提升。据笔者初步统计，民国出版的有关拿破仑的论著有十余部，在报刊上刊载的以拿破仑为标题的文章达 250 余篇③。这个数量超越了国人对本国历史人物的追捧。

革命形势发展如火如荼，辛亥革命的成功，标志着中国民族主义、国家主义的胜利，推动了中国的民主化进程。中国精英阶层希望孙中山做中国的"英雄"，然而袁世凯却伺机利用手段篡取了革命果实。起初，革命党人对袁世凯是抱有幻想的，认为袁世凯是最具有"华盛顿、拿破仑之资格"的人物，以希其建立丰功伟业。伴随着袁世凯的倒行逆施，拿破仑的"英雄"形象亦随之遭到怀疑。一旦民族

---

① 中国社会科学院近代史所编：《辛亥革命资料》第 18 号，中华书局 1961 年版，第 147 页。

② 孙中山的陵寝设计部分借鉴了拿破仑墓的风格，亦可作拿破仑在中国影响之证据。《孙中山陵寝涉及的秘密，部分借鉴拿破仑墓的风格》，新华网 2010 年 5 月 27 日，http://news.xinhuanet.com/politics/2010-05/27/c_12147226.htm。

③ 数据来源于大成民国图书全文数据库以及《中国近代期刊篇目汇录》（上海图书馆编，上海人民出版社 1994 年版）。

主义英雄的光环散去，拿破仑的过失亦被诸多政治家、学者揭露出来。对拿破仑的批评，实际上是对袁世凯专制活动的攻击。其实，早在武昌起义爆发之后，由谁来引领中国革命的发展，章太炎就早有分析。他认为："这种伟大人物，如果是华盛顿式的，那就要为中国庆幸；如果一旦是拿破仑式的，那就可能最终导致出现某种乱世。"①

随着袁世凯政治野心日益暴露，报纸上对这位"中国式拿破仑"批评之声"井喷"式涌现。袁世凯对此颇为反感，"乃近日以来，各省无识之徒捏造谣言，摇（谣）惑观听，以法兰西拿破仑第一之故事妄相猜惧，其用心如何姑置不问，大抵出于误解者半，出于故意者亦半"②。甚至到了 1913 年，袁世凯对此还不断辩驳。他说："余欲为华盛顿，非拿破仑也。华盛顿为历史中最有名之人物，建造自由国，余何欲为拿破仑而不为华盛顿乎？"③ 为《地球一百名人传》进行润色的中国学者蔡尔康对袁世凯篡夺革命果实进行批评。他认为，拿破仑"妄恃真才，参（掺）以私念，犹不以为自足的侈心所误"，而辛亥革命后，孙中山将总统之位让之于袁世凯。袁世凯没有取法美洲共和政体，"不以拿破仑为鉴，反以拿破仑为师，易民主为君主"④。袁世凯虽然没有取得拿破仑那样的战功，但是二人之行为后果如出一辙，最后导致"位去身亡，国人交谪"的下场。此时，中国社会"民主""自由"之风盛行，华盛顿已是"民主"的代言人，而拿破仑则成为"专制"的代名词。

1918 年 1 月 19 日，蔡元培撰写《北京大学进德会旨趣书》一文，以拿破仑为反面例子，阐述设立进德会以整顿校风之必要性。他说："司马迁曰：'夏之亡也以喜，殷之亡而以妲己'……拿破仑惑

---

① 姜义华：《章太炎思想研究》，上海人民出版社 1985 年版，第 518 页。
② 《袁总统解释谣言之原电》，《时报》1912 年 6 月 27 日。
③ 《袁总统与大陆报访员之谈论》，《时报》1913 年 6 月 29 日。
④ ［英］李提摩太：《拿破仑》，《地球一百名人传》卷 3，广学会出版，未署出版时间，第 75 页。

于色，而普鲁士之军国主义以荫。私德不修，祸及社会，诸如此类，不可胜数。"① 可见，蔡元培对拿破仑并无好感，更无崇拜之情。1929 年 3 月 22 日，蔡元培曾作七言绝句《拿破仑》三首②，对国内崇拜拿破仑的现象不以为然。蔡元培认为拿破仑是由各种机遇造就的一位"时势英雄"，威廉二世和日本军国主义的侵略行径是拿破仑"前车之覆"的死灰复燃③。

　　1931 年，九一八事变爆发，揭开了第二次世界大战东方战场的序幕。宁粤政府发生分歧，蒋介石宣布下野。时《大公报》将蒋介石喻为中国的拿破仑，文载："处进退维谷之状况下，故择取临时脱离政治舞台之一途，但凡熟晓此中国革命中之拿破仑，平素所抱不屈不挠之毅力者，当知其必不久甘于闲散。"④ 作为复兴民族主义的符号，拿破仑再次成为反抗外来侵略的政治象征，成为进步势力的代表。1932 年，伍光建翻译了法国史学家福耳的《拿破仑论》，全书分为十四章。伍氏认为，从不同的角度认识拿破仑，会有不同的结论，比如道德家和美术家的评价标准就有很大差异。1933 年，林纾、魏易翻译的《拿破仑本纪》出版。译者认为，拿破仑的对外战争对法国和欧洲的发展都具有推动作用，"一若使万年陈翳之古国，积疲之弊政，一一出而归荡之，别开民主之界域，造化隐隐若示欧人"⑤。20 世纪 30 年代，德国希特勒上台，给欧洲及域外地区造成了巨大灾难。1941 年，在纪念俄国十月革命发生二十四周年之际，斯大林发表讲演，称"希特勒之像拿破仑，正如小猫之像雄狮。因为拿破仑是为保卫进步，反对反动势力而战，可是希特勒却相反，是凭藉反对势力之进攻人类的进步势力"⑥。中国部分学者也接受了斯大林的观点，认为"拿破仑

---

① 蔡元培：《北京大学进德会旨趣书》，《北京大学日刊》1918 年 1 月 19 日。
② 高平叔编：《蔡元培全集》第五卷，第 307、308 页。
③ 单滨新：《无非时势造英雄——蔡元培诗论拿破仑》，《中华读书报》2013 年 7 月 3 日。
④ 《国际注视中国政局》，《大公报》（天津）1931 年 12 月 16 日。
⑤ ［英］洛加德：《拿破仑本纪》，林纾、魏易译，上海商务印书馆 1936 年版，第 380 页。
⑥ 钟思：《拿破仑与希特勒》，《时代》1942 年第 20 期，第 12 页。

虽则失败，但还有资格被看作失败的雄狮，至于希特勒却实在只配当小猫。因此，历史必将给予希特勒以更残酷的答复"①。对比希特勒与拿破仑的并不止此二人。1941 年 9 月 14 日，《华商报》第 160 号刊登了冯由撰写的《希特勒与拿破仑》。同年 9 月 19 日，《华商报》第 165 号还刊登了茅盾的《希特勒怎及拿破仑》一文。希特勒代表了反动力量，拿破仑则代表了正义力量。出于国内战争的需要，国内学者译介了多部拿破仑用兵之书。陶希圣辑译了《拿破仑兵法语录》，列入兵法英华丛书。此书共收录拿破仑军事用兵语录 117 条。陶希圣认为，拿破仑由于树敌太多，最终不免失败，但是"他辉煌的将才，则直至最后的战役，仍毫不减色。他在战略史上的地位，已经世界公认，不可动摇"②。其后，陈书檀、吴裕翻译了《拿破仑用兵秘诀》一书③。在抗日战争时期，拿破仑的事迹成为激励国人抵抗日本侵略，唤起国人爱国热情的"思想资源"。

新中国的缔造者毛泽东、朱德等领袖人物，也深受华盛顿、拿破仑的影响。在社会动荡时期，华盛顿、拿破仑的英勇精神影响了一代对国家、民族未来关心的知识分子。在湘乡东山小学堂读书时，毛泽东从同学那里借来一本《世界英杰传》，读到华盛顿、拿破仑这些人物的事迹，曾感慨地说："我们中国也需要这样的人物。"④ 成为中国共产党的领袖以后，他多次提及华盛顿和拿破仑。他经常说，自己早年"根本不知道世界上还有什么帝国主义，什么马克思主义。进了学校，也只晓得几个资产阶级的英雄，如华盛顿、拿破仑"⑤。毛泽东认为早年对其有过影响的人物，包括孔子、拿破仑、华盛顿、彼得大帝以及明治维新政治家、意大利文艺复兴"三杰"，"马克思、恩格斯

① 钟思：《拿破仑与希特勒》，《时代》1942 年第 20 期，第 14 页。
② 《拿破仑兵法语录·序》，陶希圣辑译，石门醒民日报社 1945 年版，第 9 页。
③ 《拿破仑用兵秘诀》，陈树檀、吴裕译，北平武学印书馆 1947 年版。
④ 萧三：《毛泽东同志的青少年时代和初期革命活动》，中国青年出版社 1980 年版，第 26 页。
⑤ 中共中央文献研究室编：《毛泽东文集》第 3 卷，人民出版社 1996 年版，第 290 页。

的名字就没有听说过，只知道拿破仑、华盛顿"①。"开头相信孔夫子，后头相信康德的唯心论。什么马克思，根本不知道。我相信华盛顿，相信拿破仑。"② 华盛顿和拿破仑已经成为毛泽东早年思想旅途中两个难忘坐标。比毛泽东大 7 岁的朱德也曾回忆："拿破仑算是不错的。我小时候非常喜欢他，也喜欢华盛顿。"③

尽管由于袁世凯的倒行逆施，拿破仑作为民族精神的建构主体一度遭到质疑，但是随着民族主义的勃兴和抗日战争爆发后救亡意识的高涨，拿破仑形象所引发的政治效果，成为凝聚时代精神的重要思想资源，表达了国人反抗国家遭受屈辱的诉求，成为激发爱国热情的有力武器。

四　拿破仑形象塑造的特点与价值

变革是近代中国社会的主题，变革是一场巨大的、无法估量的历史转换。近代早期的士大夫、读书人，看到了原本坚定信奉的世界观的崩溃，以及维护传统秩序的社会制度和政治制度日益乏力，对国家的未来越来越忧虑。在近代新兴媒体影响下的社会新兴阶层，对传统信仰日渐失去兴趣，转而理解和支持变革。特别是在 19 世纪末 20 世纪初勃兴的民族主义影响下，认为"革命才是中国复兴的钥匙，才能创造一个新世界"。新兴社会阶层需要一个革新进步的推动力。为此，崇拜拿破仑、恺撒、华盛顿，是晚清至民国有志之士比较普遍的现象。虽然，拿破仑终究以一个"失败者"在政治舞台谢幕，然而，在近代中国拿破仑却是以反抗外侮、保卫革命成果的形象展现在公众面前。孙中山、蒋介石等也都被喻为"中国的拿破仑"。由此可以看出，拿破仑在民族危机日益严重的近代中国，对唤醒国民、推动革命、革新思想具有的重要价值。

---

① 中共中央文献研究室编：《毛泽东文集》第 8 卷，人民出版社 1999 年版，第 392 页。
② 中共中央文献研究室编：《建国以来毛泽东文稿》第 13 册，中央文献出版社 1998 年版，第 171 页。
③ 中共中央文献研究室编：《朱德自述》，解放军文艺出版社 2003 年版，第 8 页。

结合上文所述，拿破仑形象在塑造和传衍过程中展现了以下特点：

首先，拿破仑被塑造成与华盛顿一样的民族英雄，成为激励国人争取民族独立和建设强大国家的"代言人"。自 19 世纪后期以来，中国史学经历了由政治、社会、经济文化和国际形势剧变带来的挑战，中国读书人和社会新兴阶层，尤其是史学家的任务极富挑战性：他们积极寻求一种对中国历史的新理解，以使中国成为世界的一部分，并使中国至少是世界民族之林中平等一员①。通观近代中国诸多历史文献可以发现，拿破仑、华盛顿同时出现的频率很高。在此场合下，他们二人均以正面形象呈现，反映了近代中国抵抗外来侵略，建设民族国家的时代特征。其次，拿破仑的形象塑造具有选择性。伴随着拿破仑在中国的传播，拿破仑的情书、艳史、逸事等信息也输入进来，成为报纸上的花边新闻，但是这些内容并没有被纳入中国人塑造的拿破仑整体形象之中。最后，拿破仑形象塑造具有政治性特点。中国现代化进程的主要任务是反对西方列强和封建主义，凡与此任务完成有关的信息都会被纳入政治家的视野。拿破仑形象之翻转与其名字被编入家庭故事②和新式学堂的童子军军歌都体现了这一特点。20 世纪初年，新式学堂童子军军歌是这样的："20 世纪地行星，皇皇童子军。小锣小鼓号，黄龙飞舞小旗旌。哥哥华盛顿，弟弟拿破仑。心肝虽小血自然，头颅虽小胆不惊。"③拿破仑的名字和形象直接进入儿童的启蒙认知，而文学作品中的人物对公众思想行为准则将产生深远影响，新生代知识分子多数有拿破仑情结也源于此。

清末民初，英雄人物史鉴与世界各国革命史、独立史、亡国史一样，成为近代中国爱国主义史学思潮的一部分。英雄人物既有中国

---

① ［德］施耐德：《真理与历史：傅斯年、陈寅恪的史学思想与民族认同》，关山等译，社会科学文献出版社 2008 年版，第 238 页。

② 《家庭小笑话·拿破仑》，《新家庭》1931 年第 5 期。

③ 陶亚兵：《明清间的中西音乐交流》，东方出版社 2001 年版，第 189 页。

的，也有外国的。"本国之英雄，是直接以唤起青年感情者"，"外国之英雄，是间接地唤起青年感情者"。尽管拿破仑没有来过中国，也没有和中国发生直接的联系，但是他的革命事迹经过多种途径传入中国，得到了中国有识之士的认可和弘扬，成为法国的英雄人物。在中国进行救亡图存和反对西方列强入侵的斗争中，史学家通过塑造"无量之奇杰"，达到"表赞以往之英雄，而开导未来之英雄的目的"①，拿破仑的革命活动亦成为中国史家的选择对象。又因当时少年学生所读之书多是英雄传记，书中所塑造之英雄都是爱国的，因而"益发可以增长少年的爱国心"②。亦如梁启超所言："吾书中主人翁而华盛顿，则读者将化身为华盛顿；主人翁而拿破仑，则读者化身为拿破仑。"③ 可以说，拿破仑的英雄形象成为近代爱国主义史学思潮中的一个元素，他的革命事迹的塑造和传衍与近代中国争取民族独立密切相关，对激发人民的爱国主义精神和民族精神起着重要的舆论作用。

当然，拿破仑并非完人，人们对他个人以及由他主导的对外战争也有很大的争议。但是，面临严重的民族危机，近代中国不在书斋里讨营生的革命家、政治家、史学家，从自身经历和从事的事业出发，理解和阐发重要历史人物的成败。尽管他们的评论具有一定的片面性，但是与时代主题相结合的政治话语引发的社会效果超越了我们的想象。要之，拿破仑事迹以及由拿破仑形象产生的政治影响，对中国现代民族主义兴起和中华民族精神建构发挥了重要作用。

第二节　公元纪年在近代中国的传播与
历史书写的变革

恩格斯说："因为一切存在的基本形式是空间和时间，时间以外

---

① 陶成章：《中国民族权力消长史·叙例》，汤志钧编：《陶成章集》，中华书局 1986 年版。

② 白话道人：《国民意见书》，《中国白话报》1904 年第 13 期。

③ 梁启超：《论小说与群治之关系》，《新小说》1902 年第 1 期。

的存在和空间以外的存在，同样是非常荒诞的事情。"① 历史过程就是"被各种事实所真正充实了的时间"，历史研究不仅无法回避时间要素，而且特别强调时间序列的决定性作用。中国是为世所公认的有着悠久历史文明的国度。在中国历史进程中，曾经使用过干支、帝王（年号）、民国等多种纪年方式②。中国二十四史均采用帝王年号纪年和干支计时，在纪年上没有出现什么问题。公元纪年是西方国家采用的以基督教创始人耶稣诞生为始的纪年方式，现成为世界普遍采用的纪年方式。学界专论公元纪年在中国传播的论著较少③，本节意在讨论公元纪年在近代中国传播历程，以及在这种直线式非循环世界时间观念下中国历史书写的变革。

一　明末清初中西历法的会通

有学者说，历史"像一个年迈的管家婆，只知道忠实地保存着她所接受过来的一切，并且原封不动地传给后代"④。在诸多纷繁复杂的历史史实中，认识历史的历时性和共时性，如果没有时间的支持，便毫无价值而言。通过对纪年历史的研究，"我们可以看出某一朝代社会经济、政治、文化的轮廓，就可以看出内乱外患的起伏"⑤。时间、地点、人物是史著中不可或缺的三个要素，纪年问题是史学著作中不可回避的问题。

---

① 恩格斯：《反杜林论》，《马克思恩格斯选集》第 3 卷，人民出版社 1972 年版，第 91 页。

② 孔子纪年、黄帝纪年、共和纪年仅有少数学者使用，没有成为全国通用的纪年方式。

③ 代表性著作有甘超《略谈公元纪年法》，《昆明师院学报》1980 年第 1 期；郭振铎《关于公元的起源及其纪年法问题》，《史学月刊》1983 年第 6 期；朱文哲《清末民初的纪年变革与历史时间的重构》，《史学理论研究》2016 年第 4 期等。

④ 宁可：《试论马克思主义的历史主义》，葛懋春、项观奇编：《历史科学概论参考资料》下，山东教育出版社 1985 年版，第 877 页。

⑤ 翦伯赞：《历史学上的人名、地名与年代》，《翦伯赞全集》第 4 卷，河北教育出版社 2008 年版，第 274 页。

在孔子之时，诸侯国编纂各国春秋，各自纪元。因此，孔子作《春秋》，首据其义，诸侯不得改元，唯王者才可以改元。所以齐万而为一，去繁而就简，有精意存焉。争正统是各朝代史书编写中的一个重要问题，"盖凡史必有纪年，而纪年必借王者之年号，因不得不以一为主，而以余为闰也"。所以，《三国志》《五代史》的编纂者在纪年问题上都采取了合适的办法加以解决。朱熹在《资治通鉴纲目》说："表岁以首年，因年以著统"，强调纪年问题的重要性。纪年还被赋予政治意义，是国家统一的政治体现。如果不遵奉帝王年号，意味着反抗朝廷的统治。郑成功在雄踞台湾以后，奉明朝皇帝年号，以示对清廷统治的不满。

在中国古代社会，一般以帝王年号进行纪年。有的帝王使用一个年号，有的帝王使用多个年号。武则天从以太后身份临朝到做皇帝的21年时间里，使用了17个年号。从史家所谓正统者而计算，自汉孝武建元（以前无年号），迄光绪后期，2000年余年的时间，有年号者，316个。即使学问极渊博的学者，仍难对之了然于胸。在中西史学各自发展互不关联的2000多年的时间里，纪年尚不能构成问题。随着中外交往的加速，文化交汇日益频繁，时间上的不统一成为制约中外交往的一个重要障碍。

与纪年相关的还有历法。历法不仅与皇权相连，而且与普通百姓的日常生活密不可分。明末，西方历法经利玛窦、汤若望等传教士的传播，得到明政府的关注。《明史》载："崇祯二年五月乙酉朔日食，礼部侍郎徐光启依西法预推，顺天府见食二分有奇，琼州食既，大宁以北不食。《大统》《回回》所推，顺天食分时刻，与光启奏异。已而光启法验，余皆疏。帝切责监官……于是礼部奏开局修改。乃以光启督修历法。"[1] 崇祯皇帝下令设立历局，"议用西洋新法"，由徐光启领导，修撰新历。1629—1634年，历局编撰成著名的《崇祯历

---

[1]　张廷玉等撰：《明史·历法一》，中华书局2000年版，第356—357页。

书》。《明史·历一》记载："时帝已深知西法之密。迨十六年三月乙丑朔日食，测又独验。八月，诏西法果密，即改为《大统历法》，通行天下。未几国变，竟未施行。"当然，西方新历法的推广是非常困难的，遭到保守派大臣魏文魁等人的极力反对①。参与修订《崇祯历书》的汤若望保存下了历书的雕版，在清建立政权后，献给了清政府。汤若望对《崇祯历书》作了删改和修订，顺治亲笔题名为《西洋新法历书》（又称《时宪历》）。在顺治和康熙年间，中国历法官和西方传教士进行历法"较量"的事情一直没有停息。1669 年，康熙正式宣布使用西洋历法，并为汤若望正名平反，反对西方历法的大臣杨光先、吴明恒则获罪革职。西方传教士南怀仁授为钦天监监副。1676 年，康熙进一步明确西法，"向者新法旧法是非争论，今既深知新法为是"。从清初到 1817 年，短暂时间除外，清朝掌管历法和天文的钦天监长期设监正两人，一名满人，一名西人，先后在钦天监任职的传教士多达数十人②。

明末清初持续了数十年的中西历法优劣之争宣告结束，康熙对西方科技的热衷和推崇③，为西学的传播和其后的公元纪年的输入奠定了基础。

二 传教士与晚清中西时空的贯通

1807 年，第一位新教传教士马礼逊来到中国。之后，西方新教传教士陆续到来。鸦片战争爆发前，前来中国的新教传教士有三十多位。新教士与天主教教士不同，他们更多地致力于西方科技、文化、知识的传播。当西方传教士来到中国后，体会到中国对外部世界的认

① 徐光启：《学历小辩·历局与魏文魁辩论文稿》，《徐光启全集》，上海古籍出版社 2010 年版。

② 栗月静：《传教士的中国故事》，《世界博览》2010 年第 13 期。

③ 南怀仁：《鞑靼旅行记》，薛虹译，收于杜文凯编《清代西人见闻录》，中国人民大学出版社 1985 年版，第 79—80 页。

识："他们居住在世界最重要的地盘上，不在中国疆域内生活的人都是野蛮蒙昧的"①，同时亦感受到中国人对外国文明的"鄙视"，传教士郭实腊写道："文明几乎在地球各处进步并超越无知与谬误之时……唯独中国人却一如既往，依然故我。"② 为此，西方传教士到达中国后，首先要完成的就是改变中国人的时空观念。为实现中西时间会通，制作中西对照年表，成为传教士文化宣传中的重要组成部分。

近代，西方传教士编纂的中外年代对照表有《东西史记和合》《丁巳元旦列国历纪》《华番和合通书》《华英通书》《英华通书》《四裔编年表》《五彩中西年表图》《中西合历》。同时，在《希腊志略》《罗马之略》《万国通史》等著作的附录中，也附有专门的中外年代对照表。马礼逊的儿子马儒汉（JohnRobot Morrison）编纂有专供外国人使用的英文中外年历对照表（Companion to the Anglo-Chinese Calendar）。加拿大传教士季理斐编写有《北京方言汉英词典》，1911年改名为《英华成语合璧字集》，附有《中国农历和公历的时间对照表》《中国历代纪元表》等。王韬曾协助艾约瑟和伟烈亚力编辑《中西通书》。天主教在华出版机构土山湾印书馆也出版有多部属于历书性质的图书，分别是《中西历史年表比照》（张璜，1905）、《中西纪年表合编》（黄伯禄，1910），彭亚伯的《吴国史（前1122—前473）》《楚国史（前1122—223）》《秦史（前777—前207）》《晋国史（前1106—前452）》《韩、魏、赵三国史》等史书。辛亥革命前，外国在华设立的图书出版机构在出版的图书中已经使用公元纪年的时间表述。1920年，土山湾印书馆还出版了《中国编年史杂集》。

年表的编制在中国出现最早，周代有帝王牒记，汉代司马迁制定了完整的年表编纂体制，清代的年表更是蔚为大观。尽管元、明以

---

① 转引自［美］M. G. C. 马森《西方的中国及中国人观念：1840—1876》，中华书局2006年版，第82页。

② Roswell S. Britton: *The Chinese Periodical Press 1800 – 1912*, Shanghai: Kelly & Walsh, 1933, pp. 24 – 25.

来，西方人陆续到达中国，但是鸦片战争之前中国对国外形势政俗茫然不知。近代中西对照年表的编纂，让国人能够在同一时空下掌握中西历史的演进过程和相互关联，寻找历史发展线索，探索历史发展的规律。学者思考中国的问题不再是就事论事，而是将其放在近代国际关系变革大局中来认识。魏源在《海国图志》中非常关注西方历法问题，他在序中写道："中历资西，西历异中。民时所授，我握其宗。述中国西历异同表第十二。"① 冯桂芬在《采西学议》中说："如历法，从古无数十年不变之理，今《时宪》以乾隆甲子为元，承用已逾百年，渐多差忒。甲辰修改，墨守西人旧法，进退其数，不足依据，必求所以正之。"② 冯桂芬指出了中国历法存在的问题，强调过去中国修改历法多以西方历法为依据。薛福成曾出使英、法等多个国家，认为"中国之习知西事，盖自近年轺车四出始"③。

为了阐发变法改制的思想，康有为以西方为模板，进行舆论和思想宣传。他看到了西方纪年以耶稣诞生为元年，试图对中国纪年进行改造，孔子成为不二人选。1895 年，公车上书之后，上海强学会宣告成立，不久创办了《强学报》。康有为在《强学报》上发文，主张以孔子诞辰为纪年元年，第一次提出了以孔子为纪元的纪年方法。该报是宣传变法改制思想的重要媒体，《强学报》采用孔子纪年。《孔子纪年说》中写道："以孔子纪年与特立孔子世家之义相表里，此非史公能为之，盖先师相传大义。"④ 1897 年春，康有为在广西桂林开广仁善堂圣学会，可称为近代中国最早的孔教会组织。1898 年 6 月，光绪帝下诏书主张变法维新。19 日，康有为上奏光绪帝《请尊孔圣为国教立教部教会以孔子纪年而废淫祀折》⑤，系统表达了他的孔教主

---

① 魏源：《海国图志·原叙》，《海国图志》。
② 冯桂芬：《校邠庐抗议》，第 56 页。
③ 薛福成：《西轺日知录序》，《庸盦文别集》，上海古籍出版社 1985 年版，第 226 页。
④ 《孔子纪年说》，《强学报》1895 年（阳历 11 月 28 日）第 1 号。
⑤ 康有为：《请尊孔圣为国教立教部教会以孔子纪年而废淫祀折》，《不忍》第 7 册，1913 年。

张。他主张尊孔教为国教，立孔子为教主；在中央设立教部，中央以下设立教会；采用孔子纪年。清朝立国以来，皇帝在位时期没有改元先例。在维新变法中，康有为的改元主张，触动了根深蒂固的王权思想，使其陷入了帝党与后党的权力争夺之中。

戊戌变法后，梁启超逃亡日本。1899 年 12 月，他离开日本前往美国进行筹款宣传。在航行日记中，他开始使用公元纪年法进行记述。他以自问自答的方式，记述了当时人的普遍认识，"或问曰：子中国人也，作日记而以西历记日，勿乃无爱国心乎？答之曰：不然，凡事物之设记号，皆所以便人耳……抑所谓爱国云者，在实事不在虚文"[1]。他还认为，公元纪年让中国和世界的时间统一起来，在世界联系日益密切的时代，这样做非常有必要，"如彼太阳历者，行之于世界既最广，按之于学理亦极密，故吾不惜舍己以用之"。然而，待他再回到日本后，他的这种认识却发生了变化。1901 年、1902 年，梁启超陆续发表《中国史叙论》《新史学》两篇文章，振臂高呼，倡导史学革命。他将"纪年"列为新史学中的一个重要内容。梁启超《中国史叙论·纪年》及《新史学·论纪年》中阐述了类似其师康有为的主张。梁启超认为以耶稣降生纪元有三不便，以黄帝纪年"无真确之年代可据"[2]。梁氏反对年号纪年，"苟非在极野蛮时代，断无以一帝一号为纪年者，有之其惟亚洲中之中国、朝鲜、日本诸国而已"。他认为西方人的公元纪年法比较简略，便于记述，但是他并没有赞同在中国使用。梁启超主张使用孔子纪年法，这种方法有"四善"："符号简，记忆易，一也。不必依附民贼，纷争正闰，二也。孔子为我国至圣，纪之使人起尊崇教主之念，爱国思想亦油然而生，三也。国史之繁密而可纪者，皆在孔子以后，故用之甚便，其在孔子前者，

---

① 梁启超：《汗漫录》，钟叔河主编：《走向世界丛书》第 10 册，岳麓书社 2008 年版，第 590—591 页。

② 梁启超：《中国史叙论·论纪年》，《新史学》，商务印书馆 2014 年版，第 76 页。

则用西历纪元前之例，逆而数之，其事不多，不足为病，四也。有此四者，则孔子纪元，殆可以俟诸百世而不惑矣。"① 在日本期间，梁启超创办了《新民丛报》，尽管在报纸的封面上依然使用帝王年号纪年，但是行文中也在使用孔子纪年。他还以孔子纪年的形式，整理了每一个癸卯年的大事件，同时对照西方的公元纪年②。可以看出，梁启超在纪年问题上是十分矛盾的。他既希望中国与世界接轨，又不希望丢弃能唤起国人对其"保皇"行动支持的"稻草"。

与此同时，倡导进行革命活动的知识分子，对纪年问题提出了不同主张。1903 年 8 月，国粹派代表刘师培发表《黄帝纪年说》一文，提议废除象征封建君主专制的年号纪年，仿照西方的耶稣纪年，以中华民族的始祖黄帝降生之年为纪元之始。而后，武昌起义爆发，各省新成立的革命军政府大都采用了黄帝纪年，然而黄帝纪年使用的时间不是很长。而同属革命派的章太炎却不同意黄帝纪年，他主张使用共和纪年，因为《史记·十二诸侯年表》中自共和元年才有了确切纪年，钱玄同也曾附和章太炎的主张，撰写有《共和纪年说》③。

当然，公元纪年在 19 世纪的中国传播是异常艰难的。西方人注重宣传的"本土化"，对耶稣纪元进行了改造④。在《东西洋考每月统记传》《万国公报》等报刊上，史事记载以公元纪年为主，同时附上中国年号纪年，以方便中国士大夫阅读。随着中外关系的恶化，传教士的活动亦受到中国精英阶层的敌视。文廷式写道："近年以来，西人之传教者愈众，而教案亦愈繁。盖百年前专谈教事，而或从或趑，不以强人。道光以还，西人兵力愈强，民间每生疑忌，或以教士为觇（战）国之谍，或以教务为用兵之媒。故不复论教理之是非，而唯恐祸机之潜

---

① 梁启超：《新史学·论纪年》，《新史学》，第 122 页。
② 《新年大附录一·癸卯大事表（以孔子纪年）》，《新民丛报》1907 年第 23 号，第 161—164 页。
③ 钱玄同：《共和纪年说》，《教育今语》1910 年第 1 期。
④ 朱文哲：《从"耶稣"到"公元"——近代中国纪年公理之变迁》，《民俗研究》2012 年第 3 期。

伏，其激而生变，亦势使之然也。"① 可以说，整个 19 世纪在"华夷之辨"认识上形成的民族主义，对西方文化的输入起到了抵制作用。

三　民国公元纪年的尝试与历史书写的变化

经历了晚清中外文化的交汇，西方政治制度、学术思想渐次输入中国，影响到 20 世纪前半期的中国政治发展和社会进步。在政治方面，中国政治由专制制度转到民主制度；在学术思想方面，由义理、考据、词章转向提倡科学思想；在史学方面，由过去重视纪事本末、纪传、编年史学著作编纂转向通史著作的撰写。还有最为重要的一点，由于资本主义的扩张，知识的世界流动，中国被纳入世界之中。中国本土学者已经意识到世界的变动，在历史书写中将中国置于世界大局中进行思考。新的知识分子群体和媒体记者在深深地影响着普通民众的思维。

革命派在辛亥革命之前，宣布与旧政权不共戴天，使用黄帝纪年以改正朔。中华民国政府建立以后，为与以往封建王朝进行区分，改用新的纪年方式。1912 年 1 月 2 日，政府发布了《改历改元通电》，通电写道："中华民国改用阳历，以黄帝纪元四千六百九年即辛亥十一月十三日，为中华民国元年元旦"②，强调"现在共和政体业已成立，自应改用阳历，以示大同"。阳历即采用西方历法，"大同"即与世界的接轨，以民国建立作为新的纪元开始。改变历法对民众影响很大，因为历法与日常生活息息相关，如生产、民俗、婚姻等。在袁世凯和张勋"倒行逆施"活动中，又都修改了纪元，给公共机构和普通民众带来了诸多不便③。

---

① 汪叔子编：《文廷式集》，中华书局 1993 年版，第 148 页。
② 《改历改元通电》（1912 年 1 月 2 日），http：//app. nanjing. gov. cn/njnj/sz8＿12/12/html/12Noname112. html。
③ 比如当时的邮局，需要把邮戳上的纪年方式进行修改。见赓伯《记张勋复辟改易年号戳》，《国粹邮刊》1942 年第 9 期。

　　尽管民国政府宣布改用阳历，采用民国纪年，但是，历史书写上的纪年表述方式并不统一。陈步青写道："盖自最近二三十年以来，时贤关于中国史之著述，每嫌往日史书之以帝王年号纪年为不便，演变所及乃有用西历纪年者，有用民国纪年者，有用甲子纪年者，甚或在一书之中有用两种以上方法纪年者，现象之纷乱，实为自有国史纪录以来所未曾有。"① 1934 年，章钦的《中华通史》采用了民国纪年法。1935 年，陈恭禄撰写《中国近代史》也分析了当时纪年上存在的问题②，权衡利弊之后，他决定使用帝王年号纪年，清帝"举其年号，人略知其事业，今仍照用"。在其著作行文中，以公元纪年为主，同时附上帝王年号纪年。而冯自由的《中华民国开国前革命史》则使用了干支纪年。伴随着记年方式的变革，这一时期出现了多部年表工具书，如傅运森的《世界大事年表》、李则刚的《革命大事年表》、卓宏谋的《西洋中国东洋对照年表》、皉生的《世界大事年表》、夏仰圣的《世界大事年表》等。在傅运森的《世界大事年表》中，上栏为中国部分，采用干支纪年，起自皇帝元年；下栏为外国部分，采用公元纪年，起自公元前 2697 年。

　　虽然中华民国政府使用经过改造后的民国纪年，但是对于当时已经流行的公元纪年方式引起了政界、学界的关注。学者从不同角度，提出了看法。有的表示支持，有的表示反对。

　　对公元纪年表示支持者，一是认为中国与世界已经连为一体，要弄清中国未来的出路，非常有必要理解世界的发展；二是公元纪年与世界多数国家纪年相同，免去时间换算上的麻烦；三是共产党人学习的榜样苏联在革命成功后，也使用了公元纪年。李泰棻撰写的《西洋大历史》在绪论中对"历史""史"进行了概念论说③，谈到了"史

---

① 陈步青：《与时贤论中国史纪年问题》，《文藻月刊》1942 年第 5 期。
② 陈恭禄：《中国近代史·序》，上海商务印书馆 1935 年版。
③ 李泰棻：《西洋大历史·绪论》，北京宣元阁 1917 年版。

之起源""史之定义""史之进程""史之辅料""史之界说""西洋
史之纪年""西洋人之时期"。鲁迅等五四一代知识分子更加看重公
元纪年，对鲁迅而言，这是一个具有重要意义的时间节点，最明显的
就是每年阳历年底，鲁迅都会统计一下本年度所购买的书籍，并抄写
一份详细的书单，甚至计算出平均每月的购书花费①。一些学者在日
记中专门记述了鲁迅在阴历年的活动，"到鲁迅先生家里，他家果然
不过年，不特没有预备敬神放炮的等等麻烦事，他还是悠然自得的在
那里看诗集"②。新文化运动的倡导者钱玄同同样主张过阳历新年。
1916 年 1 月 1 日日记中写道，前往"崔师处贺年"③。钱玄同指出：
"从现在以后的中国是世界的一部分了，现在以后的中国人是世界上
人类的一部分。所以，无论讲时事讲古事，都和世界各国相连"，中
国之纪年"宜求世界一致"，"基督教纪年已经为世界通用"，"世界
通用基督教纪年，是和基督教不相干的"④，为此，中国当用与世界相
通的公历纪年。钱玄同专门强调："我这几年以来很厌恶这个不适于
实用的阴历，因此，遇到阴历的过年过节总劝媗贞不要有什么举动
（其实过年过节都是极平淡不足道的事情，就是阳历年节我也没有什
么举动）。"⑤ 1935 年，署名为易贯的一位学者指出："纪年在我们中
国要算是最一塌糊涂了，消灭中国旧读书人生命的东西，这东西至少
要得算是一个。"⑥ 他认为，使用民国纪年，将年代区分为民国前与民
国后，只是徒增麻烦。随着世界形势的变化，"我们必须明白整个世
界的历史，以及中国在世界上的地位"，而且苏联在十月革命成功后，
也采用了公元纪年。为此，我们"前进的教师"应该鼓励使用公元纪

　　① 孙海军：《鲁迅北京时期的人际交往、学术走向及心境变迁》，《鲁迅研究月刊》2016
年第 2 期。鲁迅：《花边文学·过年》，《鲁迅全集》第 5 卷，人民文学出版社 2005 年版。
　　② 荆有鳞：《除夕晚上的我》，《民众文艺周刊》1925 年第 7 号。
　　③ 杨天石主编：《钱玄同日记》，北京大学出版社 2014 年版，第 282 页。
　　④ 钱玄同：《论中国当用世界公历纪年》，《新青年》1919 年第 6 号。
　　⑤ 杨天石主编：《钱玄同日记》，第 319—320 页。
　　⑥ 易贯：《生活的话·谈谈纪年》，《生活教育》1935 年第 20 期。

年。而有一位中学校长在宣布开学日期时，没有使用阳历日期，而是用了阴历日期，立即就有人在报刊上进行批评，文中写道："一般乡愚看了，以为宣统皇帝将入住中原，重登龙廷。"① 在《鲁迅日记》《钱玄同日记》中反复会有阴历、阳历的表述，某种意义上反映了在新式知识分子的思想中，是否过阴历新年已经成为新思想与旧思想、激进与保守、革命与守旧的重要区别标志。

国民党中央监察委员柳亚子曾出任上海通志馆馆长。他在担任馆长期间提出了几点要求：一是不准由国民党官员随意安排混日子的人员进入通志馆；二是撰写上海市志必须用语体文（白话文）和用公元纪年。这在当时属大胆的举动。虽然在五四运动中，已经提出了用白话文，但在 20 世纪 30 年代，报刊、著作中大多还是采用文言文，国民党的公文也采用文言文，地方志书属国民党官修，按常情也应采用文言，但柳亚子先生提出了用白话文的革新。国民党采用民国纪年，认为这是法统，柳先生却提出在志书中，应采用国际通用的公元纪年，让后人有一个明了、准确的历史时间概念。国民党当局认为在官修的志书中采用这些方法，有"左"倾之嫌，但在柳先生的坚持下，政府不得不让步。②

对公元纪年表示反对的学者，一是认为中国很早就有纪年方式，公元纪年不便于了解王朝更替的年代与顺序；二是公元纪年与西方基督教有联系，担心使用公元纪年会导致信仰基督教的人数增加；三是使用公元纪年与当时推崇的民族主义思想相悖。陈步青指出，用公元记述历史，既不能一眼看出事件距今多少年，也不能看出此事件发生于何朝何帝，"国史而纯粹用西历纪年，徒增读者之困难"③。钱穆曾说："我们本不是一个耶教国家，为什么要用西历纪元？现在又不称

---

① 《废历纪年》，《上海周报》1933 年第 13 期。
② 胡道静口述：《关于上海通志馆的回忆》，《史林》2001 年第 4 期。
③ 陈步青：《与时贤论中国史纪年问题》，《文藻月刊》1942 年第 5 期。

之曰西历，而改称曰公历，这也是一个问题。将来若要为世界人类历史定一个公历，怎么定法，现在还不知。而且此刻用西历也有麻烦。西历的第一世纪已在汉代。汉武帝前用西元，须前一年前二年的倒推上去。在西方历史时间比较短，事情也简单，习惯了也还不妨。中国史要从春秋、战国一路推上去，岂不是自找麻烦。今天我们用阳历是一件事，要历史用西历，又是另外一件事……但一个国家一个民族总不能不写历史，总有人会出来写，到那时该如何写法？这是个大问题。在民国初年，新文化运动未起以前，多有人主张用黄帝纪元孔子纪元，这还比较有意思。"① 在抗日战争时期，日益高涨的民族主义情绪成为推动国人反对日本法西斯侵略的重要力量。而在意大利，法西斯统治者上台后，直接使用了法西斯纪元。为此，国内的部分学者和政治家从抗战大局出发，对改用公元纪年一事非常慎重。同样，在书画界，有些人署书画日期的时候也没有使用民国纪年，而是使用干支纪年。书画家陆丹林指出，"千人中有九百九十人都是如此，绝不肯写中华民国的年度，这真使人茫然不解"②。当然，艺术与政治是两回事，书画上不署民国纪年并不能代表他们是清朝的遗老遗少。书画家喜欢用干支纪年也确实值得进一步思考。在20世纪初年，无政府主义者刘师复反对使用干支纪年，认为"甲子之名，古人用以纪日，不以纪岁"③。

　　新历法和纪年方式的出台，改变了人们传统的时空观念，它不仅影响了历史书写，而且也影响了普通民众的日常生活。以钱玄同为例，他主张过阳历新年，而他家人则全部倾向于过阴历新年。1915年除夕，他不得不按照旧俗进行祭祖、过年。他感慨道："改历三年矣，妇雏犹惜然。"④ 北京《晨报》上刊登的文章亦写道："一般人民于阳

① 钱穆：《中国史学名著》，生活·读书·新知三联书店2009年版，第189—190页。
② 陆丹林：《国画的革新与守旧》，《永安月刊》1948年第111期。
③ 彼岸辑：《师复狱中文献札记四种》，《中山文献》1948年第2期。
④ 杨天石主编：《钱玄同日记》，第281页。

历新年异常冷淡，对于阴历新年则特别高兴。"为了便于人们掌握公元纪年，方便学校历史教学，学者专门编制了公元纪年和民国纪年换算公式，以及星期的推算方法①。历史教科书中附的大事年表，也使用民国纪元形式②。

四　新中国公元纪年的全面使用

中国共产党领导中国人民经过艰苦卓绝的斗争，建立了新政权。这种政权是人民的政权，与封建王朝政权有本质的区别。1949 年 9 月 21 日，在中国人民政治协商会议第一届大会上，毛泽东主席在开幕词中指出："现在的中国人民政治协商会议是在完全新的基础之上召开的，它具有代表全国人民的性质，它获得全国人民的信任和拥护……决定中华人民共和国国都的所在地以及采取和世界大多数国家一样的年号。"③ 9 月 27 日，中国人民政治协商会议第一届全体会议通过决议，新中国采用公元纪年④。中国采用公元纪年，不仅意味着一个新时代的开始，也意味着与世界的接轨，即如毛主席所言"中国人被人认为不文明的时代已经过去了，我们将以一个具有高度文化的民族出现于世界"⑤。为此，"中国历史采用公元纪年不但是一个技术的问题，而且也是思想的问题"⑥。纪年法由过去"孤立的"，改为世界共通的，表现了新中国"是要把一切封建的，落后的，守旧的因素，改

---

① 寿孝天：《民国纪年推算星期决》，《东方杂志》1917 年第 7 号；王思中：《公元和民国纪元的互算》，《小学教师》1936 年第 8 期；李著璟：《西历纪年幻方》，《海王》1948 年第 21 期；《公元世纪与中国朝代兴亡年代对照简表》，《中学生》240 期，1951 年。
② 《中华教科书编辑大意十件》，宋原放主编：《中国出版史料·近代部分》第 2 卷，第 544 页。
③ 《毛主席开幕词》，《人民日报》1949 年 9 月 22 日。
④ 《中国人民政协全体会议重大决议：通过中国人民政协组织法；通过中央人民政府组织法；国都定于北平改名为北京；国旗国歌及纪年均已确定》，《人民日报》1949 年 9 月 28 日。
⑤ 《毛主席开幕词》，《人民日报》1949 年 9 月 22 日。
⑥ 《公元世纪与中国朝代兴亡年代对照简表》，《中学生》1951 年第 240 期。

为合理的，前进的"①。特别强调了公元纪年与基督教毫无关系，"既不是提倡基督教，更绝不是采用任何国教"。

在唯物史观和线性进化史观指导下，新中国编纂新版中国通史提上了日程。有学者提出，中国通史要打破王朝体系，连王朝的称号和王朝本身的历史也要从中国通史中删削或者删除；还有学者提出，王朝有封建气味，带有国别的性质，不是世界上通用的符号，不具有普遍性和准确性。一时间，关于中国古代历史书写的纪年问题意见分歧较大。翦伯赞专门撰写了《关于打破王朝体系问题》的文章，认为古代史撰述中删除王朝的称号"等于在倾倒脏水的时候连小孩也一并泼掉"，王朝的称号不是历史学家任意捏造的一种名词，是时代的符号，是客观存在，在中国通史编纂中除了使用公元纪年以外，还要保留王朝的称号②。在20世纪60年代由翦伯赞主编的《中国通史纲要》中，也贯彻了这一原则。

为了便于历史学习，《中学生》杂志专门编制以公元纪年为主，以中国朝代更迭为辅的年代对照表。不仅有利于历史年代观念和新中国历史的结合，还有利于中外历史的会通。同时，由翦伯赞主编的《中外历史年表》在20世纪50年代宣告完成③，以公元纪年为主，辅以帝王年号纪年，展现同一时空下的中外历史演进。20世纪前半期，短短五十年的时间，纪年屡次变动，普通民众感到很不适应。新中国成立后，仍有人使用民国纪年，这给公共机构的管理带来极大不便。为便于金融系统管理，银行公会发布紧要通告，"一切文件、契约及票据等所载年份，应一律填用公元"④。

总之，从鸦片战争之前，西方传教士编纂中西对比年表，到新中国成立，确定全国统一使用公元纪年，经历了一百多年的时间。公元

---

① 梁国栋：《我对于改用公元纪年的认识》，《新建设》1949年第6期。
② 翦伯赞：《关于打破王朝体系问题》，《翦伯赞全集》第4卷，第358—359页。
③ 翦伯赞：《中外历史年表》，《翦伯赞全集》第10卷。
④ 《票据上之日期一律填用公元纪年》，《银行周报汇编》1950年第1期。

纪年的最终采用，主要缘于两个方面因素：一是公元纪年打破了过去的循环纪年和以帝王主宰历史进程的纪年方式，将历史发展视为由过去到未来直线运动的过程，视为前后相继、环环相扣的过程，体现了持续的、进步的历史观念；二是近代中国遭受了外国列强的欺凌，国人将近代西方富强国家的发展进程视为"普遍历史"发展模式，其纪年模式受到国人的推崇。公元纪年作为世界通用的时间模式，是西方文化强势的体现和结果。钱穆指出："自清季以还，外侮日逼，国人之不自安而思变以图存者亦日切。至于最近之十余年，则凡文字、学术思想、家国社会伦常日用，无一不有急激求变之意。"① 在"救国保种"的情势之下，学者纷纷引依西说，以图国家早日摆脱困境局面。而依照耶稣纪年而提出的孔子纪年、黄帝纪年、共和纪年并没有被社会精英普遍接受，从某种程度上反映了知识分子缺乏对本国文化的自信。

第三节　"文艺复兴"概念传播与历史"接引"

文艺复兴与宗教改革、启蒙运动并称为近代欧洲三大思想解放运动。它是欧洲先进的知识分子以复兴希腊罗马古典文化的名义下发起的弘扬资产阶级思想和文化的运动。"文艺复兴"一词在晚清输入中国后，经历了漫长的传播历程，对中国新式知识分子产生了影响。至20世纪初期逐渐被中国新式知识分子认可和接受。或许中国知识分子并未对"文艺复兴"的内涵有充分的认知，但是他们却担负起了在中国进行文艺复兴运动的重担②。傅斯年主编的《新潮》就是其中的代表。

---

① 钱穆：《国学概论》，商务印书馆 2005 年版，第 353 页。
② 梁启超、周作人、吴宓等人都曾将西方的文艺复兴同中国的不同时代进行类比，称之为中国的文艺复兴时代。本书所使用的"中国文艺复兴时代"特指五四时期知识分子进行的"新文化运动时代"。

一　"文艺复兴"概念之考察

明末清初，文艺复兴文化已在中国开始流传①，部分欧洲传教士将欧洲文艺复兴时期的文化传入中国，特别是天文学、数学、地矿学、生理学、地理学和美术等方面的知识。但是，笔者所见的这一时期史料中未发现文艺复兴一词的输入。"文艺复兴"（The Renaissance）一词在晚清民国初期有不同的翻译名称。有译作"文学复古""文学复兴""古典兴复"等，也有翻译为"古学复兴""文艺复兴"等。

在中文文献中，确定"文艺复兴"一词最早出现的时间是一个难以考量的问题②。传教士郭实腊编纂的《东西洋考每月统记传》介绍西方文史发展时，论及了西方的史学家，同时述及了欧洲开展的"文艺复兴"。文中有言："未能印书之际，匈奴、土耳其、蒙古各蛮族入侵欧罗巴诸国，以后文书消亡磨灭。又千有余年，文艺复兴掇拾之。于本经之奥蕴，才学之儒，讲解而补辑之。"③虽然郭实腊在此介绍的本意是为了证明西方国家并非"蛮夷之邦"，西方同样拥有可与中国媲美的文化，以改变中国"藐视外国之文法"的观念，却将中国所未知的欧洲文艺复兴运动输入进来，可惜整部期刊都未对文艺复兴作全面的介绍。

对欧洲文艺复兴最早进行全面描述可能始于艾约瑟翻译的西学启蒙十六种之一的《欧洲史略》。1880 年，艾约瑟受赫德之聘为中国海关的翻译，主持翻译了赫德从英国麦克米伦公司购买的"科学初级读本""历史初级读本"。所翻译的丛书在 1886 年由中国海关税务司印刷所印行。《欧洲史略》第 8 卷第 12 节专门介绍"文艺复兴"，译者

---

① 李长林：《明末清初欧洲文艺复兴文化在中国的流传》，《湖南师范大学社会科学学报》2002 年第 5 期。

② "文艺复兴"一词出现，也未必意味着中国士人和知识分子对欧洲"文艺复兴"概念的真正理解。这一概念的传播所引发的社会效应，超越了"文艺复兴"真实的文化含义。

③ 黄时鉴整理：《东西洋考每月统记传》，第 204 页。

将其翻译为"古学重兴"。对欧洲文艺复兴的历史背景作了详细介绍，文中还写道："至东罗马国势危殆，其根斯丹典墟博学之士，多出避回难，迁往义大利（意大利）地，而义地之希腊文重兴。既而四邻风从，流传甚速，未几，其习此希腊文之人，亦多爱仿效希腊、罗马之宫室，绘画、雕镂诸技艺。"① 这段文字介绍了东罗马的学者由于受到土耳其帝国的侵略，尤其是在君士坦丁堡的陷落之后，纷纷逃往意大利避难，将古希腊文传授给意大利，促使意大利文艺复兴的兴起；古希腊文、拉丁文之古学渐次重兴，而意大利人专心致志地学习古罗马的理性知识、法律知识。

辛亥革命之前十年，梁启超、严复、康有为、章太炎、马君武、周作人等人都对"文艺复兴"有或多或少地论述。康有为在 1898 年写的《进呈突厥削弱记序》中使用了意大利"文学复兴"，章太炎在 1906 年撰写的《革命之道德》一文中使用了"意大利之中兴，且以文学复古为前导"。梁启超在 1902 年初撰写的《中国学术思想变迁之大势》将中国学术思想分为"八个时代"，第八个时代即为"复兴时代"，文中有言：此二百年间总可命为中国之"文艺复兴时代"。"复兴时代"一词的运用，显然是受到了"文艺复兴"一词的影响。1908 年，周作人在论国民精神时，引用欧洲时事为例，论述到"文艺复兴，遂翻千古之局"。国粹派的代表人物邓实、黄节、刘师培等人，他们的论述中也都有对"文学复兴""文学复古"等的相关论析②。无论他们的论述出于何种目的，说明当时欧洲的"文艺复兴"一词在中国的知识分子中产生了重要影响。从他们的相关论述中可知，这些知识分子对文艺复兴的本质内涵和发生的根本动力不甚深入了解，但是他们力图以此为本，努力改变中国的学术发展和社会命运。

---

① 《古学重兴》，《欧洲史略》第 8 章第 12 节。
② 其他相关论述可以参考李长林《国人对欧洲文艺复兴的早期了解》，《世界史研究动态》1992 年第 8 期；《中国对欧洲文艺复兴的了解与研究（五四时期及二三十年代）》，《世界史研究动态》1993 年第 7 期。

从就读于清华学堂的吴宓撰写的日记中我们可以看出当时的思想潮流对他们的影响。他在 1915 年的日记中写道："文艺复兴之大变，极似我国近数十年欧化输入情形。""近读西史，谓世界所有之巨变均多年酝酿而成，非一朝一夕之故，故无一定之时日示其起结。若欧洲中世之末文艺复兴 Renaissance，其显例也。余以文艺复兴例之中国维新改革。"① 至于国学、新知学问俱佳的傅斯年等人，对这一新思想势必不会落后于人。

在此之后，关于文艺复兴的论述日趋翔实、深刻。1918 年，蒋方震（百里）同梁启超游历西欧，对欧洲文艺复兴的成就和作用颇有感受，于是在 1920 年写成《欧洲文艺复兴史》一书，1921 年由商务印书馆出版。两人游历西欧，甚有所得，似乎欧洲各国之强大，究其原因乃有文艺复兴而得解放。梁启超在序言中说，欧洲"文艺复兴者由复古得解放也……吾试言吾国之文艺复兴而较其所以不如人之故，可乎？"② 他们认为如果中国也来一场文艺复兴，可得解放：一曰人之发现；二曰世界之发现，中国果真如此，将会强大起来。蒋方震认为欧洲近代资产阶级兴起的序幕开始于文艺复兴和宗教改革，这在当时来说，启发了中国知识界对这两种意识形态上变革的认识。蒋方震说："欧洲近世史之曙光，发自两大潮流，其一，希腊思想复活，则'文艺复兴'也；其二，原始基督教复活，则'宗教改革'也，我国今后之转机，亦当从两途开拓，一为感情的方面，则新文学美术也，一为理性的方面，则新佛教也。"③《欧洲文艺复兴史》全书共分九章，全面地论述了意大利文艺复兴、法国文艺复兴，北欧诸国（荷兰，比利时，德国和英国）的文艺复兴、宗教改革等内容。

梁启超在出版的《清代学术概论》一书中对文艺复兴也进行了介

---

① 吴宓：《吴宓日记》第 1 册，生活·读书·新知三联书店 1998 年版，第 381、407 页。
② 蒋百里：《欧洲文艺复兴史·序》，岳麓书社 2009 年版。
③ 蒋百里：《欧洲文艺复兴史·导言》。

绍。梁启超认为，欧洲文艺复兴固有时代环境所酝酿，由豪杰之士引导，并有支持者。他认为清代学风与欧洲文艺复兴时代"相类"甚多，然而也有差别。他写道："清代何故与欧洲之'文艺复兴'异其方向耶？所谓'文艺复兴'者，一言以蔽之，曰：返于希腊。希腊之文明，本以美术为根据，无美术则无希腊。""凡袭有遗产之网民，必先将其遗产整理一番，再图向上，此乃一定步骤，欧洲文艺复兴之价值，即在此……故当其时，科学亦未并发达也……用科学的方法大加整理，且亦确已能整理其一部分。"[1] 由上可知，梁启超把西方文艺复兴运动介绍给中国学术界，其观点虽有些片面性，但对西学东传起了一定的作用。

由以上论述可知，在 19 世纪 40 年代输入中国的文艺复兴一词由最初的知之甚少，传播到民国初年已经成为接受新式教育的知识分子的时髦词语。几年之间，清华学堂、北京大学等校的学生都欲使用 Renaissance 为其刊物的西文名称，最能说明对欧洲文艺复兴的向往已从清季传承到民初[2]。

二 《新潮》"文艺复兴"之旨趣

1916 年 12 月 26 日，蔡元培接任北京大学校长。蔡元培的办学思想和改革政策，促进了北京大学新思想的传播和新思潮的形成。1918 年底，北京大学一些受新文化运动影响的青年学生傅斯年、罗家伦、徐彦之、顾颉刚、俞平伯等人，在蔡元培、陈独秀、胡适、钱玄同、李大钊等师长的直接指导与帮助下，成立了北京大学的第一个学生社团——"新潮社"，并决定创办杂志《新潮》[3]。

---

① 梁启超：《清代学术概论》，天津古籍出版社 2004 年版，第 89、90 页。

② 罗志田：《裂变中的传承：20 世纪前期的中国文化与学术》，中华书局 2003 年版，第 74 页。

③ 对于《新潮》杂志的创办，王汎森认为，"这些学生受到胡适、李大钊和周作人的感召和影响。其中很多人听过周作人的《欧洲文学史》，他们创办了名为《新潮》的月刊"。王汎森：《傅斯年：中国近代历史与政治中的个体生命》，生活·读书·新知三联书店 2012 年版，第 30 页。

1919 年 1 月 1 日，《新潮》杂志创刊。《新潮》从 1919 年 1 月 1 日至 1922 年 3 月共出版 12 期。《新潮》被认为是《新青年》的姊妹刊，他们在办刊渊源和读者对象方面有很多共同之处。

该杂志选择的中文名字"新潮"（Renaissance）与当时如火如荼开展的新文化运动密切相关，罗家伦后来回忆，"《新潮》的英文名称是 Renaissance，乃是表示我们的新文化运动很像欧洲的文艺复兴运动"①。

傅斯年在撰写的《〈新潮〉发刊旨趣书》中指出，编纂出版本杂志是为了"欲为未来中国社会作之先导"，目的是"一则以吾校真精神喻于国人，二则为将来之真学者鼓动兴趣"。为此，《新潮》要实现"四项责任"。傅斯年对中国社会进行了观察，指出"中国社会性质极为奇异。西人观察者恒谓中国有群众而无社会，又谓中国社会为二千年前之初民宗法社会，不适于今日。寻其实际，此言是矣。盖中国人本无生活可言，更有何社会真义可说。若干恶劣习俗，若干无灵性的人生规律，桎梏行为，宰割心性，以造成所谓蚩蚩之氓；生活意趣，全无从领略。犹之犬羊，于己身生死地位、意义，茫然未知。此真今日之大戚也。同人等深愿为不平之鸣，兼谈所以因革之方。"② 而改变现状的利器就是中国社会要向西方一样进行"文艺复兴"和"改革"。傅斯年指出，"又观西洋 Renaissance 与 Reformation 时代，学者奋力与世界魔力战，辛苦而不辞，死之而不悔。若是者岂真好苦恶乐，异夫人之情耶？彼能于真理真知灼见，故不为社会所征服，又以有学业鼓舞其气，故能称心而行，一往不返"③。群众出现"群德堕落"的根本原因是缺乏对"学术的爱好心"，只有鼓动学术上之兴趣才能唤醒民德。

---

① 罗家伦：《话五四当年》，载陈少廷编《五四运动与知识青年》，台湾环宇出版社1974 年版，第 3 页。

② 傅斯年：《新潮发刊旨趣书》，《新潮》1919 年第 1 号。

③ 傅斯年：《新潮发刊旨趣书》，《新潮》1919 年第 1 号。

　　五四运动时期是欧洲文艺复兴文化在中国广泛传播的一个高潮，曾经对新潮社给过很大帮助的蔡元培、陈独秀、李大钊等人都对欧洲文艺复兴熟知。陈独秀在《文学革命论》中写道："自文艺复兴以来……近代欧洲文明史，宜可谓之革命也，故曰庄严灿烂之欧洲乃革命之赐也。"李大钊在《东西方的根本之异点》一文中说意大利文艺复兴"非旧罗马之复活"，在评述欧洲文艺复兴时期崇今派与怀古派两派斗争时，称赞了崇今派。20世纪30年代蔡元培在《中国之文艺中兴》和《吾国文化运动之过去与未来》等文中以欧洲文艺复兴的过程对照并分析了中国的文化运动，他充分肯定了欧洲文艺复兴的历史意义，并认为以五四为开端的中国文艺复兴，经过三个十年必将成功。

　　20世纪初期，中国"文艺复兴时代"中的代表人物鲁迅、周作人也与《新潮》有关系。早年，鲁迅、周作人兄弟与傅斯年亦师亦友，对《新潮》杂志的创办和发展起到了重要的作用。鲁迅和周作人都是《新青年》月刊的重要作者。傅斯年以很大的兴趣和敬意细读了他们的作品，情不自禁地表示了由衷的赞扬。周作人的文章和新诗不断在《新潮》上发表。1920年，周作人加入了新潮社，并在傅斯年赴欧留学后担任了主任编辑一职。周作人在所著的《欧洲文学史》第三卷中有三章全面评述了文艺复兴时期的意、英、法、西和德国文学家的著作。认为文艺复兴的本质是"人生生力之发现"，倡导的是"乐生享美之精神"。时隔二十几年之后，周作人凭记忆发表了一篇《文艺复兴之梦》，他认为欧洲的"文艺复兴""在文学艺术之外还有许多别的成就，所以这同时也是学问振兴、宗教改革的时代。内在的精力与外来的影响都是整个的，所以其结果也是平均发展，不会枝枝节节偏于局部的"。这种评价和认识是公允的。他对中国的"文艺复兴时代"——新文化运动评价道："中国近年的新文化运动可以说是有了做起讲之意，却是并不做得完篇，其原因便是这运动偏于局部，只有若干文人出来嚷嚷，别的各方面没有什么动静，完全是孤立偏枯的状态，即使不转入政治或社会运动方面去，也是难得希望充分发达成功的。"① 作为参与其中的当事人，他的认识倒有几分道理。只是中国的文化传统与西方的文化传统不同，形式上的"复制"并不能起到根本的作用。

在 20 世纪初年东西方文化大交汇的一个极其奇异的历史时期，鲁迅以异质性的文化观念，猛烈地抨击自己的民族文化传统。鲁迅为了支持《新潮》杂志，也有短篇小说和译作在杂志发表。傅斯年对鲁迅的文章作品给予了极高的评价。他说："譬如鲁迅先生所作《狂人日记》的狂人，对于人世的见解，真个透彻极了，但是世人总不能不说他是狂人。哼哼！狂人！狂人！耶稣、苏格拉底在古代，托尔斯泰、尼采在近代，世人何尝不称他做狂人呢？但是过了些时，何以无数的非狂人跟着狂人走呢？文化的进步，都由于有若干狂人，不问能不能，不管大家愿不愿，一个人去辟不经人迹的路。最初大家笑他，厌他，恨他，一会儿便要惊怪他，佩服他，终结还是爱他，像神明一般的待他。所以我敢决然断定，疯子是乌托邦的发明家，未来社会的制造者。至于他的命运，又是受嘲于当年，受敬于死后。"② 傅斯年也曾将他与鲁迅的通信刊载在《新潮》杂志上。鲁迅对《新潮》杂志提出了一些建议。比如，鲁迅提出："《新潮》每本里面有一二篇纯粹科学文，也是好的。但我的意见，以为不要太多；而且最好是无论如何总要对于中国的老病刺他几针，譬如说天文忽然骂阴历，讲生理终于打医生之类。"③ 傅斯年对于鲁迅提出的意见虽没有采纳，但是鲁迅的思想和行动对傅斯年和《新潮》都产生了影响。

无论是《新潮》选取 Renaissance 为名，还是傅斯年等人的作品，甚或与《新潮》杂志有密切来往的师友都对"中国的文艺复兴时代"抱有极大的兴趣和热情，他们的作品和行动极大地推动了中国文艺复

---

① 周作人：《文艺复兴之梦》，《求是月刊》1944 年第 3 号。
② 傅斯年：《一段疯话》，《新潮》1919 年第 4 号。
③ 鲁迅：《对于〈新潮〉一部分的意见》，《新潮》1919 年第 5 号。

兴的发展。虽未同西欧一样实现人的重新发现，但是他们所带来的思想解放影响了后代的中国人。

三　傅斯年的努力与反思

《新潮》将其读者对象定为中学和高等学校的学生，认为旧社会所衍生的传统的价值体系已经失去活力，必然用新思潮以恢复之，并对社会进行"再造"。傅斯年进行了积极的尝试，一方面探索，另一方面反思。

傅斯年在《新潮》上发表了《清代学问的门径书几种》，文中认为"清朝一代的学问，只是宋明学问的反动，很像西洋 Renaissance 时代的学问，正对着中世的学问而发。虽说是个新生命，其实复古的精神很大。所以我平日称他做中国的文艺复兴时代，但是这个名词不能通行"。傅斯年对中西文化差异进行了反思，他说："西洋 Renaissance 时代的学者，求的是真理，中国的文艺复兴时代的学者，求的是孔二先生孟老爹的真话。他未尝不是要真理，只是他误以孔二先生孟老爹当做真理了，所以他要求诸六经，不要求诸万事万物。"① 傅斯年对清代学术的诠释明显受到了梁启超的影响，中国的学术复兴并不是复兴孔学，要求"诸六经"。傅斯年将近代中国学术划分为复兴和再造两个阶段，以康有为和章太炎代表清代学问的结束期。而这个时期正好是中国近代文化转移的枢纽。"这个以前是中国的学艺复兴时代；这个以后，便要是中国学艺的再造时代。"② 这篇文章看似是对清代学术的分析，实是对中国学术"再造"的一种新思考。

在傅斯年撰写的《白话文学与心理的改革》中指出："凡是一种新主义、新事业，在西洋人手里，胜利未必很快，成功却不是糊里糊涂。一到中国人手里，总是登时结个不熟的果子，登时落了"，"因为

---

① 傅斯年：《清代学问的门径书几种》，《新潮》1919 年第 4 号。
② 傅斯年：《清代学问的门径书几种》，《新潮》1919 年第 4 号。

中国人遗传性上有问题"，"因为中国人都以识时务为应世上策"①。这是傅斯年对中国社会存在痼疾的分析，他也是担心"复兴运动"最后还会再回到老路上去。

从傅斯年的好友、新潮社的骨干罗家伦的论述中，我们也可以看出他们所创办的杂志以及所推动的五四运动，其意义已经不仅仅在爱国运动方面，而是他们对社会改造的设想和实践，从知识分子到全民全员参与。罗家伦将"五四精神"概括为"学生牺牲的精神""社会制裁的精神"和"民族自决的精神"，认为"由这三种精神作原动力，一则促进了改革思潮的进一步发展；二则催生了许多社会的组织；三则提升了民众的势力"②。《新潮》从最初的立意和努力就与众不同，所以能够在社会上产生一定的反响。傅斯年认为《新潮》杂志有三个优点："勇猛的精神""由于觉悟而结合""有些孩子气"③。该杂志"见善若惊，疾恶如仇"，势必引起反对进步的守旧派的惶恐和担心。守旧派认为该杂志"非圣乱经"，"洪水猛兽"，"邪说横行"，企图对主办者加以治罪。

针对当时社会上期刊太多的现象，傅斯年对《新潮》有了思考。他说："我觉得期刊物的出现太多了，有点不成熟而发挥的现象。照现在中国社会的麻木、无知觉而论，固然应该有许多提醒的器具。然而，厚蓄实力一层也是要注意的：发泄太早太猛，或者于将来无益有损。"《新潮》杂志不能着急，不能随波逐流，"我不愿《新潮》在现在铮铮有声，我只愿《新潮》在十年之后，收个切切实实的效果。我们的知识越进，人数越多，而《新潮》的页数越减，才见我们的真实改善"④。《新潮》的巨大成功吸引了当时任北京大学图书管理员毛泽

①　傅斯年：《白话文学与心理的改革》，《新潮》1919 年第 5 号。

②　罗家伦：《"五四运动"的精神》，《每周评论》1919 年 5 月 26 日；另，参见罗家伦《一年来我们学生运动底成功失败和将来应取的方针》，《新潮》1920 年第 4 号。

③　傅斯年：《〈新潮〉之回顾与前瞻》，《新潮》1919 年第 1 号。

④　傅斯年：《〈新潮〉之回顾与前瞻》，《新潮》1919 年第 1 号。

东的注意，他寻找机会同傅斯年和罗家伦讨论国事①。

傅斯年等人创办《新潮》杂志之时，他们还是北大的学生。他们没有因为参与了五四运动而忘乎所以，他们对社会的分析，对五四运动的思考，也是非常成熟的。对于这样一本在社会上掀起重大影响的杂志，傅斯年也指出了存在的缺点。他认为："至于我们的短处，据我看来，恰恰和这三项在一起，我们有点勇猛的精神，同时也有个武断的毛病……我们的结合是纯知识的，所以我们的结合算是极自由的，所以我们所发的言论是极自由，因而极不一致的。虽有统一的精神而无一体的主张。我们看别人的杂志很杂，焉知后人看我们的杂志不说很杂呢？我们有孩子气……要说便说，要止便止，虽则是自然些，有时也太觉随便。况且我们是学生，时间有限，所以经营不专，因而不深。"② 1919 年 8 月 26 日，傅斯年给他的好友、北大毕业后在清华学校任职的袁同礼写了一封信，他自认为："半年新潮杂志的生活，说了许多空话。"③ 在傅斯年作为山东官派留学生出国后，他与友人的通信中还反复强调，自己决心要在自然科学和社会科学方面培植根底，要认真读书，认真研究，不轻做文章。他对留学界"求速效，急名利，忽忘学业"的情形非常不满。为此，傅斯年提出要"厚蓄实力，不轻发泄"。

在中国文艺复兴时代，傅斯年和他主编的《新潮》在启发民智、解放思想、传播知识方面发挥了重要作用。然而，中国的文化根基和西方的文化传统不同，将西方的知识作为衡量中国学问的尺度是不符合事实的。西方人经历三四百年的酝酿，逐步做到"人"的解放、"个性"的解放和"民族国家"的觉醒，这些观念和由这些观念所激发出来的种种欲望、理想，在中国旧环境中一蹴而就是不能够实现

---

① 陈坡：《青年毛泽东与北京大学》，《北京大学学报》1984 年第 6 期。
② 傅斯年：《〈新潮〉之回顾与前瞻》，《新潮》1919 年第 1 号。
③ 耿云志：《傅斯年对五四运动的反思》，《历史研究》2004 年第 5 期。

的。五四运动的重要参加者之一李璜，在事隔十几年之后，回忆当时青年的思想状况时曾说："自五四以来，这十二三年间，我们真是受不了。十五六世纪的文艺复兴所有人性的要求，十七八世纪启明（蒙）运动所有个性的要求，及19世纪的国性的要求，三样东西一齐来，怎不令青年朋友要发狂了呢？"李璜的说法是很有道理的①。

在社会转折时期，傅斯年等人的努力和反思，代表了社会发展的方向，《新潮》杂志为社会改造提供了氛围和机遇，也带来了困惑。它为后五四时代进行理性思考，明确新的方向具有重要影响。

第四节　光绪帝的读书取向

探讨近代以来读书人阅读世界的变化是一个非常困难的问题，一是选择哪些人作为代表，二是选择哪些区域为考察对象。尽管当时的报纸和书籍价格并不高，但是对于一个农耕家庭而言，这是一笔不小的开支。因此，处于"过渡时代"的知识分子，大都记述了新式学堂通过阅读了解世界变化的经历。再看地域，上海作为近代西方文化传播的"桥头堡"，它的辐射能力和地域影响自不用多言，而处于西安、太原等地的读书人自不能比。尽管北京是帝王之都，但是搜罗一本新书也并不容易②。因此，笔者选择处于深宫之中的光绪帝作为观察对象。在晚清五位帝王中，光绪帝是最有改革思想的一位。他不同于"节俭"的道光帝、"纵情声色"的咸丰帝，更异于"典学无成"的同治帝，以及未及亲政的溥仪帝。光绪帝1875年登基，1889年亲政，1908年去世，在位34年，在晚清80年的历史中占有重要分量。尽管

---

① 笔者在2015年3月前往香港参加学术会议，在香港中山图书馆发现了台湾出版的《中华文化复兴运动纪要》（裕台公司中华印刷厂1981年版），该书采用编年形式，记述了"中华文化复兴运动"的组织机构、重要活动等。台湾"中华文化复兴运动"起于1966年，对于延续历史传统、发扬中华民族文化具有重大意义。

② 参见《二十年目睹之怪现状》《金陵卖书记》相关论述。

囿于多种因素，他的变革主张未及实施，但是作为皇帝，他的行为和行动感召了一批有志之士。学界已对光绪帝的外文学习、改革主张等研究颇多①，本节将光绪帝的读书生活置于近代印刷出版视域之下，着重对光绪帝后 20 年的阅读取向进行分析，探讨他改革的动力和知识来源。

一 知识传播方式的变革与阅读兴趣的趋新

光绪帝从 1875 年 12 月开始在毓庆宫读书，至 1897 年 2 月，慈禧太后下令裁撤毓庆宫，光绪帝在此度过了 22 年②。在 22 年的读书生活中，1895 年是一个明确的界限。根据《翁同龢日记》等史料记载，在 1895 年前光绪帝阅读的百余种书籍中，经书和历代史书居多。先帝的"圣训""格言"也是他学习的重要内容，如《圣祖圣训》《乾隆圣训》《清圣训》《御定执中成宪》《开国方略》等。除此以外，他还阅读了唐诗、书法等方面的书籍。这百余种书籍中有几本史书值得特别关注。1885 年 4 月，他阅读了徐继畬的《瀛寰志略》。同年 5 月，阅读了魏源的《海国图志》和《圣武记》。1889 年 2 月和 12 月，阅读了冯桂芬的《校邠庐抗议》。众所周知，《海国图志》和《瀛环志略》是鸦片战争之后，中国人最早对西方各国进行详细描绘的史地书籍，不仅在中国社会精英中产生了重要反响，而且对日本的明治维新亦有重要影响。《校邠庐抗议》是较早论述中国社会变革方案的书籍。光绪帝认为此书"最切史事"，专门挑选了六篇装订成册③，以

---

① 谢俊美的《光绪皇帝的宫廷读书生活》（《历史教学问题》1986 年第 6 期）重点分析光绪帝的刻苦精神、与师父的关系；邹振环的《光绪皇帝的英语学习与进入清末宫廷的英语读本》（《清史研究》2009 年第 3 期）分析了光绪帝的英文老师与英语学习，以及由此引发的满族学习风气的变化；孔维的《书生皇帝：光绪的读书生活》（硕士学位论文，华中师范大学，2013 年）侧重以时间为线索，分析光绪帝在亲政前、亲政至戊戌变法、戊戌政变至去世三个阶段的读书生活。

② 谢俊美：《光绪皇帝的宫廷读书生活》，《历史教学问题》1986 年第 6 期。

③ 《翁同龢日记》第 4 册，中华书局 1998 年版，第 2252、2330 页。

备参考。1895 年以后，光绪帝更加关注西方史地。在他的影响下，连瑾妃也在看一本中文译本的世界史①。光绪帝阅读兴趣的变化主要受三方面因素影响，下面分别论述。

第一，近代以来知识传播渠道日益多样化，近代出版机构的兴起为光绪帝阅读世界的变化提供了可能。在系列条约的支持下，西方人陆续到达中国的沿海和部分内地省份。为了改变中国人"藐视"西方的观念，他们通过创办报刊、出版书籍等方式，希望构建中国与西方进行文化沟通的渠道。近代中国出现了名目繁多的出版印刷机构，有些出版机构还自办有图书馆，为知识传播提供了渠道和场所。西方国家在华创办有墨海书馆、广学会、土山湾印刷所等出版机构，清政府的同文馆、江南制造局翻译馆等也从事图书的译介和出版②，一些地方设立的官书局，如江楚编译局等，也参与图书的翻译。近代新式学校为了满足教学的需要，也在上海设立了译书院，从事教科书的翻译出版工作。19 世纪末，民营出版业日益兴起，大同译书局、商务印书馆等出版了西方系列图书，满足了社会精英对域外知识的需求。有学者统计，清末的上海，出版机构的数量在 400 家左右③。尽管在京师设立的出版印刷机构极少，但是一些大的出版机构都在北京琉璃厂等地设有分销处，使得购买图书成为可能。西方传教士曾将精心印刷的《新约圣经》作为祝贺慈禧六十寿辰的礼物送到总理衙门，光绪帝不知通过何种途径看到了此书，"没过几天，光绪帝派太监到北京的广学会书刊销售点购买了《旧约》和《新约》圣经以及其他一些基督教书籍，自己阅读"④。在石印、铅印印刷技术的支持下，国内外最新知识从上海逐渐流播到其他地域，为阅读对象的改变提供了条件。戊

---

① 德龄：《在太后身边的日子·清宫二年记》，紫禁城出版社 2009 年版，第 22 页。
② 赵少峰：《略论江南制造局翻译馆的西史译介活动》，《历史档案》2011 年第 4 期。
③ 张仲民：《晚清上海书局名录》，复旦大学历史系、出版博物馆编：《历史上的中国出版与东亚文化交流》，上海百家出版社 2009 年版。
④ ［英］李提摩太：《亲历晚清四十五年——李提摩太在华回忆录》，第 206 页。

戊变法期间，光绪帝颁布的上谕中有一条就是成立译书局，翻译外国的图书。这也充分说明此时期出版机构所印图书的影响。

第二，掌握国内外形势的变化是统治者的"必修课"。自 19 世纪 70 年代以后，中国边疆危机不断出现，中外之间的冲突多于合作。作为王朝最高统治权的继承者，必然要了解和掌握最新的国内外动向。魏源的《海国图志》最初并未引起王朝统治者的重视。19 世纪 60 年代，兵部左侍郎王茂荫上奏折，希望广印《海国图志》，作为宗室八旗子弟教本，"以是教，以是学，以知夷难御而非竟无法之可御"①。1862 年，在京师之地设立的同文馆，成为中国最早设立的外语学校，聘请了一批外国教师指导学生的学业和翻译工作。在外国教师的指导下，同文馆的学生翻译和出版了一批法律、史志、外交等方面的书籍。这一切都预示着"天朝上国"的认识受到质疑。到了甲午中日战争爆发，中国人的"迷蒙"彻底被击碎，加之进化论思想的传播，"亡国灭种"迫在眉睫。光绪帝求知欲强烈，对西学知识愿意主动去学习，并对 19 世纪 80 年代前后的边疆危机表现出了极大的关心②，与其师翁同龢多次讨论。从 1891 年起，光绪帝聘请有多次出使经历的张德彝担任自己的英文老师，同时命奕劻带同文馆教习觐见，讲"洋文"，可以看出他对域外世界的关切。

第三，翁同龢、孙家鼐等人为光绪帝提供了了解新思想的渠道。从二人日记和他人回忆录中可以看出，他们二人与近代来华英国人李提摩太、赫德，美国人丁韪良、林乐知以及外国驻华使节来往频繁。这些来华外国人不仅与中国上层统治者关系密切，而且参与中国译介西方图书活动。翁同龢、孙家鼐作为帝师，为光绪帝适时提供域外的图书资料。据翁同龢日记，1869—1897 年，他阅读的史地书籍有斌椿的《星槎日

---

① 王茂荫：《请广印〈海国图志〉作宗室八旗子弟教本并变通考选之法以求人才折》，宋原放主编：《中国出版史料·近代部分》第 1 卷，第 24 页。
② 谢俊美：《翁同龢传》，中华书局 1994 年版，第 175 页。

记》、郭嵩焘的《瀛海论》、魏源的《海国图志》、法国冕西士加尼的《探路记》、艾约瑟翻译的《西学启蒙丛书》十六种、冯桂芬的《校邠庐抗议》、王韬的《普法战纪》、薛福成的《筹洋刍议》、郑观应的《救时揭要》、陈炽的《庸书》、汤震的《危言》、黄遵宪的《日本国志》、康有为的《日本变政考》和《俄彼得变政记》、李提摩太的《泰西新史揽要》等。这些书籍均属于晚清"政""学"时务书。在当时条件下，能够全部阅读这些书籍的士人学者并不多。翁同龢不仅自己读，而且向光绪提出这些书籍的重要性，"且时要著，皇上极应留意"。翁同龢多次对慈禧太后表示，"皇上读经固然重要，然目下读史尤亟"①。孙家鼐是咸丰九年（1859）进士，1878 年进毓庆宫侍读。1898 年 7 月 17日，孙家鼐上书光绪帝，请求直隶总督将冯桂芬的《校邠庐抗议》刷印一二千部，发给群臣阅读、讨论②。通过《翁同龢日记》印证，早在 1886 年、1895 年，光绪帝已经阅读过《校邠庐抗议》和奏折中提及的《危言》《庸书》等书籍。这从另外一个方面反映出侍读师父为皇帝开阔心智和视野提供了重要桥梁。

二　从传统"经、史"世界到域外世界

读史可以明智，知兴替，总结社会治乱兴衰的规律。古代帝王、官员、士人、学者阅读的书目不出经史子集四大部类，尤其是"经""史"两大部类。近代来华外国人对中国读书人的阅读世界也看得比较明白。英国人韦廉臣写道："很早以来，中国人最大的特征就是注重学问以及他们为之所树立的荣誉。他们的英雄人物不是武士，甚至也不是政治家，而是学者。"③ 曾担任同文馆总教习的丁韪良认为：

---

① 谢俊美：《翁同龢传》，第 178 页。
② 孙家鼐：《请饬刷印校邠庐抗议颁行疏》，中国史学会编：《戊戌变法》（二），第430 页。
③ ［英］韦廉臣：《同文书会实录》，宋原放主编：《中国出版史料·近代部分》第 1卷，第 205 页。

"中国人有年鉴，但不是历史。"① 和其他帝王一样，光绪帝在早年的学习生活中，经书、史书是其重要阅读书目。近代以来，中国面临西方入侵的危局，史学已经变成解决社会问题的"实学"，正如龚自珍所言："出乎史，入乎道，欲知大道，必先为史。"②

同时期的西方国家发展突飞猛进，中国进入西方和西方进入中国一样不可避免。从旧经、史著作中已然不能够找到解决社会问题的办法。面对国家的困境，光绪帝也希望有一番作为，"德宗亲政之时，春秋方富，抱大有为之志，欲张挞伐，以湔国耻。已而师徒挠败，割地输平，遂引新进小臣，锐意更张，为发奋自强之计"③。从曾纪泽日记中也可以看出，光绪帝当时虽未亲政，但急于了解国内外事务。光绪帝多次召见刚从英国卸任的曾纪泽，询问各种"洋务"以及英国、俄国、德国、法国、日本等国情形④。曾纪泽受到光绪帝的青睐，不仅是因为他阅读了近代各种外国史书目，如《瀛寰志略》《海国图志》《万国史记》《列国岁计政要》等，而且还因为他有丰富的外交经历，对外国情形认识更加客观。更有甚者，光绪帝在大婚后的第三天即召见曾纪泽，询问俄国、法国情形⑤。不完全统计，光绪帝在亲政第一年单独召见曾纪泽有九次。

康有为利用甲午中日战争后国人的愤慨之情，连续上书光绪帝，并利用手中掌握的西学资源，撰写有《俄彼得变政记》《日本变政考》《突厥削弱记》《法国革命记》《波兰分灭记》《列国政要比较表》《各国振兴记》等书籍。1895 年之后，光绪帝先后阅读了王韬的

---

① W. A. P. Martin, "The Study of Chinese History", *Hanlin Papers*, Shanghai: Kelly & Wash. 1894, p. 8.

② 龚自珍：《尊史》，《龚自珍全集》，上海人民出版社 1975 年版，第 81 页。

③ 赵尔巽等：《德宗本纪》，《清史稿》第 4 册，中华书局 1977 年版，第 965 页。

④ 《曾纪泽日记》第 4 册，刘志惠整理，中华书局 2013 年版，第 1645、1713、1754、1765、1835、1841 页。

⑤ 《曾纪泽日记》第 4 册，第 1859 页。1889 年，光绪帝还多次召见了曾纪泽，见此书第 1866、1867、1874、1892、1893、1909、1912、1919 页。

《普法战纪》、黄遵宪的《日本国志》、李提摩太翻译的《泰西新史揽要》以及康有为撰写的外国史著作，认真研读了中国学者撰写的变法革新方案，包括梁启超的《变法通议》、陈炽的《庸书》、汤寿潜的《危言》、冯桂芬的《校邠庐抗议》。据翁同龢日记，1898 年 4 月 13 日，康有为通过总理各国事务衙门代上条陈，主言变法等事，同时上奏《日本变政记》《各国振兴记》《泰西新史揽要》三书。在前次上奏折时，康有为奏陈了《俄彼得变政记》①。

《列国政要比较表》是康有为参照中国近代译介西方图书编纂而成的一部经济著作，戊戌年六月进呈光绪帝。该书现存于故宫博物院，全书由墨笔誊抄而成，一函一册。全书由序言、各国经济发展比较表格以及按语组成。全书共有比较表格 13 种，分别是各洲诸国名号表、各国比较地数表、各国比较民数表、各国比较每英方里人数表、各国比较学校生徒人数表、各国比较商务表、各国比较铁路勾算方里表、各国比较电线勾算方里表、各国比较出洋轮船夹板装载吨数表、各国比较邮政进款表、各国比较国债钱粮并以钱粮抵还国债表、各国比较教民表、各国比较铁甲快船表②。在此书的序中，康有为使用了 710 字来阐述革新变法势在必行。文中所列各种表，都有简明的史论。如文中写道："若一览上述之比较表，便知中国土地、财赋、商货、学校、生徒、兵卒、船舰、铁路、电线事事远逊人。如此，则知我之败削有由，而不能不黜心无傲。"③ 意在说明中国已经落后了，唯有"幡然变计"才可摆脱灭亡危险。康有为以按语的形式，分析了中国面临的形势，"吾民虽多而愚不识字者百之八十，其士大夫亦不

---

① 光绪帝阅读这些书目是经过慈禧太后默许的。光绪帝要求总署将康有为所上书目和奏折"皆呈慈阅览"。《翁同龢日记》第 6 册，第 3112 页。

② 康有为：《列国政要比较表》，戊戌年进呈，故宫博物院藏。参见杨玉良《未刊行的两部康有为著作——〈波兰分灭记〉〈列国政要比较表简介〉》，《故宫博物院院刊》1982 年第 4 期。注释下同。

③ 康有为：《光绪二十三年列国政要比较表序》，《列国政要比较表》，戊戌年进呈，故宫博物院藏。

读书而无以通中外古今之故。故边事一起……吾大臣使臣皆不知之"①。而同时期的欧美诸国却是另一番景象。康有为写道："今万国之势，竞智而不竞力，竞生徒而不竞兵伍。美国兵虽最少，而学生冠万国，民仅三千万而学生千四百万，著书每岁二百余种，新器岁出三千余事，取材运智无所不备"；"欧洲各国，莫不竞厉学校。其学校疏而生徒少者，若且亡之国也"②。从内容上看，此书类似于1875年江南制造局翻译馆出版的《列国岁计政要》。

《泰西新史揽要》是在1895年由广学会总干事英国人李提摩太翻译的一部西方史著。这部著作主要讲述19世纪以来欧洲各国发展史。《泰西新史揽要》由李提摩太和中国译手蔡尔康通过"西译中述"方式完成。李提摩太试图从民众和清政府高级官员入手，扩大外国在中国的影响。李提摩太通过结交翁同龢，向光绪帝递交了一份中国改革措施方案③，并向中国官员推荐了此书。《泰西新史揽要》在中国知识分子阶层中获得了很大反响④，光绪帝也不例外。据孙家鼐向李提摩太透露："有两个月的时间，他每天都为皇帝读我翻译的麦肯西的《泰西新史揽要》。"⑤康有为也曾向光绪帝奏陈此书⑥。

光绪帝的勤奋阅读使其思想世界发生了重大转变，他对国际关系的思考不再局限于王朝体系之下，他的思维方式渐渐地从传统的经史世界转向域外世界，由延续多年的"言必称颂三代"的纵向思维转向纵向加横向思维。有过多年国外生活经历的德龄评价他，"在中国实在是一个聪明又有见识的人"⑦。

---

① 康有为：《各国比较民数表》按语，《列国政要比较表》，戊戌年进呈，故宫博物院藏。
② 康有为：《各国比较学校生徒人数表》按语，《列国政要比较表》，戊戌年进呈，故宫博物院藏。
③ ［英］李提摩太：《亲历晚清四十五年——李提摩太在华回忆录》，第237页。
④ 赵少峰：《广学会与晚清西史东渐》，《史学史研究》2014年第2期。
⑤ ［英］李提摩太：《亲历晚清四十五年——李提摩太在华回忆录》，第239页。
⑥ 《翁同龢日记》第6册，第3112页。
⑦ 德龄：《清宫二年记》，《在太后身边的日子》，第70页。

三　改革情怀与"最后的书单"

光绪帝亲政以后为推动社会改革，十分关注国内外局势和动向。据翁同龢日记所记1898年光绪帝等事，光绪帝每天日常安排非常紧凑，力推西学，变法立场坚定，"是日上奉慈谕……今宜专讲西学，明白宣示等因，并御书某某官应准入学，圣意坚定"①。"函告燮臣（孙家鼐）传旨，令将官书局译报十日一递"②。戊戌变法前，光绪帝专门召见了康有为、黄遵宪、梁启超、张元济等人。这些都是关注域外世界并有新思想的维新人士。时任总理衙门章京的张元济在接受光绪帝召见后，致汪康年的信中写道："今上有心变法，但力似未足。"③在致沈曾植的信中写道："玉音垂问，仅三十余言。大旨谓外患凭陵，宜筹保御，廷臣唯喏，不达时务（讲求西学人太少，言之者三）。旧党阻挠，部议拘执，帖括无用，铁路当兴。"同时，还讲述了光绪帝对时务书籍的认识，"更可喜者，长素呈进《泰西新史》《列国岁计》后，即时有索书之诏。近且阅《时务报》（诏总署按期呈进）、《官书局报》（朱批曰'平淡无奇'）、同文馆所译《新报》（嫌太少，令多译）矣。又令总署呈进电报、问答（逐日呈递）暨全球地图、各国条约矣。果于此因势利导，所造岂有限量？乃在廷诸臣不惟不喜，而且忧之"④。张元济和光绪帝还谈论了兴学堂、建铁路、废科举等革新主张，认为"岂得谓我皇之不圣明哉"。

光绪帝对主张革新的社会新兴阶层格外重视，他召见严复和黄遵宪就是明显的例证。1898年8月29日，少詹事王锡藩上《奏保人才折》，称赞严复："北洋水师学堂总办候选道严复，本船政驾驶学生，出洋学习，于西国典章名理之学，俱能探本溯源，精心研究，中学亦

---

① 《翁同龢日记》第6册，第3132页。
② 《翁同龢日记》第6册，第3133页。
③ 《张元济致汪康年》，《张元济书札》中册，商务印书馆1997年版，第652页。
④ 《张元济致沈曾植》，《张元济书札》中册，第675—677页。

通贯群籍，著述甚富，水师情形，尤其所熟知专习。久在北洋供差，奉公之外，闭户寡合，其人品尤为高卓。"① 严复翻译《天演论》名噪一时，康有为、梁启超等人深受进化论思想的影响。光绪帝在与严复问对时，还专门提到了严复在《国闻报》发表的文章②，问他"最得意"于哪篇文章。黄遵宪也是有丰富海外经历的开明之士，亦受徐致靖的举荐。黄遵宪的《日本国志》被光绪帝置于案头，经常翻阅。光绪帝在戊戌变法期间欲派其充任驻日公使。

由于戊戌变法准备不充分，仅仅依靠"杰士"从外国译介到中国的书籍中汲取部分改革资源，没有充分考虑中国的国情，注定改革得不到更多人士的支持，"然功名之士，险躁自矜，忘投鼠之忌，而弗恤其罔济，言之可为于邑"。戊戌政变之后，光绪帝失去了政治权力，人身自由受到限制，特别是中国社会接着经历了义和团运动、八国联军侵华事件，一般史书都认为光绪帝精神已备受打击，《清史稿》也对此写道："庚子以后，怫郁摧伤，奄致殂落，而国运亦因此而倾矣。"③ 然而，依据新发现的史料，光绪帝并非就此一蹶不振，反而更关注中国社会变革和西方国家发展之由。1903 年，美国女画师凯瑟琳·卡尔进宫为慈禧太后画像，她见到了光绪帝。凯瑟琳称光绪帝："身体看起来虽然有些虚弱，但内在的力量又似乎很强"，"他性情温和，但从那低垂的眼睑之下，却不难发现蕴含其中的精明与智慧"，"他那深不可测的眼神中，仍然隐藏一种对变革的期待"④。如众多同时代回忆录和日记所言，光绪帝把更多的时间放在了学习上。凯瑟琳·卡尔写道："他非常喜欢看书，宫里有一个专门负责为皇帝买书的官员，而且并非闲职，因为皇帝不仅读中国文学和古典书籍，而且

① 王锡藩：《奏保人才折》，中国史学会编：《戊戌变法》（二），第 375 页。
② 严璩：《侯官严先生年谱》，王栻主编：《严复集》第 5 册，第 1548—1549 页。
③ 赵尔巽等：《德宗本纪》，《清史稿》第 4 册，中华书局 1977 年版，第 965 页。
④ ［美］凯瑟琳·卡尔：《美国女画师的清宫回忆》，王和平译，紫禁城出版社 2009 年版，第 48、49 页。

爱看外文译作，会不断地让这位官员去买书。"①皇帝日常生活之余，每天都要读一本书，这也在清宫档案中得到证实。

据叶晓青从中国第一历史档案馆发现的史料，光绪帝在去世前的一年时间之内，并不是病入膏肓。他热心读书，开具了阅读书单，安排内务府去购买。光绪三十三年十二月二十六日（1908年1月29日），内务府拿到光绪帝的朱笔书单是：

政治官报局刊印各书：《日本宪法说明书》《日本统计释例》《日本宪政略论》《译书提要》《驻奥使馆报告书》；

商务印书馆新印各书：《孟德斯鸠法意》《政治讲义》《法学通论》《比较国法学》《政治学》《国法学》《民法原论》《政治泛论》《宪政论》《行政法泛论》《日本预备立宪》《国债论》《警察讲义录》《日本警察讲义录》《日本警察法述义》《自治论纂》《宪法研究书》《日本监狱法详解》《万国国力比较》《政治一斑》《列国政治异同考》《欧洲最近政治史》《欧洲新政史》《欧洲财政史》《经济通论》《理财新义》《日本法制要旨》《日俄战纪》《最新战法学》《德国学校制度》《各国宪法大纲》《英国宪法论》《万国舆图》《欧美政教纪原》。②

内务府在隔了一日之后，便将搜集到的图书呈报给光绪帝，27部图书呈上，12部图书由于未刊或者刊印不全，暂缓呈递。光绪三十四年正月十六日，内务府递补了部分未呈递图书。

光绪帝所列书单，应该来自商务印书馆在报刊上的图书广告。所列图书涵盖政治、历史、法律等内容。就历史图书而言，书单中列

---

① ［美］凯瑟琳·卡尔：《美国女画师的清宫回忆》，第51页。
② 《呈进书籍档》，新整内务府文化教育第462号。叶晓青：《西学输入与近代城市》，北京大学出版社2012年版，第160—161页。

有：《万国国力比较》《政治一斑》《列国政治异同考》《欧洲最近政
治史》《欧洲新政史》《欧洲财政史》《日俄战纪》《万国舆图》《欧
美政教纪原》等。这些图书光绪帝多有详细阅览。在图书呈递不到一
个月的时间，他从《政治一斑》书中抄出了书内引用图书的目录，让
内务府去核实图书来源何处，并索要对应的图书。同时，光绪帝安排
内务府购呈《瀛寰志略》、《万国史纲》、《帝国主义》、《欧洲新政
史》（下册）、《高等学堂中国历史》、《西洋历史教科书》等历史图
书，以及《英华大辞典》《华英音韵字典集成》《华英进阶全集》《和
文汉译读本》等词典书籍。翁同龢对光绪帝这样写道："英爽非复常
度，剖决精明，事理恰当。"①光绪帝通过书籍阅读，积累了知识，他
的"忍耐"或许就是对新改革有所期待。他与同时代的新兴知识阶层
一样，书籍带来的信息犹如一股清泉流入久已干涸的心田。

　　总而言之，近代新兴传媒的兴起为新知识的传播提供了便利和条
件。随着近代出版业的日益兴盛，中外文化交汇已成不可阻挡之势，
正如梁启超所述："新学之风既倡，民智渐开……颇有异于昔日，从
前自尊自大，自居于中国，而鄙人为夷狄之心，多有悟其非者。"②曾
国藩、李鸿章、张之洞、翁同龢、孙家鼐、曾纪泽、孙宝瑄等均对外
国历史书籍表现出了极大兴趣，或出钱资助图书出版，或为外国史著
作作序。王先谦、王树枏等也在 20 世纪初年撰写有多部外国史著作。
新兴知识阶层康有为、梁启超、唐才常等更是大力传播和推动西方历
史书籍的出版。因此，光绪帝的历史阅读取向变革并非一个独特个
案，而是那个时代先进读书人阅读世界变化的代表。光绪帝从新学书
籍中汲取了新知识和新学问，试图从封建营垒中挣脱出来，但是他的
理想和抱负最终没有实现。如何处理他和慈禧太后之间的关系，始终

---

　　① 《翁文恭日记》，中国史学会编：《戊戌变法》（一），上海人民出版社 1957 年版，
第 511 页。
　　② 梁启超：《强学会封禁后之学会学堂报馆》，宋原放主编：《中国出版史料·近代部
分》第 2 卷，第 236 页。

是困扰光绪帝的难题，"一见到太后，就变得严肃、忧郁，有时候甚至于使人觉得他有些呆气"①，在慈禧太后和光绪帝都出席的场合，"皇上坐于前案，默然而已"②。他想极力配合慈禧，施展自己的才能和抱负，但是慈禧太后带给他的心理和精神上的压力使其备受煎熬。也许只有畅游在新知世界中，他才得以获得精神上的暂时解脱。

---

① 德龄：《在太后身边的日子·清宫二年记》，第70页。
② 曾纪泽：《曾纪泽日记》第4册，第1841页。

第六章　近代出版机构西方史学传播的特征与影响

中国是有数千年历史的文明国度，历史的记述和传承未曾中断。在封建社会，经史书籍在读书人精神世界所居地位无须赘言。站在重树民族精神和民族自信的基础之上，近代出版机构裹挟而来的知识，尤其是关于西方的期刊和史书，成为读书人不二选择。即便到民国初年，旧知识所构筑的知识体系也并未被新知识所完全打破。在读书群体中的时代精英代际交替没有完成的情况下，"旧学""新知"的双重激荡造成一批读书人内心的矛盾与冲突。这不但不妨碍他们对时代和社会问题的观察，反而是中外文化交汇之下的正常反馈。从1834年中华实用知识传播会建立，到20世纪初年民办出版机构的井喷式涌现，体现了由西方为主导的文化传播到中国自主的文化选择的转型。放在整个时代背景之下来看，不同性质的出版机构的出版诉求有明显差异。无论是主动的还是被动的，它们出版的图书（史书）无疑促进了中国史学的近代转型。印刷不仅是工艺技术，同时"是生产精神食粮的特殊工业，她以对人类语言作纵向和横向延伸，以及积聚和传承人类智识的特殊功能，而成为人类事业的推动力"[1]，这在近代社会的转型发展中体现得尤其清晰。

---

① 高占祥：《印刷——文明的传播机》，《中国印刷通史》，印刷工业出版社1999年版，第1页。

第一节　近代出版机构之异趣

通过以上论述可知，近代新兴传播媒介不断涌现，在新式印刷技术的推动下，图书的出版速度和流播范围超过以往，对新兴知识分子产生了重要影响。中国涌现了大量规格不一的出版机构，上文对官办出版机构、传教士创办的出版机构、民营出版机构、地方官办出版机构以及新式学堂附设译书院（翻译馆）逐一做了个案研究，下面对它们之间的区别进行归纳总结。

官办出版机构以京师同文馆、江南制造局翻译馆为代表，以学习西方的坚船利炮和西方科学技术为中心内容，因而它们以出版满足教学之需的教材，以及服务于洋务运动之需要的工程类图书为主。当然，它们也出版了大量史志类图书。对于当时江南制造局翻译馆的译书，梁启超认为："其人皆学有根柢，对于所译之书，责任心与兴味皆极浓重，其成绩略可比明之徐、李"①，加上当时传教士的译书，在"学问饥荒"年代，"新学家"们将这些图书视为"枕中鸿秘"。近代以来，中国翻译西方书籍，从林则徐在广州时期就已经开始②。由政府出面，设置机构、组织人员，长期翻译外国的书籍，京师同文馆和江南制造局翻译馆最具有代表性。官办出版机构出版了大量西方图书，但是也有内在的"缺陷"。一是它是由传教士为主导进行的，无论是江南制造局翻译馆，还是京师同文馆，都具有这方面的束缚。尽管在翻译过程中，培养了中国翻译人员，像江南制造局翻译馆参与的中国译手有四十余人，但是"翻译馆的译员，在馆时间有长有短，译书品种有多有少，社会影响有大有小，但用后人对翻译人才的要求，

---

①　梁启超：《清代学术概论》，第85—86页。

②　当然，在林则徐之前，也有人撰写了关于外国的零星书籍。他们与林则徐不同，一是他们没有担任要职，二是他们没有明确认识域外的自主认识。

他们当中没有一个是合格的译才，因为没有一个人精通中外两种语言，能够独立担当起译书重任"①。同文馆的学生虽然学习了外语，也并没有把更多的时间用于外国史学著作的翻译上，更没有培养出具有新视野的史学家。同文馆的张德彝随外交使团八次出国，不能说视野不开阔，但是临死还想获取一个科举"正途"出身的名分。地方官办机构出版更多从事地方志编纂以及古籍的校勘，江楚编译局算是同类中的佼佼者②。

基督教、天主教、东正教都在中国设立了出版机构，它们宗旨一致，但实现方式不同。在华基督教会也成立了有影响的出版机构，例如在华实用知识传播会、墨海书馆、华花圣经书房、格致书院、美华书馆、广学会、益智书会等。当然，西方基督教传教士来华有非常明确的目的，那就是改变中国人的观念，为西方在华势力的扩张做好准备，这在广学会的出版转向上表现得非常突出。在华基督教历次大会制定的任务成为他们出版物的重要指引，他们选择服务于统治阶级上层和社会精英需要。为了进一步完成任务，他们除了宗教书，也传播了大量西方的科学知识。广学会的传教士认为："宗教没有科学也常常会导致人的心胸狭窄和迷信。"③ 当然，"不同的教派，不同的差会，不同的时期，传教士对传播科学的态度、热情并不相同"④。因此，像丁韪良、李提摩太、林乐知、艾约瑟等从事西方图书译介的活动就比较多，尤其是赫德聘任艾约瑟翻译的"西学启蒙丛书"，影响了一大批社会精英。基督教出版机构大多以上海为中心，具有出版目标明确和转向快的特点。这也不难理解，为什么新式大学堂兴办以后，像京师大学堂、山西大学堂等，选择在上海设置翻译书院，派员

---

① 熊月之：《西学东渐与晚清社会》，中国人民大学出版社 2011 年版，第 422 页。

② 柳诒徵：《江楚编译官书局编译教科书状况》，陈学恂主编：《中国近代教育史教学参考资料》上，第 655 页。

③ 《广学会年报第十次》，《出版史料》1991 年第 2 期。

④ 熊月之：《西学东渐与晚清社会》，第 19—20 页。

专门从事一些书籍的翻译工作，或者像其他新式学堂集中前往上海进行图书采购。天主教与基督教在华设立的出版机构不同，它极少迎合清末民初社会现实的需要。土山湾印书馆可以作为天主教在华设立出版机构的重要代表。土山湾印书馆组织了一批从事中国传统学问研究的中外学人，"正其谊不谋其利，明其道不计其攻"，具有一股"书呆子"气从事学问研究。这鲜见于同时期的出版机构。抗日战争时期，时人写道："至今这蒲水两岸，立起巍峨的建筑物：天主堂、天文台、修道院、圣母院和孤儿院，成为上海西南一大名胜区，绿荫深处，时而传来礼拜堂的钟声、圣诗声和诵读课本的声音，恬静、和平、庄严，和烦嚣的上海构成强烈的对照，变成小小的世外桃源。"①这也是对土山湾印书馆从事《汉学丛书》编纂的写照。

在戊戌变法之后，民办出版机构如雨后春笋般涌现。从国外特别是日本留学归国的学生，相率从事于图书出版，"新思想之输入，如火如荼矣"②。民营出版机构，如商务印书馆、文明书局、广智书局、作新社，等等，约三百家，尤以出版教科书和翻译日本图书为主业，很多出版机构快速获利，导致"不以学问为目的而以为手段"。民办出版机构具有独特优势，不受官方限制，它们或多或少都与国外有联系。它们组织的译手一般都有留学国外的经历，终结了"西译中述"的翻译模式，实现了中国学人的自主选择与翻译。如果说传教士出版机构所印书报影响了康有为、梁启超、章太炎、王国维、夏曾佑、陈黼宸、唐才常、孙宝瑄等一批学人，那么民办出版机构出版的图书和报刊影响的是顾颉刚、傅斯年、朱希祖、陈训慈等新一代学人。

书籍的传播是"人为"的过程，知识的接受则是"自然"的过程。有的学人将近代图书选为学习的内容，有的视为迎合统治阶层的工具，或作为社会晋升的手段，还有的当作求学问之"敲门砖"。同

---

① 《上海第一个孤儿院·土山湾孤儿院巡礼（一）》，《申报》1943 年 7 月 25 日。
② 梁启超：《清代学术概论》，第 85—86 页。

样的图书，在不同的读书人阅读世界中可能产生同样的作用，也可能出现不同的反响，甚或有些人自身都是矛盾的。金梁购数十部章太炎之《訄书》赠满族识字者，言："汉人已如此，我们还可不振作吗？"[①] 民国时，陈布雷记述："大哥（陈训慈）提倡新学，以自然科学之研究相倡导，又同情于颠覆清建之革命思想，既中举，友人群以戏谑。"[②] 这种矛盾性在严复和王国维身上均有明显体现。

第二节　近代出版机构传播西方史学之特征

不同性质的出版机构在西方史学著作出版方面差异较大，在社会中产生的反响不同。从某些层面来看，它们又具有共性特点。

第一，近代出版机构译介出版的著作与中国社会发展现状密切相关。长期闭关锁国，加之新知识传播有限，国人的思想日趋保守。百城书舍在编译日本出版的世界历史书籍时指出："吾国数十年前局于闭关锁国之思想者，以为吾国以外无世界，即有人类，亦等夷狄或如匈奴、突厥、回纥。故甲午以前，密迩东邻之日本，犹未能察其国情，遑言其他世界各国哉。"[③] 经历甲午之战等诸次战役，人们认识到西方并不只是在"器物"层次上面先进，关键是制度。通过亡国史，认识到如果不发展，中国同样面临亡国灭种的危险。正如作者在《欧洲历史揽要》中所言："埃及古国也，极盛之运，后世莫及，何以波斯能亡之？希腊古文明国也，技术工艺率先欧洲，何以一蹶卒不复振？罗马古大一统之国也，纪元前后一时称盛，共和以后，何意大利能王其地？他若印度之大，何以灭于英？波兰之广，何以沦于俄？土耳其、波斯其皆强大之国，今日何以若存若亡，而几没于俄而求庇于

---

①　蔡元培：《蔡元培自述》，中国言实出版社 2015 年版，第 39 页。
②　陈布雷：《陈布雷回忆录》，团结出版社 2016 年版，第 13 页。
③　［日］本多浅治郎：《汉译西洋历史·序》，百城书社编译，上海商务印书馆、中华书局 1915 年版，第 2 页。此书从 1909 年首版以来，至 1915 年，历经四次修订再版。

英？岂天道使然？与抑人力所改也？"① 中国史书记载帝王将相莫不详哉，唯独缺乏的就是"世界知识"，对于国家之外的历史非所知也，更不能探寻自有人类以来全体进化之史。另外，通过阅读西方国家发达史，探索"西政"发展之由。就史学本身而言，改变旧有的撰写模式，主张使用世界史观、进化史观来分析历史演进，采用"文明史"，着重论述历史"盛衰兴坏之故""文明变迁之大势"，根除旧史"庞芜而无条理"之病。史学即实学，中国学者能够从中得出治国理政的经验教训。梁启超在《新史学》中提出，"史学者，学问之最博大而最切要者也，国民之明镜也，爱国心之源泉也"。面临中国之重大变局，尤其是西人所设之出版机构最为敏锐地感受到中国社会所需，及时调整出版政策。应当说，中国读书人最为关注的还是世界史之中的西方史。历史产生文明之本源，无论政治家、伟人、杰士莫不从历史记述中取资借鉴。这也是自 19 世纪至 20 世纪初年史学在启蒙国民、推动社会发展方面起到了关键性作用的原因所在。

第二，传教士在此时期的官办出版机构和传教士设立的出版机构中都占据了重要地位。随着 1807 年，基督教传教士马礼逊的到来，新一轮的西方文化传播拉开了大幕，"教会创办初期就把建立印刷所视为工作中不可缺少的组成部分并做了安排"②，而且在铅字印刷设备和技术支持下，传教士出版机构所印刷的图书和报刊质量，明显好于雕版印刷。在宁波的印书馆，不仅印刷基督教小册子，而且印刷试卷、工作安排表和教学相关的各种单据、教科书③。传教士出版西方史著，无非要实现中西历史的"和合"，达到在同一时空背景下论述中西之历史演进，改变中国人的历史观念，凸显西方文化的优势，进而实

---

① 《欧洲历史揽要·序》，常水敬业学社 1902 年译印。

② ［美］G. 麦金托什：《在华早期的教会书馆》，宋原放主编：《中国出版史料·近代部分》第 1 卷，第 152 页。

③ ［美］G. 麦金托什：《在华早期的教会书馆》，宋原放主编：《中国出版史料·近代部分》第 1 卷，第 159 页。

现对中国疆域的控制。从《华番和合通书》《东西史记和合》《四裔编年表》到《中西通书》《中西合历》《五彩中西年表图》的编纂和出版，再到大量世界通史、国别史和区域史的编译，中国士大夫、知识分子在逐渐接受西方的观念，中华民国建立后逐渐接受公元纪年就是一个例证。广学会所出图书在中国影响很广，他们深知"中国的灾乱的主要根源之一，是它缺乏如何去开发它自己的资源以及在国际交往中如何像其他国家一样采用最好的办法去得到好处的必要知识"[1]。因为传教士具有外语方面的优势，再加上他们中的部分人参与了中国的政治活动，在19世纪的印刷出版行业，他们的影响不容忽略。甲午战争以后，留日学生逐渐增多，日本人也逐渐被聘为新式学堂的教师，西洋传教士掌控中国印刷业的局面在逐渐发生改变，大量民办出版机构建立。他们以民族振兴为己任，在图书译介出版方面占据了主动权，史学著作的出版与民族发展、社会进步、国家独立密切结合在一起。

第三，此时期译介西方的史学著作不具有系统性。通过前文论述，从宏观上来看，近代出版机构出版的西方史学著作包罗万象，译介的著作不计其数，并且产生了重要的影响。但是，细细分析一下，无论是清政府设立的出版机构、学堂附设出版机构，还是传教士出版机构、民办出版机构，都具有强烈的急功近利的倾向。图书出版没有系统的规划，更不可能系统引进西方的史学理论与方法。群译社对当时竞相翻译教科书的风气批评道："浅尝之士每未能融会书意，涂乙（以）一二联络词，卤莽卒事，甚者且竞骛牟谋，惟速是尚，不暇问于义之安否，驯致所译之书，格格不堪卒读，不惟不足以启吾国民，即远质诸已知和文者，亦未由索解矣。"[2]梁启超在《清代学术概论》里面写道："壬寅、癸卯间，译述之业特盛，定期

---

① ［英］李提摩太：《我们工作的必要与范围》，宋原放主编：《中国出版史料·近代部分》第1卷，第206页。

② 《群译社广告》，《大陆报》1903年第3期。

出版之杂志不下数十种。日本每一新书出，译者动辄数家。新思想之输入，如火如荼矣。"① 民国初年，面对新旧交替，出版机构经过竞争，优胜劣汰，形成了相对稳定的出版群体，各自为战的局面依然在持续。

第四，输入的西方史学与国别史、区域史知识产生了深远影响。国别史、区域史图书受到当时的热切追捧，这是时代任务所决定的。同时，西方的史学理论、方法、知识同样产生了积极的回响。比如，相对冷僻的西方古典史学的很多内容被译介过来，古典史学家的名字及其著作出现在晚清学人的日记、文章中。郭嵩焘日记中提到了荷马、希罗多德等史学家②。宋恕经常翻看西书，对其汉译本了解较多。他写道：西书云"西人谓拉丁史多寓言，不易别其实事"，"孰为寓言，孰为实事，实事不妨作寓言观，寓言不妨作实事观矣"③。唐才常在《湘学新报》1897 年第 1 期上发表《史学第一》认为艾约瑟翻译的《希腊志略》《罗马志略》《欧洲史略》是通西史的重要参考书目，并在《湘学新报》第 15、17、18 期上对三部史书做了书目提要。孙宝瑄在 1898 年正月阅读了《西学略述》，并在日记中写了欧洲史学家的名字④。梁启超评价《希腊志略》《罗马志略》《欧洲史略》是"古史之佳者"，并对这些史书进行了评价⑤。1897 年，梁启超给好友刘光贲的信中说："今日欲兴学校，当以仿西人政治学院之意为最善。其为学也，以公理公法为经，以希腊罗马古史为纬，以近政近事为用。"⑥ 蔡元培在戊戌年也购买了艾约瑟翻译的西学启蒙丛书⑦。叶瀚

①　梁启超：《清代学术概论》，第 86 页。
②　郭嵩焘：《伦敦与巴黎日记》，岳麓书社 1984 年版，第 275、931 页。
③　宋恕：《六字课斋津谈》，《宋恕集》，中华书局 1993 年版，第 63 页。
④　孙宝瑄：《忘山庐日记》上，第 165 页。
⑤　梁启超：《西学书目表》《读西学书法》，夏晓红辑：《〈饮冰室合集〉集外文》，第 1130、1163—1164、1167 页。
⑥　梁启超：《复刘古愚山长书》，《饮冰室合集·文集之三》，第 12 页。
⑦　高叔平：《蔡元培年谱长编》，第 135 页。

在 1897 年刊刻的《初学读书要略》中，明确强调了西史的意义，"反思己族不兴之由"①。河北学者王树枬关心时事，讲求"经史有用之学"，喜好浏览西书，1901 年撰成《欧洲战事本末》（22 卷），1902 年撰成《希腊学案》（4 卷），1905 年撰成《希腊春秋》（8 卷）。他在《希腊春秋》卷一中指出："西人述史，断自希腊。希腊者欧洲之唐虞也。中国言治者，祖述尧舜，宪章文武。欧洲言治者，祖述希腊，宪章罗马。"② 书中对希腊、罗马哲学家、史学家都有所介绍。20 世纪初年翻译《罗马史》的陈时夏写道："罗马，中国之小影也。其武功，其统一政略，其暴主权臣持劫之状，其宗教之争，殆无一不与我国相仿佛者。罗马人，一中国民族之小影也……我国自秦以来民义已绝，历世退化以至今日。呜呼，读罗马史者，宁得于此三致意欤！"③ 浙江山阴陈民友在为商务印书馆所出《希腊史》所写的序言中，开宗明义地指出："希腊者，欧洲各国文化之源泉也。"④ 20 世纪初年翻译的《希腊史》《罗马史》不仅是了解古典史学的知识资源，更成为中华民族反省自我，探索国家发展道路的推动力量。《希腊独立史》在图书市场上更有销路，英国诗人拜伦的《哀希腊》在晚清先后出现了苏曼殊、马君武、黄侃等多种译本也不是偶然的⑤。

第三节　近代出版机构对近代中国史学之影响

当然，出版机构的出版活动具有一定的目的性和现实性，在图书的译介和出版方面具有选择性。从论者对近代出版机构的考察来看，出版机构基本都将史书作为重要的出版对象，既有将西方史著译介到

① 叶瀚：《初学宜读诸书要略》，《初学读书要略》，仁和叶氏刊，1897 年。
② 王树枬：《希腊春秋》卷一，《陶庐丛刻》二十四，光绪丙午年（1906）刻本。
③ 陈时夏等译：《罗马史·序》，上海商务印书馆 1903 年版。
④ 陈民友：《希腊史·序》，上海商务印书馆 1903 年版。
⑤ 邹振环：《西方传教士与晚清西史东渐》，第 267 页。

中国的，也有将中国著作译介到西方的。西方史著的译介（包括日本
从西方译介出版的，以及日本依据西方史著进行改编的）对中国史学
现代转型和中国社会进步都发挥了重要作用。下面主要从两个大的方
面进行总结阐述。

一　西方史学著作的译介促进了中国史学的现代转型

从梁启超提出"新史学"，中经胡适撰写《中国哲学史大纲》，
到郭沫若撰写《中国古代社会研究》，这是中国史学由传统史学向现
代史学转型的阶段标志性代表著作。不可否认，这三位学者都在不同
程度上汲取并接受了西方史学的内容。

第一，输入了世界史观、进化史观、英雄史观，改变了国人的历
史观念，研究中国的历史被纳入国际关系史、世界史的范畴中去考
察。从第一本"万国史"《万国纲鉴》出版以来，至 20 世纪初年，
出版机构出版了众多的"西洋史""万国史"著作（及教科书），近
代学人才真正开始思考"什么是世界史"这一命题①。《大陆报》有
篇文章写道："我中国闭关于昆仑山脉之下，锁国于马来半岛之东，
极东孤立，庞然自大，其交通者，不过如汉儒所谓东夷南蛮西戎北狄
而已，知识未周，见闻不广，并不知有亚洲，遑问世界，故世界史之
著，亘古无闻焉。数十年来，海禁开放，宗教、贸易、外交、学术、
技艺之会通，我国民耳濡目染，则世界之观念，宜其勃然兴起，以成
世界史，而沾溉同胞矣。"②"世界史之观念"经历了从无到有的酝酿
过程。史家有了世界史之认识，在分析中国史时不再就事论事，如王
国维写道："历史有二，有国史，有世界史。国史者，述关系于一国
之事实；世界史者，述世界诸国历史上互相关系之事实。二者其界斠
然，然其不可无系统则一也……故欲为完全之历史，今日尚不能，于

---

①　李孝迁：《清季汉译西洋史教科书初探》，《东南学术》2003 年第 6 期。

②　《近世世界史之观念》，《大陆报》1903 年第 2 期。

是大别世界史为东洋史、西洋史之二者，皆主研究历史上诸国相关系之事实，而与国史异其宗旨者也。又曩之所谓西洋史者，亦大抵不过西洋各国国史之集合者，不得称西洋史，其称东洋史、西洋史者，必自国史杂沓之事实中，取其影响及他国之事变，以说明现时之历史团体者也。"① 在进化史观输入以后，进化史观逐渐成为认识历史演进和发展的重要工具，"若政治、宗教、法律、学术、语言、文字、美术，与夫种种有形无形之事事物物，溯厥由来，究所终极，若何因若何果，若何关系，若何影响，沟而通之"，"若眉列而掌指，奚赖读世界史而知数千年人类之经营运动之陈迹之非偶焉凑合也，而知综此数千年人类之经营运动之陈迹非漫焉掇录也"②。世界史观念、进化史观念的出现，影响了中国史书书写方式，中国被纳入"普遍历史"的架构中进行认识。《泰西民族文明史》一书的广告词为："是书用普通历史体例，而特详于政治体制、宗教风俗、实业文艺诸端。盖惟此可以觇文明之真相也。全书译笔精审，词意明晰，毫无东文艰涩之习。"③从表面看，这几句话是对《泰西民族文明史》的体例、内容、文明史特质和文风的介绍，实际上已逐渐地将"普遍历史"的写作方式输入中国，给中国的史学界以重要影响。伴随着民族危机的加深，20 世纪初年兴起了编译中外英雄伟人传记的高潮，英雄人物传记受到追捧，西方人物如亚历山大、哥伦布、拿破仑、彼得、华盛顿、富兰克林、林肯、俾斯麦、加里波第、克莱武、格兰斯顿、纳尔逊等人物传记不断译介过来，目的是"欲借异地伟人，隐激发我国之人才"，英雄史观在民族主义影响下逐渐兴起。

第二，译介的欧洲史学理论著作，为中国学者认识中国史学现状，为中国史学发展方向提供了指导。在 19 世纪翻译的西方史学著

---

① 王国维：《东洋史要·序》，东文学社 1899 年版。
② 贺绍章：《世界通史·序例》，上海通社 1903 年译本。
③ 《泰西民族文明史》广告，《东方杂志》1904 年第 1 期。

作中，也有对西方史学理论和方法的介绍，这些都是零星的，非自觉的，也没有产生聚集性的社会效应。西方史学理论集中输入是在 20 世纪初年，基佐的《欧洲文明史》、巴克尔的《英国文明史》、浮田和民的《史学通论》等史学理论著作悉数译介过来。京师大学堂教习陈黻宸读了巴克尔的《英国文明史》，以此为标准分析中国史学，他认为，中国学者"往往识足以洞天地无尽之奥，而不足以知民俗之原，辨足以凿浑沌七窍之灵，而不足以证闾里之事。吾观欧美各强国，于民间一切利病，有调查之册，有统计之史，知之必详，言之必悉，如星之罗，知棋之布，如数家人米盐，厘然不遗铢黍。彼其所以行于政治者，无一不予社会中求之。而我国之社会，究不知其何如矣"①。由此可以看到，在"新史学"思潮前后，国内对西方史学理论的渴求，由此亦可理解《英国文明史》在清末为何会出现四种不同的中文译本。在西方史学输入的影响下，20 世纪初年，梁启超、邓实与陈黻宸、马叙伦等人展开了一场关于中国"无史""有史"的大讨论。这次大讨论的根本问题在于以何种标准来认识中国的传统史学，这为"新史学"思潮之后中国史学家探索中国史学的发展方向有所裨益。通过期刊篇章、翻译的西洋史、万国史教科书，或者译介著作的"序""绪论"或"通论""广告语"中对西方史学理论进行简单阐述，让中国学界了解了西方史学发展的概况和趋势，也将西方地理学、考古学、科学、人种学、政治学等学科与历史学的关系进行了介绍。例如，谢无量在《万国历史·序》中写道：

> 欧洲大陆之有历史旧（久）矣，中世纪之时犹一切用古体，常病叛散不属，庞芜而无条理，学者摈焉。自倍根氏出，归纳之论（伦）理学新见于天下，历史家颇用其法，往往删定旧时史记，搜爬碟裂离而同之凡荦荦大事，咸得从其条贯。于是，号新

---

① 陈德溥编：《陈黻宸集》，中华书局 1995 年版，第 680 页。

史记者勿虑数十百家。呜呼，今日欧洲诸国虽贩卒竖子，人人能诵咏国光，荣之历史，撊然有爱国家、爱种族之心，历史思想普及之效何其章也。事简则易知，文繁则难习。荀卿曰：欲观王者之迹于其璨然者矣①。

第三，大量专史的出版，为专门史的发展奠定了基础，史学记载的内容扩大到了宗教、哲学、社会等多个层面，史学研究借助了地理学、统计学、考古学等研究方法。近代出版机构译介的著作中，除了世界史、国别史、本国史以外，影响最大的还有各种专门史，包括实业史、商业史、军事史、外交史、民族史、妇女史、法律史等。在商业史方面，有陈子祥著《万国商业志》、许家惺译《世界商业史》、周葆变等译《世界商业》；在法制史方面，有孙荣著《古今法制表十六卷》、徐德源纂《中国历代法制考》、程树德著《中国法制史》等；在实业发展史方面，如魏声和著《中国实业界进化史》、沈曾荫著《中国实业史要》、吴承洛著《今世中国实业通志》等；在妇女史方面，有王维祺译《世界女权发达史》等。各种专史的出现，使得史学不再是"政治史"，而是真正的包罗万象，论述社会各个方面的演进。从 20 世纪初年开始，各种以"专门史"为名所撰写的历史著作，重塑"中国过去"之历史，对重新理解历史进程产生了影响②。在撰述各种专史时，使用的研究方法同样对史家产生了影响。1902 年 12 月，陈怀在《方志》一文中说："我谓史学亦然，史必得欧人统计之学而后于史家可无憾。方志者，统计之学之所由出也。善哉！英伦文明史曰：天下精微之理，极数千年通人学士，竭虑研思，万方而未得其解

---

① 出于《荀子·非相篇》第五，原文为"故曰：欲观圣王之迹，则于粲然者矣，后王是也"。

② 章清：《重塑"中国历史"——学科意识的提升与"专门史"的书写》，《学术月刊》2008 年第 3、4 期。

者，求之日用见闻之间，而其理悉备。"① 汪荣宝编译的《史学概论》论及地理学之有助于史学时说："利用实际之山河以解释历史之事实，英人帕克尔论高山大河之势力影响于人间之心理，此在今日已成老生常谈。"② 同样，地质学知识的传播，为中国现代考古事业的发展奠定了基础，从 19 世纪 70 年代开始译介而来的西方地质学知识，逐渐引起了历史学家的关注，拓展了历史研究领域，丰富了历史研究的方法③。当然，史学划分为众多的专门史也导致历史研究出现了很大的局限性，使"历史"研究显得支离破碎，中国学者在 20 世纪二三十年代有过反思。

第四，出版机构创办的报刊中的"史学"或"史传"专栏，为专门性的史学期刊的出现起到了推动作用。近代出版机构创办或者由出版机构代为出版的期刊中，多数刊物都有"史学"专栏，为史家发表看法、介绍新书，阐发思想提供了公共空间，近代史家在这些报刊中发表了多篇具有重要影响的史学专论。如梁启超在《新民丛报》上连载的《新史学》（1902），马叙伦在《新世界学报》创刊号上登载的《史学总论》（1902），邓实在《政艺通报》上发表的《史学通论》（1902），曾鲲化在《政艺通报》上刊出的《中国历史出世辞》（1903），佚名在《大陆报》上发表的《近世世界史之观念》（1903），刘师培（署名"无畏"）在《警钟日报》上发表的《新史篇》（1904），佚名在《东方杂志》上刊出的《论中国史乘之多诬》（1905），陆绍明在《国粹学报》上登载的《论史学之变迁》（1905）、《史学分文笔两学派论》（1906），蛤笑在《东方杂志》上刊登的《史学刍论》（1908）等。这类文章在史学变革和引领史学思潮方面产生重要影响，为以后创立专门的史学期刊奠定了基础。中国

---

① 陈怀：《方志》，《新世界学报》1902 年第 7 期。
② 汪荣宝：《史学概论》，《译书汇编》1902 年第 10 期。
③ 查晓英：《地质学与现代考古学知识在中国的传播》，《历史研究》2006 年第 4 期。

古人做学问，"贵自得，不求人知，故著述甚少"，而今社会发生了重大转变，"若夫发挥学术，指切事理，若不著之于文，表之于外，俾（裨）人人以共见，孰得已纠非而存是。此等著述，非以信今传后，乃以参证得失，似为人而实为己也"①。学术期刊的普遍创办，为现代学者迅速将研究成果公布出来提供了极大便利，也使学术成果交流日趋便捷。近代专业性学术期刊的创办，以及出版机构的推波助澜，促进了学术探讨的深入性和广泛参与性，使其超越了高校或者地域的限制，有学者对此有过专门论述②。

第五，出版机构译介或编著的历史教科书，不仅推动了史书编纂工作，更为重要的是满足了学校教育的需要，推动了近代教育的发展。尽管传教士在19世纪中期便开始编纂教科书，但是所编写的教科书还主要用于教会学校。由于教科书缺乏，福州船政学堂、南洋公学、京师大学堂、山西大学堂等学校自办译书院，翻译外国教科书或者自编教科书。在学制改革之后，小学堂、中学堂、高等学堂急需大量教科书，出版机构以此为重要出版对象。译印教科书的直接原因在于晚清教科书的编写与整个国家近代化进程之间的严重脱节，"中国的课本，也许是学生手中最枯燥，最陈腐，最古怪的东西了"③，"这些读物，有的没有教育的意义，有的陈义过高，不合儿童生活"④。从光绪三十年（1904）到民国元年（1912），商务印书馆相继编印了"最新""女子""简明""共和国"等4种小学教科书，众多学堂争相购置。此外，一些出版机构还出版了专供女生使用的历史教科书，如1904年杨千里的《女子新读本》；1905年文宝书局出版《五千年女界史》，书中有言："不独节录正史，且多采之秘籍，从女娲氏起，

---

① 金毓黼：《静晤室日记》，辽沈书社1993年版，第81页。
② 陈以爱：《中国现代学术研究机构的兴起：以北大研究所国学门为中心的探讨》，江西教育出版社2002年版。
③ 麦高温：《中国人生活的明与暗》，朱涛倪静译，时事出版社1999年版，第83、84页。
④ 吴研因：《清末以来我国小学教科书概观》，《中华教育界》1935年第11期。

五千年……上自后妃，下及奇女，贤恶分晰，既开特色之眼界，更作女学之教本"；1906 年，咀雪庐主人编写了《祖国女界伟人传》；1907 年，乐群书局出版《初等小学女子历史教科书》（3 册），"是书用史谭体例，自上古以迄本朝，凡女子有德行、道义、智慧、文学、艺术者，无不选录，诚女学必需之书也。全书三册，共百二十课"；文明书局发行《（女子适用）国史教科书》，内容多配以历史中女子之事实，注重道德教育，对历史上女子美术之进步，尤所注意，程度适合高等小学及中学一二年。近代出版机构在推动中国近代教育发展上所做的贡献都不应忽略。除了编纂教科书，有的出版机构还出版了大量的教学参考书、教法方面的书籍，为后来教科书的编纂体例、样式起到了示范作用。在此影响之下，一些教师、学者也从事教科书的译介工作。1904 年，曹典球经少年同窗熊希龄推荐，担任湖南西路师范学堂教习，兼常德府中学堂教习，随后又到湖南高等实业学堂以及衡阳、长沙等各中学任教。执教之余，他翻译了日本崛田璋左的《外国地理讲义》，还编写了《朝鲜史》《安南史》《缅甸史》等书，供优级师范学堂和中学堂使用，解决了当时学校史地课缺教材的问题。民国初年，一些中小学堂继续使用民办出版机构修订之后出版的教科书。从清末和民国时期的教科书审定章程来看，民国时期教科书审定更加规范，为学校教科书使用提供了标准①。

第六，论著中介绍了早期马克思学说，为马克思主义思想和唯物史观的输入奠定了基础。上海广学会于 1898 年夏出版了《泰西民法志》，是中国图书中最早明确介绍马克思及其主义的书籍，该书是胡贻谷根据英国人克卡朴撰写的《社会主义史》翻译而成。1899 年上海广学会还编译出版了《大同学》全书，该书不仅介绍了马克思，还首次提到恩

---

① 《审定教科书用图书规程》（1912）、《修订审定教科书用图书规程》（1914），张静庐辑注：《中国近现代出版史料·二编》，第 411—415 页。

格斯，"德国讲求养民学者，有名人焉，一曰马克思。一曰恩格思"①。广智书局也出版了一些提及社会主义的书籍，这些书籍大多从日文翻译而来。有日本福田准造著、赵必振②翻译的《近世社会主义》《社会主义》《社会党》《社会改良论》，幸德秋水著、赵必振译的《二十世纪之怪物——帝国主义》，日本著名社会主义学者幸德秋水著、中国达识译社译的《社会主义神髓》。尽管这时期的译者和出版机构"没有把它当作一种指导中国革命的行动指南和观察国家命运的理论武器"，甚至还发表有驳斥共产主义的文章③，无可否认的是，早期马克思主义思想的传播为后来唯物史观和马克思主义思想传播奠定了基础。有学者统计，从 1896 年到 1911 年，中国在日本翻译出版日文书籍的机构至少有 116 家，其中商务印书馆、译书汇编社、广智书局、南洋公学译书院、作新社、文明书局等出版机构对从日本译介图书的提供了大力支持。特别是赵必振 1903 年翻译的《近世社会主义》的出版，它第一次向中国人比较全面、系统地介绍了马克思主义，详细地介绍了社会主义的各个流派与思想，在此之前马克思及其学说的介绍都比较简单，而且不成系统。蔡元培、曹聚仁看到此书后都给予高度评价，由此可以看到出版机构在马克思主义知识传播方面的贡献。

二　出版机构及其出版的著作推动了中国社会的变革

1894 年，孙中山在《上李傅相书》中提出："窃尝深维欧洲富强

---

① 林代昭、潘国华：《马克思主义在中国——从影响的传入到传播》（上册），清华大学出版社 1983 年版，第 55 页。

② 赵必振，派名厚屏，字曰生或粤生，号星庵，又名廷敽（又作廷飏），祖籍常德市鼎城区石板滩。赵必振于 1902 年至 1903 年，先后翻译出版了《二十世纪之怪物——帝国主义》《社会主义广长舌》和《近世社会主义》三部日文版社会主义著作，对当时国人的思想觉醒与启蒙产生了积极影响。从中国马克思主义早期传播史来看，赵必振以其三部社会主义学说译著而占有重要的一席之地，并且以其译著《近世社会主义》出版发行时间最早、翻译介绍内容最详，被誉为"中国译介马克思主义第一人"。

③ 顾裕禄：《上海天主教出版概况》，宋原放主编：《中国出版史料·近代部分》第 1 卷，山东教育出版社 2004 年版，第 147 页。

之本，不尽在于船坚炮利、垒固兵强，而在于人能尽其才，地能尽其利，物能尽其用，货能畅其流——此四事者，富强之大经，治国之大本也。我国家欲恢扩宏图，勤求远略，仿行西法以筹自强，而不急于此四者，徒惟坚船利炮之是务，是舍本而图末也。"① 孙中山之所以能分析洋务运动中存在的弊病，提出取西法之本，这与他出生于夏威夷并及早地了解到西方治政之术有关系。书籍在传递知识和信息方面的价值在近代社会日益突显。

第一，通过西方史学著作的出版，民族主义思想得以广泛传播，"国家""民族""社会""个人"观念日渐深入人心。20 世纪初年，近代出版机构大量涌现与民族危机的加重密切相关。上海广智书局出版的《埃及近世史》的图书介绍中写道："读建国之史，使人感，使人兴，使人发扬蹈厉。读亡国之史，使人痛，使人惧，使人怵然自戒。史也者，诚养国民精神之要务哉。虽然，处将亡之势，而不自知其所以亡者，则与其读建国史，不如读亡国史。埃及与中国最相类者也，其古代之文明相类，其近世之积弱而中兴，中兴而复积弱相类。故欲鉴中国之前途，不可不读埃及史。柴氏以晁、贾之才，班、马之笔，亲游彼都，归著是书。麦氏以其可以药我也，故从而译之。"② "亡国史""建国史""民族史"宣传了民族主义、国家思想。1903 年 5 月，曾鲲化在《中国历史》之《历史之要质》篇章中提出："今欲振发国民精神，则必先破坏有史以来之万种腐败范围，别树光华雄美之新历史旗帜，以为我国民族主义先锋。"③ 因而，撰写包括历史教科书在内的史书提上了日程。有学者提出，"真正之历史，不过风俗、习惯、法律、技艺及人心进步数端，不明乎此，不可以造国民"④，新撰写的史书注重探索"国家、社会、文化所以变迁发达之故，使读之者

① 孙中山：《上李鸿章书》，《孙中山全集》第 1 卷，中华书局 2017 年版，第 9 页。
② 《绍介新著》，《新民丛报》1902 年第 6 号。
③ 横阳翼天氏：《中国历史·历史之要质》，东新译社 1903 年版。
④ 《教科书编辑法·历史编辑法》，《直隶教育杂志》1905 年第 11 期。

晓然天下万事皆人类之所创造"。"国民"之观念逐渐深入人心。1905
年报刊上连载的文章《中国与立宪政治》指出了立宪所应具备的五个
要素：比较完备的法律制度、国民教育的普及、学术进步、经济发达、
国民娴熟代议制。为了扩大新式史著的传播和影响，一些学者改编了
"演义体"的著作。1903 年 5 月 4 日，《中外日报》刊载新译《万国演
义》出版广告，写道："是编总辑已译各西史及新售诸书贯穿先后，演
为章回小说者六十卷五十万言，兹由作新社铸字，精印洋装六巨册，首
列详细编目最新地图、中东西方地名表，每部定价五元，批发八折。"
《大陆报》还根据《美国独立战史》，连续出版了《美国独立记演义》
等等。改编之后的史学著作，对促进史学的通俗化产生了影响。

　　第二，推动了新知识的传播。出版机构以其特有的优势，通过图
书、报刊等方式，迅速地让新知识在公共空间得到传播。另外，从事
出版活动的人物，又通过自身的社会参与，加速了知识的传播。蒋维
乔在《中国教育会之回忆》中写道：爱国学社自 1902 年阴历十月成
立以后，经过寒假的准备，日益完善，"春季开学，各地闻风来学者
甚多，校舍不能容，即添租左邻房屋，又添租右面空地为操场……学
社社员原以南洋公学之五班生沈联、胡炳生、俞子夷为中坚人物，而
推戴特班生贝季眉（寿同）、穆恕斋（湘瑶）为领袖。学社组织，分
学生为四班级，与今之中等学校相当，社中自总理、学监以下教职
员，均自行另谋生计，对于学社，纯尽义务，如蔡孑民则任商务印书
馆编译所长，吴稚晖则任文明书局之事；三、四年级之国文教员为章
太炎（炳麟），一、二年级国文教员则由余任之。章则为人译《妖怪
学讲义》，余则为苏报馆译东报，均藉译费自给。历史、地理教员吴
丹初亦然，理科教员则由科学仪器馆中人任之，英文教员，除高
（年）级请一西洋女教员为有给职外，至普通英文，均由社员分任义
务；体育方面，则为何海樵、山渔兄弟二人任义务教员。海樵系海军
学生，山渔系浙江陆师学堂学生，学社既由退学风潮而产生，故学生
极端自由，内部组织，分全部学生为若干联，每联约二三十人，听学

生自行加入某联，公举一联长，凡有兴革，多由学联开会议决，交主持者执行"①。除了在沿海地区广设出版机构，在西部地区也有印刷出版机构。1908 年，《奏陈西藏设立出版机构片》指出，西藏在 1907 年设立了汉文传习所，后又添设印书局，尽管印刷的西学图书不多，但是推动了知识和信息在边疆民族地区传播，该出版机构准备"择有关实学实业之书，陆续译印"②，达到移风易俗的目的。同时，出版机构为留学生提供了传播新知识的平台和途径。晚清重臣、清流派代表人物李鸿藻之子李石曾留学法国，1913 年 8 月曾访蔡元培，希望他能够向商务印书馆负责人张元济传达个人的想法："（一）以百科全书译本交商务印书馆印行，作为合股出版。（二）以欧斯东的新乐谱交商务印书馆印行。"③ 这行动可以算作李石曾将在法国学习的知识在国内转化的尝试，这也为他建立北平研究院奠定了基础④。

第三，译介的西方史著一定程度上改变了士人、知识分子的观念，影响了新兴知识分子阶层。中国的知识分子对西方的"西学"知识经历了迎拒与选择的过程，从"西学"到"新学"的转变，反映出他们对"中西关系"和"西学"的变化。如孙宝瑄指出，"愚谓居今之世而言学问，无所谓中学也，西学也，新学也，旧学也，今学也，古学也"⑤。王国维亦有经典论述，"学无新旧也，无中西也，无有用无用也"⑥。出版机构为了获取更大的收益，重视对图书的宣传，广告词使用通俗以及富有号召力的语言，促进史学常识与史学思想在一般知识阶层中的影响，广告语"可视为一座丰富的史学批评

① 蒋维乔：《中国教育会之回忆》，参见高平叔《蔡元培年谱长编》第一卷，第 255 页。
② 《奏陈西藏设立出版机构片》，张静庐辑注：《中国近现代出版史料·二编》，第 35 页。
③ 高平叔：《蔡元培年谱长编》第一卷，第 529 页。
④ 1929 年 9 月，作为学术研究机构的北平研究院成立，研究院聘任的研究员大多有 10 年以上的留学经历，他们对法国社会和文化的了解绝非浅尝辄止。李石曾按百科全书的学科划分理念设置北平研究院的早期机构。效仿百科全书派的工作，北平研究院设有专门的出版部，致力科学的宣传与普及。设立海外人地部，派专人到法国译介相关作品。
⑤ 孙宝瑄：《忘山庐日记》上，第 83 页。
⑥ 王国维：《国学丛刊·序》，《王国维遗书》第 3 册，上海书店出版社 2011 年版。

资料库"①。广告词中常流露出以他国兴衰为中国之鉴戒的思想认识，尤其是关于锻造爱国精神、民族主义，捕捉世界大势的迫切心理等，富有现实意义。20 世纪初年史家在书中提出，"史也者，诚养国民精神之要务"，目的显然是要培养国民精神，让国人知耻而后勇，不做亡国奴。书中理清了"国家"与"朝廷"、"臣民"与"个人"等诸多概念的含义，国民思想日益觉醒。通雅斋舍人在介绍《中国文明史》时写道："泰西列国战争愈烈者，文明之程度愈高。而中国则战争之前，民之明义务者，恒多凿井而饮，耕田而食，帝力何有于我，其富于自治之精神，丰于平民之思想为何如，至其后战争愈多，民见愈愚，民志愈卑，戢戢于独裁之下，无纤毫发达之思想。盖泰西之战为公民而战，中国之战为一人而战，易姓者一人，吾民以血肉相搏者曾无丝毫之益，或变本加厉焉。"② 柳亚子年轻时深受《中国文明小史》一书的影响，他论述道："茫茫禹域鼻息如露，而全岛夷策士为我国民作借箸之谋，我同胞其愧也未。"③ 辛亥革命前，毛泽东在湘乡县立东山高等小学堂读书，经常阅读"新学"自然科学和其他学科图书，"毛泽东的心思不在读经书上，而经常到学校藏书楼借阅中外历史、地理书籍……从一本世界英杰传里，读到拿破仑、叶卡特琳娜女皇、彼得大帝、华盛顿、格莱斯顿、卢梭、孟德斯鸠和林肯的事迹后，对同学肖植蕃说，中国也要有这样的人，我们应该讲求富国强兵之道"④。近代以来，西方亡国史、万国史、文明史、中国史等史著悉数译介过来，中国被纳入"普遍历史"的架构中来认识，这不仅仅是一个历史编纂学的问题，产生的影响也并不仅仅限于史学。近代知识分子往往会接受西方的历史进程代表着人类"普遍"发展模式，西方

---

① 刘开军：《近代报刊在晚清史学批评演进中的地位与价值》，《江海学刊》2014 年第 3 期。

② 通雅斋主人：《新学书目提要·历史类》卷二，通雅书局 1903 年印本。

③ 柳亚子：《磨剑室读书记》，《柳亚子先生文集：磨剑室文录》，上海人民出版社 1993 年版，第 103 页。

④ 《毛泽东年谱》上，第 9 页。

社会的发展昭示着中国历史演进的未来，西方社会演进所经历的，具有不可置疑的"正当性"①。如何认识中国社会，并以何种方式去改造中国社会，这一时期译介西方著作中蕴含的思想在这批知识分子身上打上了烙印。

第四，促进了近代中国出版业的发展。一方面，面临着激烈的市场竞争，出版社不断改进出版印刷技术，提高印刷质量。作新社对外广告语中写道："敝社事业除代印物件外，自造大小各号活字铅条铅线司配司等，以备本埠外省之购买，零售整售，价格均廉"，"又与日本东京大阪素所信任之大工场缔联特约，凡印刷机械排字用器具、活字铸造机械、斯得罗机械、钉本机械，以及印刷业必需之一切器具，悉使精制，以应海内诸君之赐顾。如有欲新设印刷局者，无论其资本多寡，规模广狭，本社能以适宜之机械为之组成，其开业时并可特派社员指导。一切总以振兴工艺、输入能工为宗旨，决不负其所托也"②。另一方面，书局也不断采取措施，保护图书知识产权。1901年，上海文汇书局印陆钟渭《四书五经义策论初编》，扉页反面印有"书经禀请商务局存案翻刻必究"字样。1902年，少年中国学会铜印马君武译《女权篇》《物竞篇》合册，书末有版权页，上印"翻印必究"方框标识。1904年，商务印书馆出版严复翻译《英文汉诂》，版权页上印有"侯官严氏版权所有翻印必究"的版权字样。从此，书籍版权用语开始规范。另外，1903年，商务印书馆出版严复译《社会通诠》，双方签订版税合约。印刷技术的提升，产权保护，以及成立的行业协会，这些都有力地推动了近代出版业的发展。

第五，促进了近代图书分类的发展和图书馆的创办。在新式印刷技术的支持下，图书出版质量和数量都有大幅度提升。在近代西方科

---

① 章清：《学术与社会——近代中国"社会重心"的转移与读书人新的角色·自序》，上海人民出版社2012年版，第3页。

② 《广告语》，《大陆》1902年第1期。

学基础之上形成的社会科学成果，已不能简单地用"四部"分类法进行区分。《政法类典》一书分甲（1903）、乙（1904）、丙（1905）、丁（1906）四部，甲部为"历史之部"，分上古史、中古史、近世史、最近政治史、外交史（附文明史）五个方面；乙"政治之部"分国家学、国法学、各国宪法论、行政学、附警察学、农政学（附社会学）；丙部"法律之部"分法律通论、民法、刑法、商法、国际法（附罗马法大纲）；丁部"经济之部"分经济原论、财政学、租税论、货币论、银行论（附外国贸易论）。这是在图书分类方面的探索。当然在《日本书目志》《西学书目表》《新学书目提要》等"汇编类"著作中也有不同的分类方法，本部分不再一一赘述。众多图书著作的出版，也促进了公共图书馆的创立。《申报》在 19 世纪晚期创办有图书馆，读者每年缴纳白银十两，可以自行前往借阅①。1897 年，张元济在北京成立通艺学堂时，就开始着手建立近代化图书馆②。20 世纪初期，已经就任商务印书馆编译所所长的张元济再次筹建图书馆，名为涵芬楼。他努力搜罗南北诸藏书家散出的图书，经过 20 多年努力，使涵芬楼成为闻名于世的图书馆，1929 年 5 月 3 日开馆，藏书达 20 余万册，藏书区按千字文分为八门。

当然，近代读书人在"经世致用"思想指引下，积极吸收西方著作带来的知识，服务于民族振兴和社会发展。他们期盼从"西政""西学"之书中探索出治国理政的"规律"出来，进而实现政治上的改革，但是这种目标绝非普通书斋中的知识分子所能够解决。读书人亦并非一味地推崇西方著作，他们也有独到的认识和反思，屠寄和严复的言论具有代表性。屠寄认为，"从前，同文所译偏重法律，上海江南制造局及天津水师学堂，所译类多兵家之言。夫公法国律既因时轻重，兵家技巧复后出愈新，即此二端，今日已译之书，西人视之不

---

① 《藏书便读》，《申报》1877 年 3 月 22 日。
② 顾烨青：《通艺学堂首次使用"图书馆"之名考》，《国家图书馆学刊》2019 年第 2 期。

啻刍狗。而各教会所译，又尽出教士之口，其言多归重教宗，而于彼国政教之本，与一切农工商艺术，仍苦语焉不详，其不足开吾民之智也"①。严复同样对西方输入的"文明史观"不予理解，他指出，"英国有拔可尔者，尝著《文明史》一书，一时风行，几谓旧史所载，皆无关宏旨之文，而所重者，专在天时、地利、水土、寒热之间。不知此固重要，而史家专业，在纪人事，而于一切有关政治者，尤所重焉"②。无论是"政"书还是"学"书，都为中国知识分子分析中国问题提供了"思想资源"。

---

① 屠寄：《译书公会叙》，《译书公会报》1897 年第一册。
② 严复：《政治讲义》，王栻主编：《严复集》第五册，第 1249 页。

参考文献

（一）原始文献

宝鋆编:《筹办夷务始末·同治朝》,沈云龙主编《近代中国史料丛刊》第 60 辑,文海出版社 1967 年版。

斌椿:《乘槎笔记》,岳麓书社 1985 年版。

蔡和森:《社会进化史》,东方出版社 1996 年版。

陈炽:《庸书》,《陈炽集》,中华书局 1997 年版。

陈德溥编:《陈黻宸集》,中华书局 1995 年版。

陈独秀:《独秀文存》4 册,外文出版社 2013 年版。

陈澧:《东塾集》,菊坡精舍,光绪壬辰年（1892）刻本。

陈美延编:《陈寅恪集》,生活·读书·新知三联书店 2001 年版。

陈庆年:《中国历史教科书》,上海商务印书馆 1912 年版。

陈虬:《治平通议》,光绪十九年（1893）刻本。

陈霞飞主编:《中国海关密档:赫德、金登干函电汇编》第 1—4 卷,中华书局 1990 年版。

顾颉刚:《顾颉刚全集》,中华书局 2010 年版。

郭沫若著作编辑出版委员会:《郭沫若全集》,人民出版社 1984 年版。

郭沫若著作编辑出版委员会:《沫若文集》,人民文学出版社 1957—1962 年版。

郭嵩焘:《郭嵩焘日记》,湖南人民出版社 1981 年版。

郭嵩焘:《伦敦与巴黎日记》,岳麓书社 1984 年版。

何启、胡礼垣：《新政真诠》，光绪二十六年（1900）印本。

何如璋：《甲午以前日本游记五种》，岳麓书社 1985 年版。

胡珠生编：《宋恕集》，中华书局 1993 年版。

湖南人民出版社编：《蔡和森文集》，湖南人民出版社 1980 年版。

湖南哲学社会科学研究所编：《唐才常集》，中华书局 1980 年版。

黄时鉴整理：《东西洋考每月统记传》，中华书局 1997 年版。

黄遵宪：《日本国志》，上海古籍出版社 2001 年版。

黄遵宪：《日本杂事诗广注》，湖南人民出版社 1981 年版。

翦伯赞：《翦伯赞全集》，河北教育出版社 2008 年版。

蒋敦复：《啸古堂文集》，同治七年（1868）刻本。

蒋梦麟主编：《康南海先生遗著丛刊》，宏业书局 1987 年版。

康有为：《欧洲十一国游记》，社会科学文献出版社 2007 年版。

《康有为政论集》，汤志钧编，中华书局 1981 年版。

黎昌庶：《西洋杂志》，岳麓书社 1985 年版。

李慈铭：《越缦堂读书记》，上海书店出版社 2000 年版。

《李大钊全集》编委会编：《李大钊全集》，河北教育出版社 1999
年版。

李凤苞：《使德日记》，丛书集成初编，中华书局 1985 年版。

李圭：《环游地球新录》，岳麓书社 1985 年版。

李守常：《史学要论》，商务印书馆 2005 年版。

梁启超：《欧游心影录》（附《新大陆游记》），东方出版社 2006
年版。

梁启超：《〈饮冰室合集〉集外文》，夏晓虹辑，北京大学出版社 2005
年版。

梁启超：《饮冰室合集》，中华书局 1989 年版。

梁廷枏：《海国四说》，中华书局 2006 年版。

刘师培：《中国历史教科书》，《刘师培全集》，中共中央党校出版社
1997 年版。

刘锡鸿：《英轺私记》，湖南人民出版社 1981 年版。

刘禺生：《世载堂杂忆》，中华书局 1997 年版。

楼宇烈整理：《桂学答问》，中华书局 1988 年版。

吕瑞廷、赵澂璧：《新体中国历史》，光绪三十二年（1906）。

罗森：《日本日记》，岳麓书社 1985 年版。

欧阳哲生主编：《傅斯年全集》，湖南教育出版社 2003 年版。

容闳：《西学东渐记》，岳麓书社 1985 年版。

上海图书馆编：《汪康年师友书札》，上海古籍出版社 1987 年版。

宋恕：《六斋卑议》，光绪二十三年（1897）石印本。

孙宝瑄：《忘山庐日记》（上下），上海古籍出版社 1983 年版。

汤寿潜：《危言》，光绪十六年（1890）石印本。

王树枏：《欧洲列国战事本末》，文明书局 1941 年版。

王树枏：《欧洲族类源流略》，岳麓书社 2012 年版。

王树枏：《陶庐老人随年录》，中华书局 2007 年版。

王树枏：《希腊春秋》，岳麓书社 2012 年版。

王树枏：《希腊学案》，《陶庐丛刻二集》，新城王氏刻本 1919 年。

王韬：《漫游随录·扶桑游记》，岳麓书社 1985 年版。

王韬：《普法战纪》，中华印务总局，同治十二年（1873）刻本。

王韬：《弢园尺牍》，中华书局 1959 年版。

王韬：《弢园文录外编》，上海书店出版社 2002 年版。

王韬：《弢园文新编》，生活·读书·新知三联书店 1998 年版。

王韬：《西学原始考》，《西学辑存六种》，光绪十六年（1890）铅
印本。

王韬：《重订法国志略》，光绪庚寅年（1890）刻本。

王先谦著，梅季标点：《葵园四种》，岳麓书社 1986 年版。

王舟瑶：《京师大学堂中国通史讲义》（贰编），国家图书馆藏版。

魏源：《海国图志》，陈华、常绍温校注，岳麓书社 1998 年版。

魏允恭： 《江南制造局记》，沈云龙主编《近代中国史料丛刊》

第 41 辑，文海出版社 1969 年版。

文庆等编纂：《筹办夷务始末·道光朝》，沈云龙主编《近代中国史料丛刊》第 60 辑，文海出版社 1967 年版。

夏东元编：《郑观应集》，上海人民出版社 1982 年版。

夏燮：《中西纪事》，沈云龙主编《近代中国史料丛刊》第 11 辑，文海出版社 1967 年版。

夏曾佑：《最新中学教科书中国历史》，商务印书馆 1904—1906 年版。

谢清高口述：《海录校释》，杨炳南笔录，安京校释，商务印书馆 2002 年版。

徐继畬：《瀛寰志略》，上海书店出版社 2001 年版。

徐建寅：《欧游杂录》，湖南人民出版社 1980 年版。

薛福成：《出使英法意比四国日记》，岳麓书社 1985 年版。

严复：《严复集》，王栻主编，中华书局 1986 年版。

姚淦铭、王燕编：《王国维文集》，中国文史出版社 1997 年版。

姚莹：《康輶纪行》，《中复堂全集》，1867 年刻本。

叶瀚：《初学读书要略》，仁和叶氏刻本，光绪丁酉年（1897）。

喻岳衡校点：《曾纪泽集》，岳麓书社 2008 年版。

曾纪泽：《出使英法俄国日记》，岳麓书社 1985 年版。

张德彝：《航海述奇》，湖南人民出版社 1981 年版。

张德彝：《欧美环游记》，湖南人民出版社 1981 年版。

张德彝：《随使法国记》，湖南人民出版社 1982 年版。

张之洞：《劝学篇》，广西师范大学出版社 2008 年版。

章太炎：《章太炎先生自定年谱》（影印），上海书店 1986 年版。

《章太炎政论选集》（全二册），汤志钧编，中华书局 1977 年版。

赵树贵、曾丽雅编：《陈炽集》，中华书局 1997 年版。

郑观应：《盛世危言》，光绪二十一年（1895）铅印本。

中国社会科学院近代史研究所编：《范文澜历史论文选集》，中国社会科学出版社 1995 年版。

周鑫亮编：《何炳松文集》，中华书局1984年版。

周永林编：《邹容文集》，重庆出版社1983年版。

[美] 裨治文：《美理哥合省国志略》，《近代史资料》（第92号），中国社会科学出版社1997年版。

[美] 戴德江：《地理志略》，王锡祺辑《小方壶斋舆地丛钞再补编》，光绪二十三年（1897）。

[美] 戴吉礼主编：《傅兰雅档案》，弘侠译，广西师范大学出版社2010年版。

[美] 丁韪良：《花甲记忆——一位美国传教士眼中的晚清帝国》，沈弘等译，广西师范大学出版社2006年版。

[美] 凯瑟琳、费正清、司马富等编：《赫德日记：步入中国清廷仕途》，傅曾仁等译，中国海关出版社2003年版。

[美] 林乐知等：《中东战纪本末》，沈云龙主编《近代中国史料丛刊续集》第71辑，文海出版社1974年版。

[美] 卫斐列：《卫三畏生平及书信——一位美国来华传教士的心路历程》，顾钧、江莉译，广西师范大学出版社2008年版。

[日] 冈本监辅：《万国史记》，上海六先书局1897年版。

[日] 桑原骘藏：《东洋史要》，范炳清编译，东文学社1899年版。

[英] 艾约瑟：《西学略述》，总税务司署1886年刻本。

[英] 艾约瑟译：《罗马志略》，著易堂1896年版。

[英] 艾约瑟译：《欧洲史略》，著易堂1896年版。

[英] 艾约瑟译：《希腊志略》，著易堂1896年版。

[英] 李提摩太：《亲历晚清四十五年——李提摩太在华回忆录》，李宪堂、侯林莉译，天津人民出版社2005年版。

[英] 马礼逊夫人编：《马礼逊回忆录》，顾长声译，广西师范大学出版社2004年版。

[英] 马礼逊：《外国史略》，王锡祺辑《小方壶斋舆地丛钞再补编》，光绪二十三年（1897）。

〔英〕麦肯齐：《泰西新史揽要》，李提摩太、蔡尔康等译，上海书店
　　出版社2000年版。

〔英〕慕维廉：《大英国志》，墨海书馆1856年刻本。

〔英〕慕维廉：《大英国志》（续刻本），西史汇函本。

〔英〕慕维廉：《地理全志》，日本爽快楼1859年版。

（二）近人、今人著作

白寿彝：《中国史学史》第一册，上海人民出版社1986年版。

白寿彝主编：《史学概论》，宁夏人民出版社1985年版。

北京图书馆编：《民国时期总数目（1911—1949）》，北京图书馆出版
　　社1994年版。

陈鸿祥编：《王国维年谱》，齐鲁书社1991年版。

陈其泰：《史学与民族精神》，学苑出版社1999年版。

陈其泰：《中国近代史学的历程》，河南人民出版社1994年版。

陈其泰：《中国史学史》第六卷，上海人民出版社2006年版。

陈旭麓：《近代中国社会的新陈代谢》，上海社会科学院出版社2007
　　年版。

陈学恂主编：《中国近代教育史教学参考资料》（上、中、下），人民
　　教育出版社1986年版。

丁伟志、陈崧：《中体西用之间》，中国社会科学出版社1995年版。

丁文江、赵丰田编：《梁启超年谱长编》，上海人民出版社1983年版。

杜文凯编：《清代西人见闻录》，中国人民大学出版社1985年版。

方汉奇：《中国近代报刊史》（上下），山西教育出版社2012年版。

冯天瑜：《新语探源：中西日文化互动与近代汉字术语生成》，中华书
　　局2004年版。

高国抗、杨燕起主编：《中国近代史学史概要》，广东高等教育出版社
　　1994年版。

葛兆光：《中国思想史》，复旦大学出版社1998年版。

龚书铎：《社会变革与文化趋向：中国近代文化研究》，北京师范大学

出版社 2005 年版。

龚书铎：《中国近代文化探索》，北京师范大学出版社 1997 年版。

顾长声：《传教士与近代中国》，上海人民出版社 1981 年版。

顾长声：《从马礼逊到司徒雷登》，上海人民出版社 1985 年版。

顾长声：《马礼逊评传》，上海书店出版社 2006 年版。

顾潮编：《顾颉刚年谱》，中国社会科学出版社 1993 年版。

顾颉刚：《当代中国史学》，上海人民出版社 2002 年版。

关晓红：《晚清学部研究》，广东教育出版社 2000 年版。

郭大松、杜学霞编译：《中国第一所现代大学——登州文会馆》，山东
　人民出版社 2012 年版。

郭廷以：《近代中国史纲》，香港中文大学出版社 2005 年版。

何隽：《西学与晚明思想的裂变》，上海人民出版社 1998 年版。

何绍斌：《越界与想象：晚清新教传教士译介史论》，上海三联书店
　2008 年版。

赫侠君主编：《中西 500 年比较》，中国工人出版社 1997 年版。

侯云灏：《20 世纪中国史学思潮与变革》，北京师范大学出版社 2007
　年版。

胡逢祥、张文建：《中国近代史学思潮与流派》，华东师范大学出版社
　1991 年版。

胡国祥：《近代传教士出版研究》，华中师范大学出版社 2013 年版。

黄丽镛编：《魏源年谱》，湖南人民出版社 1985 年版。

黄宇和：《两广总督叶名琛》，中华书局 1984 年版。

蒋俊：《中国史学近代化进程》，齐鲁书社 1995 年版。

柯灵主编：《阿英全集》，安徽教育出版社 2003 年版。

来新夏编：《林则徐年谱》，上海人民出版社 1985 年版。

乐正：《近代上海人社会心态（1860—1910）》，上海人民出版社 1991
　年版。

李开、刘冠才主编：《晚清学术简史》，南京大学出版社 2003 年版。

李天纲：《中国礼仪之争——历史、文献和意义》，上海古籍出版社 1998 年版。

李喜所：《近代中国的留学生》，人民出版社 1987 年版。

李细珠：《晚清保守思想的原型：倭仁研究》，社会科学文献出版社 1997 年版。

李孝迁：《西方史学在中国的传播（1882—1949）》，华东师范大学出版社 2007 年版。

李志刚：《基督教与近代中国文化论文集》，宇宙光出版社 1989 年版。

刘兰肖：《晚清报刊与近代史学》，中国人民大学出版社 2007 年版。

刘丽娜：《由传统走向现代——论中国史学的转型》，社会科学文献出版社 2006 年版。

刘龙心：《学术与制度：学科体制与现代中国史学的建立》，远流出版公司 2002 年版。

刘晓：《国立北平研究院简史》，中国科学技术出版社 2014 年版。

柳曾符、柳佳编：《劬堂学记》，上海书店出版社 2002 年版。

罗检秋：《嘉庆以来汉学传统的演变与传承》，中国人民大学出版社 2006 年版。

罗志田：《20 世纪的中国：学术与社会》（史学卷），山东人民出版社 2001 年版。

罗志田：《近代中国史学十论》，复旦大学出版社 2003 年版。

马金科、洪京陵编：《中国近代史学发展叙论》（1840—1949），中国人民大学出版社 1994 年版。

马祖毅：《中国翻译简史》，中国对外翻译出版公司 1998 年版。

麦劲生：《近代史学与史学方法》，五南图书出版公司 2000 年版。

美国爱默蕾大学图书馆善本部整理：《美国爱默蕾大学图书馆藏来华传教士档案使用指南》，〔美〕王国华译，广西师范大学出版社 2008 年版。

南炳文、李小林、李晟文：《清代文化传统的总结和中西大交流的发展》，天津古籍出版社 1991 年版。

潘玉田、陈永刚：《中西文献交流史》，北京图书馆出版社 1999 年版。

彭明辉：《晚清的经世史学》，麦田出版社 2002 年版。

钱穆：《八十忆双亲·师友杂忆》，生活·读书·新知三联书店 1999 年版。

桑兵：《晚清学堂学生与社会变迁》，学林出版社 1995 年版。

商务印书馆：《商务印书馆图书目录（1897—1949）》，商务印书馆 1981 年版。

上海图书馆编：《中国近代期刊篇目汇录》第一卷，上海图书馆、上海人民出版社 1965 年版。

盛邦和：《东亚：走向近代的精神历程》，浙江人民出版社 1995 年版。

宋学勤：《嬗变中的近现代史学》，学苑出版社 2008 年版。

宋原放主编：《中国出版史料》（近代部分 3 卷），山东教育出版社、湖北教育出版社 2001 年版。

谭汝谦主编：《中国译日本书综合目录》，香港中文大学出版社 1980 年版。

汤志钧：《乘桴新获——从戊戌到辛亥》，江苏古籍出版社 1990 年版。

汤志钧：《近代经学与政治》，中华书局 1989 年版。

万仕国编：《刘师培年谱》，广陵书社 2003 年版。

王尔敏：《中国近代思想史论》，社会科学文献出版社 2003 年版。

王汎森：《中国近代思想与学术的系谱》，河北教育出版社 2001 年版。

王立新：《美国传教士与晚清中国现代化》，天津人民出版社 1997 年版。

王林：《西学与变法——〈万国公报〉研究》，齐鲁书社 2004 年版。

王晴佳：《西方的历史观念——从古希腊到现代》，华东师范大学出版社 2002 年版。

王韬、顾燮光等：《近代译书目》（影印本），北京图书馆出版社 2003 年版。

王文兵：《丁韪良与中国》，外语教学与研究出版社 2008 年版。

王学典、陈峰编：《20 世纪中国史学史论》，北京大学出版社 2010 年版。

王学典、陈峰：《二十世纪中国历史学》，北京大学出版社 2009 年版。

王学典主编：《20 世纪中国史学编年》（4 册），商务印书馆 2014 年版。

王中江：《近代中国思维方式演变的趋势》，四川人民出版社 2008 年版。

吴怀祺：《史学理论与史学史研究》，福建人民出版社 2006 年版。

吴怀祺：《中国史学思想史》，安徽人民出版社 1996 年版。

吴泽主编：《中国近代史学史论集》（上），华东师大出版社 1984 年版。

吴泽主编：《中国近代史学史》（上下），江苏古籍出版社 1989 年版。

肖黎等主编：《影响中国历史的一百个洋人》，广东人民出版社 1992 年版。

熊月之：《西学东渐与晚清社会》，上海人民出版社 1994 年版。

熊月之主编：《晚清新学书目提要》，上海书店出版社 2007 年版。

严绍璗：《日本中国学史》，江西人民出版社 1991 年版。

杨翼骧：《中国史学史讲义》，天津古籍出版社 2006 年版。

杨玉圣：《中国人的美国观》，复旦大学出版社 1996 年版。

叶瑞昕：《危机中的文化抉择——辛亥革命时期国人的中西文化观》，商务印书馆 2007 年版。

叶再生：《中国近代现代出版通史》，华文出版社 2002 年版。

尹达主编：《中国史学发展史》，中州古籍出版社 1985 年版。

俞旦初：《爱国主义与中国近代史学》，中国社会科学出版社 1996 年版。

袁英光、刘寅生编：《王国维年谱长编》，天津人民出版社 1996 年版。

张广智主编：《20 世纪中外史学交流》，北京师范大学出版社 2007

年版。

张国刚、乔治忠：《中国学术史》，东方出版社 2006 年版。

张静庐辑注：《中国近现代出版史料》，上海书店出版社 2021 年版。

张枏、王忍之编：《辛亥革命前十年间史论选集》（第 1—3 卷），生活·读书·新知三联书店 1978 年版。

张岂之：《中国近代史学学术史》，中国社会科学出版社 1996 年版。

张书学：《中国现代史学思潮研究》，湖南教育出版社 1998 年版。

张树栋、庞多益、郑如斯等：《中华印刷通史》，印刷工业出版社 1999 年版。

张晓编：《近代汉译西学书目提要（明末至 1919 年）》，北京大学出版社 2012 年版。

张星烺：《欧化东渐史》，上海商务印书馆 1934 年版。

张仲民：《种瓜得豆：清末民初的阅读文化与接受政治》，社会科学文献出版社 2016 年版。

郑大华：《晚清思想史》，湖南师范大学出版社 2005 年版。

郑匡民：《西学的中介：清末民初的中日文化交流》，四川人民出版社 2008 年版。

郑师渠：《晚清国粹派》，北京师范大学出版社 2002 年版。

中共中央文献研究室编：《毛泽东年谱》（上中下），中央文献出版社 1993 年版。

中国人民大学清史研究所编：《清史编年》，中国人民大学出版社 2003 年版。

中国社会科学院近代史所翻译室编：《近代来华外国人名辞典》，中国社会科学出版社 1981 年版。

中国史学会主编：《中国近代史资料丛刊》，上海人民出版社、上海书店出版社 2000 年版。

"中研院"近代史研究所编：《近代中国对西方及列强认识资料汇编》（五辑 10 册），1966 年、1972 年、1974 年、1984 年、1988 年版。

钟叔河：《从东方到西方——"走向世界丛书"叙论集》，上海人民出版社1989年版。

钟叔河：《走向世界：近代中国知识分子考察西方的历史》，中华书局1985年版。

周文玖：《史学史导论》，学苑出版社2006年版。

周文玖：《中国史学史学科的产生和发展》，北京师范大学出版社2002年版。

周振鹤编：《晚清营业书目》，上海书店出版社2005年版。

朱发建：《中国近代史学科学化进程研究》，湖南师范大学出版社2005年版。

朱国仁：《西学东渐与中国高等教育近代化》，厦门大学出版社1996年版。

朱杰勤、黄邦和主编：《中外关系史词典》，湖北人民出版社1992年版。

朱静编译：《洋教士看中国朝廷》，上海人民出版社1995年版。

朱学勤、王丽娜：《中国与欧洲文化交流志》，上海人民出版社1998年版。

朱有瓛主编：《中国近代学制史料》（2辑4册），华东师范大学出版社1983、1986、1987、1989年版。

邹小站：《西学东渐：迎拒与选择》，四川人民出版社2008年版。

邹振环：《晚清西方地理学在中国——以1815至1911年西方地理学译著的传播与影响为中心》，上海古籍出版社2000年版。

邹振环：《西方传教士与晚清西史东渐——以1815年至1900年西方历史译著的传播与影响为中心》，上海古籍出版社2007年版。

邹振环：《影响近代中国社会的一百种译作》，中国对外翻译出版公司1996年版。

［德］施耐德：《真理与历史：傅斯年、陈寅恪的史学思想与民族认同》，关山、李貌华译，社会科学文献出版社2008年版。

［法］谢和耐：《中国和基督教——中国和欧洲文化之比较》，上海古籍出版社 1991 年版。

［美］本杰明·史华兹：《寻求富强：严复与西方》，江苏人民出版社 2005 年版。

［美］费正清编：《剑桥中国晚清史》，中国社会科学院历史研究所编译室译，中国社会科学出版社 1994 年版。

［美］卡尔·瑞贝卡：《世界大舞台：十九、二十世纪之交中国的民族主义》，高瑾等译，生活·读书·新知三联书店 2008 年版。

［日］渡边五郎等：《西学东渐：中日近代化比较研究》，中国社会科学出版社 2008 年版。

［日］实藤惠秀：《中国人留学日本史》，谭汝谦、林启彦译，生活·读书·新知三联书店 1983 年版。

［日］增田涉：《西学东渐与中日文化交流》，由其民等译，天津社会科学出版社 1993 年版。

［英］汤森：《马礼逊——在华传教士的先驱》，吴相译，大象出版社 2004 年版。

后　记

时光飞逝，岁月如梭。转瞬之间，在聊城大学工作已满十个年头，从山东大学儒学高等研究院博士后流动站出站亦有五年了。回首这十年，是亦有风雨亦有晴。

拙著是在山东大学博士后流动站提交的出站报告基础上，结合申请到的教育部人文社会科学一般项目，不断修改的基础上完成的。提到了该书的缘起，不得不提我的博士后指导教师王学典先生。2005年，我入北京师范大学史学研究所读硕士研究生，诸位恩师在谈到当代中国史学名家时，经常提及王学典先生的大名。当时，就对这位老师顶礼膜拜。可惜，在学术会议上，都没有机会与王先生交流。2011年，我博士研究生毕业，回到了老家聊城大学任教。刚开始，青年教师教学任务较少，我记得有一个学期竟然没有课上。一个人在学校的单身宿舍里看书，写文章。聊城大学从事史学理论与史学史研究和教学的同事很少。我刚毕业，年轻气盛，总想与同行交流一些想法和认识，可惜一直没有找到同道中人。单位当时还有一个不成文的规定，博士毕业之后两年之内不能读博士后。所以，我读博后的时间被迫延后了两年。偶然得知同事石莹丽老师是王学典先生的高足，我让石老师帮忙联系王先生，看看王先生是否愿意收我为博士后。之所以找石老师帮忙，还有一个原因，按照北京师范大学的师承关系而言，她还是我的师姐。北京师范大学的周文玖先生是她硕士学位论文的指导老师。后来，石老师回复我，王先生同意了。我当时非常激动，一是终于可以向王先生求教了，二是山东大学一直都是我梦寐以求的求学殿堂，终于可以踏进山东大学的大门了。但是，当时还不敢直接给王先生打电话，就发了一条短信，表达了个人意愿。王先生随即回复了我，真是受宠若惊。2013年6月，我到山东大学办理了博士后入站手续。当时，刚结婚不久，婚假还没有用，我就带着媳妇一起去山东大学，以此作为我们的"蜜月"之旅了。自此，我媳妇也对山东大学产生了"感情"。2017年，她又考取了山东大学医学院的博士。我们又成了校友。我后来想了想，如果当初王学典先生没有录取我，也许就没有后来的一系列故事了。

我是在职博士后，与原单位保留了工作关系，还需要在聊城大学完成教学和科研任务。我经常向王先生道歉，承认自己是一个"不合格"的学生。为此，我非常珍惜每一次与王先生交流学习的机会。我们谈话多从问题开始，与先生的每一次交流都能帮我打开学术上的"心结"，并且能够取得新的认识。王先生认识问题的思路和视角也在无形中给我很多启发。王先生不仅是学术大家，更是一位平易近人的长者。他多次提醒我要沉下心来做学问，趁年轻多写一些有分量的文章。每一次见面，先生都问我最近思考了哪些问题，写了什么文章。先生每次找我"要"文章，都是我特别难受的时候，不是没有成熟的文章，而是觉得自己写的文章还达不到先生的认识高度。我也经常把王先生发表的大作打印出来，一遍遍地反复阅读，体会其中的"问题"意识。我非常感念向王学典先生求教的时光。由于工作单位距离济南较近，从山东大学儒学高等研究院博士后流动站出站后，我还经常去先生那里讨教。

山东大学儒学高等研究院的纪红老师为我博士后入站、出站手续办理、基金申报做了很多细致工作。师妹王绍樱、汤颖为我提供了各种学习上的便利。时值我的学生殷飞飞、关霞在山东大学攻读硕士研究生，帮我解决了很多烦琐事务。殷飞飞还在儒学高等研究院师从陈峰师兄攻读了博士研究生，毕业后去了上海财经大学工作。关霞从山东大学硕士毕业，任职于省民政厅地名所。我的工作单位聊城大学历史文化与旅游学院的张礼恒教授、陈德正教授、李增洪教授等给予我大力支持，马亮宽教授、赵树好教授等提供了研究资料上的帮助。工作单位的本科生协助进行了中国博士后科学基金项目的田野调研和资料收集工作。在此，对以上各位师友表示万分感谢。

2013 年至 2017 年，对我而言是一个非常忙碌的日子。2014 年，儿子出生了，作为父亲，我有责任去爱护、养育他。2015 年，父亲因病离我而去，作为儿子，我觉得愧对他老人家，再难的日子都挺过来了，然而尚未让他享受天伦之乐。2016 年，我承担的第一个国家社科基金项目到了结题的时间，不得不暂停博士后基金项目和出站工作。之后，学校暂停了三年的职称评选开始了，我又不得不应付职称评定。说实话，用心力交瘁来形容一点不为过。好在多年的努力没有白费，2020 年底，我以"绿色通道"的形式通过了正高级职称的评定。

工作后的十年，前五年多从事中外史学交流研究，后五年亦从事国别和区域问题研究。在整体学术规划上，我想对百余年来中国的国别和区域史研究做一个梳理，以进一步认识中国和世界的关系。《西史东渐与中国史学演进（1840—1927）》一书与此书有紧密的关系，近代出版机构出版的史学著作（期刊中刊载的史学篇目）都是"西史东渐"的内容，为了保持篇章结构和内容的完整性，我将在上书中刊出的个别章节在此书中复现。由于个性所致，躁动的内心没有得到半刻的歇息，导致务广而疏，研究方向浅尝多变。幸得恩师的理解、兄嫂的帮助、爱人的支持、儿子的陪伴、母亲的关心，延迟了多年的工作得以有一个结果。

工作后，我的硕士博士导师周文玖先生经常给我鼓励和支持，有时我们电话交流竟达一个多小时，我们无话不谈，从学术研究方向到学科建设，再跨越到学生培养，在与老师的交流中，自己的认识也不断得到提升，在人生修行的路上也得以沉淀积累。在培养本科生、硕士生的路上"磨炼"多了，不仅能理解融洽的师生关系带来的良好互动效果，更能深刻体会领导人的讲话精神，"一个人遇到好老师是人生的幸运，一个学校拥有好老师是学校的光荣，一个民族源源不断涌现出一批又一批好老师则是民族的希望"。感谢因缘而遇之人，感恩诸位的关心和支持。我的学生孙泽涵、任奕霏、张琦、韩文淇等协助进行了资料的核实和校订工作。书中出现的失误由我本人承担。

此生"行有余力，则以学文"。

赵少峰

2017 年 11 月 25 日晚　初稿

2021 年 10 月 21 日　修改